JN296270

ドル円相場の政治経済学

為替変動にみる日米関係

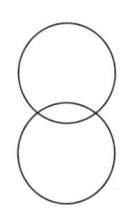

加野 忠

日本経済評論社

はしがき

(1) 本書の目的

　本書の目指すところは，2004年3月までのドル円相場の変動に投影された日米関係の展開を，通貨外交・為替政策に関わった政治家や通貨当局者など主要な行為主体の動きを追うことによって理解し，今後の本邦為替・金融市場の進むべき道について何らかの手がかりを得ようと試みるものである．

　戦後の日本は米国の主導する国際秩序形成の枠組みの中で，安全保障はもちろん貿易や投資，金融といった分野でも，時には抵抗しつつも，米国の政策に概ね自らの行動を合わせてきた．それは日本の国益にかなっているという国民の大方の合意に基づく．しかし安全保障面での新しい緊密化の試みとは別に，貿易・投資や金融面ではチェンマイ・イニシアティブに見られるように，東アジアにおいて日本は米国主導の枠組みの制約から徐々に離脱しようと模索しているようにも見える．日本が行動の自由を拡大する能力を高められると，国益に合致しない米国の世界戦略のコスト負担を回避する余地が広まる．しかし分野によってその行動の自由拡大の程度に相違がある．そこには白石隆が指摘するように，国内的な理由で自らを縛っている面もある[1]．

　金融面での行動の自由の拡大も，自らの金融行政の失敗で大きく制約されてきたといえよう．経済が成熟段階に達したにもかかわらず，国がリスクを負担する形で国民の貯蓄の多くを吸収・管理し，予算制約の十分働かない公的部門の肥大化を支え続けた．その結果，投資のホームバイアスによる円高圧力が生じた可能性がある．しかし輸出主導の経済成長維持のためには円安を必要とし，為替政策がそのために動員されてきたのではなかろうか．

　このような構造は日本の為替・金融市場における官のコントロールを維持し，民間のリスク管理能力の発達を遅らせる結果となった．一連の金融改革

で日本の金融システムの正常化は進んでいるものの,官主導の構造は根強い.為替政策にもその体質は色濃く残っていると見受けられる.今後発展する東アジア経済の中で,日本が金融面での指導的な地位を揺ぎないものとし,この地域での日本の行動の自由を拡大するには,このような体質を脱却する必要があろう.

本書執筆の直接のきっかけとなったのは,2003年1月から2004年3月までに実施された35兆円に及ぶ本邦通貨当局による為替市場での巨額な円売りドル買い介入であった.この金額は03年度における国の一般会計歳出総額の約4割に相当する大規模なものであった.その結果,04年3月末の外貨準備は8266億ドルとなり,うち4分の3が結果的に米国財政赤字のファイナンスに提供されている.通貨当局は為替市場介入の目的を,為替相場が経済の基礎的条件から乖離するのを抑制するためと,型どおりに説明している.しかしこのように壮大な市場介入や積みあがった巨額の外貨資金運用の操作が,ごく少数の通貨当局者によって極秘に立案・実施され,意思決定のプロセスや事後的な評価に必要な情報公開が十分に行われないことが筆者には不思議に思えたのである.

本邦通貨当局は変動相場制移行の時期から,先進諸国の中では例外的に頻繁にそして時に大規模な為替市場介入を行ってきた.為替相場をなるべく円安水準で安定させようとする通貨当局の行動を,政界,マスコミ,経済界から労働組合はもちろん,消費者団体まで歓迎してきた.したがって通貨当局は,「国益」のために闘ってきたという自負をもっているであろう.しかし本当に通貨政策や介入行動は「国益」に沿った目的を達成できたのだろうか.そもそも「国益」とは誰がどのようにきめるのか,それに合致する為替相場水準とはなにか,また為替相場をある水準に安定させるために,本来国内経済の安定に用いるべきマクロ政策を使い,国内経済を混乱させる結果を招いたのではないかなど疑問は尽きない.為替相場の安定が望ましいとしても,そのボラティリティが高くても貿易や産出量に影響はすくないという主張すらあり,必ずしも自明なことではない[2].

はしがき

　筆者は長年国際金融ビジネスの現場に生きてきた者として，為替相場とくにドル円相場の変動は常に関心の的であり，何がそれを動かし誰がその影響をどのように受けるのかということを絶えず考え続けてきた．そして米ドルと円の交換比率に過ぎない為替相場を動かす背後には，標準的な経済学だけでは説明の困難な要因があり，それらに着目すれば現実がより鮮明に理解できるのではないかと思うようになった．

　邦銀や外資系の金融機関で辣腕な為替ディーラーたちの仕事振りを眺め，彼らの行動を支えているものの考え方に触れ，為替の世界を少しでも理解しようと筆者なりに努めたものである．しかし腕利きといわれるプロフェッショナル達が，確固たる理論を基に洗練された為替相場予測モデルなどを駆使して利益を挙げているわけでもなく，経済ファンダメンタルズの動向について卓越した見識を備えているとは限らなかった．中にはマクロ経済分析に基づく予測などには一応聞き置くだけでほとんど興味をもたず，罫線だけで勝負をして赫々たる成果をあげるディーラーもいる．もちろん理路整然と経済ファンダメンタルズの動きと相場動向を結びつけて語る人々もいるが，言っていることと自分が造成するポジションが正反対であることや，直近の説明と正反対のことを述べても何の痛痒も感ぜず，この世界は所詮騙し合いなのだと言って憚らない人も少なくないのだ．

　本書を纏めるに当たりインタビューに応じていただいた通貨・金融当局幹部OBたちの中には，市場への不信感を抱いている人が少なくない．この世界はマネーゲームが横行するカジノであり，常に暴走の危険を孕む市場をコントロールすることが必要なのに，米国主導の金融グローバリゼーションでそれが困難になってきたと嘆く．

　実務の世界から学生を教育する立場に移り，為替相場がどのように決まるかを解説するために文献を渉猟するようになって，あらためて学んだのは経済学の最先端の道具立てで構成された相場決定理論や予測モデルは，長期的な動きの説明や予測については，それなりに有用であるものの，短期的な予測に関しては，サイコロに頼るのと結果は大同小異という事実であった．

為替相場がしばしばマクロ経済ファンダメンタルズの動きで説明がつかない現実を前にして，国際金融の研究者たちは，市場参加者間の非対称的な情報の伝達，取引仲介者の行動，情報や注文の流れ，市場参加者たちの不均質な期待が取引量や為替のボラティリティに及ぼす影響などに着目したマイクロストラクチャー・アプローチの開発を進めており，その成果が注目される．

しかしながら本書では，あえて「政治経済学」的なアプローチで，ドル円相場の変動に反映された日米関係の動きと両国公私行為主体の絡み合いを捉えてみようと考えた．その場合，主に市場関係者や通貨当局の行動に焦点を合わせるが，それだけでは十分でない．為替相場水準が両国の財・サービスの交換比率を規定する以上，国際システムにおける日米の権力の分布に影響をもたらすはずであるし，それぞれの国内では様々な行為主体の間での所得分配に影響するなど，極めて政治的な意味をもち，当然多くの行為主体が関係するからである．

谷口智彦が指摘するように[3]，ドル円相場が異常な動きを示した時には，しばしば経常収支不均衡是正や市場開放を求めるなどの強烈な米国の政治的な意思と，それに対応する日本とのせめぎ合いが背後にある．市場参加者はそれぞれその時の政治経済環境の中での両者の力関係を評価し，勝ち馬と思われる方に賭ける．多くの場合，市場は覇権国である米国の意思が実現されると予測し，そのようなポジションを造り，結果として米国は自国の意思を貫徹することになる．そのような状況では，バンドワゴン効果も働いて，為替相場はオーバーシュートし勝ちである．

日本政府や政権党は「国益」擁護を盾に米国の圧力に抵抗する姿勢を示すが，安全保障の観点や米国市場依存体質からそれには限界があり妥協を余儀なくされ，本来国内均衡に用いるべきマクロ経済政策を対外政策協調や為替安定に割り当てることで，結果として大きな負担を背負い込むということがしばしば起きた．

そこで為替相場を単に経済の一変数として捉えるだけでなく，国際システムの権力の分布状態を表す構造の中で行われるゲームのプロセスを反映して

いると考えてみることとした．すなわち通貨問題や為替相場変動の背景を理解するためには，何を求めて諸国家が衝突したり協調するのか，その意思決定にどのように様々な公私行為主体の利害が反映されるのか，またゲームのプロセスが投影される為替相場が，それら行為主体にどのような影響を及ぼすのかも考察されなければならない．本書では，本邦通貨外交・為替政策の変遷を中心にして，政治経済学的枠組みの中で経済学の知見を利用しつつ，これらの問題に取り組むこととしたい．

(2) 本書の構成

序章では，グローバリゼーションの中で，国家間，国家と市場の関係，さらには国家の政策と公私行為主体間の関係を分析するために役立つと思われる政治経済学分野の主要な理論を比較・検討する．その上で，新現実主義的な枠組みの中で日米関係を考え，米国が依然として構造的な権力を保持している背景を探り，政府権力と金融界の間の埋め込まれた相互作用構造に注目する．さらに通貨外交を形成する国家と公私の諸行為主体の関係，政権党や財界，財政，金融，通貨当局など有力な行為主体の行動誘因を考察する枠組みとして限定合理性理論を選択することとし，また通貨当局の行動を明らかにする手掛りを得るために為替市場介入のパターン化を試みる．

第1章では，71年8月のニクソン・ショックからスミソニアン合意，そして変動相場制への移行過程を論じる．金ドル交換停止などの一連の措置を米国の覇権の衰退と見なす通説と異なり，金融覇権再構築の試みと理解する．為替管理強化で対応可能と考えていた本邦通貨当局は，米国の戦略を的確に掌握できないまま，ドルを保有する銀行や輸出業者の損失防止に注力した．スミソニアン合意で16.88％もの切り上げを受け入れた後も経常収支不均衡は拡大し，72年2月の変動相場制への移行と急激な円高を迎えた．

2度の石油危機に見舞われ深刻な国際収支調整問題に直面した70年代は，第2章で扱われる．石油危機直後の緊急避難的な円買い支え介入実施後，他国より早めの経済回復による円高への対応や外準積み上げを目指したドル買

い介入を実施し米議会の反発を招いた．米国は成長重視のマクロ経済運営を追求し，対日圧力のためドル安を放置，機関車論を唱えて日独へ内需拡大を求めた．日本政府はこれに便乗する形で拡張的財政政策に転じ，大規模な介入政策や金融緩和をあわせ実施した．しかしドル安は止まらず，インフレを恐れた米国はカーター・ショックでドル防衛に転じた．

第3章では，プラザ合意に至る過程，その内容と帰結を追跡する．81年に発足したレーガン政権は，ソ連との対決姿勢を強めて軍事費を増額した．減税とあいまって財政赤字が増大し，緊縮的な金融政策との組み合わせで異常なドル高と経常収支赤字の拡大を招いた．当初はこれを放置した米国も，高まる保護主義的な動きに対応するために，ドル売り介入を含め国際協調行動に転換した．日本はプラザ合意の成功のため積極的な役割を果たしたが，これによりバブル経済を発生させ，その後の経済運営に大きな禍根を残すことになった．

90年代には，バブル崩壊，超円高，相次ぐ通貨・金融危機に見舞われ，日本経済は停滞した．第4章では冷戦構造の終焉で安全保障への配慮から経済問題に軸足を移した日米関係が対象となる．輸出拡大による雇用創出をめざすクリントン政権は，商務省，通商代表部主導で結果重視の貿易政策，市場開放要求を推進し，また容赦なく円高カードを使って，日本経済の競争力弱体化を実現させた．

再選後のクリントンは東アジア戦略の再検討を行い，日米同盟の強化に路線を転換，また米国への資金流入を円滑にするためにドル高政策を唱えた．しかし東アジア通貨危機や日本の金融危機深刻化に伴い円が暴落した後，急騰するなど大きな変動を示した．これに対応して本邦の為替介入政策は95年半ば以降大きく転換，介入額は大規模化した．

第5章では，デフレ進行下で実施された大規模な為替市場介入の意義を考える．公式には，執拗な投機によりもたらされた経済実態に合わない為替相場水準に対抗するために，大規模な介入が行われたのであって，金融政策とは独立したものだと通貨当局は説明する．深刻なデフレから脱却できず株価

が下落する中での円高を放置できないのは当然であるが，目的がそれだけとすれば介入手法には批判の余地がありえよう．しかしこの大規模介入の意義は，日銀と阿吽の呼吸で行った金融緩和政策の本格化にあると見る．脆弱な日本経済を憂慮する米国政府や IMF なども，本邦通貨当局の行動に理解をしめした．

　しかし手放しに賞賛できる政策とは思えない．経済の正常化が軌道に乗った暁には，このような介入政策を見直し，異常に膨れ上がった外貨準備を妥当な水準へ圧縮すべきであろう．経常黒字に見合う資本流出の多くを官の手に委ねる姿は，とても健全とはいえない．十分な説明責任や結果責任の履行を期待できない通貨当局の役割は，必要最小限の範囲に限定されるべきである．官主導ではなく，多様な選好を持つ投資家や金融機関が参加し，効率的に資本が集配される自由で開かれた為替・金融市場を構築することは，拡大する東アジア経済圏の中で，日本が行動の自由を拡大し，主導的な地位を確保するために不可欠であると終章で主張する．

(3)　依拠した情報・資料について

　本書の執筆にあたり遭遇した大きな問題は，国際通貨外交や為替政策形成の内情を探るために利用可能な資料の制約である．大蔵省国際金融局年報や『昭和財政史』，財務省の政策評価書や日銀の『百年史』，米国財務省の議会報告書，国務省の対外政策に関する資料や連邦準備制度理事会の刊行物，日米通貨当局幹部 OB の回想録などが主な情報源であった．また優れた経済学者による論考はもちろん，有力なジャーナリストによるルポルタージュなども重要な情報源であり，可能な限り他の資料と比較検討して信頼性の確認に努力した上で引用した．新聞・雑誌報道については，出来るだけ複数を参照し確認することとしたが，引用は代表的なものに限った．

　しかし情報源を明らかにしないとの約束で利用を許された資料を除き，本邦通貨外交・為替政策に関わる1次資料の入手は極めて困難であった[4]．通貨・金融当局幹部や市場関係者の OB の方々にインタビューして貴重な話を

うかがう努力を重ねたものの，微妙な問題についてはそのまま引用することができない．したがってこれらの情報は，本書の中では行間に忍ばせたり，「関係者の証言」の形で記述せざるを得なかった．

なお文中，敬称をすべて省略させていただいた．

注
1) 白石［2004］第10章．
2) Canales-Kriljenko, Guimaraes & Karacadag［2003］p. 13.
3) 谷口［2005］13-4ページ．
4) 筆者も本書執筆に当り，すでに公開されている書籍や文書から，存在が確実視される70-80年代の省議などの記録その他の22点の資料の公開請求を打診したが，そのような資料は一切存在しないとの回答をもらった経緯がある．

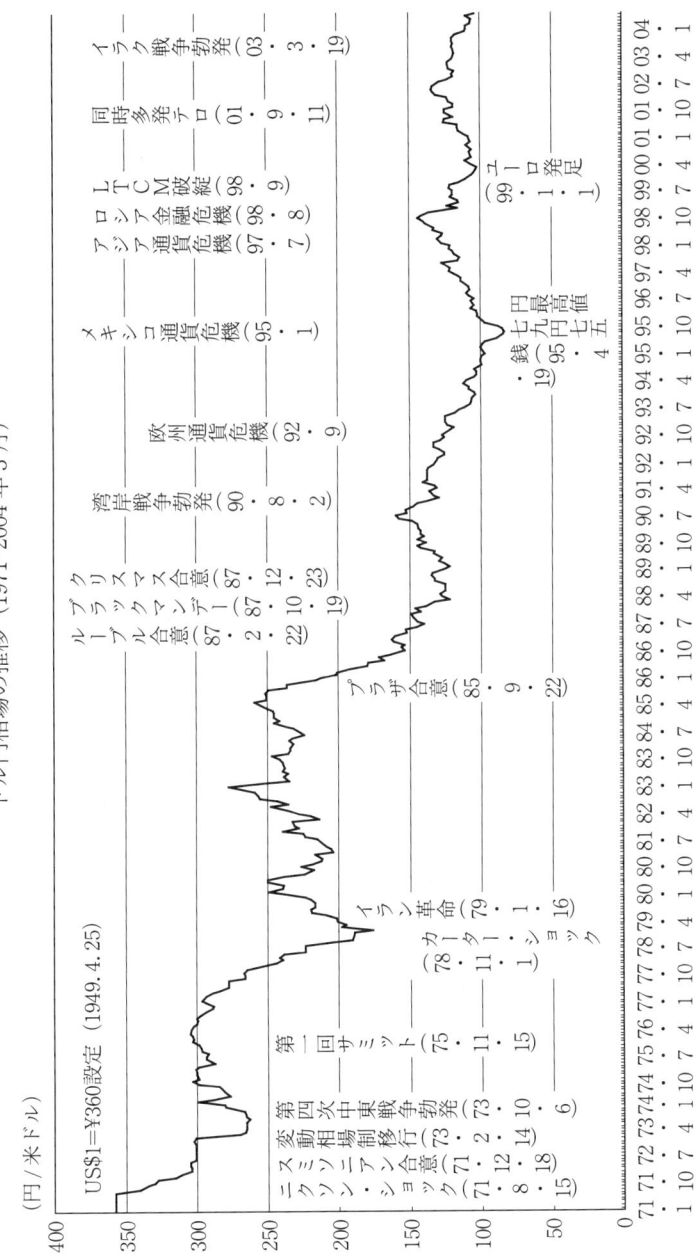

ドル円相場の推移（1971-2004年3月）

（円／米ドル）

- ニクソン・ショック（71・8・15）
- 変動相場制移行（73・2・14）
- 第四次中東戦争勃発（73・10・6）
- 第一回サミット（75・11・15）
- カーター・ショック（78・11・1）
- イラン革命（79・1・16）
- プラザ合意（85・9・22）
- ルーブル合意（87・1・87・2・22）
- ブリュッセル合意（87・12・10）
- クリスマス合意（87・23・19）
- 湾岸戦争勃発（90・8・2）
- 欧州通貨危機（92・9）
- メキシコ通貨危機（95・1）
- アジア通貨危機（97・7・8）
- ロシア金融危機（98・8・9）
- LTCM破綻（98・9）
- ユーロ発足（99・1・1）
- 銭七九五円最高値（1995・7・5・4）
- 同時多発テロ（01・9・11）
- イラク戦争勃発（03・3・19）

US$1=¥360設定（1949.4.25）

71 72 73 74 75 76 77 78 79 80 81 82 83 84 85 86 87 88 89 90 91 92 93 94 95 96 97 98 99 00 01 02 03 04

ドル円相場と外貨準備増減推移（1971-2004年3月）

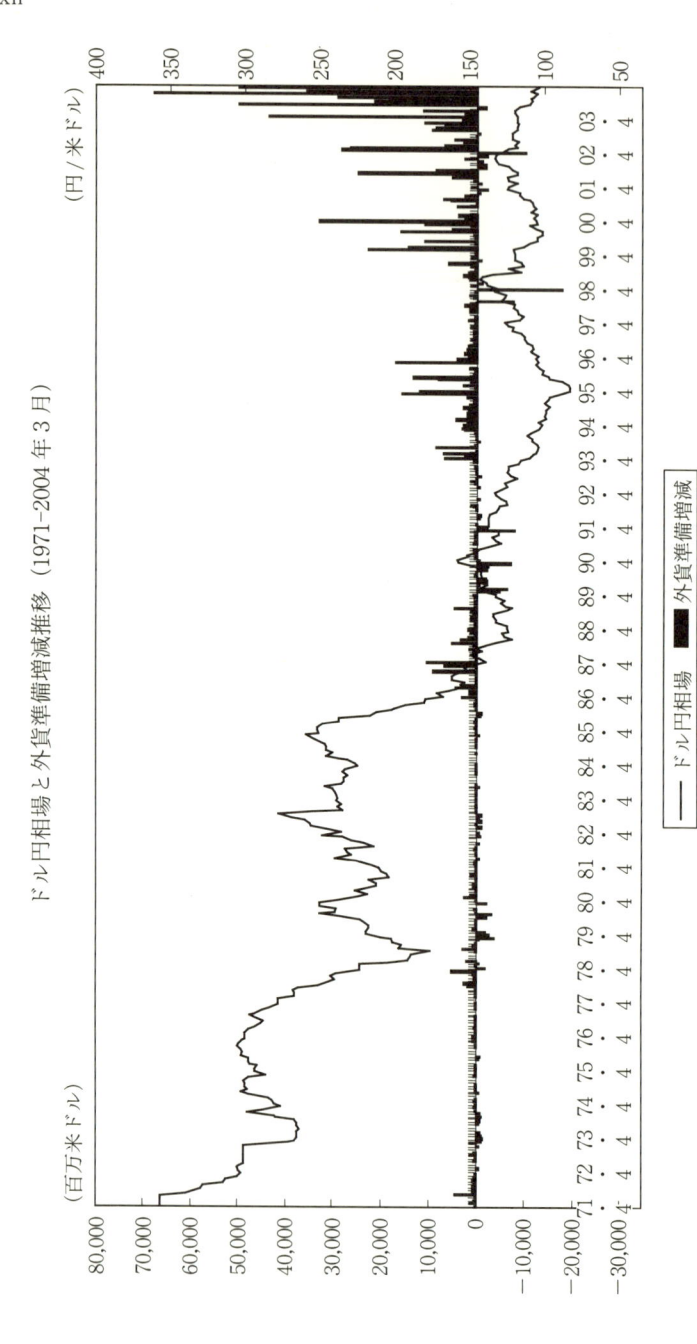

出所：財務省、日本銀行．

目　次

はしがき　　　　　　　　　　　　　　　　　　　　　　　　　　iii
図表一覧　　　　　　　　　　　　　　　　　　　　　　　　　　xvi

序章　国際通貨・金融問題への政治経済学的接近 …………………1

　第1節　政治経済学と国際通貨・金融問題　　　　　　　　　　3
　第2節　国際政治経済学と通貨・為替政策　　　　　　　　　　15

第1章　ニクソン・ショックから石油危機直前まで………………45

　第1節　佐藤栄作とニクソン時代の日米関係　　　　　　　　　46
　第2節　ニクソン・ショックからスミソニアン合意まで　　　　48
　第3節　スミソニアン合意後1973年の変動相場制移行まで　　　61
　第4節　変動相場制移行から石油危機勃発まで　　　　　　　　65
　第5節　為替政策の評価　　　　　　　　　　　　　　　　　　66
　　ま と め　　　　　　　　　　　　　　　　　　　　　　　　74

第2章　石油危機の時代………………………………………………83

　第1節　石油危機の時代の日米関係　　　　　　　　　　　　　84
　第2節　第1次石油危機から1975年まで　　　　　　　　　　　88
　第3節　76-77年の為替市場と介入政策　　　　　　　　　　　102
　第4節　78年の為替市場とカーター・ショック　　　　　　　　117
　第5節　79-80年の国際政治経済情勢と為替相場の変動　　　　127
　第6節　石油危機時代の為替政策をめぐる問題と教訓　　　　　133
　　ま と め　　　　　　　　　　　　　　　　　　　　　　　　139

第3章　プラザ，ルーブル合意そしてバブル……………………155

第1節　80年代の日米関係　156
第2節　プラザ合意の政治経済学　160
第3節　ルーブル合意とバブル　181
第4節　プラザ戦略の政治経済学的評価　194
　まとめ　220

第4章　バブル崩壊，超円高，通貨・金融危機の90年代…………237

第1節　90年代前半の日米関係　237
第2節　90年代前半の為替市場の動向　247
第3節　90年代前半の超円高とマクロ政策の評価　261
第4節　90年代後半の日米関係　266
第5節　通貨金融危機の続発と為替市場の動向　271
第6節　90年代後半のドル円相場変動の原因と政策評価　292
第7節　90年代の為替介入政策の評価　297
　まとめ　304

第5章　デフレ対策としての大規模為替介入……………………315

第1節　2000年代の日米関係　315
第2節　2000年代のマクロ政策と為替市場動向　319
第3節　2003-04年3月までの大規模介入をめぐる論争　330
第4節　大規模介入，巨額な外貨準備蓄積の妥当性と運用上の問題点　352

終章　自由で透明，公正な為替・金融市場をめざして……………369

第1節　米国の構造的権力下での日米関係　369
第2節　通貨外交・為替政策に関わる諸行為主体の行動について　371
第3節　健全な金融システム構築で日本の行動自由拡大を　383

参考文献	389
面談リスト	400
日米通貨外交・国際金融関係年表	401
あとがき	417
索　引	421

図表一覧

ドル円相場の推移（1971-2004年3月）		xi
ドル円相場と外貨準備増減推移（1971-2004年3月）		xii
1-1	米国準備資産と対外公的流動債務の推移	49
1-2	外為資金対民間収支とドル円相場（1971年）	56
1-3	1971年8-12月のドル円相場推移	57
1-4	外為資金対民間収支とドル円相場（1972-73年9月）	64
1-5	ニクソン・ショックから石油危機直前までのドル円相場と外貨準備増減推移	75
2-1	外為資金対民間収支とドル円相場（1973年10月-75年末）	96
2-2	外為資金対民間収支とドル円相場（1976-78年）	105
2-3	外為資金対民間収支とドル円相場（1979-80年）	129
2-4	石油危機時代のドル円相場と外貨準備増減	135
3-1	外為資金対民間収支とドル円相場（1981-83年）	162
3-2	外為資金対民間収支とドル円相場（1984-87年）	179
3-3	外為資金対民間収支とドル円相場（1988-90年）	194
3-4	1981-90年の外貨準備増減とドル円相場	223
4-1	為替市場介入とドル円相場（1991-93年）	250
4-2	為替市場介入とドル円相場（1994-95年）	255
4-3	為替市場介入とドル円相場（1996-97年）	274
4-4	為替市場介入とドル円相場（1998-99年）	289
5-1	為替市場介入とドル円相場（2000-01年）	321
5-2	為替市場介入とドル円相場（2002-04年3月）	324
5-3	ドル円相場，日経平均，外国投資家の日本株売買状況推移	327
5-4	シカゴ通貨先物市場円持高とドル円相場	328
5-5	資金調達限度と為券発行残高	349
5-6	外国為替資金特別会計の損益及び資産等の推移	350
5-7	外為特別会計累積損益	351

5-8　ドル円名目，円名目実効・実質実効相場推移　353
5-9　ドル円相場と外貨準備額　354
5-10　米国財政収支・経常収支赤字（対GDP）推移　356
5-11　米国国際投資ポジション推移　358
5-12　米国対外純債務残高と所得収支の推移　361

序章

国際通貨・金融問題への政治経済学的接近

　　現代はもはやわれわれに社会諸科学の心地よい専門分化を許してくれないのであり，いかに困難であっても，結果の不完全さを知りつつ総合と折衷とが試みられなければならないということである……もう1つのメッセージは，理論と実証的研究との分かちがたい性質についてであり……理論と説明は……現実の観察から生まれてくる．観察は化学の実験が客観的でありうるような意味で「科学的」でないかもしれない．しかしそれは想像力でつくりだされるものでもない．……理論の抽象性をテストし，代替的理論を発展させ，あるいは理論の修正をはかるのによい方法である．さらに，理論や仮説を具体的状況に関連させて描くことができれば，よりはっきりと議論の趣旨を説明するのに役立つことも多い．

スーザン・ストレンジ[1]

　自由主義市場経済を世界に拡大するグローバリゼーションが進行する中で，各国政府が制御困難な経済取引は増大する一方である．巨大な国際資本移動が日常化している国際金融の分野では，特に然りである．経済や金融活動の自由化の圧力により，国家権力を用いて国民生活の安定を図るという枠組みは挑戦を受けている．国民国家や国民経済は，安楽死を遂げつつあるのだろうか．

　歴史を顧みると，19世紀末や20世紀初頭においても，英国主導のグローバル化の動きがあった．しかしグローバル化が支配的になると，それに対する疑問が提起され，各国や地域で歴史や伝統を見直す動きも強まる．たとえ

ば東アジア通貨危機は血縁・学閥・地域閥が支配する政府・ビジネス間の関係（いわゆるクローニー資本主義）が遠因であるとする説もあれば，それが危機前までの奇跡的な経済成長を支えたという主張もある．政治や社会，歴史的な問題を外生的要因として扱う主流派経済学では，アジアのダイナミックな商業資本主義的伝統の把握は困難であり，市場原理主義的なIMFの危機管理の処方箋が多くの批判を受けたことは周知の事実である[2]．

　資本主義市場経済は，元来地域間，共同体間の交易の上に立ち，本質的にグローバルな性質をもつ．国民国家が形成されて以降，世界政府も通貨発行権をもつ世界中央銀行も，世界貨幣もないままに貿易や国際投資が拡大できたのは，覇権国が軍事力のみならず，国際通貨・金融システムの安定という国際公共財を提供してきたからだという覇権安定論がある．第2次大戦後の米国は圧倒的な政治や経済力でこの地位についた．比類のない軍事力をもって米国は今や覇権国から「帝国」に変貌しつつあるという見方もあるが，経済に関するかぎり相対的な地位は低下して，世界最大の純債務国に転落しドルの信認が問われることも再三であった．覇権衰退論の叫ばれた所以である．

　しかしバブル崩壊で自滅した円の挑戦はもとより，欧州単一通貨ユーロの台頭にもかかわらず，国際金融における米国の支配力，基軸通貨としてのドルの地位は依然として強固に見える．これに対しては「ネットワーク外部性」や「慣性」が働いているからとして，標準的な国際金融論のテキストは注意深く米国の政治・外交・軍事その他の圧倒的優位性との関わりを議論の外に置く．

　国際通貨・金融危機の続発は米国の覇権衰退の結果なのか，然りとすればそれにかわる安定的な国際レジームを確立できるか，それとも各国の金融市場の統合が進めば市場調整メカニズムが結果的に安定をもたらすのかという問題は，国際金融の中心課題である．主流派経済学者たちによれば，自由主義市場経済の下では，比較生産費構造，資産収益率の均等化などの力が働き，資源配分が効率化し世界の経済厚生は増進するので，市場の失敗のケースを除き，政府は経済に介入すべきでないし，また国内でどのように資源が分配

されるかについては価値判断を伴うので考察の対象外となる．モデル化，数量化できることだけを追求し，社会的要因，政治的な力などは，経済学の領域外の問題とされる．

国際金融論は，経済学の緻密で洗練された理論を基礎として発展しているが，その論理では，大小の国々の国益が激突し，「政治」と「経済」の相互関係が極めて密接な分野に生起する諸現象を，どこまで深く理解可能にするのかという疑問に悩まされる．歴史的な経緯を異にし，同じような条件でも反復するとは限らない現象については，明確な因果関係として把握困難な場合が少なくない．そこで経済学の論理で説明しやすい部分が，あたかもあるべき姿とされ，それを実現するための政策が妥当とされるのではなかろうか．

人間や社会関係を抽象化し計算可能のものとする主流派経済学に依拠するグローバリズムは，世界各地で合理性，効率性を求めて伝統的価値観や倫理観の相対化や放棄を迫り，国民国家・経済，伝統社会の維持との間にさまざまな緊張を生んでいる．クローニー資本主義の問題もその一例であろう．

人間の行動パターンや社会制度は，各地域における文化や伝統の産物であり，金融取引も例外でない．資本主義的市場経済の下では，人間関係は抽象化された契約関係の束となってしまうが，それで経済の安定が保障されるわけではない．国内や地域間で人々が安心して市場取引できるのは，よって立つ文化や倫理，そして国家の枠組みに支えられているからである．もし国際金融取引のグローバル化による大規模な国際資本移動が，国家や地域の基盤を破壊するのであれば，市場の不安定性が高まるのは当然である．そこで国際通貨・金融問題に対しても歴史学，政治学などを総合した分析が必要と思われるが，それを志向しているといわれる政治経済学は期待された役割を果たしているのだろうか．

第1節 政治経済学と国際通貨・金融問題

国際通貨や金融の諸問題は複雑かつ技術的要素を多く含み，これを分析す

るために必要な理論や手法は発展を見たとはいえ十分とはいえない．国際通貨・金融システムは，各国政府の政策に影響を及ぼし民間の経済行為主体の利害を左右するので，それがどのように機能するかは重大な関心事である．国際通貨・金融システムの安定や効率性を支える様々な政策やレジームは，政治的に中立であることは稀であり，各国の経済的厚生，政策の自律性，国内の様々な行為主体の利害に大きく影響する．効率的で機能的な国際通貨・金融システムの実現に必要な諸問題解決をめざす政策や手法については，国益や私益が激突する場合もしばしばである．したがって政治的諸要因を外生的要因として取扱い考察の対象外とすることは，これらの問題の理解に制約を加えることになるのではなかろうか．

それでは政治経済学は，第2次世界大戦後の国際通貨・金融の動きをどのように捉えたのだろうか．これを覇権安定論をめぐる論争を中心に跡付けてみよう[3]．

1. 国際金融問題における覇権安定論

ある国が通貨覇権をもつことが，通貨の安定，貿易の自由化，高い経済成長につながると覇権安定論者は主張する．国際通貨体制が安定して機能するには，それを維持することに関心をもつ国家や国家群が存在し，強い指導力を発揮する必要がある．指導力を発揮すべき国は，国際決済を円滑にするため，また外貨準備として各国が安心して保有できる国際通貨を提供し，複雑かつ高度な国際金融上の諸問題解決のために積極的に行動しなければならない．さらに必要とあれば，最後の貸し手として行動する．このような国際公共財を提供する能力と意思をもつ国を，覇権国と呼ぶことができる．覇権国は国内経済運営をある程度犠牲にしても，国際公共財を提供し続けることが期待されるが，現実には自国の利益が優先される．

キンドルバーガー (Charles Kindleberger)[4]や，その批判者のアイケングリーン (Barry Eichengreen)[5]らの議論は，国際通貨体制の形成における覇権国

の役割，安定的な国際通貨体制を維持するための国際流動性問題，国際収支の調整問題などが中心であった．ウォルター（A. Walter）も，国際通貨体制における覇権国の役割は，①国際通貨体制が順調に作動するための基礎としてのルールを確立し強制すること，②主権国家の政策協調を促進すること，③マクロ経済を適切に管理することであるとした[6]．

ブレトンウッズ体制は，圧倒的な経済力を持つ米国の主導の下に30年代に跋扈した「近隣窮乏化」政策と，その後の無政府状態への反省の上に構築された調整可能な固定為替相場制であり，各国の通貨は，金に結びついた米ドルに連結して安定が図られた．しかしドルが基軸通貨となったことは，ある意味では諸刃の剣でもあった．海外でのドルの利用が銀行や企業間で拡大するにともないドル価値維持が必要となるが，これは米国企業の輸出競争力やマクロ経済政策を制約することになる．

2. ブレトンウッズ体制の動揺と覇権衰退論

60年代にすでにその萌芽が見出されたが，70年代に入って国際通貨体制を脅かす幾つかの動きが顕在化した．たとえば泥沼化したベトナム戦争や福祉政策が招いた米国のインフレーションである．これらが米ドルの過大評価を生み出し，貿易赤字が拡大，ついには71年のドルの金交換の停止と切り下げをもたらした．73年には先進国は変動為替相場制へ移行し，その年の石油危機で深刻なスタグフレーションに見舞われた．

世界経済はルールにもとづく国際通貨制度から，経済大国による主要通貨間の為替相場や国際通貨問題に関する不安定な政治的合意へ依存することになった．協調メカニズムは十分機能せず，多くの改革案が出された．米国のマクロ政策に不満をもつ欧州は，それらの通貨の相互関係の安定をめざして，72年にはECの「スネーク」，79年には欧州通貨制度と為替相場メカニズムを導入した．

このような国際通貨体制の動揺について，覇権衰退論の説明は以下のとお

りである．覇権システムは究極的には不安定であり，覇権国はやがてシステムを管理する意思と能力を失い始める．なぜならば覇権システムを防衛するコストが，それから得られる利益にくらべて上昇し，またフリーライダーの増加もあり，また自身よりも他国が自由な交易からより多く利益を得るようになるからだ．自由な世界経済の中には矛盾が内在している．すなわち市場システムは，経済構造を変換し権力を分散させ，覇権国の政治的基盤を掘り崩す力を持つというのである[7]．

　70年代以降の国際経済・通貨体制の混乱は，覇権国である米国の力の衰退に起因すると言えるのだろうか．相対的な経済力はともかく，政治や軍事力は依然として超大国であり，むしろソ連崩壊後は1極体制を確立したように見受けられる．しかも米国は軍事・経済・技術力という「ハード・パワー」のみならず，他国の思考様式や問題設定の仕方への影響力を意味する「ソフト・パワー」（ナイ Joseph Nye）[8] もしくは世界の政治経済構造を形づくり，決定する力である「構造的権力」や他国に働きかけて何かをさせる「関係的権力」（ストレンジ Susan Strange）[9] を依然として持っているので，衰退したとは断定しえないという主張もある[10]．

3. 国際的レジームと国際協調重視

　これまでドルの支配を可能にしたのは，ギルピン（Robert Gilpin）によれば米国と他の主要経済大国との間にある政治的そして安全保障上の繋がりであり，他の効果的な選択肢が欠如していたからである[11]．特に日本，ドイツとの非公式な協調がドルの国際的な役割を支えたが，その協調が存続したのは，通貨システムの崩壊がもたらす国際経済・政治システムの混乱を両国が恐れたからだとも指摘する[12]．

　その彼も国際通貨体制において，米国の覇権が再構築されることはありそうもないと見る．ドルの覇権は，第2次大戦後の初期，世界のGDPの約半分を米国が生み出していた頃の所産であり，90年代になってそれが25％に

低下した現在，それは無理だと言う．そして大きく変動するドル資産価格，1兆ドルを超える対外純債務などを考慮すれば，通貨覇権国としての復活よりは，ユーロや円と共存すると見るのが現実的だとした[13]．

米国の相対的地位の低下はリベラルな世界経済の存続を困難にするので，コヘイン（Robert Keohane）らは，国際レジームと主要国間の協調により国際通貨体制が安定化することを期待した[14]．彼は他の大国を組み込んだ集団指導体制を形成すればそれが可能であるとする．先進国首脳会議やG7などがその例といえよう．覇権国の特権を維持しながら，それに必要なコストを他の大国に分担させる力を依然として米国は保有していると見ている．

また創立50周年を記念してだされた報告書[15]で，ブレトンウッズ委員会は，IMFと世銀が主要国と協力して，変動相場制の下での政策協調を進めることを促した．そこでは各国が財政規律を維持し，マクロ政策を収斂させ，為替市場への協調的介入を行うことなどが提案された．

石油危機の際には，OPECのオイル・マネーの還流を促すことで主要国は協力したが，その後1978年のボン・サミットで，米国は日独に拡張的な経済政策をとるように圧力をかけた結果，両国はインフレに見舞われて協調の対価を払わされた．長い中断のあと，国際政策協調が復活した．1985年9月にプラザ合意がG5の間で成立し，ドルの独歩高是正が試みられた．しかし不均衡はその後も是正されず，日本も大きな代償を支払うことになった．

国際協調を困難にする要因は多々あるが，国内の政治的，制度的な制約，特に各国政府や中央銀行が，自律的な経済政策の放棄に強い抵抗を示すことなどが挙げられよう．行天元財務官は豊富な通貨外交の経験の上に立ち，公式の国際協調システムへの回帰は非現実的と主張している[16]．ブレトンウッズ初期の国際協調は，米国の強い意思と力を前提としていたが，今の米国は能力はともかくとしてその意思は欠如しているようだ．また主要国も経済成長や物価安定など国内的な政策を優先し，米国に容易に追随しなくなっている．非公式の政策協調も，米国の強い意思と他国の利害への配慮が前提となろう．

ストレンジなど米国外の学者の中には，国際レジームが米国の覇権合法化の仕組みであり，政治的，経済的，イデオロギー的に米国に有利に働くと主張する者が多い．そして世界経済にもたらす基本的な問題の多くは，米国の経済政策の誤りによるものであり，米国経済の衰退の兆候とはいえないと彼等は批判する[17]．

4. 国際通貨・金融問題と構造的権力

現実にはニクソン・ショックでブレトンウッズ体制が崩壊した後も，米国の野放図なインフレ政策にもかかわらず，米国とドルは国際金融システムの中心であり続けた．これをどのように解釈すべきであろうか．

米国の覇権をめぐるネオリアリストとネオリベラリストたちの論争を批判しつつ，新たな観点で米国の国際通貨・金融問題へ圧倒的な力を発揮しえた背景について分析を試みたのが，シドニー大学のスィーブルック (Leonard Seabrooke)[18] である．

彼はネオリアリストやネオリベラリスト，そしてその「構造的権力」の概念[19] を使いながらもストレンジたち新現実主義 (new realism)[20] 者とも異なった分析の枠組みを提供しようと試みた．彼はまたウエーバー (Max Weber) とその影響下にある歴史社会学者の考え方に依拠しているという[21]．以下その主張を概観する．

(1) 米国の構造的権力について

第2次大戦後の大半の期間，米国は構造的権力を行使して，国際金融において自国金融仲介機関の活動を拡大し，財政や国際収支赤字，多国籍企業の資金需要を為替リスクなしでファイナンスする仕組みを構築し，外国金融市場の自由化，直接金融化の圧力をかけ，米国の利益のために正の外部性をつくり続けてきた．これを国内での金融規制，海外での資本移動の自由の擁護を意味する国内的能動主義 (national activism) と国際的受動主義 (international passivity) という政策を組み合わせて実現した[22]．その典型的な成果はユーロ通貨・債券市場の成長とそこでの米国金融機関の活躍，新機軸の続出であろう．

　国内的能動主義とは，国内金融市場や金融仲介機関の活動への厳格な規制であるが，これがかえって規制を迂回する様々な金融革新を生み，海外での米国金融機関の競争力を強化した．国際的受動主義とは，国際金融問題への受身の対応であるが，実際行動として受身であったか否かは別問題である．この政策の組合せで，他の国々の意思決定や選好に対して影響を与えてきた．特に直接金融指向が重要である．反面国際金融・通貨レジームに対しては，国益に合致する場合を除き概して消極的であった．

　彼は，米国の構造的権力が，その国家能力（state capacity）に依存していると主張する．そしてその能力は，米国政府と金融関係者（ワシントンとウォール街）間の競争・協調関係，すなわち「埋め込まれた相互作用構造（interactive embeddedness）」と「米国社会へ埋め込まれた金融」から生み出されるとする．彼の権力観は，社会に分散された権力は集中された権力より効率的であり，国家が国際的，国内的変化を生み出す場合にも，変化に適応するに場合にも，国の再編成能力を高めると主張し，中央集権や資源支配を重視する国際政治経済学の通説を批判する．

　また通説は国家をブラックボックス化し，その内部に立ち入らないが，彼は金融規制，金融システムの性格，直接金融の普及を含む国内の圧力が，国際金融における構造的権力を規定する国の能力にいかに影響するか，国内と国際領域がどのように相互に作用しあうかについての分析に重点を置く．

(2) 国家と構造的権力について

　クラスナー（Stephen D. Krasner）[23]のようなネオリアリストは，最終的な権威を持つ意思決定ができる政治的実体は，国家以外にないと主張する．たしかに国家は市場や社会的な行為主体が活動する環境を劇的に変化させる規制権力を保有する．しかし「国家」を必要以上に政府の行政府に限定し，権

力を市場の行為主体と分かち合う可能性や社会に拡散させる可能性を排除しているとスィーブルックは批判する．

　ネオリベラリズム，ネオリアリズム，そして新現実主義の国家についての考え方では，国家と市場は権力を求めてゼロサム・ゲームを争うアナーキーを前提にしている[24]．国家は社会から切り離され，主権ないし行政府と同じものとされる．しかもミクロ経済学から学んだ筈のネオリベラリズムとネオリアリズムは，たとえば金融仲介機関の直接金融へ移行などのミクロ経済的変化と，国家権力との間の関連性を理解していない．彼らは競争市場システムの中の似たような単位として国家をみることを確認するためにミクロ経済学を利用したが，国家内部の諸々の行為主体とその相互作用をブラックボックスの中に閉じ込めているからである．

　また基本的な誤りは，資源を中央集権化した指令の下におくのが，より効果的な権力であるとすることだ．むしろ権力を他者の選好を形成する能力とみるべきである．覇権衰退論争や国際レジームのような議論の混迷は，ネオリベラリズムやネオリアリズムの権力観や国家のブラックボックス化の弱点が原因であるとする．

　国際政治経済学の通説は，国内で働くダイナミックな力や，構造的権力を理解する概念的な道具を持たない．そこで国際金融における構造的権力の基盤を検討できず，直接金融の推進がいかに米国内でのダイナミズムを生み，それを他国へ拡大する中で米国金融機関がどのような特権を獲得するかを理解できない．そして国際システムの中で，国家を似たような単位として扱い，国内の諸要因を無視してきたからである．

　国家は，国際政治経済の中での変化を促し，それに適応するために自分を再構成できる諸制度と社会的ネットワークの柔軟な集合と見るべきである．それにより，いかに米国が社会や市場の行為主体に権力を分散し，構造的権力を強化することができるかが初めて理解できるという．

（3） 米国と国際レジームについて

ネオリベラルの政治経済学者達は，米国の覇権が衰退したことで国際レジームによる安定維持の必要性が高まり，米国もそれを受容したと主張する．すなわちレジームが原理原則，規範や意思決定手続きの設定を通じて，国際政治経済の負の外部性を内部化する．そして様々な経済行為主体の期待はその周りに収斂するというのである．国際協調によって，国々はより豊富な情報にアクセスでき，より大きな説明責任を担い，その結果富が増大し，皆が利得する状況が生まれるとレジーム擁護者はいう．

しかし米国は揺るぎない地位を維持して国際公共財を提供していた時期でも，覇権の衰退が取り沙汰されていた時期でも，自国の戦略的利益にならないレジームを支持はしなかった．最も成功した国際レジームといわれる1988年のバーゼル合意も，米国への潜在的な脅威（主として邦銀の急激な海外進出）を抑止するとか，財政赤字のファイナンスを容易にする（自己資本比率算定の際，財務省証券のリスク・ウエイトはゼロ）など国益に適ったレジームなので支持したにすぎず，その後の証券売買を対象とする自己資本比率規制の改定には米銀の競争力にプラスにならないとして消極的な対応に変化した[25]．米国が国際金融・通貨レジームに関与するのは，米国の利益にとり正の外部性を生み出すためであり，その構造的権力を行使することで米国は他国に対して優位な地位を維持してきたのである[26]．

（4） スィーブルック理論の疑問点

従来の政治経済学の通説を批判し，国家の能力の基盤は資源を支配する力ではなく，変化を創り出したり，変化に柔軟に対応する分散された権力構造をもち，他の国々の選好に影響を及ぼし得る力にあることを主張したスィーブルックの議論にはそれなりの説得力があるが，幾つかの疑問もある．

まず強力な構造的権力の基盤である「埋め込まれたワシントン・ウォール街の相互作用構造」の概念であるが，癒着ではなく時に競争的であり，時に協調的である関係を規定するメカニズムの一層踏み込んだ分析が必要ではな

いか．さらにグラス・スティーガル法中の銀行関連会社・子会社経由証券業務規制廃止と1999年の金融制度改革法（Gramm-Leach-Bliley Act）制定にともなう金融機関の巨大化と，それに対応して集中化する監督機構は，この柔軟な相互作用構造を変質させてゆく懸念があるとするが，どのような対応が可能だろうか．

次に米国の構造的権力の具体的な発現として，各国金融市場の直接金融化という側面が強調されている．たしかに米国経済の活力は株式・債券市場のダイナミズムに支えられている面が大きい．IT革新はベンチャー・キャピタルやIPOなしではこれほど進まなかったであろうし，経済の再構築に活発なM&Aやプライベート・投資ファンドの存在は不可欠であったろう．そしてその背景には，米国社会に広汎に「埋め込まれた」リスクに挑戦する文化がある．家計資産ポートフォリオにおける高いリスク選好や高水準で多様な負債の存在は，政治や経済環境の変化に敏感に反応し対応する体質を形成し，分散された権力構造のダイナミズムを支える重要な要素となっていると理解できる．そして国際金融における直接金融の拡大圧力は，リスク負担に保守的な諸国の金融システムを変化させつつあることも事実だ．同時に米国の金融システムの競争力は間接金融や市場型間接金融の分野でも顕著なものがあり，直接金融という概念だけで括るのはやや単純化しすぎではないだろうか．

さらにスィーブルックの分析がもたらす政策的な含意が不明確に思える．米国がウエーバーの言う寄生的な金融資本の優位な社会（RentのGewinに対する勝利）になることを，組み込まれた相互作用構造への影響を除き，格別懸念してはいないようだ[27]．それでは米国の構造的権力の求める証券化，直接金融化で各国の金融・資本市場の同質化が進めば，国際金融システムは安定し，資源の最適配分上好ましい結果となるというのだろうか．実態は競走上優位にある米国金融機関が，自由化が不均等に進む各国市場で制度的間隙を縫う一種の「裁定取引」を行うことで巨額の利益を享受するなどの跳梁をゆるし，寄生的利潤の追求を可能にすることで，市場の不安定化・不健全

化を助長しているのではないか.

　日本でも過去に日経平均の裁定取引や,企業の粉飾決算を隠蔽するデリバティブ取引などで米国金融機関は巨額の収益をあげたし,最近でもバブル崩壊後の不良債権処理をめぐる投資ファンドの活動でも似たようなことが起きたとの批判もある.もちろん自由化政策の整合性のなさ,緩慢さなどを利用されただけで,責任は専ら無能な日本の政策当局者や業界関係者らにあると反論するだろうが,このような現象まで自由な取引のもたらす経済厚生の増進と呼べるのだろうか.

(5) 国際金融における国際政治経済学の役割

　米国の構造的権力による国際金融市場の支配の行き着くところは何だろうか.今後も自由主義市場経済をイデオロギーの基盤として,国際資本移動の自由が世界経済の厚生を高めるという確信の下で「国際的受動主義」のスタンスは維持されるだろう.しかし貿易の自由化と異なり,自由な国際資本移動擁護論については,バグワティ(Jagdish Bhagwati)[28]がウォール街=財務省複合体の利害を反映したイデオロギーに過ぎないと批判したこともあり,経済学者間での大きな見解の相違がある.しかも国際資本移動の巨大化とスピードの加速は,外国為替・金融市場の変動性を高め,金融危機を続発させている.

　金融のグローバル化と,依然国家中心で政治的に分断された現実の矛盾は深刻である.IMF・世銀の改革など新しいレジームの創設や修正で,有効に対応してきたとネオリベラル派は主張しているがとても十分とはいえない.覇権国の自制の欠如や自国利益優先の方針に対し,ルールを強制できないのが国際機関の実情ではないか.

　しかもレジームを構築する場合に,その土台となるべき原理や政策思想が確立されてはいるとは到底いえない.グローバル化が進むほど,西欧的な理念に基づくブレトンウッズ・レジームと,非西欧諸国の政治経済システムとの間の軋轢が表面化する.米国の政策当局者やエコノミストたちは,いずれ

新古典派経済学の政策の処方や自由市場へ収斂するとして「国際的受動主義」の姿勢を崩すことはないであろう．ラテンアメリカ金融危機やLTCM救済などに見られるように，国益が絡む場合やシステミックなリスクが危惧される場合には，アド・ホックに果敢な政策的介入を行うが，国際レジームの構築については関心が高いとはいえない．

　9・11事件以後，国際問題での米国の単独行動主義が目立つ．米国が主導し，各国は不利益を蒙ることを恐れて，これに従うという構図は，国際政治・軍事面でますます顕著になってきた．今や米国は覇権国ではなくハートやネグリのいう市場主義・グローバリゼーション・情報化を柱とする「帝国」となったという見方すらある[29]．資本と情報の流れを掌握し，その世界的規模のネットワークの中に主権国家を組み入れるという意味では，国際通貨・金融の世界で「帝国」がいち早く現実化したとも言えよう．このシステムは，過剰な政治権力による介入や財政負担なしで市場活動を通じて維持されるので効率性が高く，かつての帝国と異なり自壊のリスクも少ないという主張もある．

　しかし「帝国」の最大の敵は米国自身かもしれない．肥大化する金融機関が「競争と協調」の枠組みからはみ出して制御不能になり，システミックな危機を招く危険はないだろうか．またエンロンやワールド・コム事件に象徴されるような直接金融のインフラが腐食しているという懸念もある．厳罰を伴う企業改革法（Sarbanes-Oxley Act）の迅速な制定等自浄作用は機能していると見られる反面，規制強化で行政機関が肥大化し，権力の分散や多様性がもたらしたはずの米国のダイナミズムが失われる可能性もありえよう．また国際レジームを無視する受動主義が市場の不安定化を招き，米国経済に復讐する恐れはないだろうか．

　このような複雑極まりない国際通貨・金融諸問題の分析や政策提言について，国際政治経済学が果たすべき役割は大きいはずだ．たしかに主流派経済学の厳密で制限的な前提に基づく限定された対象についての分析方法や理論体系，豊富な実証データなどに比べれば，現在の政治経済学は直感的で厳密

さに欠け，論者の歴史観や価値観に結論が左右される面が多い．しかし経済学といえども規範的な前提から完全に自由というわけではない．内外経済と政治・外交の相互作用が生み出す国際通貨・金融問題に対しては，経済学はもとより政治学，歴史学，社会学などの成果を動員し体系化された政治経済学を構築して，より深い現実の理解と問題解決に貢献することをめざす必要があろう．

第2節　国際政治経済学と通貨・為替政策

1．為替政策の経済学

　この問題について政治経済学的な接近を図るにしても，これまでの経済学的な分析の成果を踏まえる必要があることは言うまでもない．
　多くの経済学者たちが主張するように，資本移動が自由な経済において長期的には為替相場はマクロ経済的な基礎的条件を反映するとしても，短期的には基礎的条件から大きく乖離することが少なくなく，精緻なモデルをもってしても予測が困難である[30]．
　自国通貨の対外価値に責任ある通貨当局は，一時的なショックに起因する為替相場の好ましからぬ変動が発生すれば，無秩序な市場を沈静させる行動をとらねばならない．さらにマクロ経済不均衡是正を目的とする財政・金融政策を補完するために為替相場へ影響を与える政策の発動が期待されることもある．そのような政策は，経済政策の中でどの様に位置づけられ，いかなる効果が期待できるのであろうか．

(1)　通貨政策と為替政策
　本書では通貨政策とは，小川英治の定義に従い，自国通貨の対外価値に関する政策をいう[31]．それはどのような為替相場制度を選択するかの問題と，選択された為替相場制度の下で，どのような為替相場の水準を目標とし，そ

れを実現するための為替市場介入[32]を行うかという為替相場政策（以後為替政策とよぶ）の運営の問題を含む．

金融政策は，国内で購入される財・サービス一般に対して通貨価値を安定化させるために国内金融市場において中央銀行により運営され，為替政策と密接な関係をもつが，自国通貨の対外価値は外国通貨の価値の変動によっても変化するので両者は区別される．

現在選択されている変動為替制度の下で，為替政策の目標が自国通貨の対外価値の安定を図ることにあるとしても，それは2国間の為替相場の安定化か，それとも実効為替相場なのか，さらには名目為替相場か実質為替相場かという問題がある．日本の場合，貿易や資本取引における契約通貨が主として米ドル建てなので，ドル円相場の安定を目標とする場合が多い．

為替政策を，実効実質為替相場すなわち交易条件に影響を及ぼすために用いる場合も想定される．それは輸出入や貿易収支へ影響し，外需を通じてGDPや国内物価などのマクロ経済変数に影響すると考えられるので，財政・金融政策との間で政策目標が整合的でなければならない．物価の安定している国の通貨との為替相場を安定させることで金融政策の独立性を放棄してその信認を高めることもできる．

(2) 為替市場介入の効果

名目為替相場へ影響を及ぼすために，通貨当局は為替市場に介入することがある．ブレトンウッズ体制の下では，登録されたIMF平価を中心に一定の範囲内に為替相場を維持するために市場介入がおこなわれた．変動為替相場制の下では，為替相場はファンダメンタルズを反映して柔軟に変動すべきものであり[33]，通貨当局による市場介入は投機的な動きなどで生じる急激な為替相場の変動を抑制するために行われるとされている[34]．それでは為替市場介入は例外的に行われてきたのだろうか．現実には，変動為替相場期の介入額は，ブレトンウッズ体制期の介入額を上回ったという指摘もある[35]．

為替市場介入はどのように為替相場へ影響を及ぼすのであろうか．それは，

非不胎化介入と不胎化介入に分けられ，それぞれの効果を比較する形で議論されてきた[36]．

1) 非不胎化介入：通貨当局が国内の貨幣ストックに影響を与えるやり方で為替市場に介入する場合，例えば日銀がドル安阻止のため，ドル買い・円売りをして，民間に供給された円を放置して貨幣ストックの増加を容認すれば，日本の金利は低下，ドル資産に比べて円資産保有の誘因が低下しよう．また金融緩和で生産が刺激され，輸入が増加し，ドル安を阻止できる．そこで多くの経済学者たちは，この種の介入は為替相場に影響すると考える．

2) 不胎化介入：為替介入が国内貨幣ストックに与える影響を，中央銀行が公開市場操作などで相殺する．資産が不完全代替[37]であれば，為替相場に影響を与えうるかもしれぬが，一般には効果がないというのがコンセンサスとなっている[38]．

たとえば本邦通貨当局がドル安阻止の不胎化介入をした場合，国内金融市場に変化なく金利も変わらなければ，魅力のないドル資産を購入する誘因は高まらない．この介入が為替相場に影響を与えるとすれば，政策変更へのシグナルとして受け止められる場合であろう．市場参加者が通貨当局は将来金融政策を転換し，ファンダメンタルズの変化を引起すかもしれないと予想すれば，その範囲で効果をもつかもしれない[39]．この効果は市場参加者の予想に依存するので不安定とみられる．

今ひとつの介入効果の説明としてマイクロストラクチャー・アプローチがある．すなわち為替ディーラーたちは価格設定をする場合に，彼らが観察する注文の流れに基づいて意思決定することが常であるが，介入行動における通貨当局の注文の動きが，彼らにとって独自の有用な情報である場合，彼らの将来の為替相場予想形成に影響し，その持ち高を調整させると，他の付和雷同するノイズ・トレーダー達も同調し，その結果通貨当局の注文を上回る注文の流れを生み出し，為替相場を動かすかもしれない．とくに通貨当局が将来の金融政策や為替相場政策，経済の基礎的条件などに独自の情報をもつと市場関係者が信じれば，より効果を発揮する[40]．

(3) 国際通貨基金の指針（ガイドライン）と助言

IMFは加盟国に，次のような為替相場政策の指針を示している[41]．

① 効果的な国際収支調整を阻害したり他の加盟国にたいして不公正な競争上の優位を得る目的で為替相場や国際通貨システムを操作してはならない．

② 自国通貨の交換価値が例えば破壊的な短期の変動に見舞われるなどの場合には，必要なら無秩序な状態に対応するために為替市場に介入しなければならない．

③ 加盟国は介入政策において，介入対象通貨国の利害を勘案すべきである．

その枠内で実施されるべき為替市場介入政策について，IMFスタッフの論文は，いくつかの問題を指摘している[42]．主なものを次に列挙する．

① 為替市場介入は，独立の政策手段ではない．介入目標はマクロ経済政策と整合的でなければ成功しない．長期にわたる好ましくない為替相場変動は，マクロ経済不均衡や投資家の通貨への信頼の喪失を反映しているので，介入は効果を発揮しない．長期にわたる一方方向の介入は回避すべきである．

② 為替市場介入を，破壊的な為替相場変動を抑制することでマクロ経済不均衡是正のための政策を補強するために用いることは可能である．その成功のためには，マクロ経済調整への信頼できるコミットメントの存在が前提となる．

③ 為替相場のミスアラインメントや市場の無秩序を検出するのは困難であり，通貨当局は市場状況の分析を厳密に行う必要がある．市場のボラティリティを緩和しミスアラインメントを調整するための介入を，特定の為替相場水準を狙うために行ってはならない．

④ 介入のタイミングと介入額は，経済的なショックの性質や持続性，為替相場の圧力，その他経済指標や市場情報，経済予測，利用可能な外貨準備などに依存するものの，優れて主観的な問題である．

⑤ 介入政策目標は透明で明確に特定されるべきである．通貨当局は政策の

達成に関して説明責任を負うことで，信頼を高めることができる．介入目的は，経済が直面するショック，マクロ経済政策ミックス，外貨準備に照らして絶えず再評価されるべきであろう．

(4) 本邦為替政策の特異性

　本邦の通貨当局は，変動相場制移行以後，2004年3月に至るまで，他の先進国では見られない大規模な為替市場介入を継続してきた．特に1991年以降2004年3月までの介入額の累計では，ドル売り・円買いが約5兆円であるのに対して，ドル買い・円売りは約60.7兆円で圧倒的に円安誘導，もしくは円高抑止の姿勢が読み取れる．折角回復の芽が出始めた日本経済にブレーキをかける円高を回避することは，単に日本の利益のみならず，国際的にも理解されうるとする本邦当局の主張にたいして，介入効果を疑問視する向きもあり，また輸出主導の経済成長路線を脱しきれない無策を糊塗するものとの批判も根強い．加えて介入の結果，膨れ上がった外貨準備は，2004年3月には8266億ドルに達した．主に米国の短期財務省証券に運用されている．為替リスクがあり，処分もままならぬ資産を大規模に積み上げるのは異常だという見方も多い．

　また介入に必要な円資金は外国為替資金特別会計により発行される政府短期証券で調達されるが，その残高が国会が議決した上限に近づいたので，さらなる円売り介入のためには増枠が必要であった（03年度当初79兆円，1号補正で100兆円，04年度は140兆円へ増額）．米国の財政赤字のファイナンスを相当程度日本が国債発行をして賄う構図となっているが，これまで国会でもその妥当性について十分な議論がされていないし，通貨当局も十分な説明責任を果たしているとはいえない．

2. 為替政策・為替市場介入問題への政治経済学的接近

　為替相場は2国間の通貨の交換比率である以上，為替相場の水準に対して

ある国の通貨当局が影響力を行使することは，相手国との間に存在する経済・金融関係のみならず政治・外交関係へ様々な影響をもたらす可能性がある．またそれら諸関係が，通貨当局の介入政策を規定するかもしれない．とくにドル円相場のように，世界経済の中で重要な地位を占めている2国の通貨が関係する場合には，介入政策は国際政治経済上の重大な問題になりうる．

　さらに国内の様々な行為主体に対する影響も大きい．円安誘導は輸出産業を潤すが，輸入産業，そして消費者にとっては打撃となりうる．為替市場介入は，所得の再分配効果をもつ以上，経済的効果に加えて政治的な効果への配慮は不可欠な筈である．それでは政権党やその出身の大蔵大臣/財務大臣と，介入を立案・実施する通貨当局の間にはどのような関係が存在するのであろうか．たとえば本人・代理人関係が存在するのであろうか．然りとすれば，代理人たる通貨当局の行動の誘因や制約条件はどのようなものか，説明責任や政策評価はどのように実行されるのかなどさまざまな疑問が生じる．残念ながらこれらについての政策当局の事後的な説明が乏しく，データの公表も最小限に止まっているのが実情である．したがって外部者は，限られた情報をもとに，通貨当局の意図を解釈し，評価せざるをえない．

　研究者たちは，これまで主として計量的なアプローチによって為替市場介入の効果についての分析と評価を行ってきた．しかしながら為替介入政策については国際政治経済の影響や国内の諸経済行為主体間の相互作用を観察・分析の必要があり，そのために政治経済学的知見を活用することにより，この問題の理解を深め，経済学的な評価の尺度とは異なる視点を導入できないかというのが，ここでの問題意識である．

　市場に支配的な予想を変化させなければ，為替介入の効果が期待できないとすれば，通貨当局による為替・金融政策の運営について，市場の信認を獲得することが必要である．そのためにはこれらの政策が，国際政治経済の大きな枠組みや，国内の諸行為主体間の利害調整を実現するための諸政策との間に大きな矛盾があってはならない．その疑いがあれば，市場は為替介入政策がやがて破綻することを見越し，一方的選択権をもつ為替投機が発生する

ことになる.

　経済学は，前述のような政治経済的問題については外生的な要因として，考察の対象としない．それでは通貨政策一般，そして為替介入政策をより踏み込んで評価する上で，どのような理論や手法があるのだろうか．

(1)　国際政治経済関係考察の枠組み
1)　国家と国内諸行為主体

　現代の国際政治経済関係は，拡大する多国籍生産，国境を超えた金融の流れ，自由化が進む国際貿易で特徴付けられている．同時に個人，集団，階級，国家間の政治的紛争も増大している．経済的統合の進展と富の生産，政治的支配や国家の自律への欲望の相克が，グローバル政治経済で発生している多くの現象を規定する．複雑な国際政治経済問題を整理して枠組みを作り，その中に為替政策を位置付けるために，いくつかの考え方を検討してみよう．

　フリーデン（J.A. Frieden）とレイク（D.A. Lake）[43]は，①国際的諸力・要因が，国内の政治・経済を規定する場合と，その逆の場合のどちらを重視するか，②国家と社会，政府とそれが代表している社会的勢力との関係，すなわち国家が社会的諸勢力から独立して独自の論理で行動しているか，社会的諸勢力を単に代表しているのかという基本的な視点から出発する．

　これら2つの視点を組み合わせると，4つの異なるアプローチに整理される．

　(i)　国際的アプローチ

①国際政治重視の見方：諸国家が活動している地政学的，外交的な環境によって，諸国家に課される制約を重視する．

②国際経済重視の見方：個別国家への外部からの制約の重要性を強調するが，政治的要因よりグローバルな社会経済的要因に光を当てる．技術，通信，金融，生産などが基本的に諸国家政策を決める環境に影響すると考える．

(ii) 国内的アプローチ

①国内制度重視の見方：国内の政策決定者や政治的制度が，国家の優先順位を決定し政策を遂行する．社会的な諸勢力から国家が自律性を維持している場合もあれば，国家組織が主として社会的諸勢力の利害を調停する機能を重視する場合もある．

②国内社会重視の見方：国内の経済や社会，政治的行為主体に注目し，国際的制約要因よりも，国内の社会経済的な圧力を重視する．国の政策の決定要因は，個人，企業，集団等の要求であり，政策決定者の独立した行動ではないとする．

以上のように単純化されたアプローチでは，現実の国際政治経済関係がもつニュアンスや複雑さを説明できないにしても，ある国の対外経済政策が国際的と国内的，そして政治的と経済的な要因により制約されていること，ある時点，ある国で，ある力の組合せが，他の力の組合せよりも重要であるということ，すなわち社会的諸勢力か，自律的な国家行動か，グローバルな要因か，国内要因かを観察する手掛りとなりうる．

2) 日米関係について

本書がドル円相場に反映される日米関係を政治経済学的な枠組みの中で観察しようとする以上，これまで日米関係が政治経済学的にどのように把握されているかを理解しておく必要があろう．

(i) パックス・アメリカーナ

戦後の国際体制は，戦間期の混乱を反省し克服するための国際連合主導の集団安全保障体制と，国際政治経済体制としてのブレトンウッズ体制を基盤として構築された．しかし東西冷戦が激化するにつれて戦後体制は変化し，西側は米国中心の集団防衛網を築き，ブレトンウッズ体制もまた，米国の経済力に依存して機能することになった．

このような動きを反映して，政治経済学では，60年代後半から70年代前半には，国際関係における国境を越えた経済問題の重要性を強調する「相互

依存論」，70年代後半から80年代にかけては国内体制と国際関係の安定を制度化し相互依存関係を管理しようとする「国際レジーム論」が唱えられた．80年代には，国際レジームを公共財とし，その形成・維持において圧倒的な力を持つ覇権国が存在すれば国際レジームも安定すると主張する覇権安定論や，それを複数の国々の協力で維持することを説く共同統治論が主張された[44]．

中でもギルピン[45]は，依然として国家が優越的な地位を占めているものの，現在は市場と国家，多国籍企業，国際機関等の行為主体の相互作用が，グローバルな政治経済関係を形成しているとし，これら諸行為主体が，その政治的・経済的利益を極大化しようとして，国際経済に影響を与えると見る．

彼によれば，安全保障・国際政治システムは，国際経済が機能する本質的な枠組みを提供するので，国家の主要関心事である．経済問題に関しては，国家が主な意思決定を行い，他の行為主体はその中で機能する．しかし国益やそれを追求する政策は，支配的な政治エリート，官僚組織，圧力団体などにより定義づけられるのである．

世界経済がどのように機能し統治されるか，すなわち国際的なルールや制度などの国際レジームの創出と遵守問題について，ギルピンは強力な指導力とガバナンス構造が必要という．国際的に自由な経済の創造と管理には，指導力を発揮する覇権国家もしくは同盟諸国を束ねる指導国家が不可欠である．このような国家は，自国と同盟国の利益のため，開放された貿易システム，安定した国際通貨システムを含む国際公共財を提供する．それには自由な世界経済への関心を持ち，その目的のために政治的，経済的資源を使う卓越した権力と意思を必要とする．そしてそれを支える国内的なコンセンサスも重要であると指摘する[46]．そしてその役割を米国が果たしてきたのである．

(ii) パックス・コンソルティアかパックス・アメリカーナⅡか

1975年にランブイエで主要先進国首脳が集まり，第1次石油危機後の経済政策を協議して以来，毎年主要国首脳は，国際政治経済問題を協議する場としてG7サミットが定着した．この時期は，ブレトンウッズ体制の崩壊に

見られるように戦後世界経済の成長を支えた国際秩序が崩れ，貿易収支の赤字化，ドル危機，ベトナム戦費の高騰などで，米国の世界秩序維持コスト負担能力に限界が見え始めた．また冷戦構造がデタントの様相を呈し，主要国の多国間協議が求められる時期でもあった．80年代初頭から12年にわたる共和党政権下でパックス・アメリカーナの復活が試みられたが，軍拡予算で財政・経常赤字が悪化して成功せず，クリントン政権は多国間共同管理型の国際政治経済運営を模索せざるをえなかった．

猪口邦子は，ポスト覇権システムは，国際政治経済の各分野で最も中心的な役割と責任を負う国々がコンソーシアム型の共同管理体制を組み，政策目的と利害の調整を繰り返しながら，その分野の秩序の形成と運営に当たるシステムと見た．各領域のコンソーシアム型体制の重層的な体系で国際秩序が維持されるという構造こそ，非能率に見えるが，長期的にはカタストロフィを回避できる可能性が高いと主張した[47]．

しかし9・11事件後の米国の単独主義的な行動は，再びパックス・アメリカーナ復活志向を感じさせた．たしかにイラク戦争の戦費・復興支援の費用の増嵩で，主要国や国連との協調路線に軌道修正を余儀なくされているように見えるが，圧倒的な軍事力，広大な国内市場や洗練された金融市場，強力な情報技術などを武器に新しい形態の帝国を形成しつつあるという見方すらある．藤原帰一は，広大な地域を支配するために膨大な資源を浪費した古典的な帝国と異なり，この極限的な非公式の帝国は，競合する権力がないので，直接介入しなくても各国が帝国の決定に従うことが期待でき，経済効率がよくコスト負担で壊れる危険は少ないとする[48]．湾岸戦争時の各国への戦費負担の要求も，イラク戦争後の国連介入を容認する軌道修正も，必要とあれば国際協力を利用して，帝国の維持を図ろうというしたたかな計算に基づく行動とも考えられる．

米国は共産主義の脅威へ対抗するために，米軍が中核的作戦能力を把握する一方，西側諸国を共同防衛体制に取り込み，補完戦力を担当させる方針であった．その後西欧・日本の経済力向上にともない，防衛費用や対外援助の

負担の肩代わりを求めた．責任分担（burden-sharing）要求の本質は，覇権国である米国が，自国の経済的地位の相対的低下で動揺するパックス・アメリカーナを維持・拡大するために，他国に負担を転嫁するところにある．見かけはパックス・コンソルティスであるが，実際にはパックス・アメリカーナⅡであると，坂井昭夫は指摘する[49]．

　米国が各国に責任分担を求める理論的根拠として，国際公共財理論がある[50]．これによると自由貿易体制，国際安全保障などを国際公共財と規定し，フリーライダーが存在すれば，コスト負担の制約で最適供給が不可能になるとする．覇権国たる米国は自国の純便益がプラスである限り，基軸通貨，国際通貨システム，安全保障体制などの公共財を供給し，すべての国が恩恵をうける．純便益がマイナスとなれば，国際公共財供給のインセンティブを失い，国際社会は混乱や無秩序が生じやすくなる．そこでコスト負担に比べて恩恵を受けてきた先進諸国，とくに日本に応分の負担を求めるという理屈となる．

　しかし国際公共財理論には批判もある．多国間の安全保障システムは，排除不可能の特性をもたず，一種の「クラブ財」であり，また国際通貨システムを米国の赤字ファイナンスに利用する場合，それは公共財より私的財に近くなる．このようにイデオロギー色の強い国際公共財理論を用いて，米国は安全保障と基軸通貨といった中核的公共財を中心に担当し，日欧に他分野を委ねる形の分業を進めてきたといえる．米国の関心はパックス・コンソルティスの実現よりは，国益優先のパックス・アメリカーナⅡであろうと坂井は見る．

　いずれにせよナイやストレンジの言うように，米国は他国が追随するソフト・パワー，構造的権力を依然として保有していることは否定しがたい．レジームに対しても，国際機関に対しても，最大のパワーを保持し影響力を行使し続けている．その政治的決定や非決定の帰結を，覇権衰退に帰することは米国の責任を解除することになりかねない．このような前提で日米関係を考えざるを得ない．

(2) 通貨外交・為替政策の政治経済学

どの為替相場制度を採用するか,固定された相場の変更,変動相場制における相場水準の管理などを含む通貨政策とその延長の通貨外交は,対外関係はもちろん,国内の様々な行為主体の錯綜した利害に関わるので,極めて論争的な問題である.これに関わる政治経済学的分析の事例を検討して見よう.

1) 為替相場の政治経済学

為替相場が経済行為主体に及ぼす影響に焦点を絞った分析の枠組み提示を試みたものに,フリーデンの論文がある.問題点の整理に役立つので要約する[51].

彼は自国通貨の対外価値が各国の政策当局者,アナリスト,投資家にとりますます大きな関心事となり,また政治経済的論争の首題となっているとし,2つの問題を論じる.

①為替相場のもつ政治的重要性が変化した.経常・資本取引の自由化にともない,為替相場変動が分配に影響を強めるので,為替政策の政治化は避けがたい.

②為替相場制度の選好について,政治的な分断が存在する.社会的グループが異なれば,固定相場か変動相場か,過大評価された相場か過小評価された相場かについての選好が異なる.

i) 金融政策と為替相場

為替相場の安定性,国際資本移動,金融政策の独立性の間のトレード・オフで,為替相場は金融政策と相互に制約しあうとともに,政治の場面でも社会経済的集団の活動に影響する.

ii) 為替相場変動が相対価格に与える影響

金融的に開放された経済では,金融政策は為替相場に影響し,貿易財・サービスや非貿易財・サービスの相対価格を変化させる.たとえば金融緩和は為替相場を下落させ,自国産貿易財価格を外国産貿易財に比べ安くし,さらに非貿易財・サービス生産者にも二次的な影響をもたらす.相対価格効果は,

特定の利害関係者には即時的で著しいので，特定集団から政治的圧力が強まるだろう．

　iii）　為替相場制への異なった選好

さまざまな経済的行為主体は，為替相場の安定と国内の金融情勢に影響を及ぼす金融政策の間のトレード・オフにおいて，異なった利害関係をもつ．

非貿易財生産者など国内の景況に依存する経済行為主体は，金融政策の独立性を求めるので，変動為替相場が選好される．

一般に国際貿易や投資に従事している人々は，その経済的パフォーマンスに大きな影響をもたらす為替相場の予見可能性を重視し，固定為替相場制を好む．国際投資家も，為替相場水準よりもその変化に懸念を抱くかもしれない．

グローバルに生産が多様化している企業は，為替相場の水準には敏感でないが，投資計画を形成する上で，不安定な為替相場は問題となろう．

　iv）　為替相場水準

貿易財の生産者は，相対的に減価した自国通貨を好むのにたいして，輸入業者，消費者は増価した自国通貨を好む．国際投資家は資産価格と収入の両方に関心を持つ．為替相場の増価は，自国通貨建てで外貨建て資産を安くするが，そこからの収入の流列の価値を減らす．

　v）　為替政策の政治化

世界が金融・貿易的に統合されるにつれ，為替相場についての政治的論争が高まる．為替相場の水準とその変動の範囲如何により，諸々の経済行為主体の間に分配上の対立を生むようになり，マクロ経済政策形成は，より政治化される．

為替政策についても，経済行為主体間に政治的な対立が高まる．為替問題が政治化されれば，政治的分裂や潜在的同盟の新しい組合せが生まれる．それを理解することは，国際政治経済分析の第一歩である．

2) 通貨外交・為替政策の担い手の行動分析に利用可能な諸理論

これまでの日本は，パックス・アメリカーナの受益者の立場を享受してきた．その関心は，最終的には逆らえない米国を，いかにうまく利用するかに重点があり，米国側もその戦略を遂行するのに貢献し障害とならぬ限り，反共とアジアの防衛の砦としての日本の立場を尊重してきた．しかし日米の経済力格差が縮小するにつれて，フリーライダーの非難を浴びて責任分担を迫られ，また市場開放や構造改革を求められる場面が増大してきたが，摩擦や紛争が日米関係を決定的に悪化させる直前のぎりぎりの線まで，各分野の官僚たちは日本の「国益」[52]を守るために抵抗し，結局は政治的決断で日米関係の破局を回避するという形を繰り返してきたと思われる．

そして為替政策は，急激な為替変動やミスアラインメントへの対応という役割も果たしたものの，財政・金融政策の行き詰まりや内外の政策矛盾の中で，対応を要する問題の先送りを図る手段として十分な費用効果の分析もなく，また総合的な国際政治経済的戦略の中での位置付けもないままに多用されてきたのではないかという疑問がある．この疑問を解明するために，変動する国際的政治経済の枠組みの中で，さまざまな国内諸行為主体がどのような行動をとってきたのか，その動機は何か，それが国際関係にどのように影響したのかについて，正統的な経済学的分析とは異なった観点からの解釈や評価を試みることとしたい．

そのためには，様々な社会的勢力＝諸公私行為主体，特に国家機構内部で強い政治力や権限を持つパワー・エリートたち，なかんずく通貨外交や為替政策を担う官僚組織がどのような動機で行動するのか，政治家や他の官僚組織とどのような関係をもつのか，そしてこれら公私行為主体がどのように影響しあって実際に政策が形成されるのかについて，これまで提起された政治経済理論を比較し，依拠すべき理論的枠組みの選択を試みることとする．

①社会的勢力関係＝パワー・エリート論

牧野浩は諸学説のサーベイを行った上で，国際通貨政策分析に関して有効と考えるこの枠組みを提示している[53]．

（i）国際通貨政策にかかわる決定・執行過程の分析方法について考慮すべき留意点は次の通り．

a) 利益集団論や多元主義の立場にたちつつ，国家の積極的な役割を包摂する．

b) 国家の政策は，社会集団や階級などの経済的，非経済的要求からどの程度自由でありうるか．

c) 政策決定過程での個人や集団の意識的，認知的な要因．

d) 国家や社会の諸制度，ルール，規範などが政策決定過程や展開過程を特徴づける程度．

e) 国境を越えた国際経済関係の進展を評価し，国際経済関係の要因が国内要因に及ぼす影響と，その逆の影響の評価．

（ii）社会的勢力関係＝パワー・エリート論的アプローチの骨子．

a) 特定の利害意識と政治目標を持ち活動する利益集団を「社会的勢力」と規定．

b) このような社会的勢力や，国家機構内部で強い権限や政治的力を持つ議会，財務省，中央銀行などをパワー・エリートと規定．マスコミもそれに準ずる．

c) それらの対立と連繋関係のもとでいかなる社会的勢力を背景としたパワー・エリートがヘゲモニーを執るかで，国家の政策立案過程と執行過程の基本的な政策が規定される．

d) 国家と経済の編成，経済的・政治的諸制度，明示的あるいは暗黙のルール，規範は，諸勢力，パワー・エリートの政治目標と行動に影響を及ぼし制約する．

e) 指導者個人，指導層，社会的集団の心理的・認知的特質が社会的諸勢力の政策的選好や意思決定に影響を及ぼす．

このような観点から，彼は国際通貨政策決定と執行の分析において，産業界，金融界，議会や政府機構のパワー・エリート，マスコミの動向に強い関心をもち，ニクソン・ショックに至る日米通貨外交を比較・分析した．

②国家論的アプローチ

国家は社会的利益から自立して行動すると想定し,その重要な構成員であり法的権威に立脚する組織である官僚が,私的な行為主体や利益集団から独立して,専門的知識と能力により社会的利益を制御する目的を合理的・効率的に追求するという考え方である.そのために自らの権威や権限を強化し,組織利益を追求する.経済官僚の場合は,経済発展という公共利益を追求することになる.

日本は合理的に産業発展を図ろうとする国家とされ,官僚はさまざまな政策を使って効率的な資源配分を促進し,将来性のある産業の育成を図ったという研究もすくなくない[54].

これに対して政府が広範囲に市場に介入する国では,大規模な「レント追求」が行われ,経済行為主体は政府の補助金と保護を求めるロビイングを行うが,強大な権力をもつ官僚は,私的利益や組織利益充足を省みずに,マクロ経済の発展という公共利益実現に邁進,適切な資源配分を行いえたのかという疑問がある.

このアプローチを本書での分析に利用するには,通貨当局は合理的な通貨外交を推進したり為替市場へ影響力を行使できる資源と機会をもっており,それが資源配分を効率化するという因果関係が存在する必要がある.また官僚の個人的レベルでの合理的行動と組織レベルでの意思決定との調和,他の行為主体との関係などの問題の説明が十分でないという批判がありえよう.

③公共選択論

国家,政府,有権者,政治家,官僚などの諸行為主体の行動や,政治制度や政治的行為主体が経済現象に与える影響を,経済学理論を応用して分析しようとする立場である.ケインズが政府は積極的に経済介入することを提唱したのに対して,賢人の小集団が政策を行う「ハーヴェイロードの仮定」(Presuppositions of Harvey Road) を前提としていると批判するブキャナン (James M. Buchanan) など公共選択論者は,政策決定者は慈悲深くも賢くもなく,利己的で合理的に行動すると主張する.官僚も個人的ならびに所属す

る組織の利益のみを追求し，具体的には，組織の予算を最大化させて，その特権，威信の拡大や身分の安定強化を図るとされる．このような議論は，官僚が情報を独占し，政権政党などによる政治的統制が存在しないという前提に立つ．しかし民主主義国家での政策形成を考える場合は，官僚に対する政治的コントロールが欠如し，官僚部局が予算決定において独占的な支配力をもつなどの前提は非現実的であり，政権政党が官僚に対してどのような影響力を行使するのかを考慮する必要がある[55]．

④プリンシパル・エージェント理論

上述の国家論，公共選択論では民主主義国の政策過程を説明することに無理があり，再選の可能性を高めるインセンティブをもつ国会議員が自分の選挙区の利益を代表し，それを実現するために行政府や官僚の政策決定に働きかけると考える方が現実的である．この理論は選挙民と国会の関係，国会とそれにより選ばれた内閣の関係，主務大臣と官僚組織の関係を，本人と代理人の委任関係で捉える．もともと経済学で発展し政官関係分析に適用された理論であるが，政治家と官僚の間にある情報の非対称性を前提としており，政治家が自ら情報収集したり専門知識を蓄積するコストが大きいので，政策の形成や実施を官僚に委任すると考える．しかし官僚は，政治家とは別な目標を持つので，政治家の利益に反して自らの利益に適った政策を形成・実施しようとするかもしれない．この官僚の逸脱行動を政治家は如何にコントロールできるかが問題の焦点となる．

本理論が日本へ適用できるか否かについては，「日本では政治家が官僚をコントロールするための諸制度が備わっているため，官僚が政治家の選好から逸脱することが抑制されている」という見方がある一方，「日本の政策過程の多くは官僚制の内部過程であり，政策は官僚の行動を通じて形成・執行されてきたため，官僚制の政策選好や官僚制内部の政策過程を描くことができないアプローチは不満足」という批判もある[56]．

通貨/為替政策は大蔵省/財務省の財務官，国際金融/国際局長を中心に策定，実行されてきた[57]．形式的には，彼らは政権政党出身の政治家である大

臣の指揮下にありエージェントといえるかもしれない．しかし財務省の中でも専門性の高く，また高い機密性と迅速性を要するため，政治が直接関与することが困難な分野であるため，彼らの裁量に任される範囲は他の行政事務にくらべて遥かに大きく，また同省の他部門に比べて独立性が高いように見受けられる．

　権限配分は政治的決定プロセスを考える上で重要であり，実質的権限の所在が意思決定の問題を考える上で重要であるが，基本的には優れた情報や知識をもつ主体に実質的権限が付与される傾向があり，それがプリンシパルの利益にかなう．通貨外交や為替政策の分野でも，専門性の高い情報を持つと見られる財務官，国際金融/国際局に実質的決定権限が委ねられる[58]．それがまた情報蓄積のインセンティブを高めることになる．しかしエージェントは自分の利益を最大にする決定をし，プリンシパルに不利益をもたらす可能性があるとすれば，財務官，国際金融/国際局はどのようなインセンティブで行動し，それをプリンシパルの政権政党，そしてそのプリンシパルである国民はどのように監視し評価すべきかが問題となろう．

　インタビューした元財務官たちの発言から受ける印象は，政治家や私的行為主体の利害を超えて「国益」のために活躍してきたという自負を持ち，エージェントという意識は希薄である．政権政党が官僚組織を完全に制御するのではなく，後者が独断で政策を決定するのでもない，両者が自己の目標を実現するために他の行為主体の反応を考慮しつつ戦略的に行動すると想定して，政策形成の過程を分析するのが現実的ではないか．すなわち通貨外交や為替政策が国際関係と深く関わるとともに国内の諸行為主体に分配上のインパクトを与えることから，政権政党と通貨当局の政策形成に関わる戦略的行動を分析する方法について，より踏み込んだ理論的枠組みが必要と思われる．

⑤限定合理性概念を用いる官僚の行動分析

　加藤淳子は，官僚が政策知識や政策形成を独占し，政党政治家や有権者の無知を利用して政策への影響力を持つのではなく，政策知識と情報を共有しながら組織全体で効率的に政権政党と協力関係を進めることで影響力を行使

するという理論を展開する[59]．その際用いられるのは限定合理性の概念である[60]．

　官僚が実質合理的に行動し，その効用関数によって定義された目標を追求・達成するためにもっとも適切な手段を選ぶと考えるのは，他の行為主体がその選択にどのように反応するかを合理的に予測できることを暗黙に仮定している．これに対して，加藤は官僚が現在の認識と評価の制約の下で，最も効率的な手段をえらぶことで優先順位が高い目標を達成していると仮定する．官僚が自らの知識が限定的であることを自覚し，現在の状況からより多くの情報を得ようとし，その認識する状態に矛盾なく行動を適合させる限り，彼らの自己利益追求の行動は主体の認識と評価の前提から見て合理的とするのである．そのような視点で政治家と官僚組織間の戦略的相互関係を分析することで，ある特定の政策がなぜ実施され，またはされないのかを説明できるとする．

　官僚組織は組織権力を増大することと，政策決定に専門的知識に基づいて社会的厚生や公共利益を反映させようとする2つの目的を追求するが，相互に矛盾することもある．しかし特定の問題に対しては，政策科学や経済理論をもってしても，政治から独立して最適な解決策が得られるとは限らず，いくつかの代替案が示されるのが一般的であるため，官僚組織はその中で組織権力を増大させるような政策を選ぶと考える．

　目的合理的である官僚組織が目標の実現のために他の政治アクターの反応を考慮しながら戦略的に行動すると想定して日本の政治過程を分析した今ひとつの研究がある．戸矢哲朗は，官僚組織が自己存続を追求する上で「天下り」が重要性をもつので，それへの需要を生む背景となる規制権限や裁量権の維持・拡大に官僚は関心を持つと指摘する．同時に政治，経済，社会におけるプレゼンスの維持/高揚のため「名声の最大化」も重要であるとする．そして組織維持に有益な規制であっても，公衆にとり客観的，社会的・経済的利益の総計である「公益」を規制が妨げていると他の主要な行為主体が認識する場合，「公益」を優先するために短期的には組織の利益に反しても，

その規制を改めることで名声の最大化を図る場合があり，金融ビッグ・バンもその現れであったとする[61]．

上川龍之進は，日本の官僚組織は自律性が高いので，短期的に不人気な政策を実施しても組織の存続を危うくする可能性が少ない場合，長期的観点から組織存続を確保するために不人気な政策を実施すると主張する．その方が将来の不確実性を低減し，公共利益と長期的な組織利益の両方を実現できる可能性が高いからである．しかし短期的に政治家の反発を招く政策をとれば，組織の存続に致命的な制裁を科されると予想する場合，組織存続を優先する．すなわち官僚組織が長期的な組織存続と短期的な組織存続のいずれを追求するかは，政治家が官僚組織に対して，その組織存続にとり致命的な制裁を，短期のうちに科することを可能にする制度が機能しているかどうかにかかっているとした[62]．

政治家や大蔵省の反発にもかかわらず，75年以降の日銀がインフレ抑制策を堅持して政策目標を実現し名声を高めえたのは，情報を巧みに操作し政府の監督権・業務命令権の発動を困難にさせ，致命的制裁を受ける可能性を制御できたことによる．これに対して，90年代に大蔵省が金融問題への抜本的な対策を先送りしたのは，金融機関の経営状態の極度の悪化が露呈すれば金融行政の失敗の責任が追及されて，組織上の危機すなわち大蔵省から金融部門を分離するという制裁を招く恐れがあったため，長期的には組織維持に好ましい政策を採りえなかったと見る．しかし消費税引き上げについては，世論や政治家の反発があっても組織として制裁を受ける可能性なく，長期的な公共の利益と財政を本務とする組織維持が両立できる政策なのであった[63]．

⑥日本版政党理論

日本では戦前からの伝統や一党支配が長期に継続したこともあり，広範囲の委任を受けた官僚は優位にあるというのが大方の見解であった．しかし村松岐夫・柳川範之は，戦後50年の主要な政策は官僚ではなく，政治家のリーダーシップで政治過程が決められてきたと主張する．日米安保体制の維持，沖縄返還，所得倍増，消費税，列島改造，日中国交回復などがその主張を裏

付ける[64].

　竹中平蔵も，官僚は日和見的行動をとる傾向があり，財界リーダーたちは自分たちの利益が脅かされる恐れがあるときには政策に影響力を行使しようとするが，結局重要なマクロ経済運営の最終決定は，時の総理大臣のリーダーシップ，および選挙でしめされた世論に基づいていたとの香西泰の仮説（日本版政党理論）を検証し，国際的ショックによる循環を除き，政権を担当する派閥間の政策格差が経済変動の要因となっていると結論づけている[65].

　⑦先送り現象

　大きな裁量権限を委ねられた通貨当局が，ときには隠密に，ときには公然と巨額な資金で為替市場介入を行う目的は，急激な為替相場の変動の抑制ということであるが，多くの場合，景気対策としての輸出産業の競争力維持，それを通じての経済成長の維持にその目的があったと見られている．

　第2次大戦後，先進各国はブレトンウッズ体制に適合する政治経済体制を構築したが，70年代になると様々な政治・経済危機が発生し，日本は国内の非効率的ではあるが政治的に強力な部門を温存しながら漸進的国際化や受身の国際協調で対応した．これに対して戦後体制の基盤が構造変化を遂げつつあるとの認識の下で，それに適合する規制改革を進めるなどの自己革新を追求した他の先進国との懸隔が拡大して対外摩擦を生み出した．日本は外圧が強烈に加えられなければ，抜本的な改革を先送りしてきたのである．

　井掘利宏によれば，先送り現象は，①事実認識や政策判断の遅れ，②政策調整や利害調整の遅れ，③政策の意図した経済効果を生むまでの遅れなどに起因する．先送り現象の弊害を少なくするには，(i)経済現象の実態を適切かつ迅速に認識し，抜本的改革と現状維持の利害得失を明確に評価すること，(ii)情報の信頼性を確保すること，(iii)利益団体間の利害調整を円滑にし，負担配分を公平化して，その帰結を透明にすることが肝要であるが，そのためには政治的意思決定システム自体の改革が必要であり，多少のコストがあっても抜本的改革を実施し，懸案を先送りしない政治的指導性も必要であるとする[66].

しかしながら，これまでは大きな変動に見舞われて国内体制の見直しや改革が必要となっても，政権政党や他の官僚組織が諸経済行為主体間の利害調整に手間どり，対外関係や経済情勢が決定的に悪化するおそれが顕在化して政権トップが決断を迫られるまで，問題解決が先送りされることがしばしばであった．その間，根強い円高脅威論に迎合することで名声を維持できる通貨当局は，大きな裁量と事後的な評価の欠如に守られながら，為替市場介入で時間稼ぎをするケースが少なくなかったと想像される．この点も検証される必要があろう．

(3) 依拠する理論的枠組みと為替介入行動の類型化
1) 依拠する理論的枠組み

本書では日米関係に関しては構造的権力論，通貨外交・為替政策に関わる主な行為主体の行動については，限定的合理性の理論に基づいて考察することとする．後者については，政権党は選挙に勝利して勢力の維持・拡大を目指し，財界は企業利益の持続的拡大とそれを支える制度の確保，通貨当局はこれら公私行為主体との相互作用の中で，限定合理的行動をとることによって政策が形成されるという枠組みで把握し，ドル円相場に反映された日米関係を考えようとするものである．

通貨当局は，所属する財務省の組織的利益向上に貢献することが，その組織での主流を歩むことに繋がる以上，組織存続のため権限の拡大とともに名声の最大化を図るインセンティブを持つ．名声を高めることで他の行為主体に影響力を強化することが可能となる．そして組織存続を確保することで，財務省は業界から情報や行政への協力，天下り先のポスト確保の利益を得る．またジャーナリズムや一般国民の支持を得ることで社会的名声を高め，組織存続を確実にできるはずである．

このような前提で，通貨当局者は短期的な視野に基づいての政権政党や公衆の支持を追求してきたのか，それとも短期的には支持が得られない政策でも長期的な公共利益実現を目指して不人気を覚悟で為替政策を実施し，長期

的な名声を高め組織の存続・拡大を図ってきたのであろうか．通貨当局が財界の目指す輸出立国の思想や，所属する大蔵省の哲学である財政負担の極小化という原理の支配する中で，どのように「国益の擁護者」としての名声を高め組織存続を図ることに成功してきたのであろうかといったことが検討課題となろう．

2) 為替介入行動の類型化に関する試論

為替相場の異常な変動や，ミスアラインメントへの対応が為替市場介入の目的とされているが，本邦の通貨外交や為替政策は伝統的に円高脅威論の影響下にあり，市場介入行動も多くの場合それに対応して実施されてきたように見受けられる．たしかに高度に専門的，技術的な性質をもつ政策であるが，専門家集団の通貨当局が実質合理的な行動として単独に実施できるわけではない．為替相場の決定に関する経済理論も不完全である．仮に経済理論的に最適と考えられる政策が特定できたとしても，通貨当局者は制度的，政治的制約の下にあり，自らの組織の利益や諸々の他行為主体の反応も考えて政策を決定し，実施すると考えるのが現実的である．

したがって多様な諸行為主体間の戦略的な相互作用の結果，介入政策が行われてきたとすれば，画一的に介入政策を捉えるのではなく，それぞれの政策の特徴を把握して分類・類型化し，政策に影響を与えた諸行為主体の意図や行動を探り，政策を評価するという政治経済学的な視点が意味を持つのではないかと考える．

このような視点による類型化の作業は，介入までの内外の経済環境の変化，それに対する公私行為主体の認識と対応，その中でどの行為主体が主導して変化に対応する政策の形成に影響を与えたか，政策はタイミングよく実施されたのか，それにより利益を受ける行為主体と不利益を蒙る行為主体は誰か，また利害対立の調整に手間どって基本的な問題解決が先送りされ，穴埋めで介入政策が出動したのではなかったかなどを考える上での手掛りをもたらすのではないか．もちろんひとつの類型で全部が説明できない場合が多いと思

われるが，いくつかの類型を組合せることによって，介入行動の理解を深めるのに役立つのではないかと考える．

そのような観点から以下の如く介入行動を類型化して見た．

①標準型介入：IMFの規約/ガイドラインに沿って，投機的思惑により為替相場が乱高下もしくは一方方向に変動し，経済ファンダメンタルズを反映しない相場の動きに対応する場合の介入．

②緊急避難型介入：放置すればシステミック・リスクが統御不能になるか，通貨の歯止めなき下落を招くなど危機的状況への対応としての介入．

③重商主義型介入：自国通貨を意図的に安く保ち，輸出拡大，輸入抑制，外貨蓄積を狙う介入．

④問題先送り/政治的パフォーマンス型介入：国際環境変化への適応に必要な国内制度や規制の改革に時間がかかるか，問題解決を先送りする間，為替相場へかかる圧力へ対応するために，効果が疑わしくても政治的思惑から実施する介入．

⑤マクロ政策補完・代替型介入：金融・財政政策を補強もしくは，マクロ政策の手詰まりで，それを代替するために実施される介入．

⑥対米協調型介入：「国際公共財」提供コストの分担を求める米国への協力としての介入．

注

1) ストレンジ［1998］10-1ページ．
2) 原［2000］III．
3) 桜井［2005］，進藤［2001］，野林他［2001］第2章，牧野［1999］第1章並びに299-309ページ，Gilpin［1987］pp. 72-89, Gilpin［2001］ch. 4, Krasner［1996］, Cohn［2000］Part 2, Ravenhill［2005］Part 1, Frieden & Lake［2000］を参照．
4) Kindleberger［1973 ; 1995］．
5) Eichengreen［1989］pp. 255-98．
6) Walter［1991］．
7) Gilpin［1987］p. 74．
8) Nye & Donahue［2000］pp. 8, 25, 126-7．
9) ストレンジ［1994］37-8ページ．

10) グラムシ（Antonio Gramsci）は，マルクス主義が政治，社会，文化的な要素に比べて経済の重要性を過大視した結果，資本主義の優位性や重大な政治的，社会的現実を説明できなかったと批判，文化や理念の重要性を強調した．「ヘゲモニー」に関してのナイやストレンジの「ソフト・パワー」や「構造的権力」の考え方にその影響が見受けられる．
11) Gilpin [1987] p. 168.
12) ギルピン [2001] 56 ページ．
13) ギルピン [2001] 122 ページ．
14) Keohane [1984] Parts II & III.
15) Bretton Woods Commission [1994]．ボルカー元 FRB 議長が主催する国際金融専門家の私的グループ．
16) 筆者質問への回答．
17) Gilpin [2001] p. 85.
18) Seabrooke [2001].
19) 勢力均衡モデルや国家と市場間のゼロサム・ゲームの仮定など，ネオリアリズムやネオリベラリズムの欠点を共有しているものの，その「構造的権力」の概念で，ストレンジは政治経済学に貢献したと評価している．スィーブルックは，構造的権力を物事が如何様になされるべきかを決める権力，諸国家が相互間で，また企業や国民と関係しあう枠組みを形成する権力と定義している．Seabrooke [2001] p. 3.
20) ネオリベラリズムとネオリアリズムの双方を，ミクロ経済学を猿真似しており，権力を資源の支配と理解していることを批判し，歴史的思考を重んじ，選好を形成する能力の方が重要だとするストレンジの立場は，グラムシや構造主義の影響を受けており，新現実主義と呼ばれる．
21) スィーブルックは，国際政治経済における変化の源泉を理解するのに，ウエーバーの影響を受けた歴史社会学派の観点が，構造的権力の概念を生かすとする．この概念の国家・社会的な基盤は埋め込まれた相互作用関係と国家能力である．歴史を反復性や継続性のプロセスではなく複雑な変化と捉え，考察対象の時期の特殊性を追求するこの学派は，権力の源泉を多元的因果関係の中に把握する．権力には公式や非公式のもの，国内や海外に由来するものなど，どちらが優越するといえない種類がある．国家がその権力を社会に埋め込む能力を，この学派は強調する．この枠組みの中では，権力の行使は集権的ではなく分散的であり，強圧的ではなく説得的であり，国家と市場の行為主体は，構造的権力の生成から双方とも利益を受けるので，ゼロサム・ゲームの関係ではない．国家は政府の行政レベルへ還元できないし，変化へ適応する国家の能力は，国内の利害関係グループを受け付けない行政府の能力でもない．国家の能力を単に制度的要因に焦点を合わせるのではなく，社会の中にある諸力にも合わせて理解すべきである．国家は重大に取り扱われるべきだが，具象化すべきではないというのが，この学派の主

張である．

22) Seabrooke [2001] pp. 44-7.
23) Krasner [1982] p. 185.
24) ストレンジ [1998] 9 ページ．国家以外の権威によって行使されるパワーに注目する．そのパワーの行使が世界の生産，技術と資本の可動性に構造変化を引き起こし，国際政治経済における国家や個人に対して開かれた選択を制限しているとする立場．これに対してネオリアリズムは，国際政治の配役に新しい脇役を付け加えたにせよ，国家間の利害の相克を舞台の中心に置いたままであるとする．
25) Seabrooke [2001] pp. 188-89.
26) Seabrooke [2001] pp. 5-6, 135-39.
27) Seabrooke [2001] pp. 209-10.
28) Bhagwati [1998].
29) 藤原 [2002] 終章．
30) Sarno & Taylor [2002] ch. 4.
31) 小川 [2002] 12-5 ページ．
32) 為替市場介入とは，82 年のベルサイユ・サミット後発足した「為替市場介入に関する作業部会」提出の「作業部会報告書（Jurgensen 1983）」によれば，「自国為替の為替相場に影響をあたえることを目的」として，「通貨当局が為替市場において行う自国通貨を対価とする外国為替の売買の全て」を意味する．
33) ドバイで 2003 年 9 月 20 日に開かれた主要 7 カ国財務相・中銀総裁会議（G7）の共同声明でも「各国の経済の実力を反映して市場が相場を決めるような，より柔軟な制度が必要」としている．
34) 変動為替相場制移行後，国際通貨基金理事会は，加盟国の介入政策に関して，①国際収支調整を妨げるか，他国にたいして不公正な競争上の優位を得るために為替相場を操作してはならない，②無秩序な市場条件に対応するために介入すべきである，③他国の為替相場上の利害を考慮すべきであるという指針を示した．IMF Executive Board Decision no. 5392, adopted April 1977.
35) 変動相場制期（1973-94 年）における外為市場での年間介入規模は，固定相場制期（1960-70 年）の介入規模の 2 倍以上．De Grauwe [1996] pp. 207-8.
36) 為替市場介入の効果に関する理論・実証研究のサーベイについては，例えばクルグマン／オブズフェルド [1992] 638-46 ページ，Galati & Melick [1999] pp. 3-5, Sarno & Taylor [2001] pp. 839-68，井澤秀記・橋本優子「わが国の為替介入に関する実証研究」http://www.rieb.kobe-u.ac.jp/ac.jp/academic/ra/dp/Japanese/dpJ41.PDF
37) 投資家がリスク回避的であり，自国通貨建て資産にたいして十分なリスク・プレミアム相当分だけ高い収益率が見込める場合のみ外貨ポジションを保有する時，内外通貨建て資産間の代替性は不完全とする．為替リスクをいとわない多数の参加者が存在し為替相場の変化なしに外貨ポジションを吸収すれば，市場全体とし

てはリスク中立的となり外貨建て資産に求めるリスク・プレミアムはゼロとなる．この場合，内外通貨建て資産間の代替性は完全であり，カバー無し金利平価式が成立する．
38) IS・LM モデルの IS 式を，IS バランスが為替相場に依存する経常収支とした開放 IS 式とし，金利は国際資本市場で決まる外生変数とした小国マンデル・フレミング・モデルでは，財政収支を一定とすれば，国民所得，貨幣供給，為替相場が主要な変数となる．政策変数である貨幣供給が増加すれば，内生変数である国民所得は増加し為替相場は下落する．為替市場介入で為替相場の円高を阻止しようとしても，貨幣供給を縮小させれば効果はない．為替政策は金融政策に制約されるといえる．
39) 90 年代には，それまでと異なり不胎化介入でも，為替相場に一定の影響を与えるとした見解が増加した．これには内外通貨建ての資産間の不完全代替性の存在の他に，通貨当局が将来のファンダメンタルズについての内部情報を市場に伝達する方法として市場介入が行なわれた時には有効とするシグナル効果を重視するものである．すなわち外為市場が効率的で，内外通貨建て資産間の代替性が成立すれば介入は無効で，すくなくとも一方が成立しなければ，介入は有効とする．Dominguez [1998] p.165, 伊藤(隆) [2002] 6 ページ．
40) Canales-Kriljenko, Guimaraes & Karacadag [2003] pp.8-9, 23-4.
41) IMF [2002].
42) Canales-Kriljenko, Guimaraes & Karacadag [2003] pp.36-7.
43) Frieden & Lake [2000].
44) 中西 [2002] 302-3 ページ．
45) Gilpin [2001] pp.15-23.
46) Gilpin [2001] pp.97-103.
47) 猪口 [1997] 120-36 ページ．
48) 藤原 [2002] 198 ページ．
49) 坂井 [1996] 第 7 章．
50) 私的財と異なり，各個人が共同消費し，対価を支払わない人を排除できぬ非排除性と，ある人の消費により他の人の消費を減らせぬ非競合性をもつ国防・警察などの政府が提供する財を公共財というが，これを国際的次元にアナロジーとして利用した考え方．
51) Frieden & Lake [2000] pp.257-69.
52) 黒田 [2003] は財務官時代に，「何が日本の国益か」，「どのように日本の国益と世界の利益を両立させるか」を常に考えて通貨外交に従事していたというが，「国益とは，具体的な交渉を行ない，政策を考えるときに，国民や市場との対話を通じてあきらかになっていくもの」ともいう（3 ページ）．本稿では坂本 [2001] に従って，政・官・民・生活者（一般国民）などの公私行為主体は，それぞれの個別利益を追求し，国家とはそれらの要求が競合する場であり，制度や政策はそ

れを反映したものとなるが，それには普遍性を持つと見られる諸観念から構成される公的な論理で正当性を獲得してはじめて「国益」に沿った政策となると考える（86-107 ページ）．具体的には，一般国民にとっての社会的・経済的利益の総計，国民経済と組織されない消費者一般の厚生の向上と規定する．

53) 牧野 [1999] 15-37 ページ．
54) Johnson [1982] など．
55) Gilpin [2001] pp. 29-30.
56) 上川 [2005] 49 ページ．
57) 本邦では，正式には「外国為替平衡操作」といい，通貨当局が外国為替市場において，外国為替相場に影響を与える目的で外国為替の売買をすることを意味する．財務大臣（旧大蔵大臣）は「外国為替及び外国貿易法第 7 条第 3 項」に基づき，対外支払手段の売買などを通じて，円の為替相場の安定に努めることとなっている．日銀は，「日銀法第 40 条第 2 項」，「外国為替資金特別会計法第 6 条第 1 項」で，財務大臣の代理人として，為替介入の実務を遂行する．詳細な介入戦略は，財務官，国際局長（旧国際金融局長），同為替市場課長のラインで策定．為替市場の動きを日銀との密接な連繋で把握．介入の実施は，日銀金融市場局為替課と国際局総務課が担当．

現在では当然とされる組合せであるが，IMF の 8 条国移行を前に為替市場介入のシステムの整備が必要と意識され始めたときに，大蔵省が利用しやすい為替専門銀行の東京銀行を使う意図を抱き，奥村国際金融局企画課長の意向を受けて鳴沢 [1961] が観測気球を上げたのに対して，日銀は島本 [1961] が直ちにこれに反論するなどの論争があった．以前にも内外金融調節二元化を回避するために，日銀が外貨を保有し通貨安定操作の中心的役割を果たすべきだと主張，大蔵大臣の反対で実現しなかった．54 年 4 月の外国為替銀行法制定時にも，東銀に外貨保有を集中し，将来為替平衡操作実施の際は東銀に担当させようとする動きがあったが，戦前の横浜正金との確執に鑑み，日銀は猛反発した経緯がある．日本銀行百年史 [1985] 427-33 ページ．
58) 予想外の人事で 1995 年 6 月に国際金融局長に任命された榊原英資に対して，加藤紘一自民党政務調査会長が，「政策判断については事前に説明することがなかったと後で批判することはないから，むしろ我々さえも出し抜くくらいのサプライズでやってくれ」と伝えたという逸話が伝えられている（吉田恒『さよなら円高』廣済堂，2001 年，192-93 ページ）．
59) 加藤 [1997] 第 1 章第 3 節．
60) ここで使われる限定合理性（Bounded Rationality）の概念は，サイモン（H. A. Simon）によって提示されたものである．一般に既存の状況における制約の下で，所与の目標を追求するのに適切な行動を合理的とする．経済学的合理性は，それによりなされる選択で把握されるのに対して，他の社会科学ではそれを用いる過程で捉えられるとする．彼は周囲の状況で決まる代替策の中から最良の手段

を選ぶことで目的を追求，達成する経済学での効用の最大化は実質合理性であり，これに対して他の社会科学での合理性は，目的を選択し，目的を達成する戦略，手段を用いる過程全体を説明するものであり，これを限定合理性とする．すなわち人間の自己利益追求の行動が，主体の現在の認識と評価という制約の下で最も効率的手段を選択すれば，限定合理的な行動とする．すなわち行為主体は，自分の認識する状態に矛盾なく行動を適合させ，自身の知識が限定的と自覚し，現在の状態からより多くの情報を得ようとすれば合理的な行動をするとみなし，最初に目的を完全な形で明示したり，それを達成するための代替手段をすべて網羅した上で行動することを仮定する必要はないのである（加藤［1997］23-4 ページ）．

61) 戸矢［2003］第 2 章．
62) 上川［2005］43-65 ページ．
63) 上川［2005］332-38 ページ．
64) 村松・柳川［2002］17-24 ページ．
65) 竹中［1993］172-80 ページ．
66) 井堀［2002］31-82 ページを参照．

第1章

ニクソン・ショックから石油危機直前まで

　1970年代初頭の金ドル交換停止・固定相場制崩壊と，ほぼ同じ時期に生じた石油価格の大幅上昇，そしてその間の米国の為替市場に対する非介入，国際通貨システム再建への熱意の欠如などが，その後の国際金融の混乱を招きカジノ化した原因だとストレンジは指摘する[1]．

　ここではブレトンウッズ体制崩壊前後から，73年の変動為替相場制移行に至る間の主な介入の事例を検討して，政治経済学的見地からの評価を試み，その中から為替政策の目的や通貨当局の介入行動についてどのような解釈が可能かについて考える．

　ブレトンウッズ体制は，1960年代末期から動揺しはじめ，70年代初期には，まさに激動期を迎えた．71年8月のニクソン・ショックで，第2次大戦後四半世紀続いた旧IMF体制下の調整可能な固定相場制の機能が停止し，主要国は，変動相場制へ移行，その後71年末のスミソニアン（Smithsonian）体制と呼ばれる固定相場制に復帰した．これにより円の対ドル相場は16.88％切り上げられて，1ドル308円となった．

　しかしこの通貨調整にもかかわらず，主要国間の国際収支不均衡と通貨投機は解消せず，ついに主要国通貨は73年2月から3月にかけて再び変動相場制に移行し，現在に至った．また円の大幅切り上げにもかかわらず，本邦貿易収支，経常収支黒字が加速するかに見えた．Jカーブ効果なのか，それとも相場調整不足なのかが盛んに論争された．以下この間の国際金融情勢，日米関係，為替政策の推移を跡付けて見る[2]．

第1節　佐藤栄作とニクソン時代の日米関係

①② 357円37銭（71年8月16日．ニクソン声明直後）
③④ 301円13銭（72年7月7日）[3]

　64年11月に病床の池田勇人によって首相に指名された佐藤は，7年8カ月という異例の長期政権を維持した．佐藤は沖縄返還で戦後が終わるとして意欲を燃やし，67年11月にジョンソン（Lyndon B. Johnson）大統領と沖縄の地位につき検討することを合意したものの，ジョンソン時代に解決できなかった．

　69年1月に就任したニクソン（Richard M. Nixon）大統領の課題は，ベトナム戦争からの名誉ある撤退とその後の「力の真空」発生の回避であった．そのために大統領特別補佐官のキッシンジャー（Henry Kissinger）は，従来の異なるイデオロギー陣営間の競争という冷戦思考から脱して，冷徹な地政学的計算に立った力の均衡戦略に基づきソ連とのデタントを進めるとともに，大統領の電撃的な中国訪問（72年2月）を実現，すでに悪化していた中ソ間の離反を拡大させて，対外的な過剰介入により低下した影響力を巧みにカバーしようとした．同時にアジアでの勢力均衡を維持するために，日本の経済力と安全保障上の貢献を期待していた．

　ニクソン大統領は，就任早々国家安全保障委員会（National Security Council : NSC）東アジア・各省代表者グループに対して，米国にどのような対日政策の選択肢があるかを検討するよう指示した[4]．その答申をもとに主として防衛・安全保障・沖縄問題の検討が重ねられたが，ニクソンはアジアの主要パートナーとしての日本との関係を維持するものの，（貿易・国際収支・援助政策における）米国の国益の観点から関係改善をはかり，アジアでの日本の役割を高める方策を探るという決定を下した[5]．

　当時の米政府の日本観は，「日本は自らの経済力，金融能力を過小評価し

ており，指導者たちの考え方は偏狭で自己中心的であり，米国から対等に扱って欲しいと望みながら，被後見人の特権を求め続けている．その貿易・金融上の地位への脅威には感情的な反応を示す．日本にその経済力に相応しい責任を担わせるのは，困難だ」という福田蔵相訪米に関して準備された財務省の内部文書に典型的に現れている[6]．

69年11月に訪米した佐藤は，ニクソン新大統領と核抜き本土並みの条件で72年までに沖縄の施政権返還を実現することで合意した．ニクソンは，ベトナム戦争の幕引きと「グアム・ドクトリン（Guam doctrine）」に基づく戦略[7]に沿って返還の決断をしたといわれる．

沖縄返還交渉は，日米間の経済問題，特に繊維貿易紛争とも絡んでいた[8]．68年の大統領選挙で繊維産業の中心の南部諸州の支持を獲得するために繊維製品輸入規制を匂わせていたニクソンは，新政権発足後早速日本に対して対米輸出規制を迫った．日本の繊維業界は「被害なきところに規制なし」として妥協しなかった．沖縄返還に政治生命をかけていた佐藤は難航する繊維交渉を打開すべく努力したものの成功せず，71年10月に米側に最後通牒を突きつけられ，米側の要求する条件で輸出自主規制を呑むことで交渉は終結し，業界には多額の「つかみ金」が提供された．しかも「核抜き」の保証とひきかえに規制に応じたといわれ，「糸で縄を買った」という密約が存在するといわれている．この交渉は，その後の米国による対日圧力の典型例となった．善処を約束しながら2年も解決を遅らせたとして，ニクソンの佐藤への不信感が高まり，日米関係は冷却した．71年7月15日のニクソン訪中計画発表や8月15日の新経済政策（ニクソン・ショック）発表が，日本への事前通告なしに行われたことと無関係とはいえない[9]．

第2節　ニクソン・ショックからスミソニアン合意まで

1. IMF 体制とその崩壊の背景

　第2次大戦前には，米国はその経済力にみあった国際経済・金融上の主導的役割を担うことを避けた結果，世界の政治経済に大きな混乱をもたらした．大戦後はその反省の上に立ち，自由主義市場経済に基づく国際経済体制の確立のために，基軸国としての役割を積極的に果たすことを決意し，ブレトンウッズ体制を創設した．その中軸は IMF と IBRD であるが，IMF は金ドル交換，固定相場を前提とした支払い準備のドルの保有，自由貿易と多角的決済を保証する通貨の交換性確保を制度的な枠組みとするものであった．

　これは①米国が自国経済の安定性を維持するかわりに，他国はドルで支払い準備を保有する，②その前提で各国は経済政策の相対的独立性を維持する，③経常収支の一時的不均衡は IMF 借入で，基礎的不均衡は為替相場の変更で調整するという前提の上に構築されており，世界の金の8割，工業生産力の6割，そして巨額な貿易収支黒字をもつ米国の圧倒的な経済力がそれを担保するものであった．

　しかし50年代には米国の国際収支が赤字に転換し，対外軍事経済援助増大と貿易黒字幅縮小で急激に拡大した．欧州経済が復興し，58年末には欧州通貨が経常勘定に関する交換性を回復したが，依然として国際決済手段としてドルの地位は変わらず，世界の経済成長に必要な国際流動性の供給は米国が国際収支赤字拡大の形で供給するより他なかった．これは「トリフィンのディレンマ」[10]であり，やがてドルへの信認低下を必然的にもたらすことになる．

　60年に国際収支赤字は40億ドル近くとなり，最初のゴールド・ラッシュが発生した．米国の対外債務がその金準備を上回ったのである．63年には，外国通貨当局への債務が，これを上回った．米国が平価切り下げをする前に，

第1章　ニクソン・ショックから石油危機直前まで

図表1-1　米国準備資産と対外公的流動債務の推移

(単位：10億ドル)

	1950	1960	1968	1969	1970
準備資産	24.3	19.4	15.7	17	14.4
(内貨幣用金)	22.8	17.8	10.9	11.9	11.1
(その他)	1.4	1.6	4.8	5.1	3.3
対外公的流動債務	4.6	12.4	13.5	13	20.6

出所：Federal Reserve Bulletin, April 1971, p.280.

ドルを金に急いで交換しようとする動きがでてきたのも当然である．

アイゼンハワー（Dwight Eisenhower）大統領は，輸出振興，援助資金を米国物資調達に限定するバイ・アメリカン，海外駐留米軍の縮小などのドル対策を講じた．ケネディ（John F. Kennedy）政権も，対内的には不況対策，対外的にドル防衛を最重要課題とした，いわゆるニュー・エコノミックスと呼ばれるケインズ的政策を推進，金利平衡税を導入して民間資本の対外流出を抑制するとともに，国内の投資機会を増やし生産力を向上させて輸出拡大を目指した．その結果実質経済成長率は61年の1.9％から，64-67年の5～7％へ高まり，米国は68年まで83カ月に及ぶ好況を享受し，貿易収支も若干改善した．しかしジョンソン政権の「偉大な社会計画」とエスカレートするベトナム戦争の戦費負担の急増[11]でインフレが昂進，国際収支が急激に悪化した．

60年代後半になると，米ドルへの信認低下が進み，金投機，通貨危機が頻発し次第に大規模化してきた．67年11月に英ポンドが14.3％切り下げられると，次はドルという思惑からロンドン市場で大規模な金投機が発生，米財務省は19億ドルの金売却で対応したが，68年3月17日に「金プール協定」による価格支持を取りやめて，民間取引の金価格は市場の需給に委ねる「金2重価格制」への移行を余儀なくされた．8月にはフランス・フランが11.1％切り下げられ，10月には西独マルクが9.3％切り上げられ，次第に固定平価を守ろうとする観念が希薄化してきた．

それでもIMF体制の機能を維持しようとして，67年にはBIS加盟中央

銀行間でスワップ網が拡大強化され，68年にはローザ・ボンド（Roosa bond）の発行[12]，69年にはSDR（Special Drawing Rights）が創出された．これらはIMF体制をささえるべきドルの信認低下，それに伴う金への交換要求を，公的信用による国際流動性で補おうという動きであったが，十分な対応ではなかった．国際収支赤字をドル建て対外債務拡大でまかなえる米国には政策の高い自由度を，それ以外の国には自国通貨を売りドルを買うことで自国通貨を安くすることで国際競争力を維持できたこの体制は，大きな不安定要因をはらむものであり，ドル信認回復以外には根本的な解決はなかった．しかしこれは当時の政治経済的事情から，不可能な課題であった．

　45-70年の米国以外の地域の金・外貨準備の増加額は540億ドルで，年率4.5％増大した．うち90億ドルは米国からの金の流出，SDRが30億ドル，ドルを中心とする外国為替は300億ドルであった[13]．70年の米国対外公的流動債務は，貨幣用金準備の倍近くとなっていた．

　このような状況で，1オンス＝35ドルの公的な金価格を基礎とした固定相場制を維持するには，米国が抜本的な政策転換をする必要があった．当選したニクソンに対する政権移行準備タスクフォース報告の中で，バーンズ（Arthur Burns）顧問は，米国の国際収支ポジションが脆弱であり，粉飾的な取引と異常な外国資本の流入でカモフラージュされていると警告，ドル売り投機への備えが必要なので，国内ではディスインフレ政策，G10諸国との秘密交渉を通してIMF平価の調整，為替変動幅の拡大，平価の自動的変更などの国際通貨取極め変更を提言した．そして金の事実上の交換停止の状態は，このような政策を推進すれば問題がないし，外国人は大規模な金交換要求が金輸出禁止に繋がることを理解しているとし，金交換を停止する間に国際通貨メカニズムに柔軟性を導入する交渉が進捗しうるであろうとまで示唆している[14]．

2. 新経済政策への道程

　69年1月に就任したニクソン大統領の優先課題は国内経済や安全保障問題であったが，キッシンジャー国家安全保障問題担当大統領補佐官名で，ロジャーズ（William Rogers）国務長官，ケネディ（David Kennedy）財務長官，マクラッケン（Paul McCracken）経済諮問委員会会長，マーティン（William McChesney Martin）FRB議長宛に，1月21日付覚書（NSSM 7）を送り，国際通貨政策に関する作業グループを設置して，国家安全保障委員会へ政策提言するよう指令した．これによりボルカー（Paul Volker）財務次官を議長とし経済担当国務次官補，経済諮問委員，連邦準備制度理事から構成される恒久的な作業グループが発足し，米国際収支，国際通貨制度，通貨危機への対応策，特にSDRの活用，金価格問題，ドルと金の交換性，為替相場政策などの検討を開始した[15]．ボルカーは変動幅の拡大，年間2～3％程度の裁量的クローリング・ペッグに関心を抱いていた[16]．

　71年5月に入りマルクに始まり欧州通貨や円に投機が拡大し，ニクソン政権は本格的な取り組みに迫られた．NY連銀のクームズ（Charles A. Coombs）は，ドルが過大評価と判断された際の対応として，事前に外国と相談することなく行政府の決定で実行できるドルの金交換停止が，激しい対立が予想される通貨再調整よりも望ましいと主張しており，このメモはバーンズFRB議長（70年2月就任）からボルカー次官に手交されていた[17]．

　2月に政権入りしたコナリー（John B. Connally）長官の下で，財務省は5月上旬に，現在の通貨危機を機に，①国際収支の持続的な改善，②より衡平な安全保障や経済援助の責任分担，③国際通貨制度の基本的な改革を達成するための緊急事態対応計画を策定した．そこで注目されるのは目標達成の戦術である．すなわち為替危機が高まるのを放置し，変革が必要との認識が高まったところで米国にとり好ましい解決策を示すとし，交渉の梃子として貿易制限，外交もしくは金融的手段による外国の反対の阻止，日欧における駐

留米軍の削減に加え，金ドル交換停止を示唆，必要に応じて実行すべきだとしている[18]．

6, 7月に比較的平穏であった為替市場は，8月に動揺し始めた．ニクソンは8月2日と4日にコナリーやシュルツ（George P. Shultz）行政管理予算局長官と数回会合を持った．その際コナリーは金・ドル交換性を72年の選挙の時期を通して維持するのは困難であり，追込まれるよりはむしろ勇断をもって積極策をとるべきだと進言した．

8月6日に上下両院合同経済委員会のロイス（Henry S. Reuss）国際為替決済小委員会が，ドルは過大評価されており，為替相場の調整が行われなければ，米国は金・ドル交換性を停止し新しい平価を決めるべきだとの報告書（Action Now To Strengthen the U.S. Dollar）を発表して為替市場にショックを与えた．財務省はこの報告書が議会の多数の見解を反映しておらず，IMFその他で通貨再調整が話し合われる計画はないとコメントした[19]．その間，ニクソン，コナリー，シュルツを中心に新経済政策の内容と実施時期について極秘に議論が煮詰められ，議会が再会する9月7日までに段階的にそれを実行するよりは一挙に実施することが決まった．

ニクソンは，8月15日の新経済政策発表準備のために，週末にキャンプ・デービッドでバーンズFRB議長，マクラッケン経済諮問委員長，ピーターソン（Peter G. Peterson）国際経済問題担当大統領補佐官と少数のスタッフを加えて会議を招集することを提案，これに対してコナリーは意思決定がすでになされたことを知らせずに参加者に議論をさせようと応じたのは興味深い．出席者は大統領とその経済問題の助言者たち，ホワイトハウスのスタッフのみであり，国務省や国家安全保障委員会は会議の存在すら知らなかった[20]．当時ベトナムへ秘密交渉のため不在であったキッシンジャーは「外交政策上の大きな重要性を持つ決定が，国務省長官も安全保障アドバイザーも相談を受けぬまま決められた」と回想している[21]．

会議は8月13日午後3時15分から断続的に15日の午前11時30分まで行われた．ハルドマン（Haldeman）大統領補佐官は，会議では大統領のリ

ーダーシップ，コナリーの国際面を含めた中心的役割，バーンズの金・ドル交換性維持の主張が通らなかったことなどが目だったとしている．またスタイン（Herbert Stein）経済諮問委員は，ドルの金への交換停止がドルのフロートとなるのかどうかについて会議出席者たちはよく理解できなかったし，外交・安全保障関係者が招かれていなかったので，国際政治上の含意について十分考慮されなかったと回想している[22]．

3. 本邦の円相場問題への取り組み

67年11月のポンド切り下げ以降，ブレトンウッズ体制下での通貨調整のルールを超えるような事態が欧州で頻発し，日本と西独の貿易・経常収支黒字が突出していたため，両通貨の切り上げか変動相場制移行かが国際通貨問題の焦点となっていた．それにもかかわらず，日本の通貨当局は積極的な為替政策を持たなかったと伊藤正直は批判する[23]．古城佳子も指摘するように，日本国内では極めて強い円高脅威論ないし円高回避論が存在しており，現実的な政策論議を制約していたのである[24]．

高度成長，技術革新がもたらした生産性上昇によって，日本経済を悩ませていた「国際収支20億ドルの天井」[25]から脱却し，68年秋頃から貿易黒字が定着，外貨準備が増加傾向を示した．それまで国際的にみて本邦の外貨準備の水準および輸入額に対する比率が低かったので，当局はそれを歓迎したが，増加のスピードが急速で，71年5月には西独，米国についで世界3位となった．当局は69年夏ごろから輸出金融の段階的縮小，円建て輸入金融優遇措置，円転規制，MOF預託の増額，外債や借款の期限前償還，GAB拠出増額など粉飾に近い措置を含む外貨準備急増抑制策を講じた．

しかし投機の標的がポンド，フラン，マルクの次は円ということで，70,71年には短期資金の流入が急増，当局は円ドルスワップでドル資金を為銀に供給しユーロ・ドル借入れや外銀借入れを返済させるなどの短資流入抑制策を強化した．5月の大規模なマルク買いの直後円買いが急増，360円の相

場を維持することが困難ではないかという見方がにわかに高まってきた．

政府はマルク危機の直後，6月に「円対策8項目」[26]を決定，輸出抑制，輸入促進，外貨運用などの措置を強化し，360円相場を堅持しようとした．これは，当時の政界，財界，マスコミが円切り上げに多くの日本企業は耐えられないと主張していたためである．

一部の経済学者[27]や通貨当局の実務者レベル[28]では，円の切り上げ，もしくは変動相場制への移行を主張する向きもあったが，政府首脳部や通貨当局幹部は，政治的な思惑もあり，為替管理強化による固定相場堅持の方針を続けた．

4. ニクソン声明と日本の対応

71年8月15日午後9時（日本時間16日午前10時），ニクソン大統領は，金・ドル交換停止，10％の輸入課徴金賦課（国境税と説明），物価賃金の90日間凍結などを主な内容とする新経済政策（the New Economic Policy）を発表した[29]．同時に米財務省は，34年金準備法第9条に基づき金売却停止を決定[30]，IMFに対して8月15日以降，国際決済のための金を自由に売買することを停止する旨通告，連邦準備制度理事会に対しても，スワップ取決めの利用停止を要請した．

このニクソン声明については，欧州主要国や日本に事前の説明がなかったので，声明発表直後，ボルカー財務次官とデーン（Dewey Daane）連銀理事がロンドンとパリへ出張，主要国への説明にあたった．日本へは大統領声明発表（日本時間16日午前10時）直前にロジャーズ国務長官から官邸へ電話があり，詳しくはVOAを聞いてくれというものであった．ロンドンの会合で，エミンガー（Otmar Emminger）ブンデスバンク副総裁やオッソラ（Rinaldo Ossola）イタリア中銀副総裁らは，市場再開すれば中央銀行は交換性のないドルを日本のように大量に買わされるので，ドル平価をどうするのかとボルカーへ迫った．日本からは大蔵省より大使館へ出向中の原秀三と日

銀ロンドン駐在参事の速水優が出席していた．速水は為替市場を開けて月曜日に 6 億ドルを買ったが，これは海外からの流入ではなく本邦企業や銀行からの買入れだと主張した．会議終了後，イングランド銀行のモース (Jeremy Morse) 理事は，速水に市場を開けておくのはバカげている，いくらドルを買わされるかわからない，東京へ電話して早く閉めるようにと助言したという[31]．

米国の立場は，これまで国際通貨体制を維持するためのコストを全面的に負担してきたので，これからは黒字国がその安定化と再建の実現を果たす責任があるというものであった．ボルカーはロンドンでの会合で西欧諸国代表に詰め寄られて，「交渉にきたのではなく，米国がとった措置を説明し反響を聞きにきたのだ」と言い放った．しかしパリでのジスカールデスタン (Valéry Giscard d'Estaing) 蔵相との会談では，より慇懃な態度をとった[32]．

それまで固定相場制を維持していた西欧諸国は為替市場を 1 週間閉鎖，その後変動相場制に移行した．市場閉鎖中に各国通貨当局は，再開後に取るべき措置を個別に，そして主要国通貨当局秘密会議，EEC 緊急閣僚理事会などの場で検討したが，事態の収拾には至らなかった．西欧諸国はそれまでの通貨調整や変動相場の経験に立って事態を把握し，それなりの論理で米国へ対応することが可能であった[33]．これに対して，日本はよく状況を把握できないまま受身の対応に終始していたように見える．

ニクソン声明直後，為替市場を閉鎖した西欧諸国と異なり，日本は為替変動幅制限を暫定的に停止した 8 月 27 日まで市場を開いたまま，1 ドル＝360 円の為替相場を維持し続けた．そのため 8 月後半の 2 週間に大規模なドル売りが発生，8 月中の外貨準備は 45 億ドル増加した．なぜ為替市場を開け続けたのであろうか．

8 月 16 日の大蔵省，日銀の緊急合同会議では，為替市場閉鎖の可否が論じられた．欧州諸国にならって市場を閉鎖し情勢の推移を注視すべきだとする主張もあったが，国際金融局を中心に本邦の特殊性を根拠として反対論を主張，日銀もこれを支持した[34]．結局水田三喜男蔵相の裁断を経て，翌日の

閣議で市場を開いたまま現行為替相場で固定為替制を維持する方針が確認された．

その間，通貨当局は8月16日から19日の4日間で22億ドル，暫定的変動相場制移行の27日までの11取引日にわたり39～40億ドルといわれる巨額のドル買い介入を行った[35]．1969年，70年末の外貨準備額は，それぞれ約35億ドルと44億ドルであり，その介入規模の大きさが窺える．その結果，外貨準備額は，71年8月末には125億ドル，年末には152億ドルになった．ドル売りの中心は，商社，メーカーなどの輸出前受け金の流入，為銀の外貨ポジションの調整であるが，リーズ・アンド・ラッグズなどは当局の予想を上回る規模であった[36]．

8月22日の大蔵省省議で変動相場制移行方針を決定したが，実施を1週間先とした．これは輸出産業，銀行の対応に時間的余裕を与えるためであった[37]．

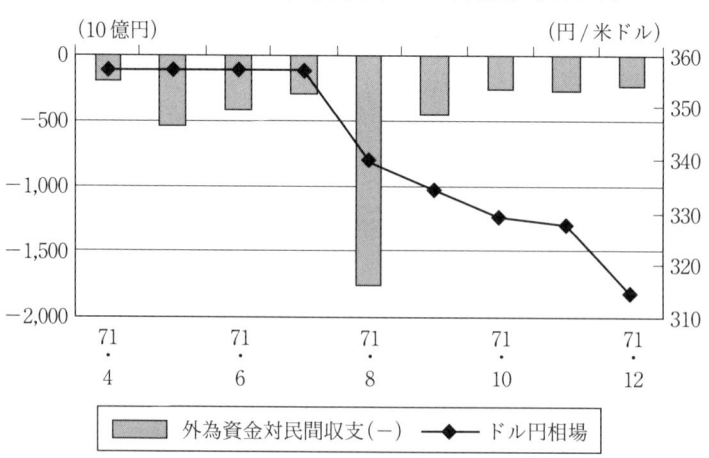

図表1-2　外為資金対民間収支とドル円相場（1971年）

出所：大蔵省「財政金融統計月報」各号，日本銀行HP金融経済統計．為券公募発行・償還を調整した外為資金の対民間収支額を，公表されない市場介入額に代用した．以下第3章までの類似図表も同じ．外貨準備増減も同じ目的に使われるが，為銀預託などで介入額と乖離する場合が少なくない．

第1章 ニクソン・ショックから石油危機直前まで

8月28日に変動相場制へ移行した後も,通貨当局は大量のドル買いを継続する一方,短資流入を抑制するため為替管理を強化,円高抑止に努めた.それは市場関係者から見ると,いささか暴力的ともいえる手段を含んでいた[38].

暫定的変動相場制移行後の相場形成は,事実上通貨当局の手に委ねられた状況で,日々の相場水準は水田蔵相の指示を受け,具体的な市場運営については大蔵省と日銀が緊密に連絡をとりながら,G10会議の成り行き[39],国内世論の動き,市場の反応を見ながら,そして市場介入と為替管理強化を武器に,なだらかな円高基調を保ちつつ,望ましいドル円相場に向けてソフト・ランディングを試みたと見られる[40].

この結果,変動相場制移行直後の8月28日に一挙に旧平価比5.2%上昇したあと,10月半ばまで半月1%程度のペースでなだらかに上昇した.しかし11月下旬よりG10での通貨調整の機運の高まりとともに市場は波乱含

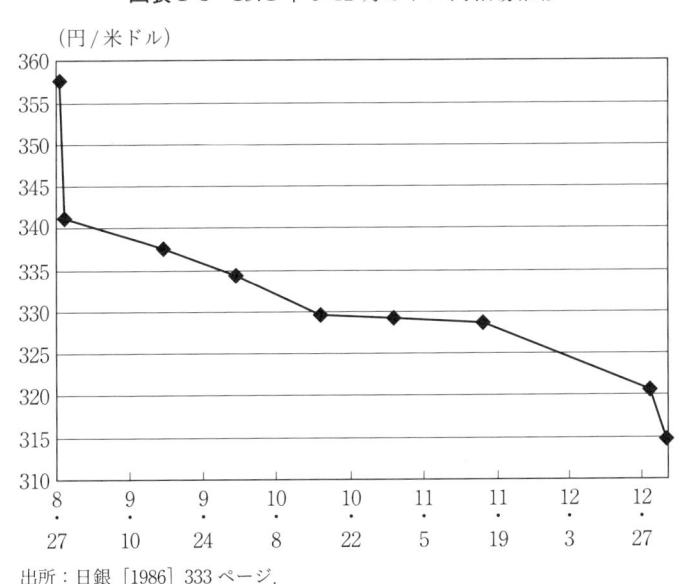

図表1-3 1971年8-12月のドル円相場推移

出所:日銀[1986]333ページ.

みとなり，強力な市場介入で対応した．9月から12月に実施したドル買い介入は30億ドルを上回る規模といわれたが，外貨準備増加額は27億ドルであった．

5. スミソニアン合意への道のり

ニクソン・ショック後の混乱の収拾には，主要国間の通貨調整が不可欠と見られ，一連の国際会議でも通貨調整の方法と幅，ワイダーバンド採用の問題が論じられた．調整の方法としては，金価格の引き上げを含むか否かを巡って米国と西欧諸国が対立した．後者は通貨危機が米国の国際収支の慢性的赤字が原因である以上，米国にも努力を求めるのが当然とした．

米国政府内でも，ニクソン・ショック以来数カ月経過して通貨不安が続いているのは世界経済に悪影響を与えるし，他国を追い込むためのテコとして期待された輸入課徴金は他国の輸出補助金導入や米国品，米国資本の輸入制限を招くなどの保護主義の台頭を招きかねないとの懸念が高まった．ドルの過大評価を修正するためにも変動相場制の利点を認識すべきであり，現状を放置すると日本や西欧との関係，NATOの結束を損なう恐れがあるという批判が外交や安全保障担当者から強まった[41]．そこでキッシンジャーは，ニクソンに対してピーターソン大統領補佐官の下，財務，国務，経済諮問委員会，行政予算局，FRBの代表からなる調整委員会を設置して，新経済政策のもたらした結果を再吟味し，目標の優先順位，今後の戦略を練ることを進言し，9月23日から活動を開始した[42]．

11月中旬，コナリーはアジア諸国を歴訪，12日に佐藤首相と会談した際，11月22-23日に予定したG10蔵相会議を延期することを決断したと告げた．理由はフランスと金，通貨問題で正面衝突して成果が期待できないと予想したからである[43]．なおコナリーは，キッシンジャーの突然の訪中で日本を驚かしたことを詫びながらも，西欧が排他的なブロックを形成しつつあり，ソ連・中国の台頭で，日本が米国とより緊密な協力を築く必要性を強調，円を

24%切り上げることを抜け目なく要求した[44]．

　コナリーはアジア旅行出発直前の会議で，通商問題や安全保障コスト分担問題で成果を得ることなしに，米国民の関心が薄い通貨調整を実現したとしても，米国が譲歩したという印象を与えたら政治的に重大な失敗となると主張，交渉戦略を遅らせることになっても，通商問題やコスト分担問題を議論すべきだと主張，ニクソンも彼が帰国するまでは，金価格や交換性問題の議論を凍結することとし，報道関係者や海外筋が金価格変更または交換性回復の思惑を抱かせないよう文書で関係者に通達した[45]．

　しかしコナリーの強硬路線への政府内部の批判は根強く，また欧州駐在大使から，欧州各国の政治状況や景気を配慮して，より協調的な姿勢への転換を求める声が高まった．また国際経済政策を管掌するピーターソンも，財務省と欧州の大蔵省間，バーンズと欧州の中銀間のチャネルでは，あまりに政治化した問題を解決するのは困難だとして，キッシンジャーに対して影響力を行使するよう求めた[46]．ニクソンの信頼の厚いコナリーには，キッシンジャーは警戒心をもっていたらしく，彼の介入を望むバーンズに対しても，コナリーを理解できたことはないとか，狂信的な人物だなどと評している[47]．

　このような情勢の展開の中で，キッシンジャーはその手腕を発揮し，ニクソンとポンピドー（Georges Pompidou）仏大統領，ヒース（Edward Heath）英首相，ブラント（Willy Brandt）西独首相との個別会談を設定するとともに，コナリーが11月末にローマでG10を開くよう大統領に命じさせたのである[48]．直前の打ち合わせで，コナリーは米国が交渉上優位にあり，不十分な通貨調整で金や輸入課徴金で譲るべきでないし，相互に受け入れがたい提案を出し合って弾みをつけることが重要だとした．キッシンジャーは，G10では金については強い態度で臨み，ポンピドーとの首脳会談で決着をつけることを提案，ニクソンも同意した[49]．

　11月29日にG10D，30日から12月1日にG10が開催された．他国の蔵相たちは，米国が金価格を引き上げることで貢献する用意がなければ，討議することは何もないと宣言したのに対して，コナリーは金価格を10％引き

上げると仮定したらどうするかと応じたという[50]．シュルツはこの報道に驚き，大統領の意図に反すると批判した[51]．しかしこれは通貨再調整についての様々な仮説例を議論する中で提示されたものであり，米国のコミットではなかった．公式な立場は，平均11％の主要国通貨切り上げ，為替変動幅を3％に拡大すること，安全保障コスト負担や通商交渉が進展することを条件に，10％の輸入課徴金を廃止するということであり，それを内容とする財務省作成の覚書がG10Dで配布されていた[52]．しかしそれまで米国の国際収支改善130億ドル[53]を可能にする主要国通貨の切り上げを要求し，輸入課徴金廃止とともにかたくなに金価格引き上げを拒否しつづけ，議会でドルの10％切り下げ権限付与法案[54]が提出されても支持しなかったコナリーが，仮定としてもこれに言及したことには当然注目が集まった．

その後キッシンジャーのシナリオ通りに，12月13, 14日，ニクソンとポンピドー仏大統領がアゾレスで会談した．そこでは次のような合意がなされた．すなわち①10％の輸入課徴金の撤廃，②金価格を1トロイ・オンス35ドルから38ドルへ引き上げる，③フランスはフランの金平価を維持し，マルクは5〜6％，円は9〜11％切り上げることを期待する，④長期的通貨改革が決まるまで，新為替相場の変動幅を上下2.25％とする，⑤米国は新しい為替相場の安定・維持を助ける，⑥国際通貨改革の長期的な問題を解決するための協議に着手する，⑦貿易取決めを国際経済の均衡を保つ要因として認識，⑧最近のNATO会議での約定がより妥当な防衛負担への建設的なアプローチと米国は考える，⑨IMFの活動の円滑な運営で他国と共に米仏は協力するという内容であった[55]．これによって，フランスはドルの金交換を当面要求しないことに合意した[56]．その結果，通貨の多角的調整が可能となった[57]．

為替市場では通貨調整期待が高まり，11月下旬から商社・メーカーのリーズ・アンド・ラッグズなどによる活発なドル売りが再発し，これに対応する主要為銀4行のポジション調整ドル売りは12月中旬までに約15億ドルに達した．当局は強力な介入で円の上昇を，11月末日の327円65銭から合意

直前の320円60銭と比較的緩慢に抑えたものの，介入額は30億ドルを上回る規模に達した[58]．

12月17，18日，G10蔵相・中銀総裁会議がワシントンのスミソニアン博物館で開かれ，日本からは水田蔵相，佐々木直日銀総裁，柏木雄介大蔵省顧問が出席した．最大の注目点は円の切り上げ幅であった．佐藤総理の切り上げ幅についての指示は，柏木顧問には15％，水田蔵相には20％といわれる．日本側は，ニクソン・ショック後すでに15％上昇し，厳しい不況にあると主張し，米国の20％切り上げ要求は勿論，18％切り上げ要求にも水田蔵相は抵抗し，結局16.88％の切り上げで合意した[59]．

米国はアゾレス合意に沿って金価格を1オンス38ドルに引き上げ，輸入課徴金，雇用促進税額控除を廃止する一方，各国政府は為替相場を平価またはセントラル・レート設定の形で調整することとなり，国際通貨制度の長期的検討に着手するとの合意が実現した．ボルカーは，米国の対外ポジションの均衡回復に必要な為替調整は達成されなかったが，一度に多くの国が為替相場の取決めに合意したことは空前のものといえるとしながら，米国は新たな為替相場を金や外貨借入れで守るつもりもなく，責任感に欠けた合意であり，3カ月持てば上出来と受け止めていた[60]．

第3節　スミソニアン合意後1973年の変動相場制移行まで

スミソニアン合意後，政府は円の再切り上げを絶対回避する方針[61]であったが，為替管理を緩和したこともあって71年末から72年1月にかけて，輸出前受け金や短資が大量流入し，2カ月で13億ドルに達した．そこで為替管理を再び強化し，輸出前受け金規制を復活し円転規制を厳格化した．

各種国際収支黒字対策にもかかわらず，72年半ば以降，経常収支黒字は再び拡大しはじめ，6月末のポンド危機[62]後，ドル円相場はスミソニアン合意にもとづき通貨当局が決めた円変動幅の上限である301円10銭に張り付いたまま推移した．通貨当局は毎月市場介入し，72年後半のドル買いは60

億ドルを上回ったと推定されている[63]．

　円切り上げにもかかわらず不均衡が持続する状況について，当時の通貨当局幹部は，Ｊカーブ効果などが働いており，やがて調整が進むと判断していた．しかし関係者の証言によると，鳩山威一郎前次官は再切り上げを早めにやるべきだと強く主張，愛知揆一大蔵大臣[64]も検討を指示，吉国二郎次官以下で相当議論が闘わされたものの，結局スミソニアンの効果をもう少し待つということとなった．

　73年に入ると，イタリア・リラ，スイス・フランなどは二重相場制もしくは変動相場制に移行，主要国中日本，西独，オランダのみが固定相場制を維持していた．1月末の72年米国貿易収支赤字大幅悪化の報道で，一斉に主要欧州通貨が急騰，米通貨当局も半年振りのドル買い介入に加わった．日本円は72年12月から73年1月まで，変動幅の上限近くで取引が続いていたが，2月に入り，マルクなどとともに円買い圧力が急速に高まった．通貨当局は，2月1日から9日までの8取引日に，市場の直物出来高の9割に相当する11～12億ドルを買い介入した．3日は土曜日で半日であったが，ドル買い介入は2億8600万ドルと，71年8月28日の変動制移行後最大の規模であった．ドルの先物ディスカウント幅は，スミソニアン相場最後の日の2月9日には24％に達した．ドル・欧州通貨危機が再燃したのである．

　欧米では，円が為替管理で保護されているために，マルクが投機の対象になっている，世界に迷惑をかけているなどの批判が高まった．4日日曜日遅くに愛知蔵相から月曜日から市場を閉鎖したらどうかと林大造国際金融局長に相談があったので部内で検討したが，結局様子見となったという．

　ニクソン大統領は2月8日，通貨問題について緊急協議のためボルカー財務次官を日本に派遣すると田中首相に親電を送付，その夜に彼は到着した．直ちに愛知蔵相，稲村光一財務官，細見卓顧問らが，ボルカー，インガソル（Robert S. Ingersoll）駐日大使らと会談をもった．席上ボルカーは愛知蔵相にドル10％切り下げ，円10％切り上げを提案した．愛知蔵相は，①円が安すぎるとは思わない，米国の赤字が問題だ，②他の国が応分のことをするな

第1章　ニクソン・ショックから石油危機直前まで

ら，相応の協力をする，しかし予算が委員会にかかっているので切り上げは困る，変動制移行が付き合える限度，ただし西独もフロートすることが条件だと応えた．

これに対してボルカーは，ECとの関係で西独の単独フロートは期待薄であり，日本はフロートしてもいつもダーティだから円安におさえるのではないか，260円に切り上げろと要求，両者の激しい応酬があったといわれる．ボルカーは交渉継続を約して会談を終えると，欧州諸国との調整のためただちに離日した．

2月9日には，翌10日土曜日の為替市場をどうするかについて省議が行われたが，ボルカー来日も秘密裏におこなわれているので，平常どおり開くことと決めた．しかし欧州市場では大量のドル売りマルク買いが発生，西独通貨当局が20億ドル（佐瀬隆夫によれば5-9日で49億ドル）[65]といわれるドル買い介入を行ったとの報道が入り，関係者の証言では，心配した愛知蔵相の指示で10日未明に林国際金融局長が吉国次官，細見顧問，稲村財務官らと電話で協議，今後の対外折衝の立場を弱くするとの理由で市場は開けたほうが良いとの意見が多かったが，結局大臣の裁断で，朝7時に東京市場の閉鎖を発表した．

2月13日に米国政府による米ドルの対SDR平価10％切り下げ発表直後，14日から変動相場制へ移行することを発表した[66]．14日に市場を再開したら円は271円20銭，15日には265円50銭をつけた．市場再開直後を除けば，円安に誘導しようとする介入は観察されず，一応は欧州の通貨危機の波及を免れることができた．

小康状態のドル円を余所に，欧州では2月末からドイツ・マルクなど金，SDRに対する平価を維持していた通貨を含め買いが殺到し，3月1日だけでドイツ連銀は市場最大の25～27億ドルのドル買い介入を行った．3月2日以降，日本と欧州の為替市場が閉鎖され，11日にはECが共同フロートへの移行とマルクの域内他通貨に対する3％の切り上げを決定，19日に市場の再開とともに，西独，フランスなど6カ国は対ドル共同フロート制を実

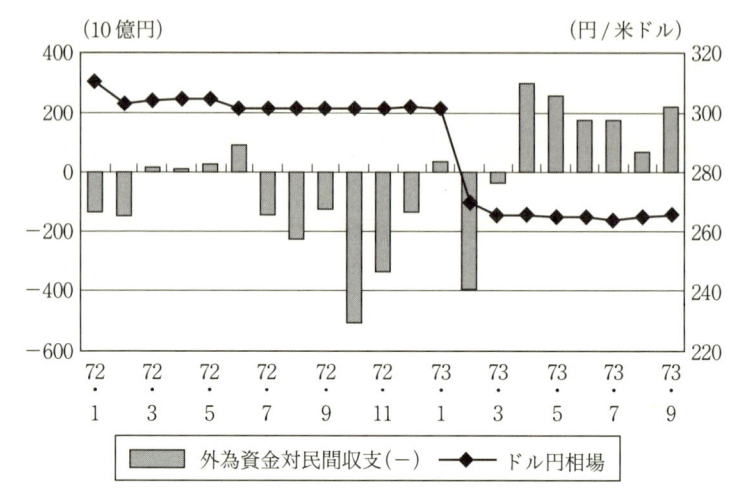

図表 1-4　外為資金対民間収支とドル円相場（1972-73 年 9 月）

出所：図表 1-2 と同じ．

施，英国，イタリア，アイルランドは単独フロートを続行することとなった．

73 年 2 月 10-13 日と 3 月 2-16 日の 2 回の市場閉鎖期間にはさまれた，2 月 14 日～3 月 1 日の 14 取引日の間，円は欧州通貨に先駆けて変動相場制に入った．変動初日の 2 月 14 日には，中心レートは 271 円 20 銭，その後 263 円ないし 265 円台，28 日には 270 円，再度の市場閉鎖前日には 268 円であった．

この間，通貨当局は変動相場制移行の初日に 2 億ドルのドル買い介入，2 日目には 265 円 30 銭で介入，3 日には 263 円でドルを買い支えたといわれる．月末に実需要因でドルが急騰すると，28 日には 270 円で売り介入した．したがってクリーン・フロートとは程遠く，大体の切り上げ幅を想定した介入と推測された．

当時は短期資金移動や先物取引は規制され，金利裁定取引は制約を受けていた．輸出入に関わるリーズ・アンド・ラッグズによる投機は可能としても，将来の為替相場の予想が不確実なので，市場の持つはずの安定化機能を発揮

することはできず，裁定による直先レートの平準化は不十分であった．したがって為替相場の決定を民間の為替需給に委ねると大きな変動を生む．そこで厳重な為替管理の下では，当局は市場介入をせざるを得ない．クリーン・フロートは，為替管理を自由化して可能となる．ただし旧 IMF 平価から 36％，スミソニアン・レートから 16％ 以上も円高となった水準では，貿易黒字温存を意図したダーティ・フロートとはいえないというのが妥当な見方であろう[67]．

ニクソン・ショック後の暫定的変動相場制移行と比べて，比較的弾力的な政策運営を行った背景には，①基礎的不均衡があるときには，固定相場に固執して問題を解決できないとの認識が，通貨当局に高まったこと，②前回の不況にくらべ，今回は経済が上昇過程で過剰流動性が懸念されたというマクロ経済状況の相違がある．

第4節　変動相場制移行から石油危機勃発まで

73年3月19日に東京為替市場が再開され，石油危機が勃発する直前の9月末までの136日の取引日中，欧州通貨危機などの影響を受けた12日を除き円ドル直物相場は264～266円の狭い幅の中で変動した．これは変動相場制移行後しばらく市場実勢を探るために様子見をした後，それに基づいて旧IMF平価より35.8％，スミソニアン・レートより16.2％切り上がった265円を中心相場として上下2.25％の変動幅を設定し，当局の徹底した市場介入によって，その範囲に収める努力をしたと見られる．

円高の影響で，73年の国際収支はJカーブ効果の終了，リーズ・アンド・ラッグズの巻き戻し，資本流出増加などもあって，基礎収支，総合収支は巨額の赤字となった．それにもかかわらず265円水準で安定していたのは，通貨当局は徹底したドルの売り介入を行ったからである．その額は日々の市場出来高の6～8割が介入によるものであったという[68]．3月から9月末までの7カ月で52億ドルと推定されている．

変動相場制移行直後に出現した相場が，長期の均衡相場と信じる理由は乏しく，あきらかに割高なこの相場に当局が固執したのは何故か．

①国際的非難の的であった円の過小評価状態，国際収支大幅黒字状態に終止符を打ち，総合収支赤字によって累積した外貨を減らす，②73年初以来インフレが加速しつつあったので，輸入物価引き下げ，ドル売り介入によるマネタリー・ベースの収縮効果をねらう，③国際収支黒字基調は復活し，円高が再現するので過大評価は修正されるなどの見方を当局が取っていたことなどが小宮隆太郎・須田美矢子によって指摘されている[69]．

当時の国際金融局の幹部によれば，2月末に191億ドルあった外貨準備から3-6月の間に38億ドルを失ったので，愛知蔵相にこのような介入は好ましくなく，相場の動向に自信はないが徐々に手を抜くべきだと進言して介入方針を転換，7月以降外貨準備の減少を減速させたという．結果的に相場はあまり大きく変動しなかった．しかしその後，石油危機に見舞われることになる．

当局の国際収支見通しも誤っていた．日本経済は72年後半から景気が急速に上昇，インフレが進行，交易条件が悪化しており，石油危機発生以前に国際収支は巨額の赤字となっていたのである．

第5節　為替政策の評価

1. 経済学的な評価

この間の為替政策にたいしては，小宮ら経済学者たちは，以下のような厳しい批判を加えている[70]．

(1)ニクソン・ショック後の通貨当局の対応は，国際通貨情勢に対する理解の浅さ，為替管理の効果の過信を示すものであり，その政策判断は「国際金融政策史上類例のない錯誤」であり，国際的にも非協調的な行動であった．

(2)73-74年の大インフレの責任の幾分かは，それ以前の為替政策の失敗

にある.もっと早く円の切り上げもしくは変動為替相場制移行を進めるべきであった.

(3) 73年3月から9月までの7カ月間にわたるドル売りで,数千億円に上る膨大なキャピタル・ロスを被ったと推定される[71].ドルを高く買い安く売るという不安定化的投機を行って,市場相場の変動を大きくさせたことになる.

(4) 変動相場制移行後も固定相場制に近い為替政策をとり続け,また73年3月に為替市場が再開したときの過大評価された相場を維持して,累積したドルの還流を急ぎすぎた.むしろ為替管理を緩和し,直先相場が月々の国際収支,為替需給状況,市場参加者の予想を反映できるようにすべきであった.

これに対して伊藤正直は,ニクソン・ショック以前を,本邦通貨当局は為替政策を持たなかった時期とし,もっと早期に切り上げないし変動相場制への移行を行っていれば,ニクソン・ショックやその後の事態への拙劣な対応を避けられたはずだという批判に同感しながらも,「円対策8項目」やその後の「第2次円対策7項目」,「第3次円対策5項目」は一種のポリシー・ミックスと捉える.すなわち財政・金融政策と産業構造政策や所得政策とリンクしない限り,相場の安定やその結果としての多国間の国際収支調整は実現できないという考え方の先駆的な側面を持つことを指摘する.もっとも通貨当局者がどこまでそれを意識していたかは疑問であり,とにかく円切り上げを回避する政策を動員したのが,これらの円対策であった.その意図は別として,その後の政策体系に繋がる面と一定の効果を評価したいとする[72].

さらに伊藤は石油危機勃発までの時期を,変動相場制移行までは為替政策と外貨政策が結合して展開された段階とし,変動相場制移行後は政府手持ちの外貨資金を使って徹底した市場介入による為替相場の事実上の固定化の段階と区分する.そしてこの段階的な推移は,国際通貨体制をどのように再建するかについての認識のあり方に規定されると指摘する.すなわち当時の共通認識は,崩壊したブレトンウッズ体制をやや弾力化して金,ドルの他SDRなど複数の基準を設け,変動幅を拡大することで安定的な国際通貨体

制を再建しようとするものであった.

しかし70年代後半には,この方向での再建は困難であることが明らかとなる.この体制は投機的要因による相場変動が通貨当局の介入で対応できるという想定の上に成り立つが,大規模な攪乱的短資移動に直面してその問題が露呈したのである.さらにIMFがドルに代わる国際流動性を供給できず,また主要国経済において為替相場と経常収支間の因果関係が,資本移動の拡大,財政の膨張などで不鮮明となり,以後国際通貨制度は不安定性を高めつつ,場当たり的対応を積み重ねることになる.

そこでむしろ市場に委ねることで為替市場の安定性と不均衡是正が達成されるという考え方が強まってゆく.そして80年代後半に,再び管理された変動相場制の有効性が見直されるという流れとなるが,伊藤はブレトンウッズ体制の崩壊過程の時期に,為替相場だけを目標にするのではなく財政と金融をセットに目標を設定,さらに産業構造政策や所得政策と連繋させ,為替相場の安定やその結果としての多国間の国際収支調整を実現するという合意の枠組みの基本線の萌芽を見出すことができるとする[73].

2. 政治経済学的な評価

本邦の為替政策に関する政治経済学的な評価は,経済学的なそれに比べて大まかなものとならざるを得ないものの,米国のイニシアティブに対して,受動的に反応する本邦当局という構図の中では,まずニクソンの新経済政策に始まる考察対象の期間における米国の戦略の推移を全体的に把握した上で,それにたいする本邦側の諸行為主体の反応とそれらの相互作用が,為替政策の主役である通貨当局の行動をどのように規定したかを跡付ける必要がある.

(1) 米国の戦略とその推移

ニクソン・ショックに象徴される米国の国際通貨戦略の背後には,どのような行為主体が,いかなる動機で行動し政策の形成に影響を与え,またその

第1章 ニクソン・ショックから石油危機直前まで　　69

政策が変化を遂げたのだろうか．牧野浩は，社会的勢力関係＝パワー・エリート論に依拠して，その推移を以下のように描いている[74]．

　第2次大戦後の米国の地位は，圧倒的な軍事力と経済力で他者の追随を許さず，それを背景に覇権システムを構築した．そこでは米国は世界の中央銀行，自由貿易の推進者，そして中心的な生産者であり，監督者としてブレトンウッズ体制などの国際レジームの構成メンバーのルール遵守を強制できた．

　冷戦の開始で世界は二極化し，米国は西側陣営における国際公共財の供給者としての役割を継続したが，東側との覇権競争と世界的規模の介入にともなうコストで国力が低下した．すなわちインフレとベトナム戦争の戦費増大，労働生産性低下による主力産業の競争力低下など米国の経済ファンダメンタルズは劣化し，ドルの過大評価で，71年に20世紀で初めて貿易赤字を計上，金準備は対外流動負債の5分の1以下に落ち込み，国際通貨不安が頻発することになった．

　そこで米国は覇権システムを維持するコストを同盟国に負担させようとした．その表れが自由主義世界の警察官としての役割を縮小するという1969年のニクソン・ドクトリンと，71年の「新経済政策」であった．それは覇権国という行為主体が，困難な環境の中で自由主義陣営の指導者であり続ける「理想」と，「自己存続」の目標を追求する戦略であるという．

　ニクソン・ショックを唐突かつユニラテラルな行動と解釈する向きも多いが，実際には市場の警告に反応した財務省，FRBの高官達が早い時期から通貨調整の政策構想を検討していた．71年5月の通貨危機を契機に，財務省高官により準備された政策案をもとに，コナリー財務長官，バーンズFRB議長，ボルカー財務次官らが協議を重ねて策定され，実施のタイミングが計られていたのであり，突然の措置ではなかった．

　多様な行為主体の利益代表である連邦議会の両院経済合同委員会も，主導的役割を果たす．5月の通貨危機後，議会では日本の輸出攻勢への警戒感が高まり，日本異質論が台頭した．ロイス委員会は6月に金兌換停止と変動相場制移行の決議案を，8月にはドル切り下げを中心とした総合的な国際収支

対策を提出した．これらはニクソン政権に新経済政策の繰り上げ実施の決断を迫る結果となった．

有力財界人が中心の「ウイリアムズ（A.L. Williams）委員会」も，課徴金と通貨調整を含む国際経済政策の基本課題と政策案をニクソン大統領に答申した．このような様々な行為主体の動きを睨みながら，72年の大統領選挙を意識したニクソン政権の「自己存続」戦略として新経済政策が実施されたと考えられる．

今ひとつ興味深いのは，強硬なコナリー路線の転換とスミソニアン合意への経緯である．主要国が通貨調整に手間取る中で，世界経済の先行きに対する不安が拡大，保護主義，ブロック化への懸念が強まった．ジャーナリズムは，ソ連，中国への対話路線への転換に比べ，同盟国との対立を生んでいると批判した．中でもウォール街が政策転換にむけ重要な役割を果たした．米銀首脳がドルの切り下げ，課徴金，バイ・アメリカン条項の撤廃を提唱した．全米最大の貿易団体である全国貿易協議会：NFTC（The National Foreign Trade Council）は，ドル切り下げを柱とする通貨調整を決議した．

政権内でも安全保障，世界経済への悪影響を懸念するキッシンジャー補佐官，シュルツ長官，バーンズFRB議長が政策転換を促した．ドル切り下げと課徴金廃止で妥協し，多国間通貨調整を早期に実現すべきだとの主張が高まる中，欧州でのドル急落やニューヨーク株式市場での大暴落などの市場圧力も加わって政策転換に合意がえられたのである．

このように米国では多様な行為主体の連繋と対立の関係が固定的でなく，利害関係の再調整が比較的容易である．通商問題が政治化するのは，国際競争力の脆弱な個別企業・産業が外国の輸出攻勢に曝された時であり，その結果保護主義的要求が高まるものの既得権益化が弱く，安全保障上の考慮や金融資本市場の利害を反映した行為主体の影響力の増大で劇的な政策転換が比較的容易な構造なのである[75]．

(2) 日本の為替政策の評価

1) 為替市場介入に関する仮説の提起とそれに基づく評価

　戦後日本の政治経済の特徴は，公的行為主体である政党の中で，1955年以来常に与党としての地位を占めてきた自民党の一党支配体制の下で，様々な私的行為主体である企業などの利益集団や一般国民の多元的で錯綜した要求をくみ上げ，今ひとつの公的行為主体である官僚機構と調整し，経済成長の過程でそれを充足し政権基盤を維持した点にあった．この過程で多様で強固な既得権益を持つ利益集団が組織され要求が制度化された．このような構造をもつ自民党政権や官僚組織は，ニクソン・ショックに際して，所得の再分配や既得権益の再編につながる通貨調整に対して迅速に対応できなかった．保革対立の激化，反米路線に立つ左翼政党の躍進という政治状況も，政府・自民党が国際協調路線を取りにくくした．通貨調整問題では，自民党から共産党まで円切り上げ反対，固定為替制度墨守の姿勢をとった．

　一党支配の下，高い専門性を持っていることで大きな裁量を委ねられ，政策策定に大きな影響力を持っている通貨当局は，実際には国際通貨情勢を把握する能力が不十分であり，的確な情報収集と分析の努力を怠った．また問題処理に有効な政策を準備できなかった背景には，官僚に特有な守旧的な行動があり，短期的な目標のもと暫定的な政策の調整，彌縫策を講じることで終始した．

　マスコミを含めて国内諸行為主体が一国主義的な対応を示す中で，対米協調・自由主義市場経済を重視する財界，特に経済同友会は，円切り上げが持つ利害の対立を抱えながらも，財界と自民党，高級官僚との為替政策をめぐる調整過程で，相応の役割を果たした．円対策8項目の決定と実施過程，変動相場制移行過程，日米貿易経済合同会議後の局面での円切り上げ容認で，佐藤内閣の政策に決定的な影響を与えたといえよう．

　財界が早期切り上げ論へ転換したのにたいして，通貨当局は勝算の定かでない持久戦体制を維持し，出来るだけ原状に近い形での決着に固執し，そのために経済的合理性が疑わしい市場介入政策を実施した．その基本目標は，

公私にわたり広汎に存在する諸行為主体の円切り上げアレルギーを勘案して，厳格な管理相場による円高誘導で切り上げ幅を低く押さえ込むことであった．その方針で日米交渉や多国間交渉に臨んだが，局面を打開できず孤立化するばかりであり，結局路線転換を余儀なくされた．

通貨当局，財界，マスコミなど諸行為主体の相互作用を傍観していた佐藤内閣は，コナリー訪日にともなう日米交渉失敗後，世界経済の同時不況化，保護主義の台頭，米国での政策転換の兆しをうけて，年内解決への方針を漸く固めた．国内の円切り上げアレルギーも鎮静化しつつあった．しかし繊維交渉の難航などとあわせ，日本の為替政策の硬直性は米国の対日不信を強め，その後の日米関係の緊張に繋がったといえよう．

割安なドル円相場による輸出主導の経済成長政策の維持が，諸行為主体に共通の利益であり，一種の「国益」とみなされていた．為替相場変動のもつ諸行為主体間の分配上の対立などは問題とされなかった．しかしそれを上回る優先順位を主張する政治経済問題が出てくると，「国益」の再定義が必要となってくる．それに合致する諸行為主体間に新たな合意が成立し政策の転換が行われるまでには，諸制度が持つ粘着性などの理由で時間がかかる．その間大きな裁量をもつ通貨当局は，市場介入で内外の諸行為主体の反応を見極めつつプリンシパルの政治的決断を待つ．その過程で追求するのは，円安という「国益」への貢献による「名声」と「組織の存続」であった．しかしそれは所詮仕切られた多元主義の制約の下での近視眼的行動であり，「名声」の獲得とは程遠い結果を生んだと評価せざるをえない．

国際資本移動の活発化で戦後の国際体制がきしみ始め，新しい国際秩序への模索が始まったこと，沖縄返還合意にもかかわらず為替調整や繊維交渉で頑固に「国益」を主張してニクソン政権の足元を脅かし対日不信を高めていること，ベトナム戦争の泥沼から脱しアジアにおける勢力均衡の調整を図る米中対話への動きに見られる米国の戦略のシフトなどについて，通貨当局は外交当局とともに的確に把握して政権政党に総合的な戦略の策定を助言し，その枠内で適切な為替政策を展開すべきであった．

したがってこの時期の介入政策は，覇権システム維持費用を円切り上げの形で分担させられた対米協力型，国際資本移動が活発化しはじめたにもかかわらず為替管理を維持・強化してでも円安水準を守ろうとした問題先送り型，重商主義型の複合的なものであったといえよう．

2) 為替介入政策の偏向の有無について

　為替市場介入については，諸行為主体の利害関係に大きく影響をもつ場合が多く，通貨当局は政策実施について大きな説明責任を負っているはずである．ニクソン・ショック後に，日本の通貨当局が為替市場を閉鎖せずに旧相場でドルを買い続けていたことについては，金融界や産業界救済の意味が大きかったといわれる．たしかに輸出産業や海運業界などは，硬直的な為替管理政策により，為替リスクのヘッジが制約され，円高による被害は甚大となる．

　それに比べて為銀は総合持ち高規制の下にあり，為替差損の規模は比較的限られていたはずである．しかし当局は外為資金貸付返済を無制限に認めたり（71年8月26日）[76]，市場の終了時間を延長してまで為銀からドルを買い続けた（8月27日）．通貨当局がこのような行動をとったのは，ニクソン・ショック以前に，円平価維持のために為銀に無理にドルを保有させたため，協力した為銀に損をさせられないとの意向が働いていたといわれる．当時先物ドルのディスカウント幅が拡大していたので，為銀は円転を当然望んでいたが，当局の要請にこたえてドルを保有した．したがって当局が協力した銀行にペナルティを課することを回避しようとしたとしても不思議でない[77]．

　しかしこのような為替政策は，造船，海運，その他の輸出産業で，為替リスク・ヘッジの手段を制約されていた業界にくらべて，通貨当局に近い為銀を助けるものと批判されても仕方がなかろう[78]．

　国会でも，商社による多額な輸出前受け金取り入れ，為銀の大量のドル売りの投機性ならびに通貨当局と為銀の癒着について論議された．その中で日本銀行の外為資金貸付の期限前返済容認，外貨預託の追加などへの批判とと

もに，8月26日，27日における市場での大量のドル売りが日銀の示唆によるものとの疑惑で井上四郎外国局担当理事が参考人として招致された．和田静夫参議院議員は，日銀がドル売りについて各行間のバランスをとるための誘導をするなど緊密な関係をもち，結果的に大銀行や大商社の利益擁護につながる政策を行ったと批判した．これら批判に対して佐藤首相は当局の行動を弁護し，議論は平行線をたどることで終わった[79]．

ま と め

　ニクソン・ショックの意味することを総括すれば，通説が主張するような米国衰退の表れというよりは，経常収支赤字や対外債務の制約やドルを金に交換しようとする外国の圧力から米国を解放し，新しい形の覇権を打ち立てるプロセスであったように思われる．

　米国のハイアブソープションは，日本そしてアセアン諸国の成長を支え，市場経済化を加速させた．米国は経常黒字国の資金を米国に還流させ，それを再配分する効率的な金融・資本市場の構築を進め，他国にも金融・資本取引の自由化を促した．これは冷戦を勝ち抜き，覇権国として世界の秩序維持という国際公共財を提供し続けるために必要な財政赤字をファイナンスする仕組みの強化でもあった．

　貿易や資本取引の価値尺度であるドルの価値自体が変転するシステムでありながら，対米輸出で成長を図る国々が為替市場介入によりドルの価値を維持しようとし，それにより積みあがったドル資産投資は米国の金利上昇を抑える役割を果たすことになる．

　それにしても覇権国としての政治経済的活動の自由を拡大するために，ブレトンウッズ体制をかなぐり捨てた米国の戦略の大転換の予兆は，公開情報を丹念に読めば捉えられたはずだと，谷口智彦は指摘する[80]．しかし当時の通貨当局幹部は残念ながら様々な予兆への感度が極めて鈍く，米国要人が発するシグナルは欧州を標的に脅しをかけているだけで日本は関係ないと無視

第1章 ニクソン・ショックから石油危機直前まで

図表 1-5 ニクソン・ショックから石油危機直前までのドル円相場と外貨準備増減推移

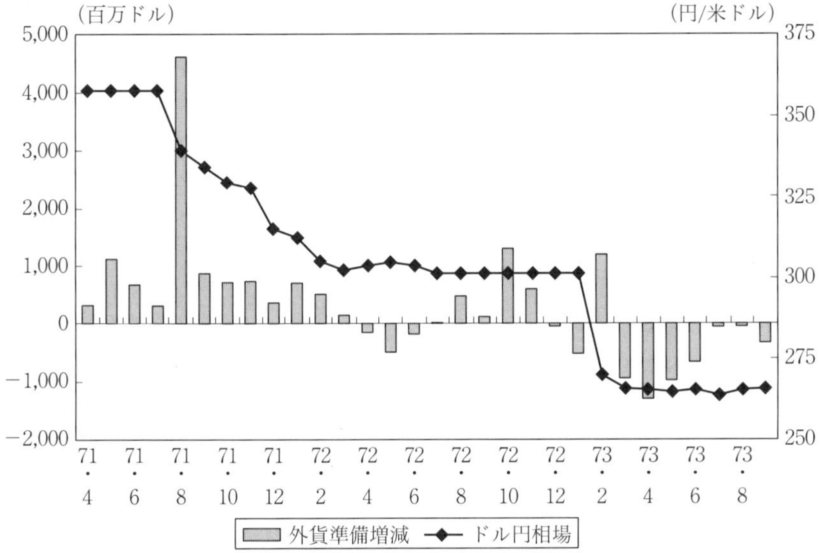

出所：大蔵省財政史室［1992］，日本銀行．

したり，円切り上げ不可避との意見が政府・日銀内にあったが，対外的には絶対反対を主張するよう申し合わせ，想定外の事態が発生することを見まいとする「駝鳥症候群」に取り付かれていたといえよう．最悪の事態をも想定し準備を怠らぬ戦略的発想が欠如しているのは今日にもつながる問題とする谷口の指摘は正鵠を得ているといわざるをえない．

注
1) ストレンジ［1988］54-65 ページ．
2) 小宮・須田［1983］24-39 ページ，大蔵省財政史室［1992］329-477 ページ，日本銀行［1986］293-355 ページ，米国国務省資料（U.S. Department of States ［2003；2001］）参照．
3) ①首相就任時，②最高値，③最安値，④退任時のドル円相場．ただし佐藤首相の場合，①はニクソン・ショック直後の相場．

4) National Security Study Memorandum (NSSM) 5, dated January 21, 1969, Document #20, U.S. Department of States [2001].
5) Kissinger's National Security Decision Memorandum 13 on May 28, 1969, Document #20, U.S. Department of States [2001].
6) Memorandum from the Director of the Office of Industrial Nations, Department of the Treasury (Widman) to Secretary of the Treasury Kennedy, April 3, 1969, Document #17, U.S. Department of States [2001].
7) 1969年7月25日にニクソンはアポロ宇宙飛行士たちの着水を見た後、グアムでオフレコを条件に演説、今後はアジア諸国を助けることはするが口出しはしない、また過大に頼られるような政策を回避したい、そして核戦争の脅威があればともかく、アジア諸国には自らを守ることを期待したいと述べた（Public Papers of the Presidents of the United States: Richard Nixon, 1969, pp. 544-56), Document #29, U.S. Department of States [2003].
8) 経済問題と沖縄問題の関連性についての下田駐米大使の質問に対して、ジョンソン国務次官は、別問題として扱われるものの、経済問題に取り組む姿勢が議会の日本のイメージを形成し沖縄問題に影響を及ぼす事実を避けることはできないと答えた（Telegram 133630 to Tokyo, August 9, 1969, Document #23, U.S. Department of States [2001]).
9) 佐藤首相時代の日米関係については、主に石川 [2004] 104-19 ページ、草野 [2005] 106-18 ページ、川上 [2001] 96-102 ページを参照。
10) トリフィン（R. Triffin）は、主要国通貨が交換性を開始した当時から、外国が保有するドル預金残高が増大し、その外貨準備の超過需要を満たそうとすれば、ブレトンウッズ体制は不安定になると警告を繰り返していた。
11) 伊藤 [1999] は、それまでの政策が軍需産業・国防産業を基軸産業化させてベトナム戦争拡大を支える一方、民間部門の生産性上昇を停滞させたことを指摘する。ベトナム戦費は65年度の1億ドルから、66年度には58億ドル、67年度には201億ドル、68年度には245億ドルと急増した（219ページ）。
12) ドルの切り下げによって蒙るキャピタル・ロスに対して保証をする米国債で、ローザ（Robert Rosa）財務次官に因んで名づけられ、海外の中央銀行が購入した。
13) 伊藤 [1999] 219 ページ。
14) Transitional Task Force Reports 1968-69, Task Force Summaries (Arthur F. Burns, 1/18/69), Document #1, U.S. Department of States [2001].
15) National Security Study Memorandum 7, January 21, 1969 by H. Kissinger, Document #109, Volcker Group Paper VG/LIM/69-2, Document #111, Department of States [2001].
16) Volcker Group Paper VG/LIM/70-14, April 29, Position Paper on Limited Exchange Flexibility VG/LIM/70-24, September 10, 1970, Document #147, #

第1章　ニクソン・ショックから石油危機直前まで　　　　　　　　　77

148 Department of States [2001].
17)　C.A. Coombs, "The Outlook for the Dollar", Documet #151, Department of States [2001].
18)　The Department of Treasury, Contingency, May 8, 1971, Document #152, Department of States [2001].
19)　Nixon Presidential Materials, White House Central Files, President's Daily Diary, Document #164, Department of States [2001].
20)　(財務省) コナリー, ボルカー, (経済諮問委員会) マクラッケン, スタイン, (FRB) バーンズ, (大統領補佐官) ピーターソン [国際経済問題担当], ハルドマン, アーリックマン (John D. Ehrlichman) [国内問題担当], (行政管理予算局) シュルツ, (広報担当) サファイア (William Safire), ならびにそれらの部下5名.
21)　Kissinger [1979] p. 954.
22)　Document #165, 166, 167, 168, Department of States [2001].
23)　伊藤 [1993] 32-5 ページ.
24)　古城 [2002] 349-51 ページ.
25)　景気の上昇で輸入が増加, 外貨準備が減少して20億ドルを割りそうになると引締め政策に転換し, 景気が反転するというパターンを繰り返していた.
26)　71年6月4日の関係閣僚会議で決定された対外政策で, ①輸入自由化の促進, ②特恵関税の早期実施, ③関税引き下げの推進, ④資本自由化の促進, ⑤非関税障壁の整理, ⑥経済協力の推進, ⑦秩序ある輸出, ⑧財政金融政策の機動的運営の8項目である. 大蔵省財政史室 [1992].
27)　71年7月に36名の経済学者からなる為替研究会 (代表幹事天野明弘・小宮隆太郎) は, 政府の円対策8項目を不十分として, 円の小刻み切り上げを提言した. その内容は, ①国際収支黒字は赤字国へ本邦が生産した価値を提供し, 年々の消費・投資・政府支出を切り詰めている, ②固定相場での黒字累増は, 赤字国からのインフレ輸入となる, ③本邦外貨準備累増は国際金融協力を困難にするので好ましくなく, 大幅な切り上げによるショックを避けるために, 1度の変更幅を1%以内とし, 年に2.4%ないし4%程度を情勢を見ながら黒字解消するまで, 小刻みに円を切り上げるということであった (『季刊現代経済』1971年9月). しかし政府・マスコミを含めて円切り上げ反対論が大勢であった.
28)　69年, 林大造大蔵省調査部次長 (後に国際金融局長) は, 「円相場を切り上げるのが適当」と提案した (アルファ作業). しかし大蔵次官, 財務官, 国際金融局長らは, ①国民所得水準は依然低く, 経済成長維持が必要であるが, そのための制約条件である国際収支の壁を完全に克服するまで輸出拡大, 輸入抑制は当然である, ②貿易黒字は出ているが, 輸入の自由化が不十分で円の実力ではない. 輸入自由化, 規制緩和が先決であり, 円相場調整はその後の問題, などを理由に反対した. 本田・秦 [1998] 48 ページ.

29) ニクソン・ショックを8月15日にしたのは，その直前に英国が手持ちの30億ドルを金に交換するよう要求してきたからという噂をボルカーは否定するが，新政策の主な標的である日本への戦勝記念日と関係があるという疑いは払拭できない．13日のキャンプ・デービッドでの会議では，ニクソンは日本が繊維問題で約束を守らないと苛立ち怒っていたと彼は回想する．また金交換停止が米国にとり恥辱ではなく，勝利であり，新たな出発点と位置づける老獪な政治家ニクソンの手腕に驚きをかくさない．ボルカー・行天 [1992] 115-6, 118-20 ページ．

30) 1934年金準備法で公定金価格を変更すれば議会での法改正が必要となり，またブレトンウッズ関連機関などへの出資に関する価値維持条項でドル切り下げ分の追加出資を要するので，これまた議会の承認を得なければならない．そうなるとドルを金に交換する取り付け騒ぎが発生し，たちまち米国の金準備は枯渇する．そこで議会の関与を避けるために，金準備法により設けられた外国為替安定基金の金操作の裁量権をもつ財務長官への命令の形で金ドル交換の停止を行った．

31) 速水 [2005] 30-6 ページ．なお8月16日のドル買い介入額は，米側の資料では，6億ドルでなく7億ドルとなっている．Memorandum of Conversation, London, August 16, 1971, Document #170, Department of States [2001].

32) Memorandum of Conversation, Paris August 17, 1971, Document #171, Department of States [2001].

33) Memorandum of Conversation, London August 16, Paris August 17, 1971, Document #170, 171, Department of States [2001].

34) 市場を開けるべしとする論拠は，①政府は円平価維持を表明してきた，②欧州より外貨建て取引が多い日本では，市場閉鎖の影響が甚大，③閉鎖後，円切り上げ不可避で予測困難，④為替管理強化で，投機資金流入防止可能であるなど．大蔵省財政史室 [1992] 382 ページ．柏木雄介（当時大蔵省顧問）は，産業界や金融界への影響を懸念し，為替管理で市場の為替量を制御可能と判断し，為替市場を開くことを主張し受け入れられたと証言．本田・泰 [1998] 62 ページ．行天（当時財務官室長）は，市場を開くことを主張する議論の中には，大蔵省と日銀の説得で多額のドル資産を抱える銀行を守る必要があるとするものや，為替管理が完璧なのでドル売りはほとんど起こらないと確信していたものもあったと述懐する．また米国の意図について，日本側は，ドルを切り下げるのではなく，金から切り離すことと判断し，360円でドルを買い支えることで米国の利益となり，協調行動と評価されると信じたと重大な判断ミスを犯したことを認めている．ボルカー・行天 [1992] 138-9 ページ．

35) 40億ドルを旧平価360円で換算すると，約1兆5000億円となり，当時のマネーサプライ（M1 ベース）が約24兆円なので，介入規模の大きさが分かる．それが73，74年のインフレの一因となったと思われるが，行天はそれを否定し，かつ莫大な為替差損を被りながら為銀を救済したというのも理論的根拠がないと否定している．ボルカー・行天 [1992] 139-40 ページ．

36) 71年8月16日から27日までの輸出前受け金流入は18億ドル．先物ディスカウントの拡大で売りカバーできない為銀は，外銀借入により買い持ちポジション圧縮を図ったが，主要為銀15行のドル売りは16日から19日だけで，約20億ドル，介入総額は約39億ドルに上った．小宮・須田［1983］34ページ．
37) 本田・秦［1998］63-4ページ．
38) たとえば自由円残高規制である．鳴沢宏英（当時東銀ロンドン支店長）は，筆者のインタビューに対して，新規の預入を自粛させるならいいが，数カ月前の円先物売の期限到来で資金受領の指図を外銀から受けても個別銀行へ課された残高規制で実行できないという状況となって猛烈な抗議の電話が殺到した．文句があるなら大使館か日銀へいえといったら，速水優は大いに困惑したという．目先の国益を守ったつもりかも知れぬが，何をする国かわからぬという印象を国際的に与えたことは間違いないと語った．
39) IMFは，米新政策により通貨・貿易戦争が生じ，保護主義，地域主義の台頭を許す恐れがあるとの危機意識を抱いて，8月23日の理事会非公式会議で，多角的調整の際に必要な各国の平価調整幅，実施方法を含む通貨調整案（スミス・ペーパー）の検討を開始したが，これは高度の政治問題であるとして10カ国蔵相会議のごとき場で政治折衝で解決すべきだとした．そこで9月3，4日にパリで最初の10か国蔵相代理会議（G10D）が開かれ，その後スミソニアン合意まで国際通貨会議が繰り返された（伊藤［1999］220ページ）．
40) 日本銀行［1986］331-3ページ．
41) Memorandum From Robert Hormats of the National Security Council Staff to the President's Assistant for National Security Affairs (Kissinger), September 6, 1971, Document #174, Department of States [2001], 牧野［1999］276-7ページ．
42) Action Memorandum From the President's Assistant for National Security Affairs (Kissinger) and the President's Assistant for International Economic Affairs (Peterson) to President Nixon, September 20, 1971, Document #176, Department of States [2001].
43) Memorandum of Conversation (with Prime Minister Sato), Tokyo, November 12, 1971, Document #191, Department of States [2001].
44) ボルカー・行天［1992］142-3ページ．
45) Editorial Note on the taped conversations of the Quadriad meeting on October 28, 1971, Document #187, Memorandum From President Nixon, November 2, 1971, Document #189. ピーターソンはニクソンにメモを送り，コナリーが記者会見で「現在の通貨不安が永続するかもしれないが，米国は困らない」と述べたとか，彼のサーベルで威嚇するような態度に苦情の電話が相次いでいるなどと告げ口したが，ニクソンは取り合わなかったようだ．Information Memorandum From the President's Assistant for International Economic

Affairs (Peterson) to President Nixon, November 15, 1971, Document #195, Department of States [2001].

46) Peterson's Memorandum, November 12, 1971 to Kissinger, Document #191, Department of States [2001].

47) Memorandum of Conversation between Kissinger & Burns, July 25, 1972, Document #236, Department of States [2001].

48) Kissinger's message to Watson (White House telegram 11026), November 18, 1971, Document #191, Department of States [2001].

49) White House Tapes, Recording of a Conversation Among President Nixon, Connally, and Kissinger, November 23, 1971, Document #203, Department of States [2001].

50) ボルカー・行天 [1992] 127-30 ページ.

51) Document #212, Department of States [2001].

52) Telegram From Secretary of the Treasury Connally to the White House, November 30, 1971, Document #211, Department of States [2001], ボルカー・行天 [1992] 127 ページ.

53) Requirements for a Secure U.S. Balance-of-Payments Position, Paper prepared in the Department of the Treasury, September 10, 1971, Document #76, Department of States [2001]. 米国の基礎収支は誤差脱漏を含めて110億ドルの赤字であり，20億ドルの黒字目標を達成するためには，130億ドルの調整を黒字国によってなされるべきだと主張した（伊藤 [1999] 221 ページ）. ボルカー・行天 [1992] 122 ページ.

54) 11月18日，ロイス下院議員とジャヴィッツ（Javits）上院議員は，国際的な通貨調整の枠組みの中で，金価格を変更することを認める法案を導入した．しかし財務省は，それを支持しないと声明を出した. Volcker Group paper VG/Uncl. INFO/71-47 in Information Memorandum From the President's Assistant for International Economic Affairs (Peterson) to President Nixon, Document #209, Department of States [2001].

55) Framework for Monetary and Trade Settlement, Paper Agreed by President Nixon and President Pompidou, Document #220, Department of States [2001].

56) 20～30年代にフランスは金本位制維持のため，外貨預金を金に交換したことで大恐慌を悪化させた．ドゴールも同じやり方で，米国の法外な特権に挑戦した．準備通貨国に分不相応の暮らしを与えるとの彼の助言者リュエフ（Jacques Rueff）らの主張に基づき，フランスは一貫して金為替本位制を批判し，欧州諸国が戦前・戦後に英米通貨を蓄積し両国のインフレ加速を許すことになったので，金本位制に近い制度に戻ることを主張，現実にドルの金交換を進めてきた．

57) ボルカー・行天 [1992] 130-2 ページ.

58) 大蔵省財政史室［1992］423-4ページ．
59) 水田蔵相は17％を下回る切り上げに固執したのは，1930年の金本位制復帰のときに円が17％切り上がり，井上蔵相が後に暗殺されたからだとコナリーに説明，16.88％を呑ませた．ボルカー・行天［1992］143-4ページ，本田・秦［1998］67-8ページ．
60) ボルカー・行天［1992］132-5ページ．
61) ある大蔵省幹部は，「レート政策そのものが政策手段であるべきものを一種の神棚に祭り上げてしまった……田中総理が国会で，円レート堅持は政治責任である（といったことが）後に大変な影響を与え……政策手段として，財政，金融あるいは為替政策といった3本足……のかなめの1つだけを固定してしまって，あとの2つを動かすということは，やっぱり大変なディストーションをもたらします」と72年当時の状況を述懐している．
62) 72年に入ると主要欧州通貨や円への投機が高まり，2月下旬から3月上旬にかけて西独は現金預託制度（Bar-depot）を導入，スイスは非居住者預金へネガティブ金利を賦課するなど短資流入規制を行い，EC通貨が相互の変動幅を縮小するなどで小康状態を取り戻したが長続きせず，6月半ばには投機が再燃，ポンドが激しく売られて23日に一時的に変動制へ移行しECのバンドから離脱，市場の一時的閉鎖を発表した．他の欧州市場もこれに追随したが市場再開直後から大量のドル売りが発生，6月23日から7月14日までに主要国全体で総額60億ドルを超えるドルが売られた．スミソニアン体制の脆弱性を露呈するものであったが，米国は合意された相場維持のために積極的な行動をとらなかった．
63) 小宮・須田［1983］12-3ページ注8.
64) 72年末の第2次田中内閣の蔵相に就任した愛知は，308円相場を堅持するという田中首相の方針にたいして懐疑的であったごとくであり，73年1月に大蔵省の幹部を個別に呼んでタブーとなっているこの問題について意見を聞いた．ある幹部が為替相場は政策手段であって，固定された水準を目標とすると他に歪みがでると進言するとわが意を得たという表情で頷いたと関係者が証言している．
65) 佐瀬［2005］123ページ．
66) 関係者の証言によれば，日本と協議の後，欧州通貨当局と交渉中のボルカーからインガソル駐日大使経由，欧州はドルの10％切り下げを了承，日本も同率切り上げてもらいたいが，当面は5％位からフロートアップ，予算成立後10％（257円）にして欲しいとの要求あり，田中首相と諮り，15％の切り上げ（268円）ものめない，米側の懸念するようなフロートはしないと回答した．ボルカーとの折衝のために欧州へ派遣されていた細見顧問経由でボルカーに264円が最終ラインと伝達，依然257円を固執する米側と溝が埋まらぬまま，結局今は決めないでおくという案で13日午前に落着，直後にシュルツ財務長官が声明を出した．日本側がこのような数字に固執したのはフロートは一時的であり固定相場に戻ると考えていたからであり，米側は日本がフロートした後，介入で相場を歪曲しな

い保証を求め，声明の原案に"Japanese authorities have indicated that the yen will be permitted to float freely and clearly"と細見に提案，これに対して日本側は為替管理，介入は実情に応じたやり方で行うので，これを削除するよう要求したと関係者はいう．

67) 小宮・須田［1983］19-22 ページ．
68) 伊藤［1993］42 ページ．
69) 小宮・須田［1983］45-53 ページ．
70) 小宮・須田［1983］25, 31-2, 63-5 ページ．
71) スミソニアン合意発効とともに，外国為替資金特別会計・日本銀行の保有外貨の評価替えが不可避となった．その結果外為資金特別会計分は 4,117 億円，日銀分は 4,508 億円の評価損を計上した．大蔵省財政史室［1992］433 ページ．
72) 伊藤［1993］32-5 ページ．
73) 伊藤［1993］43-4 ページ．
74) 牧野［1999］287-98 ページ．
75) 社会に分散された権力は集中された権力より効率的であり，変化に柔軟に適応するとする見方については，序章第 3 節参照．
76) 日銀外国為替資金貸付制度は，外貨建て期限付輸出手形の買取銀行に対して，輸出振興のため当該手形を引当に円資金を低利で供給する制度で，53 年に発足し 61 年に為銀の外貨資産の持ちに金融をつける方式となる．為銀が外貨手形を買い取り，本制度を利用すると外貨の買い持ちとなる．他方為銀は直物のネット売持ちが制約される円転規制上，外為資金貸残高が買持ちから差し引かれて計算されるため，時に追加的な外貨直買いを余儀なくされた．為替リスク回避のためには，外銀借入れか外貨先売りを要するが，前者は二重金融となり，後者は外貨不安で先物ディスカウント幅が異常に拡大しカバーコストが高騰したので何れも困難であり，為銀は外為資金返済か外銀借入れへのシフトを認めるよう求めた．日銀は外準増大となる外銀シフトや，自らの影響力減少に繋がる外為資金返済に抵抗したが，当時 10 億ドルの買い持ちを抱えて混乱していた為銀の為替ポジション操作に鑑み期限前返済を認めることとし，輸出金融の中核に位置付けられ，71 年 7 月に 25 億ドルあった貸付残高は翌年 2 月には消滅した．日本銀行［1986］328-9 ページ．
77) 大蔵省財政史室［1992］383 ページ，伊藤［1993］37 ページ．
78) 小宮・須田［1983］35-7 ページ．
79) 日本銀行［1986］343-4 ページ．
80) 谷口［2005］41-51 ページ．

第2章

石油危機の時代

　ニクソン・ショックや石油危機に象徴される1970年代の世界経済の不安定化の説明に関しては，戦後のリベラルな国際経済を支えてきた米国の政治経済上の指導力が，日独など新しい経済大国の台頭，米国の生産性上昇の鈍化などで相対的に衰退した結果であるとする覇権衰退論がある[1]．

　他方，多角主義原則の弱体化や国際金融システムの混乱などは米国のマクロ経済政策が対外不均衡を拡大させた結果であり，国内の混乱を通商政策や為替相場の調整で解決しようとした米国の単独行動主義に責任があるが，米国はその国益を実現する世界市場経済での権力を失っていないとの主張もある[2]．すなわちニクソン政権の下でドル価値を切り下げ，恒常的な赤字のつけをドルを外貨準備としていたすべての国に押し付けることができたし，カーター政権下ではインフレ政策，ドル切り下げで国際経済・通貨体制に課税できたからである．

　いずれにせよ米国に不均衡是正と調整コスト負担を求められた先進諸国の中で，日本は特に大きな影響を受けた．米国の巨大な輸出市場に依存し対米貿易黒字が大きいのみならず，安全保障面での対米依存が大きいため，最終的には日本へのコスト負担要求には応じざるを得なかったものの，国内での公私行為主体間の調整に手間取ることも多く，その間日米関係の緊張が高まることとなった．

　国際金融市場や為替市場は，経済のみならず政治や軍事などあらゆる情報に反応して変動するが，日米関係の動向もドル円相場を大きく規定し，その

相場動向がまた日米関係に影響する．本章では，石油危機時代の不安定な国際政治経済と緊張する日米関係を跡付け，その中での本邦為替政策の変遷を，これまでの政治学や経済学的知見を利用しつつ，公私行為主体，特に通貨当局の行動の観察とその意図の解釈を試みようとするものである[3]．

第1節　石油危機の時代の日米関係

まず2つの石油危機が世界を動揺させた時期における日米関係を，日米指導者間の関係を軸に整理をしておこう[4]．

1. 田中角栄とニクソン，フォード

①301円13銭（72年7月7日）　②303円40銭（74年8月22日）
③262円35銭（73年5月15日）　④299円90銭（74年12月9日）[5]

72年7月7日に就任した田中首相は，早速9月にニクソン大統領と会談した．そこでの課題は，①佐藤前首相が沖縄返還と引換えに約束した繊維製品の自主規制を反故にしたというニクソン政権の対日不信払拭，②日中国交正常化問題，③貿易摩擦対策としての緊急輸入問題などであった．

その後，石油危機の発生時期を挟んで73年7月末と74年4月に首脳会談が行われた．そこでは日本の頭越しに行われた米中接近やニクソン・ショックなどでぎくしゃくした日米関係を修復するとともに，日本に対して石油危機で引き起こされた国際的な困難解決への協力とより大きな責任分担を求める米国の意図が窺われた．しかし日本は石油問題に関しては，独自外交に固執せざるをえなかった．

ニクソンは74年8月にウォーターゲート事件で退陣，副大統領から昇格したフォード（Gerald R. Ford）が現職大統領として初めて11月に来日した際の首脳会談の直後に，田中も金権政治批判で退陣を余儀なくされた．

フォード訪日は，中間選挙での共和党大敗の直後であった．ウォーターゲート事件やニクソンへの恩赦に対する反発もあり，リベラル派や中間派勢力が伸張，インフレと高失業率で議会との対立が深まってきたが，通貨調整，対日貿易赤字の縮小，残存輸入制限品目減少などで日米経済関係は小康状態であり，天皇の訪米を要請したこの訪日は日米関係の節目となり，日本が米国の世界戦略への協力をさらに求められる契機となるものであった．

2. 三木武夫とフォード

① 299円90銭（74年12月9日）　② 306円05銭（76年1月9日）
③ 285円（75年2月25日，3月4日）④ 293円40銭（76年12月24日）

　日米ともに低下した国内政治への信頼回復を図った時期であるが，日米関係は，2国間関係の処理からアジアを中心として世界情勢へどのように対応するかが問題となりつつあった．とくにニクソン・ショックがもたらした西側同盟関係の亀裂の修復や，ベトナム戦争敗北による対米信頼感低下へ対応を迫られた米国にとり，日本の存在の重要性が高まって来た．

　田中の後任となった三木首相は75年8月にフォードと会談した．その後11月にランブイエで開かれた第1回主要先進国首脳会談[6]に参加し，名実ともに国際社会での主要な地位を確保したが，これはまた国際秩序形成のための国際公共財のコスト分担を求められることでもあった．この初のサミット会談は，ブレトンウッズ体制崩壊後の国際通貨調整を論じる場ともなった．

　76年6月のサンファン・サミットでは，景気回復，インフレ，通貨，貿易など7分野での相互協力を謳い，またその直後のワシントンでの日米首脳会談では，景気もよく物価も安定している日本が，円安による輸出拡大を減らすよう求められた．しかし「三木おろし」が高まり，76年12月の総選挙での敗北の責任をとって，三木首相は退陣した．

3. 福田赳夫とカーター

①② 293 円 40 銭（76 年 12 月 24 日）③ 176 円 05 銭（78 年 10 月 31 日）
④ 198 円 80 銭（78 年 12 月 7 日）

77 年 1 月に大統領となったカーター（Jimmy Carter）は，「人権」「デタント」「軍縮」を外交上の基本としたが，バンス（C. Vance）国務長官とブレジンスキー（Zbigniew Brzenzinski）国家安全保障担当補佐官のアプローチの違いの狭間にあって，継続性や安定性に欠くところがあった．

他方日本では，三木首相退陣後，76 年 12 月に福田が「景気回復」と「経済摩擦の解消」を課題に首相に就任した．折しも石油危機以後不況にある西側諸国から，日本への貿易黒字への批判が高まりつつあった．両者は 77 年 3 月に最初の首脳会談を行ったが，カーターは日本がより大きい政治的役割を果たすことや貿易不均衡問題への配慮を期待した．日本の対米黒字は，76 年が 38.8 億ドル，77 年には 73.2 億ドル，78 年には 101.2 億ドルと急増し，鉄鋼，カラーテレビ輸出，牛肉・オレンジの輸入を巡って摩擦が激化した．

77 年 5 月のロンドン・サミットでは，福田は集中豪雨的輸出の回避と実質 6.7% の経済成長を約束して，米独と並んで景気回復の機関車の役割を果たすことを表明した．しかし貿易黒字削減の約束は果たせず，日米関係はニクソン・ショック以来の険悪な状況となった．78 年 7 月のボン・サミットでは，世界不況克服のために国際的協調行動が必要であることで一致し，各国が具体的対応策をとることとなり，福田は経常黒字削減と 7% の経済成長達成を約束した．しかし 11 月の総裁選挙で大平正芳に敗れ退陣した．

その間，イラン革命が引き金となって第 2 次石油危機が発生した．イランのパーレビ（Mohammad Reza Shah Pahlavi）国王が伝統的イスラム社会の急激な近代化を進めようとして，ホメイニ（Ayatollah Khomeini）を最高指導者と仰ぐ民衆と衝突，12 月には世界の 10% を占める原油生産が全面的に

第 2 章　石油危機の時代

停止，輸出も79年3月初めまで止まった．国王は1月に亡命し王朝は崩壊した．OPEC諸国は石油需給逼迫を好機と捉えて原油価格引き上げを図り，その結果79年中に原油価格は2倍以上に跳ね上がり，世界経済を大混乱に陥れた．

4. 大平正芳とカーター

① 198円80銭（78年12月7日）　② 260円70銭（80年4月8日）
③ 193円05銭（78年12月28日）　④ 218円05銭（80年7月17日）

　自民党内の激しい抗争の下で78年12月に発足した大平政権は，派閥均衡と部分連合で79年度予算を成立させ，79年4月の地方選挙で圧勝するなど順調に滑り出したが，日本製自動車輸入や電電公社など政府関係資材調達開放問題を中心に米国議会の対日批判は高まる一方であった．78年末からのイラン革命の動きとこれを契機とする第2次石油危機の中で，6月にはテヘランの米大使館占拠事件が発生した．しかし日本はイラン制裁に同調せず，原油を大量に購入しつづけて米国の不信を買った．
　東京サミットは，このような国際情勢の中で79年6月に開かれ，石油危機への結束を図り，各国の石油輸入目標を設定した「東京宣言」を採択した．大平外交は，経済と政治・安全保障は別問題とし，資源小国日本独自の「全方位外交」を追求しようとしたが，緊迫する中東情勢や12月のソ連によるアフガニスタン侵攻などで，米国はデタント政策を転換し，日本にも同盟国としての役割を明確化するよう要求したのである．
　80年5月の日米首脳会談では緊迫した国際情勢の中での日米関係の強化が主要テーマであったが，経済問題では大平は内需拡大と市場開放で対米貿易黒字削減努力を約束，カーターはインフレ抑制，石油輸入削減，輸出促進で経常収支赤字減らしの努力を行うとした．
　帰国した大平を待っていたのは内閣不信任案の可決と解散そして総選挙で

あり，その最中に彼は急死した．

第2節　第1次石油危機から1975年まで

1. 第1次石油危機と日米の対応

(1) 国際金融危機と国際収支の構造的変化

　1973年10月6日に第4次中東戦争が勃発した．エジプト，シリアの軍事行動を支援するために石油を武器とする戦略を打ち出し，10月16日に石油輸出国機構（OPEC）加盟国中のペルシャ湾岸6カ国は，石油の公示価格を1バレルあたり3.01ドルから5.11ドルへと70％引き上げた．翌17日，アラブ石油輸出国機構（OAPEC）は，米国はじめ対アラブ非友好国への供給をただちに5％削減し，10月以降の原油生産を毎月前月生産量の5％ずつ削減することを決定した[7]．1930年以来最大の経済危機，深刻な国際金融危機であるとともに，第1次大戦後のドイツ賠償問題以来の最大の国際収支上の構造変化をもたらしたといわれる第1次石油危機が発生したのである．

　11月11日に停戦協定が結ばれ，アラブ産油国は石油生産削減・輸出制限の政策から価格政策へ転換した．懸念された供給不足は深刻にならずに済んだものの，湾岸6カ国は12月23日に原油公示価格を11.65ドルへの引き上げを決め，74年1月1日から実施した．僅か2カ月余りで約4倍，72年末に比べると4.7倍の価格になったのである．

　このため日本のような輸入依存度の高い石油消費国のインフレが加速することになった．さらに石油消費国から生産国への巨額化した石油代金の支払いに伴う所得移転は不況を招き，国際収支を悪化させるというマクロ経済上のトリレンマをもたらした．

　74年のOECD諸国の経常収支は，73年比374億ドル悪化した．これに対してOPEC諸国は，518億ドルの改善を見た．このような国際収支不均衡の急拡大は，当然国際金融市場や為替市場へ大きな波乱を呼び起こした．

経常収支赤字の急拡大による外貨準備の枯渇，輸出拡大を目指しての為替相場の人為的切り下げ，保護主義の復活などが懸念された．また石油産油国へ流入した巨額のオイル・マネーをどのようにリサイクルして，拡大した石油消費国の国際収支赤字をファイナンスするかが喫緊の大問題となった．

しかし国際収支悪化に見舞われたとはいえ，石油輸入国の経済へのインパクトは様々であった．インフレ率など主要国経済のパフォーマンスやその変化の方向に関する不確実性が高まり，それらを集約的に表現する為替相場の変動も拡大した．

(2) 米国への影響と対応

石油危機が米国にもたらした影響と，その対応はどのようなものであったであろうか．世界最大の消費国である米国は，石油の輸入国となっていたが自給率は高く，日本とは対照的に国際収支は大きく改善した．米国への証券投資や海外進出企業の利益送金の増加も改善に貢献した．加えて，オイル・マネーの大きな割合がドル投資へ向かうと見られ，市場は石油危機に対する米国の抵抗力を評価してドルが上昇した[8]．

11月24-26日にフランスのトゥール市郊外で開かれたG5では，予定されていた通貨制度改革問題よりは石油危機への対応が先行して論じられた．シュルツ財務長官は，ニクソン大統領の指示を受けて5大国が共同してOPECへあたるべきだと主張したが，オランダ以外のEC諸国と日本は，すでにアラブ寄りの政策をとっていたので，米国の要請に沿った結論はでなかった[9]．

翌74年1月15日にローマ郊外で開かれたG5でも，引き続き石油問題が中心課題となり，米国は再び消費国が一体となり抵抗するため，まず消費国間の話し合いを進め，その上で産油国と話し合うべきだと主張した．議題の為替市場の動向や国際通貨制度改革も，石油問題の見通しにかかっており，具体的な結論を出せず散会した．

G5で話し合われた石油消費国会議については，ニクソン大統領が日本，

EC, カナダ, ノルウェーなど OECD 主要国を招き 2 月 11 日から 3 日間開かれ, キッシンジャー国務長官から, エネルギー保全, 代替エネルギー, 研究開発, 緊急時融通などとともに, 国際金融協力についても提案がなされた. 閉会後発表されたコミュニケの中には, 高騰した石油価格の国際収支への影響に関して, 為替相場の競争的切り下げ, 貿易支払い制限強化, 借入れ阻害行動を回避し, 公私信用制度強化のための作業を進めることや, エネルギー・コスト高騰による困難を軽減する国内経済政策を追求することなどが盛り込まれた[10].

(3) 日本への影響と対応
1) 円高デフレ対策で蓄積されたインフレ圧力

71 年末のスミソニアン合意で, 日本は 16.88% の円の切り上げを行った後, デフレ圧力を緩和するため, 大幅な金融緩和と拡張的な財政政策を続けた. それまでも財政面では積極策が実行されており, 71 年度の一般会計予算は, 前年度当初比 18.4% 増, うち公共事業関係費は 19.7% 増, 財政投融資計画も 19.59% 増, さらに 10 月の円切り上げ必至の情勢下, 大型補正予算を決定するとともに年内所得税減税, 財投追加を行った. 72 年度にはさらに積極財政が展開され, 一般会計予算規模は前年度当初比 21.8% 増, 公共事業関連費は 26.4% 増, 財投計画は 31.6% 増となった.

いざなぎ景気後の後退局面に入ったこともあって, 72 年 7 月, 大胆な財政拡張論者で大衆的人気をもつ田中角栄を担いで目前の衆議院選挙を乗り切ろうとする自由民主党の思惑が働いた. 総裁選挙出馬を前提に作成した野心的な政策ビジョンである「日本列島改造計画」は, 円切り上げのデフレ圧力を恐れる世論に大歓迎され, 72 年 7 月に彼は首相に就任した. 結局, 米国発のインフレ政策が日本の財政拡張論者の首相を生み出したともいえる.

総理就任の際には極めて拡張的な 72 年度予算はすでに成立していたが, さらに 3 回にわたる追加刺激策が追加された. 73 年度予算案も景気刺激的であり, 12 月の選挙の勝利, 田中首相の再選に貢献した.

田中の推進した「日本列島改造計画」は，85年までに年率10％の高成長を実現させるべく，産業の再配置や近代的地方都市の建設，新幹線，高速道路，石油パイプライン建設による全国のネットワーク化を盛り込んでいた．この野心的な計画は，円高デフレ圧力緩和にも必要であるとされ，ここでは米国の通貨政策推進者と日本政府与党の財政拡張論者との利益が一致したのである．

金融面では，Jカーブ効果による経常黒字拡大に触発された更なる円の切り上げ期待で流入した投機資金で，ある程度の金融緩和が進行していたが，日銀は積極的な金融緩和を推進し，公定歩合を69年9月以来のピーク6.25％から，70年10月に6％へ，71年には4回引き下げて4.75％へ，さらに72年6月には4.25％へと急ピッチで引き下げた．最後の引き下げには，「調整インフレ」論に日銀が屈したとの見方もある．通貨供給量も急増し，60年代後半には15〜18％程度で推移したM2は，71年以降24％台へ急増した．増加要因は8割以上が対民間信用の拡大であったが，ニクソン・ショック以降の巨額のドル買い介入も大きな増加要因であった．

田中内閣によるバブル景気で，全国市街地価指数は72-74年で50％以上も上昇，年率で賃金は16.5％，消費者物価は18％，卸売り物価は26％上昇するなど，すでに石油危機前にインフレは悪性化していたのである．そこで73年秋には，政策当局はインフレ抑制政策を強化し，金利の大幅引き上げや窓口指導強化を行い，財政支出削減を行った．当然「列島改造計画」は棚上げとなった．

2) 石油危機勃発とインフレの加速

積極財政と金融緩和政策ですでにインフレが進んでいたが，これに石油危機が追い討ちをかけた．日本は石炭を切り捨て，自国でのエネルギー開発を放棄して中近東の安価な石油に依存し，これを大量に消費して高度成長経済を実現してきたので，石油危機の打撃は深刻であった．当時日本はすでに世界最大の原油輸入国であり，石油の99.7％を輸入に依存し，うち88％が中

東からであった．備蓄も4日分に過ぎなかった．三木副総理は急遽中東を歴訪してアラブ寄りの姿勢を示し，経済協力を約束したことで原油供給削減を免れたものの，石油価格高騰の影響でインフレは一挙に加速，深刻な不況に突入した．

　石油関連製品を中心に急騰する物価は「狂乱物価」と呼ばれ，また74年は戦後初めてのGDPマイナス成長（▲1.2%）となった．石油危機は，日本の価格体系とコスト構造を大きく変化させ，石油依存・エネルギー多消費型産業の基盤を揺るがし，貿易構造や産業構造の転換を迫ることとなった．

　石油危機と狂乱物価で，「日本列島改造計画」は行き詰まった．急死した愛知蔵相の後を継いだ福田蔵相は緊縮的なマクロ経済政策をとった．田中の政治的ライバルの福田としてはインフレ対策が得点となる．戦後もっとも緊縮的であった74年度予算で，列島改造関連予算に大鉈を振るった．結果として戦後最大の不況を余儀なくされたが，石油危機の下ではそれ以外の選択肢は困難であった．しかし国内不況は輸出の集中豪雨的な拡大を招いた．74年の輸出は545億ドルと前年比50%も増加，その後も増大し続けた．それでも経常収支は73年から75年まで赤字であり，特に74年は47億ドルの赤字を記録した．

　原油価格が4倍となったため，日本のエネルギー輸入コストは急増，石油輸入代金の負担増はGNPの約3.8%に達した．これに比べOECD全体の負担増加の平均値は約2%であった[11]．国際収支は当然この負担増により悪化するので，その改善にはエネルギー消費を節約して原油輸入を削減するとともに，輸入コスト増に見合った輸出を増やす必要があった．しかしまず急激な赤字拡大をどのようにファイナンスするかが深刻な問題となった．

2.　第1次石油危機当時の為替市場

(1)　第1次石油危機直前の状況

スミソニアン合意による円切り上げ幅が大きかったにもかかわらず，ドル

の売り圧力の激化による混乱で余儀なくされた73年2月の為替市場閉鎖の直後，271円20銭で始まったドル円相場は263円50銭まで円高となり，さらに3月1日の再度の市場閉鎖直前には268円をつけた．3月19日に市場が再開された後は，石油危機が勃発するまでの間，ほぼ264〜266円の範囲で推移したが，それは巨額の市場介入によるものであった．これは旧IMF平価比35%以上の円高水準であった[12]．

(2) 石油危機の勃発と為替市場

石油危機の発生は，当然為替市場を大きく動かした．しかしすでに日本の通貨供給量の急増とインフレの高進で円安の条件が整っていた．73年3月に主要国通貨が変動制へ移行して，2週間余り閉鎖されていた為替市場が再開されてから9月まで，ドル円相場は265円を中心に比較的安定していた．これは当局が徹底したドル売り介入を行ったためである[13]．

73年半ば以降，高水準の輸入に加えて輸出が伸び悩み，経常収支の基調に変化が見られ，長期資本収支も赤字が拡大した．その結果根強い円の先高観が後退，介入政策も265円水準の維持を図ったが外貨準備の減少が続き，小刻みに円を切り下げる方式へ転換した．

そこへ石油危機が発生したが，当初一進一退であったドル円相場は9月の米国貿易収支が大幅に改善したことで，中東石油への依存度の低い米国経済の強さが再認識され，欧州でドルが上昇，東京でも大量の円売りドル買いが発生，7月以降徐々にドル売り市場介入を減らしてきた当局は，9月には8月の11倍の3億3000万ドルの売り介入で対応した．

その後，11月から74年1月の間，2度の急速で大幅な円安方向への水準訂正に見舞われた．①石油価格引き上げによる輸入支払いの増嵩，石油供給削減の輸出への影響，長期資本流出超などの懸念で本邦国際収支先行きに悲観的見方が市場に広まったこと，②米国の貿易収支の大幅改善で対欧州通貨でドルが堅調に推移し，大量の円売りドル買いを招いたことが原因と見られる．

10月29日に始まる激しい円売りドル買いに対して,通貨当局は3日間266円58~85銭のレンジでドル売り介入を行ったが,円売りの動きは止まらなかった.10月の外準減少は7.5億ドルであった.先物は11月に入って一挙に280円を突破した.そこでそれまでの小刻みに介入点を切り下げる方式を放棄して11月1日には270円,2-12日には275円,13日には280円,翌年1月7日以降は300円へと段階的に介入点を変更した.しかし市場の円安予想は沈静せず,73年末から74年始めにかけてドル先物プレミアムは30％を超えるに至った[14].

外貨準備は73年11月に8.5億ドル,12月に9.5億ドルと約18億ドル減少し年末には122.5億ドルとなったが,通貨当局関係者の証言では,為銀からの外貨預託引き上げ,外貨資産収益の充当,スワップの発動や日銀輸入資金貸付回収なども相当額行われた模様で,実際のドル売り介入額は,11月は24.4億ドル,12月は14.5億ドル,計約39億ドルといわれ,外貨準備の減少額をはるかに超えていた.これは方向は逆であるが,ニクソン・ショック以来の介入規模である.外貨準備が100億ドルを割らないよう,通貨当局者は懸命の操作をした由である[15].73年2月に変動相場制へ移行してから74年1月までの外貨準備減少は,75億ドルに達した.

危機的状況に対処するため,通貨当局はこれまで国際収支黒字基調を前提としていた外貨流入抑制,流出促進の為替管理政策を転換して,円建て外債発行代わり金持ち出し強制の撤廃,非居住者の本邦証券取得制限の緩和・撤廃,外為会計から為銀への預託減額,円建て輸出促進策などを実行した.また対外証券投資抑制,渡航外貨・小口送金規制強化,輸出前受け金等の円転規制緩和,インパクト・ローン導入,対日証券投資規制や外債発行制限の緩和を行った.日銀も,輸入資金貸し付け増加抑制や圧縮,非居住者自由円預金勘定への預金準備率の削減を実施した[16].

(3) 1ドル300円水準を巡る攻防とその評価

73年12月末に,湾岸6カ国が原油公示価格を5.11ドルから11.65ドルへ

引き上げたことで，日本経済の将来への悲観論がさらに高まり，ドル買いが続いて25日にはドル先物が一挙に300円を突破，大幅な円安となった．そこで愛知蔵相の急逝の後就任した福田蔵相，相沢英之次官，松川道哉国金局長らが年末に協議して280円の介入点を放棄し300円とすることとし，74年1月7日から実施した．その後17億ドルのドル売り介入により，月末まで300円の防衛ラインに張りついていたものの円の先安感は消えず，ドル先物には10%を超えるプレミアムがついた．

こうした中でフランス・フランが1月19日にEC共同フロート制を離脱し，西独・ベネルックス3国の外為市場が閉鎖されたことに対応して，日本の市場も21・22日閉鎖された．この間，ニューヨークで円は2.625%下落した．市場再開後，ドル先物プレミアムは25%に及び，介入点をさらに円安に変更するとの思惑でリーズ・アンド・ラッグズによるドル直物買いが殺到した．通貨当局は300円でのドル売りを継続するとともに，為替銀行に投機的ドル取引を止めるよう警告，為替検査官による立入り検査をちらつかせ，ドル売りの多かった為銀へ日銀貸出し返済を求める[17]など非常手段を動員した．米通貨当局も金額は僅か430万ドルであったが協調介入に踏み切った．その結果，円安不安は沈静し，1月28日以降徐々に300円の天井から離れ始めた．ドル安への転換の背景には，1月29日に発表された対外投融資規制と金利平衡税など「ドル防衛策」の撤廃[18]による市場心理の逆転が指摘されている[19]．

74年1月の300円防衛は，以下のような政策判断に基づくものと見られる．

①通貨切り下げ競争の口火を切ったという国際的非難を回避する．米国は石油危機による日欧通貨急落によって73年2月以来の通貨調整で改善しつつあった国際収支が再び悪化することを懸念し，先進各国も為替切り下げ競争で国際通貨体制が混乱することを牽制していた．

②国内物価対策上の必要性．当時は「狂乱物価」の最中にあり，インフレ予想を鎮静化する必要があった．

小宮隆太郎・須田美矢子は，石油危機後，300円水準を防衛した74年1月末までの市場介入政策について，次のように批判しているが，まさに正鵠を射たものといえよう[20]．

① 海外の「円切り下げ批判」については，石油危機の如き国際経済環境の激変の中で市場関係者の予想が大きく変化することから生じる為替相場の変動を，通貨切り下げ競争と同一視する必要はない．石油危機後73年11月前半で水準訂正を終えた欧州通貨に比べて，円の減価率は小さく，また74年1月7日に300円へ「切り下がった」のも欧州通貨の減価に追随したに過ぎない．

② 同時に石油危機後の市場介入が，日々の為替需給関係に対応した柔軟なものでなく硬直的であったため，結果として1月7日の300円への大幅な水準訂正を余儀なくされて批判を招いた．73年11月以来の280円水準，74年1月の300円水準維持のため巨額のドル売り介入を行ったが，当時は変動制下での市場介入政策についての国際合意は未だ存在せず，自主的に日本にとり最善の政策をとればよかった．国際的非難を恐れて大量の外貨準備を失い，権力的な措置まで動員して，特定の水準を維持

図表2-1 外為資金対民間収支とドル円相場（1973年10月〜75年末）

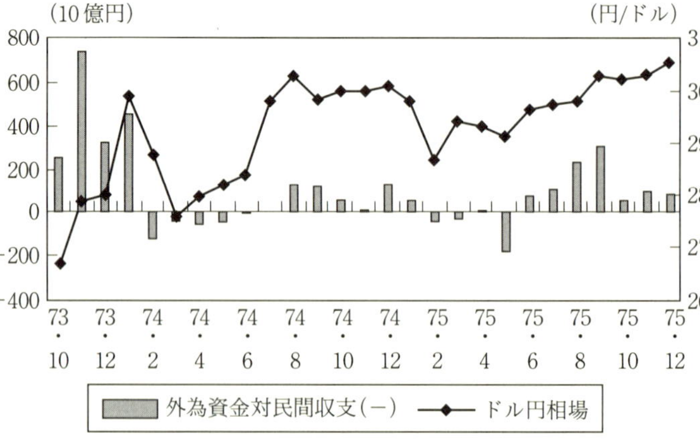

出所：図表1-2と同じ．

する必要はなかった．
③「狂乱物価」の中で，インフレ予想鎮静化のために為替介入政策をも動員することにはそれなりに意義はあるにしても，過大評価と見られる為替相場水準を防衛するには限界があり，また通貨当局がどこまで物価対策との関連を重視していたかは疑問である．

3. 74-75年の為替市場

(1) 国際収支危機のファイナンス問題

74年1月の強烈な円安圧力からは脱したものの，石油価格の高騰と狂乱物価は，巨額な国際収支赤字を生み出した．それをいかにファイナンスするかは，日本のみならず石油輸入国共通の大きな問題となった．73年9月にIMF専務理事に就任したウィッテフェーン（H. Johannes Witteveen）は，オイル・マネーの公的リサイクリングのためのメカニズム設立を提案した．IMFがOPEC諸国から経常黒字の一部を長期で借り入れ，苦境にある赤字国へ貸し出す構想であった．これに対して米独は産油国も投資のリスクを負担すべきだと反対した．結局先進諸国は過度に緊縮的なマクロ政策を避け，ある程度貿易赤字を許容しつつオイル・マネーの還流を図る公的ファシリティをIMFに設置することとした．

発足したオイル・ファシリティの規模は約35億ドルであり，当時の650億ドルと見積もられていたOPEC諸国の黒字総額から見ると僅かであった．公的リサイクリングを巡る欧米の対立は，この時期の通貨外交の焦点であったが，75年度も38億SDRに止まり限定的な役割しか果たせなかった．

キッシンジャーが描く米国の戦略は，産油国の投資に特別な保証を与えずに投資リスクを負担させることにより，石油価格の引き下げを図るとともに，オイル・マネーの還流を民間市場を経由して行うことを前提として，先進諸国が借入競争に走らぬように結束を固めることであったが，独自の中東政策を展開する日欧の支持を得られなかった．米国の最大250億ドルの資金融通

を定めた OECD 閣僚会議での金融支援協定も，米議会の承認を得られなかった．

先進国間のマクロ経済協調も，公的ファイナンス・ファシリティも不充分であったのに，世界経済に保護主義が広がらなかったのは，変動為替相場制の下で，価格メカニズムを通じて順当に国際収支赤字がファイナンスされたためと考えるべきであろう．OPEC 諸国の資金運用は，当初懸念していたような政治的なものとならず，ユーロドル市場で活動する金融仲介機関を利用する保守的なものであった．

産油国に累積したオイル・マネーは，石油代金として受け取ったドル建ての預金通貨であり，国際金融システムの中に蓄積された金融資産として直接ないしは様々な仲介機関を通じて資金不足主体の活動をファイナンスするほかない．具体的には急拡大した自由で競争的なユーロドル市場を通じて円滑に還流された．これは国際機関や各国政府の枠外で，効率的に行われたのである[21]．

(2) 74 年前半の為替市場
1) 一時的円高とその後の反転

日本の総合収支は石油危機発生から 75 年末までに，累積赤字 133.7 億ドルを計上した．しかしドル円相場は 1 月の 300 円から反転し，3 月下旬の 275 円割れには主要通貨が全面的に変動相場制へ移行した 73 年 3 月以降はじめてドル買い介入を行った模様である．さらに 280 円を天井に変動した後，6 月半ばにはドル 285 円水準へ上昇した．介入もほとんどなく，外貨準備は，2-6 月の間に 18.6 億ドル増加した．

この一見矛盾する現象は，①原油輸入決済が危機以前の 3 倍となるには 3-4 カ月を要し，本格的なドル資金需要は 6-7 月以降になった，②2 月以降，外貨準備を使う介入を避け，強烈な金融引締めに苦しむ企業に大幅な先物プレミアムによる高コストのインパクトローンなどの外貨借入を導入させるなど外貨流入促進策をとった，③巨額のリーズ・アンド・ラッグズの巻き戻し

が進行したためと見られる.

さらに石油危機は相対的に米国にとり有利という市場心理が,貿易収支の悪化で急速に変化した.また米国の対外投融資規制の撤廃や欧州の資本流入規制の緩和,ウォーターゲート事件,そして米金利の低下などもドルの軟調をもたらした要因と見られる[22].この結果,短期資本収支の黒字と為銀のネットの対外短期負債(為銀ポジション)が数カ月で急増し,83億ドルに達した.為銀ポジション悪化は,活発な中長期現地貸しの急増にともなうユーロドル資金調達の反映でもあった.

6月までの介入政策は,それ以前のように一定水準で相場を維持する方式ではなかった.1取引日に7〜8円も変動することもあり,銀行間相場が2円以上変動して対顧客相場公示を停止した日も少なくなかった.先物の変動も激しく,2月下旬から4月までは,ドルのプレミアムは年率20%を超えていた.

小宮・須田は,この間の為替相場の乱高下は,本来為替相場を安定化させるはずの投機や裁定取引を厳しく制限しながら市場介入を行わなければ直物相場が大幅に変動し,直先スプレッドがしばしば大幅となるので為替政策としては不適切であり,6月に採択されたIMFのガイドライン[23]にも合致しないと批判する.さらに当時は金利規制,信用割当,為替管理上の措置で人為的なドル資金余剰をつくり一時的な円高を演出したのであって,むしろ石油危機で日本経済が直面する厳しい国際収支を為替相場に反映させるべきであり,過剰なドルは市場介入で吸収して増大する石油代金の決済に備えるべきであったと指摘する[24].

しかし円の小康状態は数カ月で終わり,7月に入ると円安に転じ,8月初めには年初の防衛ラインである300円台乗せし,22日には303円40銭と変動相場制移行後の最安値をつけた.このような動きは,5月頃から石油代金支払い増加の影響が為替市場へ影響を及ぼし始めたのと,ユーロドル市場の信用不安を反映するものであった.

2) ユーロドル市場の混乱と「外貨危機」

この円安の動きの中で，邦銀が外貨資金調達に困難をきたす事態となった．それには，①73年の石油輸入額は67億ドルであったが，74年には212億ドルとなった，②米国のフランクリン・ナショナル銀行，西独のヘルシュタット銀行が破綻[25]，ユーロドル市場に信用不安がひろがり，邦銀向けクレジット・ラインが窮屈になり資金調達コストが跳ね上がったという背景がある．

73年11月の為替管理政策の手直しで，当局は外貨借入を奨励したこともあって，邦銀は輸入ユーザンス資金や現地貸し資金の多くをユーロドル市場に依存し，市場規模1500億ドルの約1割を調達していたといわれる．

オイル・マネーの還流で順調に拡大していたユーロドル市場も，前述の金融破綻の発生による信用収縮で邦銀への警戒心も高まり，ロンドン銀行間市場金利（LIBOR）に4分の1から2分の1％，時には2％を上乗せする所謂ジャパン・レート支払いを余儀なくされた[26]．

「外貨危機」の際には，本邦通貨当局は相場が乱高下してもドル売り介入を限定的にしか行わず，次第に円安方向へ誘導する方針をとった．しかし74年8月中旬には介入方針が変化し303円台を超えて円安になるのを抑えようとした．他方，為替管理を手直しして資金の流入を図り，サウジアラビアから10億ドルを政府保証付きで借り入れるなどで対応した[27]．しかし8月中旬にはユーロドル取り入れ難は一服，金利も低下して「外貨危機」は深刻化せず，為替市場も9月上旬を境に円安観が後退し平静を取り戻した．

(3) 74年後半の為替相場安定と危機的状況の終息

9月に入ると「ジャパン・レート」はプライム・レート比0.25％高程度となり，取り入れ金利も12％台に低下，需要の9割以上が充足されるようになった．心配された「外貨危機」が深刻化せずに終わった後は，ドル円相場は安定化し，10月初めから75年1月下旬までの4カ月弱の間，ほぼ299～301円の狭い範囲で変動した．これに対してドイツ・マルク，スイス・フラン，フランス・フランは対ドルで急上昇した．

円相場安定の理由には, ①大平蔵相が相場を300円前後で安定させると言明し, それに沿って介入政策を転換した[28], ②石油危機後, 日本経済のマクロ的調整が進み, 74年後半に経常収支がほぼ均衡, 市場内に安定的な予想が形成されたことが挙げられる. これは石油価格の上昇による負担増にかかわらず, 国内景気の停滞などで輸入が伸び悩み, 輸出にドライブがかかって貿易収支を改善したことの反映である. 外貨準備は, 74年1月の115.7億ドルから8月には129.3億ドルに回復し, 年末には135.2億ドルとなった.

(4) 75年の為替市場

75年初めの時点では, 消費者物価上昇率は前年同月比17.4%, 国内景気は戦後最大の不況に突入, 失業や倒産は高水準, 企業業績は最悪であったが, 国際収支は改善しつつあり, 75年第4四半期には経常収支はほぼ均衡に近づいた. 物価上昇も鈍化し始め, 対日証券投資も流入超に転じた.

円相場は年初から2月まで, 米経済が停滞色を深め金利が低下したこと, 新任の三木首相による金融引締め持続の決意表明などを反映して円高方向へ動き, 74年6月以来の高値に達したが, 当局の介入で3月から円安に反転した. その後8月初めまでは, 290～298円の間を変動した後, 年央から夏にかけて世界経済の停滞が日本の輸出を抑えるとの見通しもあり, 円安に向かった. 一部の企業の信用不安もあって8, 9月には大量の円売りが発生した.

さらに10月末の日銀の公定歩合引き下げ, 11月のランブイエ首脳会議の後, 76年1月のジャマイカ・キングストンでのIMFの会合[29]まで円はさらに弱くなるとの観測もあって円売りが激化した. 通貨当局は, 年末までは段階的に防衛線を円安方向へ移動させつつも, その水準でドルを売り介入してそれ以上の円安を防ぎながら, 円高へ相場が動けば放置する形の介入を実施した.

12月初めには305円でドル売り介入したのち, これを突き放して307円まで高騰させて相場予想を反転させることに成功し, 相場は徐々に円高方向

に向かった．30日には前日よりわずか60銭円高の305円になった時，今度は買い介入を実施した．輸入物価高騰を抑え，また諸外国の円安誘導批判を回避することを意図した通貨当局の介入が相場形成を先導した時期であった．

第3節　76-77年の為替市場と介入政策

1. 日米経済動向

(1) 本邦国際収支の改善と物価上昇の鈍化

第1次石油危機で本邦国際収支は急激に悪化したが，74年後半から改善し始め，75年後半には経常収支は均衡を回復，経常収支と基礎収支は76年第1四半期以降黒字に転換し，それぞれ79年第1四半期，78年第3四半期まで黒字が継続した．

狂乱物価も76年になると卸売り物価5%，消費者物価9.3%と1桁台となった．エネルギー価格高騰に伴う経済構造変化や資本ストック調整などの長期的課題はともかく，石油危機にともなうトリレンマから脱しつつあった．しかし民間最終需要が伸び悩み，景気はむしろ後退の様相を呈した．77年夏ごろからの経常収支黒字幅の増大が目立つようになると，本邦の為替政策のみならず，マクロ経済政策や通商政策に対する諸外国の対日批判が噴出した．

輸入石油依存度の高い先進工業国の中で，日本は急速に経常収支を改善させ，77年には109億ドル，78年には165億ドルと膨大な黒字を計上したが，対照的に75年に181億ドルという巨額の黒字を出した米国は，77，78年には各140億ドル，150億ドルを超える赤字をだした．石油危機により大きな打撃を受けた後，スタグフレーションに見舞われた先進国中で，日本だけが巨額の経常収支赤字から大規模な黒字に転換できた理由として，以下が挙げられる．

①インフレ抑制策を最優先させ，物価安定に成功した．

②不況が深刻化して，輸入の停滞と輸出ドライブ効果が強く働いた．

③77年秋以前は，国内物価の相対的低下に見合う為替調整がなく，実質為替相場が円安であった．

④個人部門の貯蓄超過率が着実に増加，企業は減量経営で投資低迷，民間部門全体の貯蓄超過率が大幅に上昇，公共部門の投資超過率を上回る．

(2) 米国の政治経済状況

75年春に米国は不況を脱出したが76年夏には減速し始め，失業率は8%近くへ上昇した．大統領選挙が迫り，フォード再選支援もあってバーンズ議長は金融緩和に踏み切った．6月に7.25%であったプライム・レートは，12月には6.25%に低下した．この金融緩和は日本の貿易収支改善と時期を同じくしたので，76年夏から秋に一時的に290円割れを見た．しかし秋以降，日銀が景気回復の足踏みに対応して金融緩和を図り，円相場は再び300円近辺へ軟化した．

76年11月の選挙でフォードに勝利したカーター大統領は，対外経済政策において前任者より介入的と見られ，選挙後3カ月間で円は275円へ上昇した．これは小幅な上昇ではあったが，後の激しい変動の始まりでもあった．

78年夏までの円高はドルの全面安の中で進行した．米国の金融政策が78年第3四半期の安値にまで下落する主因であった．76年後半に足踏みした米国経済は，77年上期には物価上昇を伴いながらも上向く．FRBは利上げに転じたが，インフレと対決する姿勢とは見なされなかった．年後半には，政府内に経済が減速しつつあるとの懸念が台頭し，またバーンズ議長の再任決定時期が迫っていたこともあり，大胆な引締め政策を取れなかった．結局バーンズ議長は再任されず，78年3月にテクストロン社長のW. ミラー（G. William Miller）社長が指名された．彼は78年春から秋にインフレが高進しても断固とした金融引締めをしなかった．

米国の財貿易赤字もドル円相場に影響した．76年に95億ドルに達した米国の貿易赤字は，77年には311億ドルに拡大した．石油や工業品輸入が急

増し,輸出が伸び悩んだのである.石油収支赤字は国内生産の不適切な価格規制に起因し,非石油収支赤字は米国の競争力の弱さが原因であるが,日欧の不充分な国内景気浮揚策に責任転嫁する姿勢であった.

日本の潜在成長率が落ちており,ケインズ的な内需の刺激による高度成長が困難となっていたが,製造業の競争力強化を望む米国の圧力に屈して,日本は77-78年にかけて積極的な財政政策に転じた.米国貿易赤字が第1四半期以後急減し始め,日本の貿易黒字も頭打ちとなり横ばい傾向から減少し始めると,円高圧力は後退した[30].

2. 76年の為替市場と介入政策

(1) ドル買い介入への転換

それまで円を支えていた通貨当局は,75年12月30日に久方ぶりのドル買い介入を実施したが,これは前日より60銭円高の305円で実施され,年明け後も僅かな円高でも機動的で手厚いドル買い介入をおこない,4月上旬まで続いた.介入総額は1-4月で約17億ドルに達し,後に「円安批判」を呼ぶことになった.このようにそれまでのドル売り介入の継続から急速に買い介入の継続に転じ,狭い幅でこれを実施したのは前例がなかった.年初来の介入は,欧州通貨動揺に伴う短資流入で相場が乱高下したからだとされ,円高も一時的と判断していたようだ.結果的には9月ごろまで円高が続き,ドルを高く買って安く売ることになった.

当局は国際収支動向を楽観せず,外貨準備の水準が不十分だと感じていたふしもある.これも経常収支黒字が急増したので,見通しははずれた.石油危機にともなう巨額の国際収支赤字のために,外貨準備高と為銀の対外短期ポジションの合計である対外流動性ポジションは75年9月から76年3月までマイナスであった.当時は74年8月の「外貨危機」の記憶が残っていたため,前年の売り介入で減少した外貨準備の補充を意図したかもしれない[31].

76年9月までの円高は,経常収支の改善に加えて,日本の金利低下にも

かかわらず存在する日米金利差に引かれて短資も流入した結果であろう．アンカバーの投資のみならず，円先物がプレミアムなのでカバー・ベースでの日本国債投資も行われた．日本企業の外債発行の代り金流入，外国政府の円資産保有も円高を加速した[32]．

この時期の介入政策は，為替相場変動をできるだけ小さくすることを目指した．年間の直物ドルの年初値に対する変動幅は 6.7% に過ぎなかった．特に手厚い介入で 1-4 月は，前年 8 月以降の方式に倣い，売り買いの方向は逆であるが，当局の支持水準が市場関係者にも分かるように実施された．この結果，為替相場は安定し直物の変動幅は 8 円であった．

自由円預金，株式や債券，短期国債への投資などの短期資本流入は，75 年前半にも見られたが，当時は経常収支は赤字であり，為替市場介入はなかった．これに対して今回は経常収支がほぼ均衡している中で，ドル買い介入が行われた．円高基調の中でのドル買い介入でドル直物相場を支えたため，

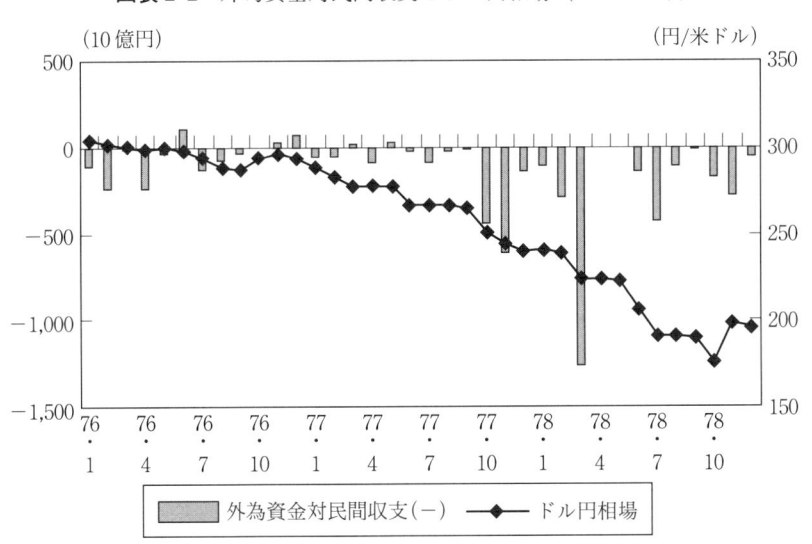

図表 2-2　外為資金対民間収支とドル円相場（1976-78 年）

出所：図表 1-2 と同じ．

国内金利がユーロ・ドル金利を上回っておりながら，先物ドルのプレミアムが縮小して，短資が入りやすくなったのである．小宮・須田は，欧州通貨動揺に伴う短資流入というより，ドル買い介入の結果と指摘する[33]．おそらくは相互に影響しあったとみるべきであろう．

10月初めには，年末のOPECによる大幅な石油価格値上げ予想，総選挙前の政治的不安，欧米の景気停滞による輸出の減速などで，円に対する市場心理が変化し，円売りが増加した．自由民主党が衆議院で絶対多数を失い，円は297円70銭まで下落し，当局は強力な介入で対応した．しかし石油価格引き上げが予想以下であったことや，福田新首相が景気刺激策を約束したこともあって年末に向け円は反転した．

(2) 円安批判の台頭

76年夏にかけて日本が為替相場を人為的に安く抑え，輸出主導による景気回復を図っているとの批判がたかまった．ドル円相場は6月半ばまで介入なしで安定していたが，ブルッキングズ研究所のバーグステン（C. Fred Bergsten）による円安批判の議会証言[34]，OECDの対日経済審査での輸出依存による景気回復への警告，6月末プエルトリコのサンファンで開催された主要国首脳会議（第2回サミット）で日本の輸出ドライブ自粛や円切り上げが議題とされるという観測記事などで，円が急騰，6月29日に久方ぶりに296円でドル買い介入を実施した．しかしサンファン会議以後，介入政策は消極化し円高が急速に進行した．会議以前には299円台であったドル円相場は，ほぼ3カ月後の9月半ばには286円台となった．その間ヨー（Edwin H. Yeo）米財務次官が円安批判のために来日した8月，米英の主要な新聞・雑誌などでも日本の為替政策批判が噴出した[35]．その後年末までは円安へ転換したが，理由としては輸出鈍化，原油値上げ観測，12月の総選挙における自民党の退潮などが挙げられている．その間のドル売り介入は僅かであった．

（3） 対日批判と本邦通貨当局者の反論

1） 藤岡論文

　厳しい国際的な批判とそれに対する国内の反発が強まる中，本邦通貨当局は 76 年から 77 年にかけて様々な形で対日批判へ反論したが，その代表的なものが藤岡真佐夫国際金融局長（当時）の署名入り論文である[36]．積極的に日本政府の立場を PR するのは，あまり例のないことであるが，その要旨は次のとおりであった．

① 74-76 年間の経常収支は，米国が 76 億ドル，西独が 154 億ドルの黒字であったが，日本は 16.5 億ドルの赤字であり，石油危機の影響は最大．76 年前半の経常収支黒字は僅かであり，一時的要因による．輸出ドライブによる景気回復の政策意図はないが，構造的な貿易外収支赤字と増大する対外経済協力などによる長期資本収支赤字を，貿易黒字でまかなう必要がある．経常黒字は縮小から均衡に向かう筈だ[37]．

② 日本の外貨準備は，76 年初来 35 億ドル増加．円安維持の不当なドル買い介入の結果とする批判があるが，経済規模が類似する西独の半分以下にすぎず，為替銀行の短期純債務とほぼ同額，これに対して西独の為銀のポジションはほぼ均衡しており，対外流動性ポジションは圧倒的に強固であった．

③ 介入政策に対する非難は当たらない．ランブイエ宣言[38]や IMF の「変動相場の運営のためのガイドライン」に従い，為替相場形成を原則として市場の需給に委ね，乱高下防止に必要な限り介入している[39]．76 年初来のドル買い介入は，欧州通貨の動揺に伴う短資流入に対し，円相場の乱高下防止のために行ったもので，後半のドル売り介入より小規模．75 年のランブイエ首脳会議から円は 4.5% 切り上がっているが，マルクは 2% 余りの上昇であり，不当な円安操作批判は当たらない．日本の貿易取引の大半はドル建てであり，ドル円相場の安定はどうしても必要である．「そもそもこれまでの国際的な議論においても，クリーン・フロートが望ましいと合意されたことはない」のである[40]．

2) 同論文へ経済学者の批判

小宮隆太郎・須田美矢子は，藤岡論文に以下のような批判をしている[41]．

①については，76年は36.8億ドル，77年は109億ドル，78年は165億ドルと経常黒字は拡大の一途となり，見通しが誤ったことで，藤岡論文の説得力が損なわれた．意図的か否かは別として，輸出増大で不況から脱却する結果となったのは事実である．

第1次石油危機による対外支払い額の急増や74年のユーロドル市場梗塞状態を経験すれば，手厚い外貨準備や対外流動性ポジションを保持したいと通貨当局者が願うのは当然であり，②の主張はそれなりに説得力をもつ．しかし政策当局者は，国際収支政策において経常収支，基礎収支，総合収支のいずれを重視しているのかについて明らかにする必要がある．すなわち国際金融市場が拡大して，変動為替制の下では為銀が必要な短資が調達でき，それをもって長期貸しをするといった活動が活発となる．②の議論は必ずしも妥当でない．

ロイス米下院議員に代表される為替市場介入への批判に関しては，ランブイエ合意やIMFガイドラインには広い解釈の余地があるため，決定的なことはいえない．しかし75年末から77年9月頃までの介入政策は，おおむねIMFガイドラインにいう相場の動きの緩和を目指したものと見ることができ，③はその意味で当然としている．ただしドル円相場の安定が必要と余りに強く主張することは，特定の水準での相場を長期に維持する市場介入政策を正当化しようとする意図や，日本政府内の固定相場制への選好を反映している．

本邦通貨当局は，「円安批判」が対米輸出の急増への米産業界・労組の強い懸念，さらに大統領選挙，両院議員選挙，IMF協定改正問題なども絡んでいると認識していた[42]．しかし「円安批判」の対象は，日本の対米収支のみならず貿易収支・経常収支黒字全体であり，世界的なスタグフレーション下での日本の不況による輸出ドライブ効果，輸出主導型景気回復を図る政策が批判されたと見るべきであろう．

3. 77年の為替市場

(1) 77年前半の円高と介入政策

　76年12月にそれまでの円安の動きが反転して，77年初めのドル円相場は円高基調となった．米国の経済成長の再加速化で日本の輸出が急増，日本の景気が停滞して輸入を抑えた結果である．日本政府はインフレ懸念から，景気対策には慎重な姿勢であった．当局は円下落の際には介入で支えたが，1月末に288円へ上昇するまで介入を控えた．

　77年1月に成立したカーター政権は，国際収支の不均衡是正を重要課題としながらもマクロ経済政策により対応すべきであり，為替政策については明確な方針を持たず，為替相場は市場メカニズムに委ねるとの建前であり，ドル安傾向を不均衡是正の過程として容認した．政権発足後，モンデール（Walter Mondale）副大統領，クーパー（Richard N. Cooper）国務次官，バーグステン財務次官補を日・独へ派遣して，この方針を伝えた[43]．

　しかし2月にクライン（Lawrence R. Klein）教授が行った議会証言（所謂機関車論）[44]をきっかけにドルが急落，その後海外での円安批判，経常収支不均衡是正要求や本邦当局者の円高容認発言のたびに円高が進行した．リーズ・アンド・ラッグズ，円の買い持ちポジションが増大，3月の福田・カーター会談の後，280円を突破，4月半ばに270円に接近するにつれて，本格的な介入が行われた．その後日本の電子機器への関税裁判所の決定，日銀の公定歩合引き下げ（6→5％）などでドルが反転した．77年5月のロンドン主要国会議（第3回サミット）を前に円の下落を緩和するためにドル売りを行った．米金利が上昇したこともあり，ドル円相場は5月末まで比較的安定的に推移した．

　ロンドン・サミットでは，各国は自国の経済成長目標や経済計画の達成をコミット，日本も77年度実質経済成長率6.7％を約束した[45]．6月に日本の通貨当局は資本取引規制を緩和したが，資本流入を促す結果となった．

(2) 77年後半の円高と介入政策

6月末のOECD会議の報告書で，経常収支黒字国の大蔵・財務大臣が通貨切り上げに合意し，また日本は外貨準備の利子を円転することに同意したとの報道で，円は7月はじめまで上昇を続け11日には263円に達したので，通貨当局は大規模なドル買いを再開した[46]．しかし7月初めから8月末にかけて，バーンズFRB議長のドル防衛主張の議会証言[47]や米公定歩合引き上げ（5.25 → 5.75％），9月初めには日本の公定歩合引き下げ（5 → 4.25％）や政府による2兆円にのぼる公共事業支出や原料輸入促進策提案もあって，円は弱含みで推移し，ドル売り介入すら行われ，268円が天井とさえ言われたが，9月以降急速な円高に見舞われた[48]．この期の介入政策の基本方針は，市場の需給に相場を委ね，特定方向に誘導しないが，急激な変動や投機的な動きには介入するということであった．介入政策が消極的になり，円高容認傾向が顕著となった．同時に介入が予測できないタイミングと規模，そして意外な水準で行われることも少なくなかった[49]．

9月下旬のIMF総会にかけて，対日批判は一層厳しくなり，円高を促す圧力が強まった．所謂「機関車論」の対象となっている日，米，西独のうち，米国は76年に引き続き77年も景気は上昇過程をたどり経常赤字幅が拡大しつつあり，西独は景気回復がはかばかしくなかったものの，経常黒字は縮小すると見られた．これに対して本邦の経常黒字は大幅に拡大しつつあり，西独の2〜3倍になるとの見方も広まった．こうした中で主要通貨の中で円のみが過小評価されており調整が必要とする「円の選択的調整論」が叫ばれた[50]．

このような状況下で，大規模なドル買い介入にもかかわらず，9月30日の264円50銭から11月24日の240円まで，2カ月で約11％円が高騰した[51]．この期間，円先物も上昇し，ドルのディスカウント幅が拡大し，内外金利差を上回ったので，金利裁定が働き，自由円預金や政府短期証券への投資が活発化した[52]．これに対処すべく日銀は11月17日に非居住者自由円債務増加額への準備率を50％に設定，政府は短期証券の公募を11月21日発

行分から停止した．

　通貨当局は11月24日，25日，28日に強力なドル買い介入を240円で実施した結果，市場の予想が反転し，78年2月半ばまで240〜242円台に止まり円高は小康状態を保った．結局77年を通してみれば，「ダーティ・フロート」と非難されながら約60億ドルのドル買い介入（うち10月は17億ドル，11月は25億ドル）をしたにもかかわらず，円は対ドルで年初291円から年末241円へと約20％切り上がった[53]．

(3)　介入政策の限界とドルの全面安

　急速な円高が進行中の10月26日に，前川春雄日銀副総裁は円高よりドル安の問題であり，為替相場の安定には国際収支不均衡是正が必要だが時間がかかり，その間介入で相場を安定させるには限界があると，介入政策の限界を認める発言をした[54]．大蔵省内でも大きな不均衡がある以上，円の上昇は止められず，市場介入を止めるべきだという議論を始めていたが，国内の強力な政治的要求もあり，福田首相は円の上昇を抑制しつづけるべきだとの姿勢を変えなかったという[55]．

　米国当局者は，これまでしばしば所謂口先介入による意図的な円高誘導（talk up the yen）を試みてきた．しかし財務省とFRBは，ドルの下落が自国の貿易収支改善に役立たないこと，国内政策も重要であることに気付いていた．円を標的にした調整は困難であり，ドルは対欧州通貨でも全面的に下落したため，10月19日にブルメンソール（Michael Blumenthal）財務長官はヒューストンでの全米銀行協会年次総会で，強く安定したドルは世界全体にとり不可欠と演説，11月9日にはバーンズFRB議長も，連銀は強いドル維持に努めると，上院銀行委員会で発言するなど，米国当局者の態度も変わってきた．しかし基本的な政策の変更がないままドル安が続き，ついに77年12月21日のカーター大統領によるドル防衛の意思表明，これを受けての78年1月の財務省・FRBの共同声明が出されるに至った[56]．

(4) 急激な円高が発生した理由

①77-78年における日本の経常黒字と米国の経常赤字の拡大．
②円先高観による輸出予約急増，輸入予約は慎重で，大幅な輸出予約超過．
③本邦企業の外債発行代り金流入と，円建て外債等の発行代り金のドル転遅れ．
④欧州通貨に対してドル全面安傾向が発生し，10月末，11月初の東京市場における円高を誘う．

すなわち経常収支の不均衡の拡大による，市場関係者の予想の変化を反映したためと見られる．

4. 対日批判の激化と通貨外交

76年初以降，本邦の経常収支黒字化と輸出主導型の景気回復が顕著になるとともに円安批判が高まり，その後一時沈静したが77年に再燃した．また為替市場介入批判のみならず，マクロ政策，通商政策などへの批判に拡大した．代表的な米英のジャーナリズム，政府・議会筋のみならず，R.クラインの「機関車論」のような学者達による批判も目立つようになった．

77年5月，ブルメンソール財務長官は東京で開かれた国際金融会議で「石油赤字分担論」を声高に提唱した[57]．彼はさらに6月24日に，OECD閣僚理事会閉幕後の記者会見で，「黒字国の収支改善策として，輸入増加政策，通貨切り上げ，国内需要拡大政策などが考えられる」と語った[58]．またクーパー国務次官は「差別的輸入政策」[59]を提唱し，議会でもロイス米下院銀行委員会委員長が「円安政策と巨額な外貨準備積み上げ」[60]を行っていると非難するなど日本政府の政策への攻撃は多岐にわたった．さらに6月27日のOECD対日審査でも日本の政策に批判が集中し，「産業の輸出競争力を弱めるような円の切り上げが必要」などの注文が続出した[61]．

これに対してバーンズ米FRB議長は，7月26日の議会証言で基軸通貨の役割の重要性とその価値の安定の必要を強調した．基軸通貨の安定と黒字国

通貨切り上げ要求の間に矛盾があるが，財務省，FRB，ニューヨーク連銀の間には，微妙な意見の食い違いがあり，その力のバランスがその時々の情勢で変化するが，当時はニューヨーク連銀のクームズが唱えていた「円の選択的調整」論が力を得て，連銀が他の通貨当局と協調介入すれば，円の選択的切り上げは可能という見方が支配的になってきたと見られる[62]．

日米の国際収支見通しも，市場の予想に大きく影響した．9月半ばの第1回日米準閣僚会議[63]を前に，経済企画庁は 77 年度経常収支見通しを 7 億ドルの赤字から 65 億ドルの黒字に改定したが，9月の準閣僚会議の席上でクーパー国務次官やバーグステン財務次官補はその黒字額すら過小な見積もりと批判し，78 年度経常収支を赤字に転換することを要求，そのためにコンピュータ，カラーフィルム，農産物輸入拡大を求めたが，日本側はこれらの関税引き下げ，牛肉，オレンジの輸入枠の若干の拡大に応じただけであり，逆に有効なエネルギー政策の実施，ドル信認維持を要求した[64]．その後，黒字減らし対策を対外経済閣僚懇談会で決めたが，実施作業はすすまず，11月初めに福田首相・河本政調会長が打ち出した「30 億ドルの緊急輸入」も，福田首相の「願望」発言で内外の失望を買った．

9月末のIMF・世銀総会でなされたヒーリー（Denis Healey）英蔵相[65]，ブルメンソール財務長官などの声高な対日批判などに対する坊秀男蔵相の演説をはじめ日本政府の応戦は貧弱なもので，「円高やむなし」の市場心理を強めた．これに対して，米国の財政金融政策やエネルギー政策への批判はほとんど見当たらなかったのである[66]．

IMF 総会以降も米国各界の対日批判は高まる一方であった．米政府部内には成長率，経常収支などの政策目標重視派と，輸入数量制限，関税率等対日関心問題解決を優先すべきだと主張する派が対立した．エネルギー法案，社会保障制度改正などで議会との調整に迫られていた政府は，議会対策上対日強硬姿勢をとらざるを得ない事情があったと見られる[67]．米国の通貨交渉でも，通商交渉と同じく，地域や個別業界の利害を代表する保護主義的な議会（「厳しい警官」）を背後に，米国全体の利益追求とともに国際協調を演じ

なければならない大統領の代理人である通貨当局者たちは，ある程度「優しい警官」を演じて交渉相手を説得しようとするが，この局面ではその役割分担が困難になっていたとも考えられる[68]．

9月30日から急激な円高が始まった．倉成正経企庁長官が「260〜270円の間で推移する」[69]と発言したり，田中通産大臣が「261円になったので，日本の輸出産業は重大な影響を受ける」と発言したのは，円高が速やかに終息するという日本側の願望をこめたものであった．このような報道に対して米側は，日本政府高官がこのような発言をするのは，意図的に円を一定の水準に釘付けしようとしているのではないかと疑った．財務省が松川財務官に発言の真意を問いただしたり，ブルメンソールはドルへの信認は不変であり，円高は行き着くところまで続くことを望み，過度に介入しないよう監視すると表明した[70]．このような応酬は，日米当局者が相互に神経を尖らせていたことを物語る．

関係者の話では，大蔵省国際金融局行天調査課長（当時）が11月に訪米し，米財務省官僚，銀行家，ジャーナリストなど約20名を訪問，日本への考え方を調査し次のように報告したという．

①日本の黒字解消の困難さ，構造問題と絡んでいるという認識は深まった．
②日本が苦境を強いられているとの同情は全くない．忠告をしてきたのに，日本は何もしなかったからだ．
③黒字をオーソドックスな手段で短期間に解消するのは不可能という認識を持ちながらも，米国内の保護主義の危険に鑑み，日本は政策目標をコミットする政治的なゼスチュアが必要不可欠という認識が米国では強い．
④金融界を中心に，240円の相場はほぼ望ましい水準に達したとし，急激な上昇は黒字縮小にマイナスという見方が一般化している．
⑤この小康状態は国際収支動向，日米協議の結果如何では短命に終わる危険性が高い．

日本は経常黒字を可及的速やかに減らす必要があり，一時的には財政赤字に耐えても最大限の成長を目指すべきであり，長期的構造改革に資するパッ

ケージを考えるべきだと行天は提言したという．

5. いわゆる機関車論について

　第1次石油危機後に発生した石油輸入国の深刻な国際収支不均衡への対応については，為替相場の減価や緊縮的なマクロ政策，貿易や資本移動の規制といった従来の手法を使うと世界的な不況の拡大，保護主義の台頭をもたらす恐れがあったが，オイル・マネーの還流を促進することで，石油輸入国の赤字をファイナンスすることができた．しかし先進国の間では，危機後に高進したインフレを克服でき貿易・経常収支を改善した日独と，英仏伊などの持続的な赤字国に分かれた．その中で米国は76年に貿易収支，77年に経常収支赤字に転落したが，これによって自らが犠牲を払い他国の不況克服に貢献しているという認識を持っていた．

　このような先進国間の国際収支不均衡は，変動相場制では自動的に是正されず，また不均衡是正のルールが存在しなかったので，各国は対外不均衡是正よりも不安定な国内経済への対応を優先させた．76年のプエルトリコ・サミットで，米国は国際収支の不均衡の責任は日独にあると主張し，この問題を政治化する姿勢を強めた．

　77年1月に発足したカーター政権は，国際収支不均衡の是正を重要課題として認識しながら，為替政策に関しては市場に任せるべきだとして明確な方針を持たず，ドル安を不均衡是正の過程として受容する一方，その是正をマクロ政策によって達成することを目指した．機関車論である．日独などの黒字国は，拡張的なマクロ政策を実施して世界の国際収支不均衡是正の責任を分担すべきだとしたのである[71]．

　カーター政権が機関車論を採用したのは，世界経済救済のためというよりは，①労働組合，企業団体双方から財政拡大要求を受けていたこと，②民主党は積極財政の伝統があるなど国内要因が強く働いていたと見られる．しかし自国のみの財政拡大は，国際収支赤字拡大のコストを伴うので，日独に景

気拡大のための政策協調を迫ったのである．しかし日・米・独の輸入額合計はOECD全体のGNPの約5%程度であり，3カ国のみに機関車の役割を求めても限界があった．

しかし76年末に誕生した福田政権は，77年度予算に4300億円の減税を盛り込んだ．これは76年の総選挙で躍進した野党の1兆円減税要求にも対応するものであり，大蔵省の財政再建計画への打撃となった．さらに3，4月に公定歩合も引き下げられ（6.5→6→5%），金融政策も緩和された．これら一連の拡張的なマクロ経済政策は，福田首相が3月の日米首脳会談，5月のロンドン・サミットで日本が「機関車」の役割を積極的に果たす姿勢を示し，77年度には実質成長率6.7%を達成するために，公共事業拡大を中心とする景気刺激的予算を組む約束をした[72]．

このように日本叩きともいうべき国際的非難に対しては，日本はそれなりに経済成長を加速させるように努力しているのに，ドイツは成長政策よりはインフレ沈静を重視しており，米国は口先介入ばかりで石油政策の転換には不熱心であるという不満が日本側に高まった．日本は経済成長を促進することを約束するとともに，米国にインフレ抑制と石油輸入を抑制する国内政策を要求した．

これに対して78年1月に為替相場や貿易問題を論じるために来日したストラウス（Robert S. Strauss）特別通商代表は，カーター政権が石油輸入を統御するエネルギー法案を準備しており，90日以内に議会を通過すると日本側に伝えたが，実際に骨抜きされた法案が議会を通過したのは10月であった．このような出来事が重なり相互不信が高まった．

第4節 78年の為替市場とカーター・ショック

1. 78年春の状況

(1) 円高の小休止

77年9月末から始まった急激な円高は，11月末に240円水準での強力なドル買い介入で小休止し，78年2月中旬まで，ほぼ240～242円の範囲に収まった．77年12月～78年2月の介入額は約30億ドルと推定されるが，その前後の巨額の介入額（77年11月の25億ドル．78年3月の55億ドル．日銀によると77年10月～78年3月末で130億ドル）に比べると，比較的小規模であった[73]．これは240円水準が77年9月末比，円高になっているので，市場は対ドルの調整は一段落と見なしたものであろう．また米当局者達のドル全面安への警戒姿勢も目立ち始めていた．

以下の要因が市場心理に影響を与え，ドル円相場を一時的に安定させたと見られる．

①77年12月21日，カーター大統領は，「為替市場の混乱は容認できず，友好国と協議して，混乱防止のために市場介入を行う」旨の特別声明を発表[74]，78年1月4日に財務省と連邦準備制度理事会はその具体策について共同声明を行った[75]．1月9日には，連邦準備制度理事会が，「為替市場の混乱が国内経済，国際経済の秩序ある拡大に脅威となっている」ため，国内公定歩合を0.5％引き上げて6.5％とした[76]．これまでほとんどの主要通貨に対して下落を続けてきたドルを放任してきた政策を転換して，「ドル防衛」に踏み切ったのである[77]．

②77年末に，日銀とニューヨーク連銀との間に委託介入の取決めが締結された[78]．これにより本邦通貨当局は，日銀を通してニューヨーク連銀に円資金を提供し為替相場と金額を指定して為替介入を執行してもらうことで，ニューヨーク市場でのドル円相場に影響を及ぼすことが可能となった．これ

に対して，従来の中銀相互間のスワップ協定では，その発動と市場介入の意思決定が米国に委ねられていた．

③日米間の貿易摩擦をめぐる交渉が78年1月23日に妥結し，「牛場・ストラウス共同声明」が出された．その内容は経常収支不均衡解消に効果があるとは思えず，米国側がドル価値の依存する基礎的条件を改善する意向を表明しながら何の具体的な約束をしていないなど多くの問題があるが，市場の緊張緩和に役立ったと受け取られた[79]．

(2) 円高の再燃
1) 急激な円高と大規模な介入

78年2月に入ると欧州市場でECスネーク再調整必至の見方が広まり，ドイツ・マルク，スイス・フラン，オランダ・ギルダーが対ドルで高騰し，円買い圧力も高まってきた．市場に日本政府が輸出抑制措置をとるとの噂が流れて，期末前の輸出ラッシュとドル売りが殺到し，ドル安が加速した．円先物のプレミアム拡大は，円資産の裁定買いを促進し，円債や自由円残高が急増した．短資流入規制導入後は，対象外の長期国債や株まで購入した．本邦通貨当局は，ニューヨーク連銀への委託を含めて，強力な介入を行った[80]．結局3月中のドル円相場は月初の238円から月末の223円40銭へと6.5%下落し，変動相場制移行後，最大のドルの下落率となった．さらに4月3日の終値218円20銭（ロンドンでは217円50銭）までの値下がり分を含めると，9.1%となる．

78年3月の介入額は，約55億ドルと推定されており，これまた従来の記録（71年8月の46億ドル）を更新した．これに対して1月は8億ドル，2月は14億ドルの介入であった．3月15日，通貨当局は短資流入規制を強化，16日には日銀は公定歩合を4.25%から3.5%に引き下げた[81]．これらの対策や強力な介入[82]にもかかわらず，ドル円相場はほぼ連日のように円高の新記録を更新した．この結果，1月末58億ドルであった外貨準備は，3月末には296億ドルに膨れ上がった．

2) 円高再燃の背景

①日米貿易不均衡の持続．日本は77年に貿易収支が173億ドル，経常収支が109億ドルと前年の約2倍ないし3倍に拡大，78年に入っても日米貿易不均衡が拡大した．さらに長期資本収支も黒字に転化，基礎収支あるいは総合収支黒字を拡大した．これに対して米国の77年の財サービス貿易赤字は272億ドルと過去最大となり，経常収支赤字も143億ドルと予想を越える規模となった．78年に入っても貿易赤字が拡大し続けた．大幅な円高にもかかわらず経常収支不均衡が拡大したのは，いわゆるJカーブ効果によるものと思われるが，当時の関係者にはその認識が薄く，不均衡是正には一層の円高が必要という主張が続いた．

②米通貨当局のドル防衛策への不信感や国際協調の不調が，欧州通貨の対全面高と円高再燃を招いたといわれる．市場の不信感を払拭するために，米独間のスワップ枠を倍増して40億ドルとし，追加的なマルク調達のために6億SDRを西独へ売却し，必要があれば，米国のIMFリザーブ・トランシュ引出しの用意がある旨の，米独共同声明を出した．この声明はドル安定の決め手を欠くとして市場の失望を買い，ドル売りマルク買いを招いたが，米独当局は3月半ばに強力な市場介入を実施し，マルクは月末近くまでは安定した．

③「ドル防衛」声明や，日米間の委託介入に関する取決めで，米国はドル円相場安定に従来より留意すると期待されたが，米当局の市場介入の対象通貨は，依然としてほとんどがドイツ・マルクで他はスイス・フランに限られた[83]．

そこで市場では円が「ドル防衛策」から見離されたという見方が強まり，3月14日以降，円は節目節目でのドル買い介入にもかかわらず，独歩高をたどった[84]．

2. 78年5-10月の急激な円高

(1) 介入政策の転換と4-5月の円安

3月の東京為替市場は，円の急騰に対して通貨当局は断続的に巨額のドル買い介入で対応したが，通貨当局内部に「介入効果への懐疑」，「円高容認論」が台頭し，月末には市場介入方針が転換された．これによって3月28日の1ドル225円から4取引日で218円20銭へと急激な円高となった．

通貨当局は3月1カ月で55億ドル以上買い支えた後，効果なしとして介入を停止した[85]．行天によると，この介入停止は通貨当局の進言により村山達雄蔵相が決断したものである．国内の円高阻止の政治的圧力に抗して，税の専門家で国際金融の経験がない大臣が「投機家たちを出し抜くのだ」と言って進言を受け入れたことに大いに驚き勇気づけられたと述懐している[86]．

この戦略は功を奏し，218円を底としてドルは反騰，5月22日には229円30銭と，4.8％上昇した．輸出の鈍化，資本流入規制，国内金利低下と米国金利上昇による資本流入減少，非居住者の円債発行なども円高の小休止の原因である．

この間，5月初めに行われた福田・カーター首脳会談で，両通貨当局間で相場動向について緊密な協議を行うことで合意[87]，日銀とニューヨーク連銀間で具体的な為替相場情報交換についての取決めが締結された[88]．

(2) 5月下旬～8月中旬の円高

しかし5月22日を底としてドル円相場は円高に転じ，途中小休止はあったものの，7月21日には200円を突破，8月15日には181円80銭をつけた．円高にもかかわらず経常黒字が増大し，欧州主要通貨がより広いバンドの中で共同フロートするとの話し合いも円の孤立した立場を目立たせることになって，市場は円安リスクがないため，安心して円を買った．OPEC特別顧問団が石油価格を通貨バスケットで表示することを勧告したとの報道も円高

を加速した．この間の円の上昇率は 25.3% であった．この時期には，欧州の主要通貨も対ドルで上昇したが，それがまた円高を招き，8月15日の新高値となった．

ドル全面安の動きに対して，8月16日にカーター大統領はブルメンソール財務長官とミラー FRB 議長にドル防衛策検討を指示し，日米当局間の交渉が重ねられた結果，日本は 2.7 兆円 GNP を増大させるはずの公共事業や住宅建設促進の金融措置を含む補正予算を導入，また貿易黒字削減のための緊急輸入措置を実施した．それに反応して 8 月後半には円高は一時的に沈静した[89]．

(3) 9-10月のドル全面安

9月中旬以降，スイス・フラン，ドイツ・マルクなど主要欧州通貨は，ドルに対して急騰，史上最高値を更新した．日本の経常黒字の縮小傾向が見え始めて比較的に落ち着いていた円も，欧州でのドル安の影響を受けて10月後半に入ると急騰し，10月31日に一時1ドル175円50銭という変動制移行後最高値に達した．これはスミソニアン相場に比べて 75.5% の上昇となる．これに対して，対ドルでピークをつけた10月30日，マルクは 87.5%，スイス・フランは 161.8% の切り上げであった．

(4) この間の為替介入政策とその背景

3月末に介入政策が転換され，市場実勢に委ねる方針がとられ，まとまった介入は6月下旬，7月下旬，10月下旬のそれぞれ数日見られたのみであった[90]．介入方式も，少額ずつ分散して目立たぬ形で行われるようになった．これは一定の相場水準で買い支えるやり方が，「投機家」たちに一方的選択権を与えることになりやすいと通貨当局者が考えるようになったためであろう[91]．

また4月以降，特定水準でのドル買い支えを行わなくなったので，いわゆる「節目感」，「大台」が以前ほど感じられなくなった．もっとも 200 円，

190円の大台突破の際には，まとまったドル買い介入が実施された．その際には，大台割れは海外市場が先行するように，一応東京市場では本腰を入れるものの強引で無理な介入をさけるという方針であったと報じられている．これは円高が海外からもたらされたものとし，円安批判を回避しようとする思惑とみられよう[92]．

このような介入政策の転換で，円高のスピードが加速し，日中の相場の乱高下が著しくなり，短期の利鞘稼ぎの取引が活発となった．さらに為替予約も輸出偏重から脱して，値ごろ感からの輸入予約締結も活発化した．これは介入方針の転換を反映して相場が自由に変動した結果，市場参加者の強気・弱気の力関係が概ね均衡する状態が出現したと見られる．また円高局面で見られた短資流入も，小規模に止まるか流出基調であった．これは経常黒字を越えるドル買い介入がなければ，短資取引の相手が見つからず，将来の円高予想が直ちに相場に反映されたと見られる[93]．

為替介入の方針転換をもたらした背景を，小宮・須田は次のようにまとめている[94]．

①介入によっては円高の抑制は困難であるとの認識が高まった．

②ドル買い介入により，72年，73年当時の「過剰流動性」再現の懸念が生じた．しかし77年，78年のハイパワード・マネー供給中，外為資金の出超の構成は高いが，財政資金の揚げ超増大と，日銀信用の調節で，外為資金の散超の相当分が相殺され，少なくとも78年前半には過剰流動性の心配はなかった[95]．

③「円高メリット」への認識が高まった．77年秋の急激な円高で240円や230円を突破しても，懸念された深刻な不況にならなかった．むしろ原材料価格の低下や輸入物価低下による国内物価安定で，円高の利益が実感されるようになったのである．

④輸出産業も，ドル価格の引き上げ，コスト削減，製品の品質向上などの努力で円高に対処できた．また内需主導型景気回復で，企業収益も回復，78年3月以降は円高と株高が平行して上昇したのである．

3. カーター・ショック

(1) ドル防衛策の発表とドルの反騰

　78年5月下旬から10月末まで，急激な円高が進み，10月31日には175円50銭まで上昇した．10月の1月だけで円は7%，ドイツ・マルクは12.7%，スイス・フランは9%，英ポンドは6.6%，ドルに対して上昇した．

　このような状況のもとで，米国政府と連邦準備理事会は，日，独，スイスの通貨当局と個別に協議し，米国時間11月1日午前9時に「ドル防衛」の総合対策を発表した．いわゆるカーター・ショックである[96]．その一環として大幅な金融引締めに転じた．これらの措置は世界の為替市場に劇的な影響をもたらした．ニューヨーク，ロンドン市場などではドル買い一色となり，主要通貨に対して5%以上急騰，10月後半の下落分を1日で取り戻した．この劇的な出来事を，小宮・須田に依って以下概観する[97]．

　発表当日のニューヨーク市場では，僅かな介入にもかかわらずドルは一時190〜192円まで急騰，188円台で引けた[98]．ロンドン市場でも191円台でかなりの取引が行われ，引け値は185〜187円であった．これに対して11月2日の東京市場では，前日終値より9円20銭円安の188円で寄り付いたが，自動車メーカーなどのドル売りが殺到し185円へ上昇し，その後188円50銭をつけ，また186円に戻すなど乱高下を繰り返した．通貨当局は，相場を186円に釘付けするために，約10億ドルに及ぶ徹底した介入で応じた．これは新記録であった当日の直物取引13億4600万ドルの4分の3に相当する．これまでの円高の過程で輸入予約に比べて輸出為替予約ははるかに出遅れており，突然の円安を絶好のドルの売り場と見たドル売りが多かったのであろう．東京市場では，ドル防衛策の効果に対して当初は懐疑的であり，ドル高観が定着するには時間を要した．

　休み明けの11月6日には市場は平静を取り戻し，188〜189円台で推移したが，その後186円に軟化した際には，通貨当局はドル買い介入を繰り返し

た結果，相場観が変化して輸入予約も動き出し，190円を抜けるに至った．市場心理はシフトし，円保有リスクが再認識された．市場関係者は日本の経常黒字の縮小に注目しはじめ，米国に有利な金利差で資本流出が増大し，円は12月初めには202円45銭をつけた．10月のピークから13％の下落である．

その後年末，年始にかけて一時的な円高を見たが，79年に入ってからは，一進一退を繰り返しつつも，11月の251円50銭，80年4月の264円にいたる長い円安への道程を辿ることになった．

(2) 「ドル防衛策」が成功した理由

① これまでのドル防衛策と異なり，今回は総合的な政策の組合せであり，国内インフレ加速をおそれる米国政府は「無策の策（benign neglect）」の姿勢を転換してドルの対外価値安定に本腰を入れたと市場が受け取った．

② 今回の政策の内容は，ほとんどが従来試みられたものであるが，300億ドルという大規模な為替市場介入資金を準備した米当局の姿勢などに大きな違いがあった．実際には外貨建て債券発行やスワップ枠の使用は限られたものであったが，用意された金額の規模は米国政府の断固たる決意を反映したものと見られた[99]．

③ 輸出拡大のため過度の円安政策をとっていたという猜疑心や，巨額の経常黒字にもかかわらず何ら有効な内需拡大や輸入促進策を採ろうとしない日本への不満から，これまで主要通貨間の為替相場安定に関する協調行動において「蚊帳の外扱い」を受けていたドル円相場について，今回は米国政府がマルクやスイス・フランと同様に安定が重要だとし，日本の通貨当局はこれを勝利と考え協調介入でドルを買った．しかし米財務省はマルクやスイス・フラン建てのカーター・ボンドを発行したのに円建て債については無視した．

④ すでに対円，対マルクでのドルの減価が極端になっており，日本の経常

黒字幅もJカーブ効果の減衰もあって縮小傾向であったし，長期資本収支赤字が拡大しており，何らかのきっかけで市場の予想が逆転しても不思議ではない状態にあった．
⑤政策発表のタイミングと内容が市場にサプライズを与えた．日，独，スイス通貨当局者が，発表直前極秘にワシントンに集まり，政策に同意した[100]．

4．為替政策に関する当局者の説明

行天豊雄は，この間の為替政策について次のように説明している[101]．

(1) 介入の実態

基本的には短期的な乱高下防止を目的とし，いわゆる leaning against the wind，平準化操作（smoothing out operation）を基本とした．1ドル220円前後の水準で78年3月にドル買い介入，79年5月にドル売り介入を行ったことが，その例である．

これに対して78年後半のドル全面安局面では，為替相場はファンダメンタルズから正当化される均衡水準から大きく乖離し，物価，実体経済面への悪影響を防ぐため，オーバーシュートの是正，均衡相場方向への反転を狙った介入を実施した．

介入規模については，77年10月以降78年10月末までのドル買い介入総額は，同期間中の経常黒字相当額にほぼ等しい180億ドルであり，広義の資本収支がほぼ均衡しながら円高が急進したことは，不安定な短資流入の動きがあったからである．

当局の市場介入が，一方的選択権のある投機を招いたという批判があるが，78年後半のような円高行き過ぎ警戒感が市場に出てくる場合，当局のドル買い介入と同一方向の逆投機の比重が高まり，78年中の介入を活発に行ったときでも，介入額の直物出来高に対する比率が71年2-12月の7割を大き

く下回る2~3割であった.

また初めと終わりの相場水準がほぼ等しく,売買介入額がほぼ均衡した77年10月~80年3月について通貨当局は利益を上げているので,投機家は誤った相場観をもっていたことになり,介入が投機を招いたとの批判はあたらない.

この間,金融・財政政策は相互補完的に作用した.すなわち金融政策は,78年3月に初めて為替相場動向を重要な判断要因として公定歩合を引き下げて戦後最低の3.5%とし,内外金利差拡大による資本流出を促した.しかしドル買い介入がハイパワード・マネーの増大を通じて過度の金融緩和をもたらしたことはなく,一般財政は国債発行などで揚げ超であり,またマネーサプライは77年以降12%前後と安定的に推移した.財政政策は国債増発で公共投資などを拡大することで国内景気回復を図り,同時に対外均衡達成,円高是正の効果を狙った.

(2) 介入の必要性と効果について

78年以降の円高局面は,バンドワゴン効果といえる円高の悪循環が発生,市場では短期的に均衡回復機能は働かず,中長期的には為替相場の調整が必要にしても,その過程で雪崩のような円高への動きが繰り返され,行き過ぎた上昇が見られた.このような円のオーバーシューティングで,リーズ・アンド・ラッグズ,Jカーブ効果や実体経済へのデフレ圧力を通じての経常不均衡をもたらし,また景気回復を遅らせることになった.すなわち為替相場の変動自体が新たな不均衡の原因となっているとの認識により,市場介入が行われた.

介入の有効性についての自己評価は,次の通りである.すなわち77年10月~78年10月については,同期間の経常黒字を全額吸収する規模の介入を行ったにもかかわらず,円は50.2%上昇した.1国のみによる介入の効果には限界があったにしても,放置したら相場変動は極めて大きかったはずである.

中長期的に，経常黒字に見合う資本流出が自律的に生じるには，円相場に天井観が醸成される必要があるが，この期間は大量の短期資本が流入した．ドル資産保有意欲が生じるには，円相場は78年10月に示現した176.05円を上回る円高が必要であったと見られた．米国が78年11月1日にドル防衛策を発表，介入規模を大きく拡大した結果，市場心理が転換した．為替市場がオーバーシュートする場合は，関係当局の協調行動が必要なのである．

第5節　79-80年の国際政治経済情勢と為替相場の変動

1. 第2次石油危機

この期間には多くの政治的・軍事的事件が続発した．石油のもたらす巨額の富を背景に，イランのパーレビ国王は伝統的なイスラム文化や社会構造を変革して，西欧流の社会を作るための政策を強行したため，民衆が反発してパリに亡命中のホメイニ師を指導者とする国王打倒運動が激化，78年末にはテヘランで市街戦が起き，イランの原油生産が停止した．79年1月に国王はエジプトに亡命して王朝は崩壊した．このイラン革命に伴う混乱で，世界の石油生産の10％，OPEC石油生産の17％を占めるイラン原油輸出は79年3月初めまで停止，石油需給が逼迫した．OPEC諸国はこれを機に原油価格引き上げ攻勢に出た．

この結果，アラビアン・ライトの公式販売価格によると，石油価格は1バレル当たり12.7ドルと74年以来ほぼ横ばい水準であったのが，79年末には24ドルと倍増，80年にかけて段階的に大幅な追加引き上げが行われ，81年末には34ドルと2.7倍の引き上げとなった．スポット価格は79年1月に15ドルであったのが6月には37ドル，テヘランの米大使館員人質事件が発生した11月には40ドルを超えた．原油価格の高騰は，進行中の国際商品価格の上昇とともに，再び世界経済にインフレの高進と不況をもたらした．

第2次石油危機が日本経済にもたらした影響を物価動向で見ると，79年

に入って,それまで比較的落ち着いていた卸売り物価が上昇に転じ,4-6月期以降は毎期前期比で4%以上の上昇となり,80年1-3月期には6.4%と加速,4月には前年同期比で24%増を記録した.

消費者物価は78年度は3.4%増,79年度も4.8%増と落ち着いていたものの,80年2月以降は,前年同月比で8%台の上昇率を示し,6月には8.4%に達した.しかし第1次石油危機における最高上昇率(74年2月の26.3%)に比べるとはるかに低い上昇であった.前回の石油価格の引き上げ幅が,73年10月から74年1月で8.4ドルであったのに対して,今回は78年末から80年4月までで15.3ドルと大幅であったのにかかわらず,物価への影響が比較的小さかったのは,賃金上昇率の抑制,インフレ心理の封じ込め,そしてマネーサプライ伸び率の抑制に成功したからであろう[102].

2. 続発する国際政治経済事件と79-80年の為替相場動向

この期間,第2次石油危機に触発された世界的インフレの進行と不況の長期化,世界貿易の停滞,メキシコ,アルゼンチンなど開発途上国の累積債務問題,ソ連のアフガニスタン侵攻,イラン・イラク戦争,ポーランドの民主化運動などが続発し,そのたびに為替市場が大きく動揺した.

79年には,欧州主要通貨は対ドルで上昇傾向を示し,その後年末から80年3月にかけて大きく下落,若干の回復の後,80年央から再び下落した.ドル建て石油価格高騰は,ドル需要を拡大してドル高要因となった.英ポンドは,その中で上昇傾向を維持した.

日本に関しては,79年,80年には第2次石油危機の影響で巨額の経常赤字となった.78年12月に大平内閣が誕生し,79年度の予算で実質経済成長率6.3%の実現と経常収支黒字半減達成のために,大幅な財政支出拡大を組み込んだ[103].

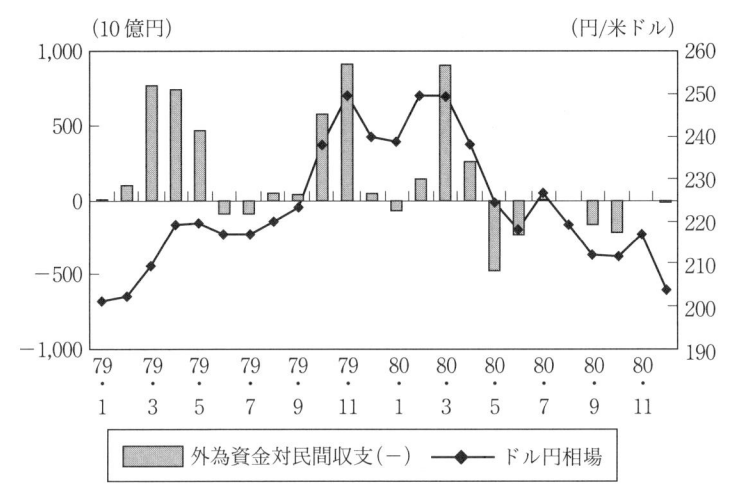

図表 2-3 外為資金対民間収支とドル円相場（1979-80年）

出所：図表1-2と同じ．

(1) 79年の為替市場

ドル円相場は，79年3月末から4月初めにかけての本邦当局の大量ドル売り介入にかかわらず，経常収支の基調変化，内外金利差による長短資本流出，78年に積みあがったリーズ・アンド・ラッグズの巻き戻し，イランの原油生産停止やメジャーの対日輸出削減による石油情勢の悪化，先行きインフレ懸念などで円安が4月末まで続き，78年末の194円60銭から12%下落した218円50銭となった．本邦通貨当局は以前ほど大規模な介入をしなかったものの，持続的な介入により，年初から5月までに87億ドルの外貨準備を失った．

5月初めに225円25銭となり，円安行き過ぎとの見解が日米当局者により表明され，円売りの利食いなどが発生し211円50銭と6%程度上昇した．一時的円買いが落ち着くと，8月までは218～220円水準で上下動したが，8月末以降円安感が強まった．基本的には輸出増を上回る原油など輸入原材料価格大幅高騰を受けての経常収支赤字幅拡大，ならびに米国の金融引締めに

よる金利上昇などを反映するものである．7月の10％への米公定歩合引き上げ，ボルカー連邦準備制度理事会議長就任は，ドル強調の布石となった[104]．

その後米連邦準備制度理事会は，公定歩合を8月と9月に各0.5％，そして10月に1％引き上げて12％としたほか，マネーサプライ重視の金融引締め政策を発表した．この措置は，80年初頭まで，様々な政治経済的ショックから，ドルを守ることに貢献した[105]．

日本では衆議院議員選挙で自民党が苦戦し政治空白が続く中，円安が加速したため，日銀は11月初めに公定歩合を5.75％から6.25％へ引き上げた．イランのアメリカ大使館占拠事件などもあり円安傾向は止まらず，11月末近くには251円30銭をつけた．この間，大蔵省は，外為銀行の持高規制枠拡大，インパクト・ローン導入の許認可の運用弾力化などの円安対策5項目を発表，日銀も輸入決済手形制度の取扱いを停止した．その効果もあり，12月初めには円割安感も出て反騰場面もあり，中旬に開かれたOPEC総会への為替市場の反応も意外に冷静であった．

(2) 80年の為替市場

OPEC加盟国による五月雨式の原油価格引き上げとともに，ソ連のアフガニスタン侵攻など不安定な国際政治経済情勢から国際商品，戦略物資市況が急騰した．国内でもインフレ・ムードが広まり，2月19日には衆議院が予算案審議中にもかかわらず，日銀は前例なき公定歩合の1％引き上げを実施し，7.25％とした．

小康状態であった為替市場は，米国金利上昇などで日米金利差が拡大傾向となり，経常収支赤字持続，国内物価情勢悪化などで，2月下旬から円安が進み月末には250円に迫った．そこで3月2日に通貨当局は円防衛策を急遽発表した[106]．この後本邦当局は積極的な円買い介入を行う一方，自己勘定と本邦勘定による委託介入がニューヨークで行われ（連邦準備は2億1700万ドル相当の円買い）[107]，スイス当局も円買い介入した．また日銀はスイス

中銀，西独ブンデスバンクとスワップ取決めを行った．

　国際協力による円防衛が奏効して，3月半ばまで円は250円よりやや円高で推移したが，3月14日に米総合インフレ対策が発表され，米市場金利が高騰した．日銀は打ち止め感を出すことを狙って，19日に公定歩合を1.75％上げて9％と第1次石油危機の時のピークと同水準にした．しかし米国の高金利（4月3日には米銀がプライム・レートを20％に引き上げ）で4月上旬には再び円安となり，11日には262円50銭に急落したが，これを底値に円は反騰する[108]．

　5月以降，物価動向が落ち着き，景気も鈍化の兆しを示した．経常収支は4-6月まで大幅な赤字を続けた．しかし夏以降の為替動向を捉える上でより重要な要因は，日米金利差の動きである．79年10月に米国連邦準備当局が新金融調節方式を導入して以来，米金利は乱高下しながら80年4月にはプライム・レートが20％という史上空前の高水準に達した．その後5-8月に景気後退から一時かなり低下したが，秋以降インフレ懸念が再燃し，金利が再高騰，日米の金利差は急拡大した．米公定歩合は5月から7月まで3回引き下げられ，13％から10％となった．春闘の賃上げが穏当であり，労働生産性向上で日本の競争力が再認識されたことで，円への弱気が急速に後退した．

　与党からは財政・金融両面の総合的景気刺激策を求める声が高まってきた．しかし7月初めに発足した鈴木善幸内閣は，インフレ対策を堅持する意図を表明，日銀の前川総裁も金融緩和は時期尚早と述べた．8月20日には日銀が公定合を8.25％へ引き下げたが，市場では利下げ幅が予想を下回ったと受け取った．国際収支は80年第3四半期には劇的に改善した．まず資本の流入が始まり，経常収支も9月には均衡を回復，市場は日本がイラン・イラク戦争長期化による石油情勢悪化にもかかわらず，欧州諸国に比べて国内インフレを統御することに成功したと見た．円相場は5月から12月までに月中平均で16.6％上昇し12月に210円を割るに至った．

3. 第2次石油危機時の円安と円防衛策についての通貨当局の説明

当時の状況と政策対応について，行天は以下のように説明している[109]。すなわち本邦当局は，79年来の円相場下落が加速した際に，積極的なドル売り介入を実施した。80年3月2日に発表した本邦の円防衛策に対して，米国当局もニューヨークで自己勘定による円相場支持の介入を行うと発表した。この日米協調介入は，西独，スイス当局と密接な連繋の下で行われることとされており，本邦当局はこれら2カ国とスワップ取決めを締結した。

3月に実施したドル売り介入は，円相場が経済のファンダメンタルズから著しく乖離しているとして実施したものである。米当局の介入は，大きな心理的なインパクトをもたらし市場の「期待」を変化させたと見られる。また80年3月の基礎収支は約26億ドルの赤字であり，また通常月をはるかに上回る28億ドルに及ぶ輸入為替予約超，そして外銀のドル売りの減少で為替需給が逼迫していた。当局の大量のドル売りがなければ，円安はさらに進行したと見られる。

3月19日には本邦の公定歩合が9%へ引き上げられたが，ドル金利が高騰したので，金利差は比較的に安定していた。インフレ抑制を目標とする金融政策は，円安高進によるインフレ心理を抑える為替政策と相互補完的であった。また財政は大幅な散超であったが，円買い介入によるマネタリー・ベース削減で，マネーサプライの伸びを抑制する作用をもつ。このように内外政策は相互補完的に働いた。

3月中247～249円台の狭い範囲で推移した相場は，4月になると米銀のプライム・レートやユーロ・ドル金利が20%に達し，円は260円台に急落したが，4月7日発表の米・イランの断交，4月末までの急速な金利低下による内外金利差解消で，円は反転し急速な円高となった。本邦経常収支赤字が底を打つなど経済ファンダメンタルズ改善の兆しで，円への信認が回復したことが背景にある。結論として80年春の諸措置を以下のように自己評価し

ている．
①為替相場の安定には，経済ファンダメンタルズ改善が必要だが，リーズ・アンド・ラッグズ，短資流出などでオーバーシュートしている場合，介入で行き過ぎた市場心理，期待を抑えることに効果があった．
②協調介入が外為市場へ大きなインパクトを与えた．
③ファンダメンタルズ改善効果が市場へ現れるまでの間のつなぎ措置として有効であった．
④為替介入と金融政策などの政策手段が同一方向を目指し，介入効果を補強した．

第6節　石油危機時代の為替政策をめぐる問題と教訓

1. 為替市場介入の性格の変遷

　73年2-3月に主要先進国が変動相場制へ移行した時には，一時的な措置と考えられていた．それは変動相場制移行後も，新たな通貨システム構築のための協議が継続され，9月にIMF 20カ国委員会蔵相会議で国際通貨制度改革大綱草案が発表されたことでも明らかである．しかし石油危機発生で，新国際通貨システムへの熱意は冷め，市場介入ルールづくりも頓挫した．
　日本では73年の段階では為替管理は厳しく，為替市場介入は有効であると信じられ，それゆえにまた効果があった．変動相場制移行後には大量のドル売り市場介入により265円水準を維持しようとしたり，石油危機勃発後は300円を守ろうとするなどドル円相場を固定しようとする姿勢が見られた．76年に経常収支が黒字になって円高傾向を示した際にも，ドル買い介入を行った．その結果，同じ黒字国ドイツのマルクに比べても円の上昇が小幅であったため，輸出競争力を維持し国際収支不均衡是正の市場メカニズムを阻害しているとして，日本への批判が米議会を中心に高まった．
　これに対して本邦当局は，市場介入を為替相場の乱高下を防ぐ意図で行っ

ていると反論した．介入の妥当性を判断する基準は，1974年のIMFガイドラインや，76年のランブイエ・サミットでの合意であり，日本政府はこれに沿った介入を行っていると主張した．これらの基準は抽象的であり，日本の主張と国際的批判との対立を決着させるには不充分であるため，為替政策を巡る論争は政治化されていった．

　市場介入政策に国際的な批判が高まり，本邦当局は76年6月以降，一定水準に相場を維持する方針を転換し，徐々に市場実勢に委ねる姿勢を取りはじめた[110]．76年8月半ば以降，福田赳夫経済企画庁長官（当時）や河本敏夫通産大臣（当時）など政府高官の円高容認発言が見られるようになった．

　産業界も，大幅な国際収支の黒字と，円高が持続しないという判断から，為替政策の転換を支持した．77年には，クラインの議会証言やブルメンソールなどの口先介入がきっかけで急激な円高が発生しても，本邦当局は円高放置政策をとり，財界もそれを支持した．

　77年後半から78年春にかけての急速な円高期には，大量のドル買い介入にもかかわらず，円高を抑えられなかったので，政策当局者からも介入の有効性を疑問視する声が上がった．この円高は78年11月1日に発表されたカーター・ショックで終わり，第2次石油危機の後遺症脱却まで円安が続いた．この間の為替市場介入を類型化してみよう．

　本邦当局は，石油危機発生直後には大幅な円の下落をおそれて，活発に為替市場へ介入し，また為替管理を強化して対外支払いを抑制し，外貨流入の促進を図った．この時期の介入は異常事態に対処する「緊急避難型」といえるものであり，当時は変動為替相場制の下での介入について国際的合意がなかったので，当局が必要と考える為替政策を追求できたが，市場の実勢を無視して特定の水準に相場を維持することは，結局無理なことであった．

　77-78年初の円高に対しては大量のドル買い介入を試みながらも，通貨当局者はその限界を感じ始めていた．しかしその段階では国内政治的に円高抑制の旗を降ろすことはできなかった．この期の介入は，拡張的な財政政策へのシフトを実現する繋ぎとして「問題先送り型」の性格をもつのではないか．

78年3月の大規模な介入後,政治的決断で市場実勢重視の政策に転換し,その後の介入は概ね「標準型」となった.円高メリットへの認識が漸次浸透してきたことが背景にあると思われる.

カーター・ショックは,インフレ加速とドル暴落をおそれる米国の政策転換を示すものであったが,それまで円高放置という罰を与えるために「蚊帳の外」におかれていた日本は喜び勇んで「対米協調型」介入を実施した.その後発生した第2次石油危機の打撃は深刻であり円は急落したが,日本は積極的なドル売り介入を実施した.これは国際協調の下での「緊急避難型」であり,かつIMFのルールに則る「標準型」介入の組合せといえよう.

理論的には為替相場変動を市場に委ねて短期的にはオーバーシューティングが生じても,結局は経済の基礎的な条件を反映した水準に収斂し,極端な弊害をもたらすことにはならないはずである.為替相場が安定するためには,関係各国がマクロ政策を適切に運営し,インフレ,景気,経常収支などのファンダメンタルズを安定的に保つ必要がある.同時に市場関係者がこれらに

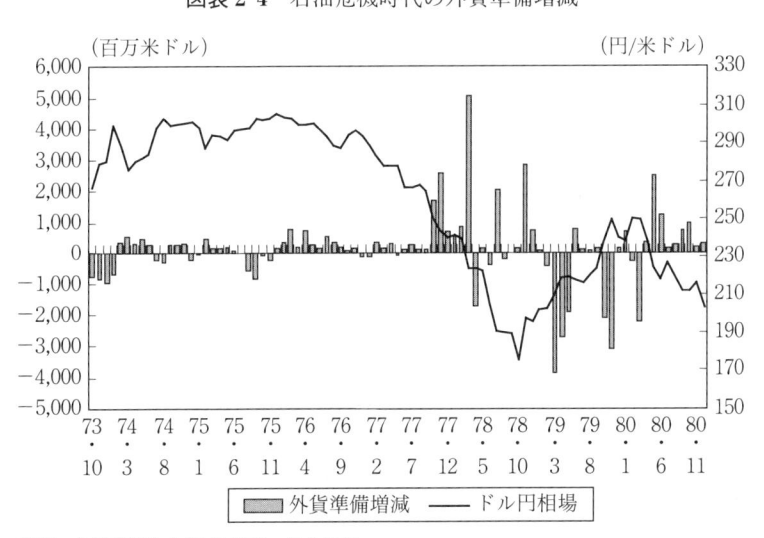

図表2-4 石油危機時代の外貨準備増減

出所:大蔵省財政史室[1992],日本銀行

ついて安定的な予想を形成できることも必要であり，通貨当局者には，為替相場に関連する情報を的確に判断，説得力ある根拠を示して中期的な為替相場の予想を発信し，市場関係者の予想形成に健全な影響を与える努力を重ねることが求められる．国際資本移動が活発化しつつある中では，人為的な介入や規制措置によって永続的な効果を為替相場に及ぼすことはできなかった．

　石油危機という未曾有の事件に直面し，最悪あるいは不測の事態を回避する努力を重ねたことは評価されるにしても，変動相場制の機能を信頼するに至らず，市場を制御できるという過信に基づく過剰な規制や硬直的な介入が少なくなかったといえよう．

2. 為替管理の有効性と弊害

　為替市場介入によっては，十分な為替相場の安定を図れないとして，通貨当局はしばしば資本取引を制御して国際収支を調整，相場の安定をはかろうとした．77年11月初めの円高緊急対策，78年3月の非居住者による債券取得などの短資流入規制，80年3月の円防衛策などはその例である．しかし目先の為替需給への影響は別として，先進諸国経済の結びつきが強化され，国際経済関係の自由化が進んだ状況下では規制の抜け穴は避けがたく，また資本移動の自由を阻害する副作用も少なくない．また市場関係者の支配的な予想に逆行して為替管理がなされるため，かえって相場の変動を拡大しかねない．市場関係者の望まない方向に資本の流れを誘導ないし強制することもしばしばであった．

　対外取引の全面禁止・例外許可という形になっている為替管理法については，77年1月に福田首相が全面改正せよと指示，大平首相も推進論者であった．2人は対外関係を原則自由化しなければ駄目だという信念をもっていた．東京サミットに間に合わせようとして1度改正案ができたが流産し，79年12月にようやく国会を通過した．財界も外国人による経営参加などを恐れる声があり難航した．大蔵省や通産省も大勢が消極的であった．細見元財

務官も認めるように，内外金融を遮断して管理を容易にするという政策当局者の習性は容易に変化するものではなかった[111]．

　平時から国際資本移動の流れに厚みを持たせ，さまざまな市場参加者が多様な予想で行動できる仕組みを整備すべきであった．日本経済は70年代半ば以降「未成熟な」債権国となった[112]．その恒常的な経常収支黒字を他国が抵抗なく受け入れ，日本の貯蓄をその国の経済発展に利用できるように金融市場を整備し，為替管理の自由化を急ぐべきであった．

　80年12月に「原則自由」の建前の新外為法が施行されたが，現実には通貨当局の行政指導などで自由な厚みのある資本移動は実現せず，また国内金融市場の整備は遅れ，多様な選好とリスク判断に基づく市場参加者の増加は阻まれ，貯蓄が国内の公的部門をファイナンスするのに都合の良い制度・慣行が維持された．これはドル円相場の不安定にも大いに関連することになる．

3. 円高脅威論と外圧・機関車論の政治的利用

　対日批判が77年の5-9月にピークに達し，円が急騰を続けた頃，通貨当局では，大きな不均衡がある以上円高を止められないので市場介入を止めるべきだという議論が出始めていたが，福田首相は円高抑制方針を継続する強い姿勢を変えなかったといわれる．国内の円高を忌避する強い政治的圧力によるものであった[113]．輸出業者は，政治力を結集して円高防止のために市場介入を強化するよう通貨当局に働きかけた．これは日本の貿易黒字急拡大やダーティ・フロートに対する諸外国の批判と真っ向から対立するものであった．

　対日批判に対して国内諸行為主体の憤激が高まった．米国のドル防衛は口先だけであり，効果的な石油輸入対策を採っていないとし，巨額のドルの外貨準備を金に替えるべきだという主張も閣議で行われたという[114]．日米関係の現実を見れば，非現実的な思いつきであり，実現したのは公的開発援助の倍増，緊急輸入，そして公共事業の拡大などであった．

それまで円高抑制方針を堅持していたはずの福田首相の下で，村山蔵相が市場介入政策を転換した背景には，為替政策によって効果的に経常収支不均衡を是正することはできないとの認識の高まりがあり，国際的に批判の多い介入政策よりも，むしろ機関車論という外圧を利用して財政拡大を推進し，政権の人気浮揚を図ることが，自由民主党総裁選挙そしてその後の総選挙に勝つために得策と考え始めたとしても不思議ではない．

　77年5月のロンドン・サミットでの6.7%の成長目標の公約を受け入れ，11月末にはこれを実行するために大幅な内閣改造を行って積極財政論者の河本敏夫を通産大臣に，宮沢喜一を経済企画庁長官に任命した．また元駐米大使の牛場信彦が新設の対外経済担当大臣に任命され，特に対米交渉の懸案事項にあたることとなった．77年度補正予算，同第2次補正，さらに78年度予算で大幅な公共事業費拡大を計上，国債依存度は37%となり，国債消化が危ぶまれる水準となった[115]．

　78年7月のボン・サミットでは，米国の標的は成長の公約を守れなかったものの，その方向に向かって努力している日本ではなく，西独であったはずである．それにもかかわらず福田首相は再び78年度の成長率を7%とすることを宣言し[116]，公共事業，緊急輸入拡大を含む「総合経済対策」をまとめ，これに沿った78年度補正予算を決定した．

　政治的に旨みのある公共事業費拡大には，外圧は有効である．日本の政府内部にある分裂もまた，外圧受け入れに好都合であった．自民党の政治家，経済界[117]のみならず諸官庁も外圧を利用して財政当局の抵抗を排除し，大規模な内需刺激策を求めた．特に通産省は米側に高い成長目標の対日要求を維持するよう要請したという[118]．野党も所得税減税，福祉関連プロジェクトへの公共投資増額を含む拡張的な財政政策を求めた[119]．

　国内の様々な行為主体の利益を代表する政治家や諸官庁の要求は，財政規律を至上とする財政当局との間で，予算編成という「行政市場」[120]を通じて調整され政策として実現するといわれるが，福田首相により財政規律の旗印は「国際政策協調」という旗印によって取り替えられたといえよう．

福田首相は比較的高い支持率をもっていた三木首相を退陣させたことでロッキード隠しの批判を受け，発足直後の支持率は田中内閣が56％，三木内閣が41.9％に比べて29.6％であり，その後も低迷していたので，不況を克服し国民生活を回復向上させることで国内世論の支持を高めようとしたのは当然である．そのために円高防止政策を堅持しようとしたが，それが困難と悟るとむしろ機関車論に象徴される外圧に積極的に対応し，円高で打撃を受ける脆弱な産業や中小企業への補償や公共事業費を急拡大させる政策に重点を移したのであろう．ボン・サミット以降の外圧は福田によって増幅された側面があるとの真渕勝の指摘には説得力がある[121]．

　機関車論の名のもとにおける国際政策協調の試みは，保護主義の台頭を抑え，自由主義的経済の崩壊を防いだと評価できるかもしれぬが，大きなコストを伴うものであり，理論的に疑問のある主張であった[122]．日米の金融緩和政策と大規模な市場介入は過剰な通貨供給を引き起こし，財政政策は規律を失う結果となった．このような政策で生み出された世界的なインフレ傾向は第2次石油危機の引き金となったと指摘されている[123]．

まとめ

　70年代はニクソン・ショックと石油危機によって国際金融システムが激しく揺さぶられ，日本経済も大きな影響を蒙った時代であった．金との交換性と平価制度で支えられた米ドル中心の国際通貨体制が崩壊し，制度的な基礎をもたない所謂「ノン・システム」[124]となった．そこに石油危機が深刻な国際収支調整問題を惹起したので，戦後の西側世界の繁栄の基盤が失われるとの懸念が高まった．

　しかし国際収支調整や流動性の供給の問題は，為替市場やユーロドル市場により予想以上に円滑に解決された．国際政治経済の不確実性が高まり，その望ましい秩序について共通の認識を持つことが困難な時代には，政府間交渉より「民営化」[125]された市場メカニズムに委ねたほうが円滑に機能するこ

とが証明されたのである．

その覇権の下に構築されたブレトンウッズ体制のゲームのルールを自ら破ってドルを切り下げた米国は，むしろ「民営化」された国際金融システムの中で，新たな優位性を獲得した．田所昌幸も指摘するように，経済の実体面での巨大さに加えて金融市場の圧倒的な優位性は，米国の「構造的権力」を構成する[126]．基軸通貨国の特権を駆使して，国内外の利害対立を緩和・吸収を図るために成長重視のマクロ経済運営を追求する中で，周期的に訪れるドル危機に際して，そのコスト負担を他国へシフトできたのは，その力の行使の結果と言えよう．

「民営化」されたシステムに比べて，機関車論，為替相場変動幅維持などの国際政策協調の試みは機能せず，主要国は自国の国益，地域的目標追求を優先させた．79年には欧州通貨制度が発足し，米国はレーガノミックスによる強いアメリカを志向した．その中で日本は外圧利用での国内諸行為主体の利害調整に終始，新たな摩擦の80年代を迎える．その間，西側の結束は厳しい試練に晒されるが，安全保障上の顧慮もあって辛くも維持されたのである．

注
1) Gilpin [2001] pp. 84-5.
2) ストレンジ [1994] 第11章．
3) この期間の為替市場の動向については，大蔵省（現財務省），日銀，米連邦準備制度理事会，東京銀行の資料に，政治関係については川上 [2001]，草野 [2005]，為替政策の経済学的分析については小宮・須田 [1983] に多くを依拠している．
4) 川上 [2001] 102-37ページ，石井 [2001]，入江・ワンプラー [2001] 参照．
5) ①首相就任時，②最高値，③最安値，③退任時の銀行間ドル円相場．以下同じ．
6) フランスのジスカールデスタン大統領は，世界経済の困難は石油危機より通貨体制に起因するとして，それを論じる首脳会談を呼びかけた．米国は通貨問題が原因とする見方に批判的であり，結局主要国が直面する経済問題全般を論じることで同意，75年11月15-17日に開催され，三木首相，大平蔵相，宮沢外相が参加した（藤岡 [1977] 74ページ）．仏大統領は当初気心の知れた首脳同士での話

し合いを望み，日本ははずされていたが，米国のとりなしで日本が参加できたという（石井［2001］152ページ）．
7) 実際には最強硬派のイラクは80％，親米派のサウジアラビアも20％の削減をするなどOAPEC諸国の大半は10％以上削減したといわれる（日本銀行［1986］436ページ）．
8) Treasury and Federal Reserve Foreign Exchange Operations, *Federal Reserve Bulletin*, March 1974, pp. 191-2.
9) 73年11月，キッシンジャーは中東歴訪後来日し，田中首相に中近東諸国への対応を米国に任せるよう求めたが，中近東諸国が石油を禁輸した場合，米国が肩代わりする約束をしない限り独自外交をせざるをえないと拒絶した．その後三木武夫副総理，中曽根康弘通産大臣も中東を歴訪し，対イスラエル政策の転換を説明した結果，「友好国」に指定された．キッシンジャーは，訪日前ゴルダ・メイル　イスラエル首相に「石油供給削減で困っているのは日本だけ」と語り，経済的ライバルの日独が打撃を受け，外貨準備を減らせるとしてエネルギー価格上昇を望んでいたふしがある（石井［2001］150-2ページ）．
10) 大蔵省財政史室［1992］491-3ページ．
11) OECD *Economic Outlook, December* 1979, p. 21 & July 1980, p. 124.
12) 2(1)～(3)については，小宮・須田［1983］第3章，日本銀行［1986］第6章1(6)，大蔵省財政史室［1992］第4章第4節参照．
13) 通貨当局は「国際収支の先行きについて確固たる見通しが立てえなかったこともあって，260円台に維持するため10月まで何十億ドルという外貨準備を使って売り介入した」という（藤岡［1977］235ページ）．
14) 小宮・須田［1983］83-5ページ．
15) 大蔵省財政史室［1992］495ページ．
16) 大蔵省財政史室［1992］497-9ページ，日本銀行［1986］434-5ページ，小宮・須田［1983］86ページ．当時資本規制を担当していた黒田元財務官は，石油危機のショックが大きく，外貨減らしと円高防止の観点からなされていた金融機関の対外直接投資や国民の対外証券投資の自由化を撤回したとのべている．外為法は対外直接投資と対内・対外証券投資や銀行融資を対象としていたが，一般企業の対外直接投資は自由化済み，金融機関等一部の規制業種の対外直接投資に許可制が残っていた．また対外証券投資は「指定証券会社」を通じれば自由であった．石油危機後，前者を許可せず，後者は撤回された（黒田［2005］33ページ，注5）．
17) ドル買いの多かった東京銀行，第一勧業銀行，住友銀行の事情聴取を行い，600億円の日銀貸出しを回収．これによりドル買いの多い企業への貸出しを回収させた．さらに大手為銀に対する日銀貸出し純増を抑え，手持ちドルの放出を要請，居住者外貨預金残高規制を強化，さらに大量のドル買いを行った10大商社，東燃，松下電産への大蔵省の立入り検査などを実施した（大蔵省財政史室

[1992] 500 ページ).

当時の通貨当局幹部の話では，国会でも金解禁の時のようにドル買いした所の資料を出せと圧力がかかったが，相場が落ち着いてきたので議員たちの熱が冷めて，業種別に固有名詞を出さない資料でお茶を濁したという．

18) 米国の対外投融資規制は，急増する資本流出に対処するために60年代初めから発動，強化された．また欧米間の金利差を縮小させることで資本流出抑制を図る金利平衡税は，63年に導入された．73年2月のドル平価10%切り下げの際に，米国政府はこれらの規制を74年末までに段階的に撤廃する方針を発表したが，石油危機後のドルの急騰を受けて急遽全廃に踏み切った．

19) 大蔵省財政史室［1992］499-500ページ，日本銀行［1986］435-6ページ，東銀・東銀リサーチ［1985］41ページ，小宮・須田［1983］87-101ページ，Treasury and Federal Reserve Foreign Exchange Operations, *Federal Reserve Bulletin*, March 1974, p. 205.

20) 小宮・須田［1983］91-101ページ．

21) 大蔵省財政史室［1992］500-3ページ，小宮・須田［1983］142-5ページ，田所［2001］183-202ページ．

22) Treasury and Federal Reserve Foreign Exchange Operations, *Federal Reserve Bulletin*, September 1974, pp. 636-637.

23) 旧IMF協定の平価制度が崩壊した後，新協定が成立するまでの間の対応策として，74年6月，第6回20カ国委員会大臣会議で「国際通貨制度改革概要」が採択された．その為替相場に関する付属文書中の「変動為替相場運営のためのガイドライン」によって許容される為替市場への介入のパターンは，①日々の変動に対する介入，②月々あるいは四半期ごとの動きを緩和するための介入，③目標相場圏設定に基づく介入であるが，基本的には，変動相場制を採用した国は，相場の急激な変動を避けるために市場へ介入することが望ましいが，市場圧力に強く逆らう介入は避けるべきであり，一定期間では為替需給が均衡するような相場に誘導することが望ましいということである（財務省財政室［2003］140-4ページ）．これは78年4月1日からIMFの新協定移行にともない「為替相場政策に関するサーベイランス」に受け継がれる．

24) 小宮・須田［1983］110-3ページ．

25) 74年5月中旬，米フランクリン・ナショナル銀行は，2500万ドルの為替損失で経営危機に陥り，続いて6月下旬に西独のヘルシュタット銀行が為替投機で5億マルクの損失を出し，営業停止処分を受けた．

26) 74年7月中旬には，主要邦銀でも14.5～15.5%と平均金利より1～2%も高い金利の支払いを余儀なくされたり，高い金利をつけても出物がほとんどないといった状況であった．その中で輸入ユーザンス4カ月ものの期限が到来，2, 3月に購入した高価格原油支払いのための直物ドル需要が急増，「外貨危機」が発生した．あるイングランド銀行理事から通貨当局幹部へ，イタリアでも払わぬ上乗

せ金利を日本が払うのはおかしいと忠告があり，すぐに為銀外国部長を集めて国の信用に関わるので資金を取りあさるな，いざとなったらMOFが何とかすると言い渡したら，翌日はプレミアムは解消したが，一時的な現象であった．外貨準備が150億ドル程度であり，月中だけMOF預託をして月末回収するなどの粉飾をしていたが，為銀の資金取り入れは益々困難となり，不安心理が高まる一方で，急遽サウジアラビアからの資金取り入れ工作を開始することとなったと見られる．

27) 74年8月にサウジアラビアから満期5年で10億ドルを借り入れた．これは藤岡国際金融局次長がアンワール・アリ Saudi Arabia Monetary Agency (SAMA) 総裁の友人であったので借入れが成功したといわれる．日本の金融的脆弱性を疑われる恐れありとして，借入れ交渉は秘密とされたものの，交渉前に為銀責任者を個別に打診して資金需要を調査したところ，約20億ドル程度の借入れ希望があった．変動金利を要求したが，先方は固定金利に固執，政府保証なので市場金利よりは0.5%安となった．この借入れは東銀が行い，資金は為替銀行へ概ね為替取扱いシェアに応じて再預託された．しかし予算に組まずに政府保証したことが国会で批判されたため，結局外為特会のバランスシートの欄外に注記することで落着した．

この借入れについては「パニックで狼狽するあまり，変動相場制の価格メカニズム（とユーロドル市場の仲介機能）に対する理解と信頼が不足していた」との見方もある（ボルカー・行天 [1992] 193-4ページ）．実際に資金が入ってきた9，10月には市場の信用不安は沈静化し，金利も急速に低下，10.5%の借入金利は高くついたと批判された（小宮・須田 [1983] 123-4ページ）．ただし米通貨当局は，この報道が円買いのきっかけになったと評価している（*Federal Reserve Bulletin*, March 1975, p. 142）．

79年9月に満期到来した5億ドルを，第2次石油危機の成行きに不安な通貨当局は借り換えさせようとしたが，為銀は高金利を理由に返済，残りも10.25%に値切ったものの，結局返済となった．

28) 当時の通貨当局幹部は，絶対300円より円安にしてはいけないと大平蔵相から指示されて大いに当惑したという．当時の介入可能金額は，1日40万ドル単位であり，一寸味をつけるだけで，あとは手を引くのが実情だった．そこでゼロを2つ大きくすることを要求して介入をした．介入規模が大きくなり，大胆不敵になったのは，この頃からだが，大勢を変えるような力はない，金は相手のほうがうんと多い，良かったのか悪かったのか未だにわからないと述懐する．

29) 72年7月，国際通貨制度改革のため20カ国委員会（C20）が発足，74年6月，「国際通貨制度改革概要」を発表したものの，先進諸国の変動相場制移行，石油危機で新制度移行が困難となった．このためIMF協定第2次改正は，「概要」第2部「当面の措置」をもとに行われ，78年4月に発効した．それは①各国はどのような為替相場を採用するかは自由，②各国の為替相場政策はIMFの監視（サーベイランス）に従う，③金廃貨などを含む．これは，統一的な為替相場制

度の取決めの合意に失敗したことを意味する．
30) 大蔵省国際金融局 [1977；1978；1979]，小宮・須田 [1983] III 部参照．
31) 小宮・須田 [1983] 第5章，日本銀行 [1986] 459-65 ページ参照．
32) Treasury and Federal Reserve Foreign Exchange Operations, *Federal Reserve Bulletin*, September 1976, pp. 761-2.
33) 小宮・須田 [1983] 171-2 ページ．
34) 76 年央まで続いた円高を抑える介入をダーティで，日本の通貨当局は不適正で競争的な為替相場を維持し，取得したドルを民間銀行へ預託することで介入の規模を偽装していると非難した．Henning [1994] p. 126.

当時の本邦通貨当局幹部は，彼の円安批判はいい加減なもので，選挙キャンペーンの売名行為であると受け止めた．事実政権交代後財務次官補となり，モンデール副大統領とともに来日して通貨当局者と議論したが，その結果，もう円安批判をしないといった由である．しかし彼はその後も対日批判を繰り返している．
35) 大蔵省国際金融局 [1977] 68 ページ．
36) 藤岡 [1977] 第5章 I「わが国の国際収支と為替レート問題」，II「円安批判に答える」，III「世界経済における日本の役割」．大蔵省国際金融局 [1977] 所載「円安批判に対する我が国の反論の主要なポイント」(69-71 ページ) は，藤岡 [1977] と同趣旨．

関係者によれば，同局長の認識は，ニクソン・ショック以来米国はドルが弱くなり輸出が増えて経常収支で黒字を出して，それを資本輸出すれば，産業界，労働界，金融界ともハッピーなので，根本的にそれらの利益擁護の政策をとっている，そこで円安で日本の輸出が増えることに警戒心をもっている．戦後米国に協力して経済再建を図ってきたので米国の言い分には反論しなかったが，ランブイエに決まった方針に従い乱高下防止のために介入したこと，国債発行を増やして財政主導の景気回復をはかったことなどに対して次々に批判を続けるので，堂々と日本側の事情を説明し，政策の正当性を主張すべきだと考えたといわれる．
37) 関係者によれば，77 年5月23日に来日したブルメンソール財務長官は，7億ドルの赤字の予想はおかしい，米側は70億ドルの黒字と見ており，円切り上げ，輸出抑制，LDC への援助増大で黒字を減らせと坊蔵相につめよったという．77 年度の経常赤字を7億ドルとした見通しについては，大蔵省調査課，通産省，日銀外国局の作業の最大公約数がゼロを中心に10億ドルの黒から赤となり，オイル・ダラーの流入に加えて経常黒字となるとまずいとの判断で7億ドルの赤字としたという．
38) 75 年11月の先進6カ国首脳会議における宣言中の通貨問題に関する条項を意味するが，それは「通貨問題に関し，より一層の安定のために作業を進める意図を確認……通貨当局は，為替相場の無秩序な市場状態またはその乱高下に対処すべく行動するであろう」という曖昧な表現となっている（財務省財政史室 [2003] 50 ページ）．

39) ランブイエで日本側が「何をもって乱高下というか」と問題提起したのに対して，ヨー財務次官は「やってみた上で定義ができれば決めよう」といい，結局各国当局に判断が任された経緯があるので，その後の日本の介入は国際的ルールに反しないというのが通貨当局の主張である．
40) 藤岡 [1977] 226 ページ．
41) 小宮・須田 [1982] 190, 194, 202-3 ページ．
42) 大蔵省国際金融局 [1977] 68-69 ページ，藤岡 [1977] も対日批判は，関係者の商業的利益に根差しているとし，ロイス議員の駐米大使宛書簡も，選挙区のオートバイ売行き不振を円安の責任にしていることを例としてあげている（234-5 ページ）．
43) 77 年初のモンデール副大統領の日本訪問に際し，ホワイトハウスは日米貿易不均衡が 2 国間関係を乱す水準に達しており，福田首相との会談で対米輸入拡大，経済成長率を加速して世界経済の回復と国際関係の政治的な安定に寄与するため同年の成長率目標 6.7% を達成するようブリーフィングした（古城 [1996] 201-2 ページ）．
44) 日米独の追加的な経済成長に円・マルクの切り上げが加わることが世界経済の成長回復に貢献すると主張（大蔵省国際金融局 [1978] 82 ページ）．
45) ボルカー・行天 [1992] では，翌年（78 年）の GNP 成長率を 6.7% にすることに非公式に同意したが，結局達成できなかった（225 ページ）とある．78 年度の目標成長率は 7%（古城 [1996] 220 ページ）．
46) Treasury and Federal Reserve Foreign Exchange Operations, *Federal Reserve Bulletin*, September 1977, pp. 806-7.
　　関係者によれば，77 年 9 月の準閣僚会議で来日した円高推進論者バーグステン財務次官補が 7 月 8 日の相当規模の市場介入の説明を求めたのに対して，間近な参議院選挙で自民党が敗退するとの予測があって円高となったので，介入したと答えたという．
47) 「ドル安は国内物価だけでなく国際的にも深刻な影響を与える……多くの国の中銀にとって外貨準備の地位を持つドルを買い支えるのは米国の義務」と，ブルメンソールと異なる主張をした．『日本経済新聞』1977 年 7 月 27 日付夕刊．
48) 小宮・須田 [1983] 第 7 章 I 参照．
49) 小宮・須田 [1983] 177-82 ページ．
50) ①ドルを対欧州通貨切り下げから守るためにも過小評価されている円のみ切り上げるべきだとのクームズ元ニューヨーク連銀副総裁の主張，②大幅な米経常赤字改善には，貿易相手国の景気拡大，有効な米エネルギー政策の実施と 10% 以上過小評価されている円の選択的切り上げが必要と主張するモルガン・ギャランティ銀行の主張（日本経済新聞，1977 年 10 月 4 日付）などがある．この時期の米政府当局者の意図的な発言（talk up the yen）が円相場上昇のきっかけとなることが少なくなかった（大蔵省国際金融局 [1978] 83 ページ）．

51) IMF総会直後の9月30日に始まった円高は，①日米当局間で1ドル250円の黙約が成立した，②日本は金購入を決定したとの噂がきっかけといわれる．当局関係者はこれらを否定しているが，77年度上半期の経常収支黒字が史上最高という報道で28日には250円割れとなった．
52) Treasury and Federal Reserve Foreign Exchange Operations, *Federal Reserve Bulletin*, March 1978, p. 176.
53) 円高で苦しむ輸出業者らは，政治家を巻き込んで大蔵省と日銀に市場介入を強化するよう圧力をかけたのにたいし，ダーティ・フロートへの国際的非難が高まり，日本は世界経済の癌と見なされたと通貨当局者は嘆いた（ボルカー・行天 [1992] 224-5 ページ）．
54) 『日本経済新聞』1977年10月27日付．
55) ボルカー・行天 [1992] 226ページ．

当時の通貨当局幹部の証言では，円高恐怖感が急速に高まるとともに，長期間為替管理，固定相場制になじんでいたので，変動相場制移行後も通貨当局が大きな力を持っていると思われており，断固として市場に介入すれば，円高は防げるとの信念が国会，民間のみならず，大蔵省内にも根強くあったという．同時に円高が日本経済にプラス面をもつし，これに耐えられるという認識が国際金融局内でも芽生えつつあった．しかし介入効果の限界を感じている国際金融局幹部からとは異なる指示が大蔵省官房筋から日銀にだされたとの苦情を受け，次官に抗議するという事態が77年10月に発生したという．

介入に関しては，大蔵省国際金融関係OBの中でも意見の相違があったと関係者はいう．77年12月下旬に福田首相が招集した会議で，村井七郎三和銀行副頭取は，投機で円高になったから，乱高下がなくても断固介入すべきだし，日米独は通貨の目標圏を設定すべきだとした．これに対して柏木東銀頭取，稲村日長銀顧問，澄田輸銀総裁（いずれも当時）らは，円高は国際収支のもたらした結果であり，介入でペッグできないと主張．柏木は現在の介入は小規模すぎる，民間は当局がどの程度の水準を目指しているかがわかれば，そこで安定すると語った由である．
56) カーター声明は，米国の石油輸入削減，輸出促進に関する幾つかの措置を含み，無秩序な外為市場に米当局が介入する意図を強調．連邦準備と財務省は年明け早々，独ブンデスバンクと新たなスワップ協定を結び，より積極的な為替市場介入を実施，公定歩合は公定歩合の0.5%引き上げを行った．Treasury and Federal Reserve Foreign Exchange Operations, *Federal Reserve Bulletin*, March 1978, pp. 163-4.
57) 国際金融会議（IMC）総会での講演で，OPECの黒字累積が長期にわたり続く以上，日独などが対応する赤字を資本調達能力に応じて公平に分配しあう必要があるとし，日本は①内需拡大，②円高誘導，③対外援助拡大で経常赤字に転換可能と主張した（『日本経済新聞』1977年5月29日付）．彼はまた日本が外貨

第 2 章　石油危機の時代

準備を米財務省証券で保有しているため金利をドルで受け取るが，これは円安にするためのドル買いと同じだという奇妙な主張も展開した（ボルカー・行天 [1992] 225 ページ）．
58) 『日本経済新聞』1977 年 6 月 25 日付夕刊．
59) 輸出規制が一般化することには反対するが，柑橘類，牛肉，革製品などの輸入規制緩和を要求．為替相場については，ジャマイカ合意に基づき IMF が監視・チェックすべきだと主張．『日本経済新聞』1977 年 7 月 30 日付．
60) 日本の為替市場介入はスムージング・オペレーションでなく，円安政策であり，保護主義を呼び起こすとして，IMF に監視を要求．『日本経済新聞』1977 年 9 月 22 日付夕刊．
61) 『日本経済新聞』1977 年 6 月 28 日付夕刊．
62) モルガン・ギャランティ月報（1977 年 9 月号）は円が 10% 過小評価と指摘．本邦通貨当局は IMF 総会後一気に円が切り上がり，それが欧州通貨に波及，ドルの信認問題に発展したことを指摘，「選択的切り上げ論」の結果を皮肉っている（大蔵省国際金融局 [1978] 83 ページ）．
63) 会議における米側の主張は，①日本経済は成長を輸出に依存しすぎる，内需振興が必要，②貿易黒字が大きすぎ，米国内の保護主義を抑えるには 78 年中に経常赤字となるのが望ましい，③製品輸入比率 20% は少なすぎる，欧州諸国は 50% というものであった．
64) 『日本経済新聞』1977 年 9 月 13，14 日付．
65) 77 年 6 月の OECD 閣僚理事会で，日本を名指しで非難したヒーリー英蔵相は，IMF 総会での演説で，輸出主導で成長する黒字国は，黒字を減らすか赤字国のファイナンスに協力しないと，輸出相手国経済の縮小や輸入制限措置など外からの力で必要な構造改革を強制されると警告した（大蔵省国際金融局 [1978] 83 ページ）．
66) 当時中国は IMF に加盟しておらず台湾が出席していたが，総会で台湾追放の提案が出されたらどうするかが政府内で問題となり，坊蔵相は台湾を追放するなら総会に行かないと言い出し事務局は困惑したが，結局そのような場合には福田首相に請訓して決裁を求めることで納得したという．
67) 大蔵省国際金融局 [1978] 84 ページ．
68) 八代 [1995] 114-5 ページ．
69) 『日本経済新聞』1977 年 10 月 4 日付夕刊．
70) 『日本経済新聞』1977 年 10 月 5 日付．
71) 1976 年 11 月に Brookings Institution で開催されたエコノミスト会議の報告書により最初に提唱されたといわれる [*Economic Prospects and Policies in the Industrial Countries* (A tripartite report by sixteen economists from EC, Japan and North America)]．1977 年初訪日したモンデール副大統領，クーパー国務次官等米政府関係者によるこれに沿った発言が相次いだ（大蔵省国際金融局

[1978] 82 ページ). カーター政権を支える経済専門家たちは, ケインズ的な考え方の持主が多く, クラインも失業率を下げるには財政的刺激策が有効であり, 為替相場の不安定化を助長する国際収支不均衡を回避するには黒字国の日本とドイツの景気拡大が必要と主張した. この戦略を有効にするために, カーター政権は円とマルクの上昇を熱望しているが, ドルについては無頓着だと金融市場は解釈した. ボルカーは, 金融市場に関わってきた人々に染み付いている感受性を機関車論者が持ち合わせていないとする. 彼は機関車論の主張が実現するまでに経済や金融の状況は変化, 各国政府は拡張的政策により苦境に陥ることとなるとし, 新しい環境に容易に適応できない精緻な政策協調を信用するなと批判する (ボルカー・行天 [1992] 214-8 ページ, 225 ページ).

72) ロンドン・サミットでわが国の貿易黒字批判がなかったのは, 福田首相が 6.7％ の成長目標を掲げて景気拡大に注力していることを先手を打って表明したからだという (藤岡 [1977] 144-7 ページ). ただし成長率を加速させる追加的拡大策は困難と主張し, 結局は「それぞれの国の実情に見合った形での貢献」が声明に盛り込まれた (財務省財政史室 [2003] 264 ページ).

73) 日本銀行 [1986] 465 ページ, 小宮・須田 [1983] 表 7-1 (232-3 ページ), 表 7-2 (244 ページ).

74) 『日本経済新聞』1977 年 12 月 22 日付夕刊. OPEC 石油値上げ凍結決定に対応する声明だが, 米財務省は基本的な為替政策の変更でないとした.

75) 主な内容は, ①ドル相場安定のために, 今後, 財務省の為替安定基金を連邦準備の運営するスワップ網とともに積極的に使用する, ②財務省はブンデスバンクと 20 億ドルのスワップ協定を締結した, ③今後は連邦準備のみならず財務省も外国中央銀行と協力して外国為替市場へ介入するというもの.

76) 『日本経済新聞』1978 年 1 月 7 日付. バーンズの後継者ミラーも積極的市場介入を擁護.

77) Treasury and Federal Reserve Foreign Exchange Operations, *Federal Reserve Bulletin*, March 1978, pp. 163-4.

78) 日本銀行 [1986] 465-6 ページ.

79) Treasury and Federal Reserve Foreign Exchange Operations, *Federal Reserve Bulletin*, March 1978, p. 177.

80) Treasury and Federal Reserve Foreign Exchange Operations, *Federal Reserve Bulletin*, September 1978, pp. 723-4.

当時本邦政権内でも円高に関する意見対立があったと関係者はいう. 2 月 17 日に宮沢企画庁長官（当時）は森永貞一郎日銀総裁に電話し, 240 円水準を介入で守るべきだと主張, 森永は円高が良いとは思わぬが, 240 円に釘付けするのは国際的に通らないと反論, これに対して国金局や日銀は 78 年度経常黒字 60 億ドルは無理と考えて円高は仕方ないと思っているのではないかと宮沢は言った. そこで森永は首相や村山蔵相の考えを打診, 村山は森永の意見に同意するというエ

第2章　石油危機の時代

ピソードがあり，円高をめぐり険悪な空気が支配していた．

81) 商業手形割引歩合の3.5％は，1946年10月以降の最低水準．この公定歩合引き下げは，日銀が「景気の回復と国際収支の均衡化に一層寄与する趣旨」を強調，為替相場動向を重視していることに特色がある（日本銀行［1986］468ページ）．

82) 3月15日には234円，17日には230円，24日には228円，27日には225円と急速に円高が進んだので，通貨当局は28日には当日の市場出来高の7割以上に当たる7億7300万ドルのドル買い介入を225円で行った．

83) Treasury and Federal Reserve Foreign Exchange Operations, *Federal Reserve Bulletin*, March 1978, pp. 163-4, ibid., September 1978, pp. 718-9.

84) 小宮・須田［1983］第7章II参照．

85) 大幅な円高に対応してドル建て輸出価格の引き上げが実現，輸入原材料価格で企業のコスト軽減が図られたことなどで，78年春以降，それまで経済界が抱いていた円高への不安感や恐怖心が弱まってきたことを指摘し，日銀も円高のメリットを認識し，一層の円高を覚悟した政策運営を行う方針を福田首相にも伝達した（日本銀行［1986］489-91ページ）．

86) ボルカー・行天［1992］229ページ．
　　国金局幹部が3月28日の大量介入で225円を死守したものの，やがて220円の壁も守りきれないだろうと村山蔵相に訴えたところ，政治問題になっても構わない，大勢が円高と考えているなら守るのは無理だ，介入を止めて行くところまで行かせれば投機家もひるむのではないかと答えたという．この方針を首相も了承し，29日に介入を停止，4，5月中も介入しなかった．

87) 当時の国際通貨外交担当幹部は，米事務当局相手の交渉では埒があかないので，首脳会談の直前にホワイトハウスへ米有力財界人経由，日本政府のこれまでの政策を訴え，米側にインフレ抑制，エネルギー消費削減，輸出促進努力，ドルのオーバーハングの凍結を要求し，その結果首脳会談では，為替は深刻な問題にはならなかったという．またこのアプローチが，その後のドル防衛策に繋がる契機となったとも自負している．

88) 1976年以降，日米欧主要国中銀間で，為替市場動向と各国の介入などの情報交換が行われてきたが，この合意ではさらに市場に影響する要因についての質的な分析，業界筋の動きなど主要な取引，政府の施策とそれに対する市場の反応の解釈など分析的内容を含む広範な情報交換を取り決めた（日本銀行［1986］495ページ）．

89) Treasury and Federal Reserve Foreign Exchange Operations, *Federal Reserve Bulletin*, March 1979, p. 208.

90) 小宮・須田［1983］表7-1，232-3ページ．

91) 小宮・須田［1983］289ページ．

92) 小宮・須田［1983］290-1ページ．

93) 小宮・須田［1983］292-4ページ．

94) 小宮・須田［1983］第 8 章 I, II 参照.
95) 小宮・須田［1983］295-8 ページ.
96) 「ドル防衛」総合対策は，為替市場介入政策については日，西独，スイスなどの中銀と協力して為替市場への介入を強化し，必要な資金 300 億ドルを，財務省は IMF からの一般借入れ（GAB）とリザーブ・トランシュ分の引き出しで 30 億ドル，SDR の売却で 20 億ドル，外貨建て証券の発行で 100 億ドルを調達，連邦準備は日・西独・スイス中銀とのスワップ枠拡大で 150 億ドル調達する．財務省保有金売却を月 150 万オンスに増額．金融政策では，公定歩合を 1% 引き上げて 9.5% とし，預金準備率を 2% 引き上げることとした．

日本との関連では，日銀と連邦準備間のスワップ枠を 20 億ドルから 50 億ドルに増額，IMF からの借入れのうち約 10 億ドルを円で行ったこと，6.4 億ドル相当の SDR を日本に売却することで約 65 億ドル相当が，ドル円相場安定のための介入資金として用意された．しかし円建て債発行は実現しなかった．従来存在した 20 億ドルのスワップ枠を使っての自己勘定によるドル円相場安定のための介入は，日本側の再三の要求にもかかわらず実施されず，円は「蚊帳の外」にあったので，マルクとスイス・フランとともになされたこの増枠は日本の通貨当局にとり満足すべきものと受け取られた．

97) 小宮・須田［1983］第 8 章 III 参照．
98) 11 月初めの連邦準備の円売り介入額は 196.7 百万ドルで，151.7 百万ドルは日銀とのスワップ協定枠を使用．財務省は 42.3 百万ドル相当の円売りを実施したが，IMF からの引出しと SDR 売却でファイナンスした．Treasury and Federal Reserve Foreign Exchange Operations, *Federal Reserve Bulletin*, September 1979, p. 208.
99) 11 月中の米当局のドル買い介入額は，34.7 億ドル（内対マルク 29.2 億ドル，対スイス・フラン 3.5 億ドル，対円 2 億ドル（FRBNY, *Quarterly Review*, Spring 1979, pp. 73, 77, 79）
100) 速水［1982］188-92 ページ．宮崎知雄（当時国際金融局長）は，この計画に関して厳重な報道管制をひき，平尾次長，大場審議官，藤田短資課長とその補佐のみで作業を行い，村山首相と森永日銀総裁へは，保田秘書官経由で連絡するという体制をとったので，情報は漏れずに済んだと述懐する．しかし通貨当局の上層部から，情報が邦銀に漏洩していた可能性がある．11 月のドル防衛策発表直前，某邦銀は大量のドル買いを行い，巨額の利益を得たとの噂がロンドン市場で広まった（塩田［1994］237-8 ページ）．不信の念を抱いた事務担当官がロンドンへ為替検査に出張したが，邦銀側の巧みな応接に実態に迫ることはできなかったと当時の為替担当幹部は筆者に述べている．しかし宮崎は筆者の質問に対しては，2～3 の外銀で大儲けしたという話を聞いた記憶はあるが，省内では邦銀について問題があった記憶はないと答えた．
101) 行天［1985］（上）64-75 ページ．本論文は同（下）とともに，82 年のベルサ

第2章 石油危機の時代

イユ・サミットにより設置が決まった参加国の「為替市場介入に関する作業部会」に提出された本邦の為替介入についてのケース・スタディであり，作業部会の報告書は83年4月のワシントンでのサミット参加国蔵相会議で承認された．ジュルゲンセン報告として知られている．

102) 日銀は第1次石油危機の情勢判断の甘さで政策対応が遅れたことを反省し，79年初めにおいて，マネーサプライの増加は比較的穏やかであるが，長期の緩和政策の結果企業の手元流動性は前回とほぼ同じであり，今回は国債大量発行が継続する中インフレ予想は根強く，世界的インフレで物価急上昇が始まっているとして，政府や経済界の消極論を押し切って引締め政策に転換，公定歩合を3.5%から，79年4月，7月，11月，80年2月，3月に段階的に引き上げ9%とした（日本銀行[1986] 495-533ページ）．当時の担当理事であった中川幸次は筆者がなぜこの時期の日銀の金融政策が，前後のそれに比べて成功したのかと質問したのに対して大平首相と森永総裁が，日銀事務局の主張に良く耳を傾けてくれたからだと答えた．それに比べて，80年代には政権トップと澄田総裁が国際協調に走りすぎてバブルを発生させた責任は大きいと中曽根首相に苦言を呈したという．

103) 大蔵省国際金融局[1980；1981]，小宮・須田[1983]第9章参照．

104) Treasury and Federal Reserve Foreign Exchange Operations, *Federal Reserve Bulletin*, September 1979, p. 723, pp. 729-31.

105) Treasury and Federal Reserve Foreign Exchange Operations, *Federal Reserve Bulletin*, March 1980, p. 190.

106) 円防衛策の内容は，①米，西独，スイス通貨当局と協調介入して市場安定に努める，②米当局もニューヨーク市場で自己勘定による円相場支持介入を行い，必要とあれば日銀とのスワップ取決め発動に応じる，③外為銀行本支店自由円勘定経由の海外資金取り入れの弾力化，外国中銀などの自由円預金金利自由化，本邦企業等の円建て私募債発行の弾力化，本邦為銀の中長期インパクト・ローンの貸し付け等の弾力化を行うなどである（日本銀行[1986] 514ページ）．

107) Treasury and Federal Reserve Foreign Exchange Operations, *Federal Reserve Bulletin*, September 1980, pp. 716-7.

108) 当時の通貨当局幹部は150億ドル介入して，78年末に330億ドルあった外貨が80年末には185億ドルとなった．介入してもだめだということはわかっているけれどインフレを防ぐためにも約4兆円を吸い上げて時間を稼ぐ必要があった．猛烈な介入の後，大平首相から外準がどんどん減って大丈夫かと電話があり，3月20日ぐらいに円高に戻る目処がついたので方針転換を報告，円は4月中旬に反転したと語る．

109) 行天[1985]（下）49-58ページ．

110) 藤岡[1977] 256ページ．

111) 「(円が国際通貨になると)，日本銀行や大蔵省が金科玉条にしている内外金融の（遮断ができなくなり……窓口規制をやるわけにいかないから）役人であり，

中央銀行の職員である限り，権力をとられることには大反対だから，なかなかできそうもない」細見［1982］206-7 ページ．
112) 吉冨［1984］24-48 ページ．
113) ボルカー・行天［1992］226 ページ．
114) ボルカー・行天［1992］230 ページ．
115) マクロ経済政策の運営は国家主権の領域に属し，議会制民主主義政治下では自国選挙民の要望に応じる必要があるため，日本政府が内政干渉的な要求を「本気で受け入れようとしなかったのはむしろ当然」とする小宮・須田［1983］（264 ページ）の見解があるが，むしろ積極財政を歓迎する国内諸行為主体の願望に応える政策を「本気で」推進したと考えるべきではないか．
116) 宮崎［2005］は，福田首相の 7% の対外公約を，大蔵省の強い抵抗を無視して支持，財政赤字の元凶呼ばわりされた（208 ページ）．ボン・サミットでは，当初成長率目標が公約化するのを恐れて出さないことにしていたが，他の首脳に数字を出せと急き立てられた福田首相に相談されて，その提出に同意し大蔵省から約束違反と非難された（215-6 ページ）．
117) 経団連など財界は，77 年初頭の円高容認の為替政策を静観，公共事業支出の増額と公定歩合引き下げなど拡張的経済政策を提案していた．中小企業は 70 年代初期の円高で大きな打撃を受けたので，77 年には全国中小企業団体中央会は大型補正予算，公共事業支出増，特別融資を要求．造船，アルミ，繊維などの構造不況業種も円高による損失の補償を政治的に働きかけた（古城［1996］206-8 ページ）．
118) 77 年 12 月半ば，福田政権が経済成長目標などの決定を前に，牛場をワシントンに送り打診した際に，ブルメンソール財務長官は成長率目標の数値自体にかかわらない意向を示したところ，通産省は米通商特別代表部に 7% の成長目標要求を維持するよう念を押したという．結局福田政権はこれを受け入れ，その達成のために公共事業を 3 割以上拡大する 78 年度予算を策定した（デスラー・三露［1982］323 ページ）．
119) 古城［1996］217 ページ．
120) 八代［1995］117-21 ページ．
121) 真渕［1994］286-90 ページ．
122) 「機関車論」を経済政策の「割当問題」の観点から，小宮・須田［1983］は批判する．すなわち 1 国の複数の経済政策目標を同時に達成するには，目標数以上の独立の政策手段を必要とし，相対的に最大の影響を与えることが可能な目標に，それぞれの政策手段を割り当てるべきである．世界経済のために自国経済政策を割り当てることは得策でないのである（209 ページ）．
123) 飯田［1995］275-8 ページ．
124) 為替相場の選択，為替介入政策，金融・財政政策，外貨準備資産などについての制約が不在である状態を「ノン・システム」としている．Williamson (1985)

pp. 63-6.
125) 70年代には「ノン・システム」の下で民間金融機関により金融革新が進められ，市場重視で実務的な（「民営化」された）時期であった．この間米国の金融・財政政策は専ら国内的観点で推進され国際収支に配慮しなかった．これは固定相場時代とは別な形の米国の覇権の姿であった．Llewellyn (1986), p. 20.
126) 田所［2001］206-9ページ．

第3章

プラザ，ルーブル合意そしてバブル

　70年代は，基軸通貨ドルが危機に見舞われてブレトンウッズ体制が崩壊，2度の石油危機で世界の国際収支構造が大きく変化し，戦後の西側の経済的な繁栄を支えた世界経済の秩序が混乱，保護主義や重商主義的な政策の復活が懸念された．

　しかし変動相場制と各国の規制を迂回して拡大するユーロ通貨市場がうまく機能して，1930年代のような危機的状況を回避することができた．これは各国政府が協調して危機に対応した結果というより，国際通貨・金融システムの「民営化」の賜物であった．この現実は各国の政治経済における新自由主義の台頭を促し，80年代はこれを信奉するレーガン (Ronald Reagan)，サッチャー (Margaret Thatcher) 政権を誕生させた．戦後一般化した大きな政府の介入による成長政策や福祉政策にかわり，政府の役割を限定した市場原理に基づく民間主導の供給サイド重視の経済が唱えられた．

　それでは80年代には国家の役割が後退して市場への介入は弱まり，激突する各国間の利害の調整の場である国際通貨外交は沈静したのだろうか．現実はむしろ逆であり，国境を越えた資本移動が活発化するとともに為替相場の動揺が激化し，いわゆる「市場の失敗」を招くこともしばしばであった．巨大化する「市場の失敗」への対応には，国家が当たるよりほかなく，各国の協調体制を強化する必要性はかえって高まった．プラザ合意，ルーブル合意はそれが具現化したものである．

　本章では，これらの国際交渉の中での日本と米国の対立と協調，それを反

映するドル円相場の変動とそれに対応する公私行為主体の動向や為替政策の変遷を，政治経済学的な観点から整理してみたい．

第1節　80年代の日米関係

1.　鈴木善幸とレーガン

①218円05銭（80年7月17日）②278円10銭（82年11月2日）
③199円60銭（81年1月6日）④50円15銭（82年11月26日．ただし辞任日は27日）

不信任案が可決され同日選挙に踏み切った大平首相の急逝後，大勝した自民党は，大方の予想に反して鈴木を総裁に指名した．首相に就任した鈴木は，72年の佐藤政権終焉以来続いた激しい派閥抗争で党内の厭戦気分が高まっていることから，党内融和を最優先して挙党体制を確立しようとし，内政面では土光臨調を発足させ，行政改革を標榜した．しかし外交面では新冷戦という新たな世界情勢の中で西側の一員としての姿勢を打ち出した大平内閣と異なり，緊縮財政の下で81年度防衛予算の伸びを抑えたことで，カーター政権の失望をかうなど日米関係はぎくしゃくすることになった．

81年に就任したレーガン大統領は，悪の帝国と規定したソ連との対決色を強め，国防予算を急拡大させた．またイラン政変やソ連のアフガニスタン侵攻で中東情勢が緊張したため，第7艦隊をインド洋やペルシャ湾に展開させたためにできた西太平洋における米軍の空白を埋めるよう，日本に対して防衛力の増強を要求した．5月上旬の日米首脳会談ではパートナー関係から同盟関係へと格上げすることが共同声明に明記されたものの，これは軍事的コミットメントの強化であることを鈴木が否定したことで伊藤正義外相が辞任し，米国は不信感を強めた．

81年7月のオタワ・サミット時に行われた日米首脳会談で5月以来の不

協和音解消に努めたものの,「防衛ただのり論」に加えて,対日貿易赤字の累増や日本市場の閉鎖性から日本政府の緩慢な政策決定プロセスに至るまで日本への不満は高まる一方であった.これに対して鈴木内閣は5月の首脳会談前に対米自動車輸出の自主規制を実施したが,その後も関税引き下げ,輸入制限の緩和や検査手続きの改善などそれなりに市場開放措置を講じたものの,深刻な経済不況や大量失業に悩む米欧諸国は,対日要求を次々と突きつけた.日本の強い輸出競争力を防衛負担の軽さと結びつけ,市場開放に加えて防衛力増強を迫る議論すらあった.

82年6月のベルサイユ・サミットの際に行われた日米首脳会談で,レーガンは防衛予算と市場開放に関する鈴木首相の努力を評価し,揺ぎない同盟関係を再確認した.鈴木首相は再選可能といわれながら,82年10月に引退を表明した.公約の増税なき財政再建の失敗,党内派閥抗争再燃に加え,最重要の対米外交で自らの限界を悟ったのではないかといわれる.

なおこの時期にレーガン政権は極秘の日米関係に関する国家安全保障決定指令(NSDD 62)を発出,日米の基本的枠組みが安全保障条約であることを確認,日本をNATO同盟国と同等に位置づけ,自国と周辺の空海域,1,000海里のシーレーンの防衛を担う能力を拡大することを求めるとともに,経済面では市場開放を求め,米国金融機関に対する内国待遇などを要求し続けるが,安全保障,外交,経済上の目標追求において思慮を欠く印象を避ける配慮を政府各部門に求めている[1].

2. 中曽根康弘とレーガン

①249円55銭(82年11月29日ただし就任日は27日) ②263円05銭(85年2月25日) ③&④135円50銭(87年11月6日)

大平,鈴木についで田中派の支持を受けた中曽根が,総裁予備選挙で圧倒的な勝利を収めて首相に就任し,「戦後政治の総決算」を進めると表明,ま

た「開かれた日本」として農産物自由化,防衛分担増,ODA援助拡大を大国の責任として引き受けることを宣言した.田中元首相の有罪判決後,83年12月に行われた衆議院選挙では議席を減らしたが,田中の政治的影響排除声明をだし新自由クラブとの連立で困難を乗り越えた.

彼はまたレーガン・サッチャー流の新保守主義を標榜して,行政改革,財政再建を最重要課題とし,専売公社,電電,国鉄の民営化を実現したが,財政改革では歳出規模の伸びの抑制と一律削減を実施したものの,財政は悪化し国債依存度は高まった.86年7月安定多数獲得を狙った同日選挙で歴史的な勝利を収めた中曽根は,総裁任期2期4年を1年延長させることに成功したが,売上税導入失敗,土地価格高騰,教育改革失敗などで見るべき成果をあげられなかった.

貿易・通貨外交については後に詳述するが,中曽根内閣は安全保障,経済,政治面で最善を尽くし,新冷戦下での西側同盟の一員としての責任を果たす姿勢を示すことで鈴木内閣時代に悪化した日米関係の正常化を図った.安全保障面では,83年年明けにレーガンと会談した際,日米は運命共同体であるという認識を示し,米ジャーナリズムに日本列島を不沈空母とし,ソ連侵攻があれば海峡を封鎖すると語った.防衛費の1%枠も撤廃,87年度予算案ではGNP見込みの1.004%となった.

中曽根は防衛庁長官のときに自主防衛論と非核中級国家論を唱えた.添谷芳秀によれば,彼は吉田茂が築いた憲法9条擁護と日米安保を基盤とした外交路線が日本の発展に貢献したことを認めながらも,それが孕む矛盾と米国への無限定な依存が国民の独立心の育成を阻み,左右のナショナリズムからの挟撃を招き,自主外交を困難にしてきたという認識に立ち,核の傘は米国に依存するものの,自国防衛に自主性をもって対等な日米関係の確立をめざす戦略を進めたと評価している[2].東芝機械によるソ連向け工作機械輸出に関するココム違反事件や半導体問題などで対立が先鋭化したものの,決定的な破局を免れたのは中曽根・レーガンの個人的な関係に帰するところが大きい.

87年10月末に中曽根の総裁任期が終了し後継争いが起きたものの，結局田中派から独立して経世会を立ち上げた竹下を後継総裁に指名した．彼を選択したのは，今後の消費税導入を展望すれば内政の取りまとめに力を持つ人物が必要であり，また外交で経験の少ない彼なら今後とも中曽根が影響力を行使するのに好都合であったからであろう．同時に競争者の宮沢を副総理，安倍を幹事長に指名し，集団指導体制を実現させた．

3. 竹下登とレーガン，ブッシュ

① 135円50銭（87年11月6日）② 143円10銭（89年5月30日）
③ 121円65銭（88年1月4日）④ 141円80銭（89年6月2日．ただし辞任は3日）

気配りの竹下は組閣に当たって派閥均衡を重んじ党内基盤を磐石に保ちつつ，「ふるさと創生」とともに土地対策，税制改革を最重要課題とした．土地政策は成功したとはいえないが，困難な消費税導入を1年以上もかけて88年11月に実現できた．しかしリクルート事件が竹下内閣を直撃し，宮沢蔵相をはじめ閣僚が次々に辞任し，竹下自身にも疑惑がかけられて89年4月の予算成立と引き換えに退陣表明した．

外交面では引き続き日米関係の緊張が最大の問題であり，その1つが自衛隊の次期支援戦闘機FSXであった．中曽根政権時代に米F16戦闘機を日米共同で改良，開発に伴う新技術の所有権を防衛庁に所属させ，米国にはその使用権を認める取決めが出来たのにもかかわらず，89年2月に発足したブッシュ（George Herbert Walker Bush）政権は日本に提供する技術情報の再調査を決定，一部最新技術の除外と日本の独自技術提供という日本側の大幅譲歩で決着した．

89年5月には，日本を包括通商法301条に基づく不公正貿易国と特定するとともに，日米貿易不均衡に影響する構造問題を議論し，その是正を図る

ために日米構造協議開始を発表した．これにより2国間の話し合いと一方的な制裁措置を振りかざすことで，日本市場への参入障壁の除去や貿易不均衡問題の解決を図ろうとしたのである．

4. 宇野宗佑とブッシュ

① 140円65銭（89年6月5日ただし就任は3日）② 151円30銭（89年6月15日）③ 136円20銭（89年8月2日）④ 139円05銭（89年8月10日）

リクルート疑惑を契機とする政治不信の責任をとって辞任した後，後継者として外相の宇野が指名され，政治改革の決意を表明したものの，スキャンダルと7月の参議院選挙の大敗の責任を取り辞任した．

この間，国際政治は激動期を迎えた．ソ連はアフガニスタンから撤退，東欧では自由化の波が押し寄せた．中国では89年6月に天安門事件が起き，戒厳令がしかれた．日米関係は悪化を続け，対米直接投資の急拡大もあって反日感情が高まった[3]．

第2節 プラザ合意の政治経済学

1. プラザ合意に至る政治経済的背景

(1) レーガノミックスとその副作用

81年にレーガンが大統領に就任すると，米国の経済政策は大きく転換した．彼は自由主義市場経済の原則を信奉して，サプライサイド経済学とマネタリズムに基づくマクロ経済政策上の新しいポリシー・ミックス（レーガノミックス）によって，スタグフレーションと生産性の低迷に苦しむ米国経済を再生しようとした[4]．

第3章 プラザ，ルーブル合意そしてバブル

　具体的には企業の生産性向上に必要な投資需要を賄うために，累進税率を緩和する形で高所得層中心に巨額の減税を行った．しかし減税分は消費に回り，企業の投資需要を十分に満たすことができなかった．さらに79年にソ連がアフガニスタンを侵攻して以来，デタント政策と決別して軍事費を増額，大幅な減税に見合う歳出削減を実行できなかった．その結果，大幅な財政赤字を計上して大量の国債発行を余儀なくされ，長期金利の上昇を招いた．財政赤字は対GNP比70年代には2％であったのが，80年代半ばには5％に達した．

　他方70年代からのスタグフレーションに対応するために，ボルカーFRB議長の下でマネーサプライ増加抑制政策がとられていたが，レーガン政権下の拡張的な財政政策と，この緊縮的な金融政策の組合せは，インフレを沈静化させたものの異常な高金利とドル高を生み，巨額の財政赤字と経常収支赤字をもたらした．

　金利については，81年5月には公定歩合が14％（高率適用分は18％），前年12月にすでに20％を突破していたプライム・レートは，81年半ばには23％に達した．長期金利も30年物の財務省証券の利回りが，年平均で81年に13.4％に達した．

　大幅な財政赤字は国際収支面で巨額の経常赤字を生み出した．しかも異常な高金利は米国への資本移動を招き，ドル相場を上昇させて米国製造業の輸出競争力を低下させ，また大規模減税による好況は輸入を急増させた．81年から85年の間に，ドルの実質実効為替相場は40％も上昇したからである．81年に僅かに黒字であった経常収支は，85年には1182億ドル（GNPの3％）の赤字を記録するに至った．これにより82年までは世界最大の債権国であった米国は，89年には市場評価ベースでも対外純債務国となった[5]．

　レーガノミックスは所期の成果を達成できず，高金利は82年8月のメキシコの債務不履行に始まる中南米債務危機の引き金を引いた．また減税が供給面から成長を加速して財政均衡をもたらすというシナリオも，高金利による国債費の膨張や大幅減税と軍事費の増加による財政赤字の急増で崩れた．

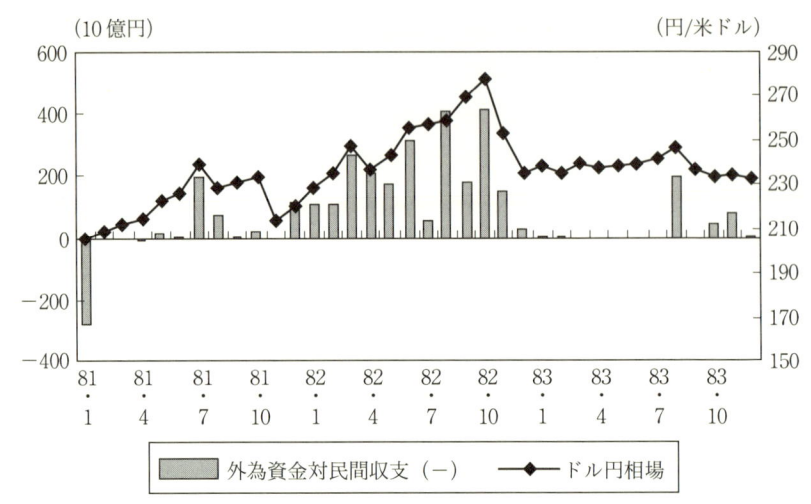

図表 3-1 外為資金対民間収支とドル円相場 1981-83 年

そしてドル高は米企業の競争力低下，失業率上昇をもたらし，議会を中心とする保護主義の台頭，日米間の深刻な貿易摩擦を引き起こしたのである．

(2) 高まる保護主義的要求

80 年代前半のドル高は，米国の自動車，鉄鋼，工作機械などの製造業と農業の国際競争力を低下させたが，これら業界からの声高なドル高是正要求にもかかわらず，レーガン政権は為替政策を変更しなかった．これらの業界が以前ほど政治的な影響力を行使できなくなってきた反面，金融やサービス産業，そして消費者にとってドル高は必ずしも不都合ではなかった．ウォール街も，財政赤字に懸念を示したものの，ドル高是正を求めることはなかった．

しかし 84 年末までに，全米製造業者協会，全米商業会議所，農業団体などからのドル高是正を求める圧力が高まり，レーガン政権内でもそれに呼応する閣僚が出始めた．なかでも日本との激しい競争にさらされているキャタ

第3章 プラザ，ルーブル合意そしてバブル

ピラー社のモーガン (Lee L. Morgan) 会長[6]やクライスラー社のアイアコッカ (Lee Iacocca) 会長などのキャンペーンが注目を浴びた．それでも財務省の反応は鈍く，ホワイトハウスへの直接の訴えにも，レーガン大統領は為替問題についてのコミットはしなかった．しかし84年10月に大統領再選を目指す選挙戦の火蓋が切られると，選挙参謀たちは貿易赤字の原因を円安に求め，しかもドルが高すぎるのではなく円が安すぎるのだというレトリックを使うようになった．

業界や労働組合の陳情に強く反応したのは議会であった．85年3月27日には，上院が92対0の全会一致で対日報復措置を求める日米貿易に関する共同決議案[7]を可決し，その4日後，上院財政委員会で対日報復法案が可決された．その後も貿易法案提出ラッシュが続き，85-86年の第99回連邦議会に提出された輸入制限法案は約300といわれる[8]．特に85年7月に民主党のベンツェン (Lloyd Bentsen) 上院議員，ロステンコウスキー (Daniel D. Rostenkowski) 下院議員，ゲッパート (Richard A. Gephardt) 下院議員が共同提出した輸入課徴金貿易法案は，巨額の対米黒字を続ける国からの輸入に対して25%の課徴金を課す内容であり，翌年の中間選挙を睨んだ共和党攻略材料であった．

民主党はレーガン政権が為替問題を放置したために，米国の産業空洞化を招いたと批判し，ベンツェンを座長とする上院民主党貿易政策協議会は政府に目標相場圏を含め，為替安定のために何らかの介入策を貿易相手国との間で取り決めるよう要求した．共和党のダンフォース (John Danforth) 上院議員は，ベンツェンとともに，ガットの新しい多角的貿易交渉を始めるに際しての前提条件として，為替問題を解決することが必要と注文をつけた．対する共和党も，パックウッド (Robert W. Packwood) 上院財政委員長が，ドルを市場に委ねたままで自由で開放的な貿易体制を維持できるか否かについて公聴会を開き，保護貿易法案提出ラッシュに対抗して，対外不均衡是正のための現実的方策を模索しようとした．

貿易法案に議会の為替監視・監督機能を盛り込もうとする動きもあった．

たとえば民主党ボーカス（Max Baucus），モイニハン（Patrick Moinihan）両上院議員共同提案の「85年競争力増強為替法」案は，相当額の米経常収支赤字を記録した場合，財務省とFRBの裁量権を狭め，大統領に為替市場介入を義務付けてドル安に誘導しようとするものであった．民主党ブラッドレー（Bill Bradley）上院議員も類似の内容の「戦略的資本準備法」案を提出した[9]．しかし議会の主な関心は為替問題というよりは，貿易赤字問題や貿易相手国の不公正取引問題であった．第2期のレーガン政権は，このような保護主義へ対応を迫られたのである．

その後も議会では貿易不均衡と為替相場を結び付ける認識が強く支配しつづけ，民主党議員を中心に行政府の為替政策への不満が解消せず，競争力を強化する為替相場を国家目標として定めること，年に2回財務長官は議会に為替相場について報告すること，大統領は為替相場改善を図るため国際会議を開くことなどを内容とする競争的為替相場法案が銀行委員会で可決された．これはやがて88年の包括的通商・競争力強化法の一部となった[10]．

当時の議会の雰囲気は，1930年に米関税率を約60%に引き上げて各国の報復関税引き上げを誘発し世界恐慌を悪化させたスムート・ホーレー（Smoot-Hawley Tariff Act）法案が提出されたら，翌年の中間選挙をどう乗り切るかで頭が一杯の議員達により圧倒的多数で可決されてもおかしくなかったとまでいわれている[11]．

(3) ビナイン・ニグレクト為替政策転換への動き

85年初めまで続いたドル相場の上昇に対して，リーガン（Donald T. Regan）財務長官やスプリンケル（Beryl W. Sprinkel）次官は市場が相場を決めるという態度を維持してきた[12]．82年6月のベルサイユ・サミットにおいて，ドルの上昇と米国の放任主義への不満から設置された為替市場への介入の効果を研究する作業部会の報告書（ジュルゲンセン・レポート：Jurgensen Report）が，83年4月のG5の際に公表された．その際に出された大蔵大臣および中銀総裁の声明には「各国が独自の操作を自由に実施する一方，協調

第3章 プラザ，ルーブル合意そしてバブル

介入が有効であるという点で意見が一致した場合にはすすんで協調介入を実施する」という文言が含まれており市場関係者に意外感を与えたものの，リーガン財務長官は，声明発表直後の記者会見で，介入が実際に役立つ状況は考えられないと発言，米国の為替政策は不変であることを明らかにした[13]．

レーガン政権がドル高や経常収支赤字に対して，強気な態度をとっていたのは，レーガノミックスが景気の回復をもたらすとともに膨大な財政赤字を生んだが，不充分な民間貯蓄を補うために外国資本導入の必要性が高まったからである．したがってリーガン，スプリンケル麾下の財務省は，税制と国内外における規制改革を推進，国際資本の移動を円滑化し，米国がそれをいつでも利用できるような戦略をとった．これにはドル高維持が必要であり，国際競争にさらされる部門には不利で，金利，政府支出，課税に敏感な経済部門に有利な政策であるが，当時海外からの借入れが政治経済的に抵抗が少なかったのであろう[14]．しかし国内産業や議会からの圧力が高まり，為替市場不介入は転換を迫られることになる．

85年1月17日にワシントンで開かれたG5で，リーガン財務長官はこれまでの姿勢を変えて，「最近の為替市場の展開に照らし，必要に応じ市場に協調して介入するというウイリアムズバーグ・サミットにおけるコミットメントを再確認した」[15]とする声明に署名した．これは秘密主義のG5史上初めての合意声明であった．ポンド下落に悩むサッチャー英首相からレーガン大統領に送った要請が影響を与えたと見られる[16]．またこの会議後リーガンとポストを交換することになっているジェームズ・ベーカー3世（James A. Baker III）大統領首席補佐官が出席していたことも見逃せない．

著名な弁護士であり辣腕な政治的手腕で知られているが，金融や経済問題についての手腕は未知数であったベーカー新財務長官は，財務省主脳の一新をはかった．政策転換にとり障害となるマネタリストやサプライサイダーに代えて，副長官には彼の腹心であり経済に詳しく卓越した交渉力の持主であるリチャード・ダーマン（Richard Darman）大統領補佐官を任命し，またデヴィッド・マルフォード（David Mulford）次官補やチャールズ・ダラーラ

(Charles Dallara) 次官補代理を残留させた.このチームは第1期レーガン政権のチームに比べて国際通貨外交面ではるかに活発に行動するようになった.彼らは議会における保護主義の動きに鋭敏に反応した.

84年半ばから2割も上昇して85年2月にピークをつけたドル(東京市場で25日に263円5銭)は下降局面に入ったものの,これが持続する保証もないので,経常収支赤字拡大が国内経済に与える悪影響を抑制する,より有効な政策を必要としたのである[17].

2. 日米経済摩擦の激化と対応

(1) 日米ポリシー・ミックスの相克

財政赤字と厳しい金融引締めの下にある米国経済に対して,80年代前半の日本経済はインフレこそ沈静したものの,年3%程度の成長に止まり,石油危機にもかかわらず5%程度の成長を遂げた70年代にと比べて見劣りするものであった.税収の伸びは鈍化し,中央政府債務残高の対GDP比率は上昇を続け,80年度に41.9%であったのが,85年度には56.2%に上昇した.

81年度に法人税と間接税で約2兆円を増税した後は,経済界の反対などで本格的増税は困難となり,「増税なき財政再建」が唱えられた.行政改革と歳出削減が必要であったが政治的に困難であり,82年春以降,不況が急速に進む中,税収が大幅に落ち込み,政府債務残高は膨張する一方であった.

このような経済の状況の中では,財政再建と思い切った金融緩和の組合せが必要であったが,日本銀行は依然としてインフレに警戒的であり,またさらに円安を加速しかねない金融緩和に逡巡した[18].このような日米のポリシー・ミックスの間に深刻なすれ違いが存在した.内需不足で日本の輸出圧力が高まり,ドル高と米経済の回復により対米輸出が加速した.このため日本経済は外需に依存した成長を追求しているとの批判が,米国を中心に高まることになった.

(2) 日米円ドル委員会

　日米両国政府は深刻な事態を打開するために，1983年11月のレーガン訪日の際の合意で「日米円ドル委員会」を発足させた[19]．米国政府は前述のように円安が不充分な金融自由化と資本規制緩和のためと考えていた[20]．日本政府はその考えには同調していなかったものの，金融自由化と資本規制撤廃はいずれ必要として，その検討に同意したという[21]．米国側は，この機会に為替相場問題とは直接関係ないように見える金融自由化を一気に進めることを目指し，日本側の引き伸ばし戦術を抑えるために委員会を設置し，具体的な要求項目を提示し，その実行計画の策定を迫ったと見られる[22]．

　紆余曲折はあったものの，84年5月には，①預金金利の自由化と短期金融市場の整備を進める，②外国銀行に信託業務参入を認める，③ユーロ円債発行の自由化[23]など金融自由化と残存資本規制撤廃を勧告する報告書が発表された．為替相場については，日本側がドル高の主因は米国の財政赤字による高金利であるとしたのに対して，米国側は多くの期間，為替相場は内外金利差の示唆する方向とは逆に動いた実績があるとし，また金融政策やインフレ期待などの要因が大きく影響し，財政赤字と金利間に実証的な関連はないと両論併記している[24]．

　大蔵省は，同報告書ならびに同時に自らが発表した「金融自由化及び円の国際化についての現状と展望」の趣旨に沿った施策で，日本からの資本流出が発生し，米側の思惑とは反対に85年央まで急激な円安が進んだのは皮肉なことだと自説の正当性を誇るが，円ドル交渉の大蔵省の行政に与えた影響は極めて大きい．緩慢に金融自由化を進めようとした大蔵省は，外圧でそれを速める結果となった．これには「日米関係重視」と「官僚主導政治の打破」を目指す中曽根首相が，米側へ手を貸したことが大きく影響しているとの見方がある[25]．

　中西寛は，米国が戦後体制の変革の一環として金融グローバル化を推進しようとしているのに対して，日本は内外の区分を維持し，「漸進主義」と「外圧」の妥協である裁量的な「国際化」路線でこれに対応したのが日米円

ドル委員会のプロセスであり，これによって大蔵省は規制緩和を進める際の行政指導で影響力を維持しながら国際化・自由化を進める権力基盤を与えられたと総括する[26]．

また田所昌幸は，日本では制度改革を進める指導力が欠如しているので，米国の外圧を利用して意思決定の責任を回避したり，業界の中には外圧を利用して自らの利益を追求するものもあったと指摘し，金融摩擦が日米の国益の対立という単純な図式で割り切れないとする．そして米国の奇妙な意図から出発した円ドル交渉は国民経済的観点から見ればプラスと評価しながらも，米国の大局的見地に立った指導力の後退と日本の外圧依存の組合せについては，将来の秩序形成に問題を残したとも指摘している[27]．

(3) ベーカー・チームの戦略

レーガノミックスの産物である高騰したドルと金利を，政策的に整然と是正する必要があるという認識は，米国内で次第に高まってきた．そこで，この問題を米国だけでなく，主要国の政策協調で解決しようという動きが浮上してきた．85年1月17日のワシントンでのG5で，必要なら協調介入するとの83年5月のウイリアムズバーグ・サミットでの合意が再確認された．これを推進したのが，ベーカー新財務長官のチームであった．ダーマンによると，このような政策転換をベーカーが考えはじめたのは，議会が彼等の任命承認を検討していた頃であったという．またダラーラは2月初めにベーカーに対して市場介入でドル売りを進言したところ検討を約したので，前任者との違いに驚いたという．事実米通貨当局は1月21日から3月1日の間に，対マルクで5.9億ドル，対円で4880万ドル，対英ポンドで1640万ドル，計6.6億ドルのドル売り介入を実施した．他のG5諸国は約100億ドルのドル売りを実施したのに比べ規模は小さいものの，レーガン政権第1期に比較すると積極化の姿勢がうかがわれた[28]．

彼らが実質的なプラザ戦略の検討に入ったのは，米議会における保護主義的な傾向の高まりが契機であったとすれば3月から4月にかけてと見られる．

第3章　プラザ，ルーブル合意そしてバブル　　　　169

　ベーカーにとって，議会に高まる保護主義はレーガン政権の貿易政策への批判でもあり，翌年の中間選挙対策としても貿易不均衡是正のためにドル高是正に踏み切ったと見られる[29]．

　しかしレーガノミックスの重大な変更を意味する彼らの考え方を実践するには，それまで市場原理を重んじてドル高を放置してきたレーガン大統領はじめ，前任者リーガン大統領首席補佐官，スプリンケル大統領経済諮問委員長は勿論，変動相場制の生みの親であるシュルツ国務長官，金融政策の独立性を重んじるボルカーFRB議長たちの支持を取り付ける必要があった．ベーカーとダーマンはボルカーとシュルツへ注意深い根回しをおこない，プラザ戦略を説明し彼らの意見を取り入れる気配りを怠らなかった．

　ボルカーは新チームが鋭い政治的アンテナと直感の持主であり，ドル高と高まる保護主義が関係していることを理解し対応しようとしていると感じた．4月にシュルツ国務長官は，母校プリンストン大学で国際経済政策に関する演説[30]を行った．その内容は従来のマネタリストとしての立場と違うニュアンスで，日本の公共投資や住宅投資拡大とともに米国の財政赤字削減の重要性を強調するとともに，強いドルへの懸念を表明したが，ボルカーは行政府の態度と認識の建設的変化と受け取った[31]．産業界の関心も貿易や為替問題に集中した．これらの動きがプラザ合意に向かって結集されたのである[32]．

　大統領経済諮問委員会へ移ったスプリンケルは隠密裏にすすめられたプラザ戦略の蚊帳の外であり，大統領補佐官となったリーガンは彼ほど教条的な市場原理に固執することなく，ベーカーの新政策に反対しなかった．85年2月以降のドル下げの局面では，リーガンが財務長官に止まっていても，似たような政策をとったかもしれない．

　レーガン大統領自身については，確固とした為替相場についての定見があったわけではなく，市場原理を重んじる表向きの態度は別として内心では金本位制やブレトンウッズ体制に郷愁を感じていたという説もあり，プラザ会議直前にベーカーから説明を聞き，何ら異議をとなえなかったという．彼のプラザ戦略への関与は最小限であったようである[33]．

3. プラザ戦略への日本の対応

大場財務官(当時)は,もともと日米両国の政策協調の協議からプラザ戦略が始まったという.すなわち85年6月のG10出席のため来日したベーカー財務長官から竹下蔵相に,そしてマルフォード財務次官から大場に協議の申し入れがあったという[34].これを受けて日本はプラザ戦略形成に積極的に協力した.プラザ戦略は,ベーカーと竹下蔵相のイニシアティブで進められたといってよい.円高回避が為替政策の中心命題であった日本では,円高に協力することは政治的に重大な賭けであり,日本の経済戦略の重大な転換を意味するものであった.日米貿易不均衡の拡大で高まる日米関係の緊張を緩和し,米議会を中心として高まる反日感情を鎮静化するには,他に方法がなかったということであろう.もちろん公私の行為主体間には様々な思惑が働き,その確執と妥協の過程を経て形成されたであろうが,その中で主導的な役割を果たした行為主体の行動の動機や背景を探る必要があろう.以下は船橋洋一に多くを依拠している[35].

(1) 中曽根首相

ドル高円安で貿易不均衡が急拡大して日米間の緊張が高まり,米国内の保護主義,反日感情が急拡大する中,日米政府は85年初から通信機器,木材,医療品など個別品目毎の市場開放交渉を開始しており,秋の米議会再開に備えて前倒しの関税引き下げを含む行動計画を準備していた.しかしこのような個別の対応では,高まる反日感情を鎮静化できないのは明白であった.ドル高の要因となっている高金利目当ての資本流出の規制を,官邸や自民党首脳部が大蔵省に検討をするよう指示したものの,米経済が日本からの資本流入を組み込んだ構造となっている以上,これも政治的に不可能であった.残された選択は,これまでタブーであった円高政策となる.

中曽根首相は,元来円高志向であった.円高政策への転換は,単なる日米

経済摩擦回避のための防衛的な行動ではなく，日本の経済社会の変動や国際的地位の変化に見合って構造改革を進めるために必要と考えた．規制と補助金に支えられながらも国際競争力に劣る農業，流通，中小企業などの改革を中長期的に進め，市場を対外的に開放しようとする彼の構想は，その助言者たち，とくに元財務官の細見卓や元日銀理事の中川幸次などの進言に裏づけられたものといわれる[36]．

彼はまた又現行の変動相場制の下では，為替変動が激しすぎるので日米欧の3極体制による管理フロートが必要と考えていた．85年6月に東京で10カ国蔵相会議（G10）が開かれたが，その直前に中曽根は，来日する米通貨当局首脳との間で通貨調整を協議する手掛りをつかみたいと考えて，大場智満大蔵省財務官を官邸に呼び，日本の対外不均衡問題解決の総合的な政策の検討を指示した．その中には国際通貨制度の新設，大規模な介入準備基金の設置などを検討する国際通貨会議の開催の構想も含まれていたが，事務当局は時期尚早，非現実的として具体的に行動しようとはしなかったという．

いうまでもなく，中曽根首相は経済的理由だけではなく，安全保障問題に対する配慮で，プラザ戦略を進めたと思われる．米国経常収支赤字の背後にある財政赤字について大幅な削減を必要と考えながらも，米国による安全保障が欧州諸国と比較してはるかに日本にとって重要な問題であるため，緊密な日米関係を通貨問題でも演出する必要があった．

G10のために来日したベーカー財務長官との会談で，貿易不均衡是正に努力することを約し，その後竹下と大場に通貨調整をすすめるよう念を押した．円高ドル安への第一歩を踏み出したのである[37]．

(2) 大 蔵 省

1) 竹下登蔵相

中曽根首相や宮沢と異なり国際通貨制度についての持論を語ることがなかったといわれる竹下は，別な意味で通貨外交に関心を抱いていたという．それは中曽根後を狙う政治家として，国際的知名度を向上させる場としてであ

った.ライバルの安倍晋太郎外相がシュルツ国務長官と緊密な関係[38]にあるのに比べて,水を開けられているという自覚もあって,威圧的なリーガンと交代してベーカーが財務長官となった時期をとらえて親密な関係を結ぶ努力を重ねた[39].85年6月の東京でのG10後のベーカーとの会談では,市場への協調介入によりドル円相場の調整を一気に実現する戦略を積極的に説いたという.

竹下が大蔵省事務当局の求める協調介入を熱心に主張したのに対して,ベーカーは自らの見解を鮮明にしなかった.米側はドル高の問題は認めるにしても,その是正の方法については,減税などによる内需拡大の可能性を打診したといわれる.竹下は,レーガン大統領をはじめ政府部内を為替調整のような方向に導くのはこれからという印象を受けたようである.しかし現実には米側の政策転換はすでに進んでいた[40].

それでも今後為替相場や,それに影響するマクロ経済政策について,緊密な連絡をとりあうこととしたのは竹下の得点となり,プラザ合意への大きなステップとなった.蔵相として大蔵官僚たちの「財政再建」路線擁護の姿勢を示す一方,総理・総裁後継者争いを有利に闘うための計算に従って着実に行動していたと見られる[41].筆者がインタビューした通貨当局の元幹部の証言では,竹下は通貨外交面でも困難な問題に直面している官僚たちを目立たぬように支援しながら,良い結果がでれば彼らの手柄としたのに対して,中曽根は号令をかけるだけで,竹下のような人心掌握術を持ち合わせていなかったという.

2) 財政当局

プラザ戦略において大蔵省はどのような役割を果たしたのだろうか.80年代前半の大蔵省の財政政策は硬直的で「財政再建」がイデオロギーないし「機関哲学」となっていた.そのためシュルツ国務長官が85年4月にプリンストン大学で行った演説の中で,日本に投資や消費の拡大を求めたことを,70年代末の機関車論の再来であり,財政刺激の圧力につながるのではない

かと懸念したようである．

　山口光秀次官は，大場智満財務官に対して，日本のプラザ戦略は第1にドル円為替調整，第2に利下げを柱とすべきだと伝え，内外からの財政出動に対する圧力をかわそうとした[42]．

　第2次大戦後，大蔵省は「均衡財政」を政策の基本原則としてきた．主計局エリートたちの信念は，戦後日本経済の脆弱な体質への危機感に根ざしたものであり，日本が貿易黒字国となった後もその持続性に懸念を持ち，過小評価された円の固定為替相場に固執，外需主導の成長政策を追求してきた．変動相場制移行後は円高不況回避のために，均衡財政の原則は65年の福田蔵相の建設国債発行で崩れ，石油危機後の深刻な不況に対しては大型の財政的刺激を必要とするようになり，赤字国債発行が定着した．

　70年代末に大平内閣の財政再建策の鍵である一般消費税導入に失敗した後，大蔵省の「財政再建路線」は一律，機械的な歳出抑制，削減という安易な手法に依存し，歳出の優先順位を大胆に変革することを避けた．歳出抑制に抵抗して，族議員，利権官庁，利益団体などの既得権防衛連合が強化され，それが大蔵省の権限や影響力をさらに弱めた．

　中曽根政権の看板であった行政改革は，財政再建を目指す大蔵省にとって失地回復のチャンスであった．したがって米国がかつての機関車論の如き拡張的な財政政策を求めてくることに極度に警戒的であった．そこで介入政策によるドル円相場の調整と金利引き下げで対応することとなったのである．

　しかし大蔵省主計局としては日米協議が頓挫して，輸入拡大で貿易不均衡を是正するために財政支出を拡大させようとする米国の圧力がかかることを警戒し，財政再建路線を守りながら米側の求めにも応えるように読めなくもない晦渋な日本政府声明文案を準備し，プラザ合意に向けて交渉する大場財務官に提案した．とくに地方公共団体の事業を拡大して内需拡大を図るという提案をベーカーが大いに称賛し，大場は当惑したといわれる．また日本語と英語のテキストに微妙な違いがあることを無視したことも大場は認めている．宮沢喜一は帰国早々の大場に，この食い違いを指摘したという．プラザ

合意後の新聞発表のときに，日本は地方公共団体を通じて財政政策を積極化すると強調したベーカーは期待を裏切られた思いをすることになる[43]．

(3) 日本銀行

大蔵省がプラザ戦略に関して，利下げを優先すべきだと主張したことについては，政府が日銀の金融政策について影響力を行使できるという前提がある．金融政策の運営については，中央銀行の自立性，中立性を尊重することが国民経済に重要であるという理念は形ばかりで，政府の政策に日銀が協力するように圧力をかけた政治家は数多く存在する．山口次官の前述のプラザ戦略に関する発言は，80年代はじめに形成された政府・与党との行財政改革に対する連合の上に立ったものであり，プラザ合意後の政策協調が進行する中で日銀の金融政策への圧力はますます高まっていく．

(4) 経済界

産業界はもともと為替相場の安定を望む．たとえばソニーの盛田昭夫会長は一貫して変動相場制を批判してきた．しかし積極的に円高を求めたわけではないにしても，5年近くの円安メリットを享受した輸出業界が，多少の円高を受け入れる余地はあったであろう．

高まる対日批判の中，85年9月11日に自民党4役と財界4団体首脳が会談したとき，藤尾正行政調会長が円安是正のための通貨サミットの必要性について発言した．財界の猛反発を予想していたのにかかわらず，「思い切った手が必要」と応じた稲山嘉寛経団連会長をはじめ財界首脳は一様に賛成した．このままでは貿易戦争になるとの危機感と不均衡是正の切り札は円高との認識が浸透していたのである[44]．変動相場制移行後，円高メリットを生かし，また貿易摩擦回避をめざした製造業の海外直接投資が増加し，為替リスクを管理する技術が向上してきたのも，円高恐怖症を緩和することになったものと思われる．

4. プラザ合意

(1) プラザ合意の前哨戦

　85年7月23日，パリのOECD第3作業部会（WP3）に出席した大場財務官らとマルフォード次官補たちが密かに会合した．席上マルフォードは，米議会での保護主義圧力の高まりに対応するために，日米間で重要な政策パッケージについて議論をまとめ，G5に持ち出したいと発言，米側の話を聞くだけの「ガス抜き」のつもりで参加した日本側を驚かせた．市場介入を重視する日本側に対して，米側は政策協調，とくに減税による内需拡大，それが不可能なら投資と公共事業の拡大を要求した．大場は財政再建を最優先している大蔵省の方針に逆行する政策を受け入れることはできず，議論は収斂せぬまま終わり，8月中旬のハワイでの市場志向型分野別協議（Market Oriented Sector Selective Discussion: MOSS. 85年1月から1年間，米国が比較優位を持つと見られる電気通信，エレクトロニクス，医薬品・医療機器，林産物の4分野での日本の輸入障壁の除去を目指した交渉）の合間に再協議することとなった．

　8月21日のハワイ・カウアイ島での会談では，日本側は金融・資本市場自由化，民間活力利用の内需拡大，金融政策の弾力的な運用を合意内容に盛り込むことに同意したが，米側の固執する減税については別途声明をだすこととした．これで政策協調と市場介入を柱とするプラザ合意の基本的枠組みができ，これをもってマルフォードは欧州3カ国を説得することとなった[45]．彼は市場にサプライズを与えるドラマティックなものに仕上げることが重要であるとの基本的な姿勢であった．

　マルフォードは9月11日に欧州3カ国との協議を終えた．最後の詰めを行うために，9月15日，ロンドンで5カ国蔵相代理会議が極秘裏に開かれ，彼の声明文案をもとにプラザ会議の骨格を固めた．席上「ドルの切り下げが望ましい」か「主要非ドル通貨の対ドル・レート切り上げが望ましい」とす

るかについて論争があった．どちらが不均衡の責任をとるかという微妙な問題であるが，結局後者の表現におさまった．

今ひとつの重要な問題は，声明文に為替介入を明記するか否かであった．マルフォードは，曖昧さを残す方が市場との駆け引きに有利であり，また与える影響も大きいと主張した．他国の参加者は，米国政府や議会に介入反対論が根強く存在するため，介入の文言を挿入することで政策の転換を確約させたかった．しかし折り合いがつかず，G5本会議の蔵相たちの裁断にゆだねられた[46]．

プラザ会議当日の朝の作戦会議でも，米財務省の意図について大蔵省高官の意見が分かれ，行天国際金融局長（当時）は米側の介入へのコミットメントに懐疑的であったが，内海孚駐米公使（当時）は政策転換したと判断したという[47]．

(2) プラザ会議と為替市場介入戦略

85年9月22日，ニューヨーク，セントラルパークのホテル・プラザで開かれた日米独仏英の蔵相・中央銀行総裁会議G5が開かれた．①ドル高是正のための為替市場協調介入，②対外不均衡の解消に向けての政策協調，③保護主義への抵抗が合意されたのである．5時間の会議で，G5Dが準備した声明案の大筋が合意され，未解決の箇所も米側主張が通り，「介入」の言葉は明示されず，ドル切り下げの文言は避けられた．ボルカーFRB議長の提案（傍線部分）をいれて，「ファンダメンタルズの現状及び見通しの変化を考慮すると，主要非ドル通貨の対ドル・レートのある程度の一層の秩序ある上昇が望ましいと信じている」となった[48]．

当日午後は，ドル安を実現するための介入戦略の討議が行われた．討議内容は秘密とされている．介入戦略の骨格は，ロンドンでの蔵相代理会議でマルフォード財務次官補により配布され，会議終了後に回収された草案に基づく．

しかしそれを記した「市場介入に関する論点のリスト」なる文書は存在し

ないこととされており，その故に「ノン・ペーパー」と呼ばれている．その内容については，行天元財務官[49]も簡単に言及しているが，船橋洋一が綿密な取材により詳細に解説している[50]．以下はその概要である．

この文書は，為替相場と介入方法，介入の総額，通貨，責任分担などが記されている．

①為替相場について

「ドルを現行水準から10〜12%の下方修正は短期的には管理可能」とあり，ドル円では240円から218〜214円に切り上げることを意味する．

また「当初の目標を達成した後は，必要な場合，単独介入あるいは協調介入の発動はあり得ても，各国とも介入義務はなくなる」こととした．「市場コントロールを失うことなしに長期，短期ともどもドル安に持っていくことが望ましい」という合意もなされた．

②介入作戦

ドル高へ後戻りさせないことを基本にして，ドル高への揺り戻しの局面では協調介入を行い（ラチェット ratchet 介入），ドル安が進めば介入を減らすこととした．また市場が混乱したときはドル買い支えをすることも明記された．

介入期間は6週間とされ，介入規模は180億ドル[51]，各通貨当局の1日当たり介入規模は市場環境などにもよるが3〜4億ドルとされ，事前協議を条件に他国市場での介入も可能とした．

介入通貨は基本的にはドル，円，ドイツ・マルクとされたが，その他G5通貨も可能とされた．介入資金の分担については，米案は米，西独，日本各25%，英，仏各12.5%であったが，西欧側は日米の負担拡大とEMS維持のための介入の必要性を考慮して独仏を一括して分担を決めるよう主張し，米側の妥協案は，米，日各30%，西独25%，英5%，仏10%であった．これらの分担比率と，実際の介入額の比率が違った場合は，再度分担しなおすことを検討する．なおこの為替介入戦略については一切発表しないことを申し合わせた．

(3) プラザ会議における日本側の行動

大場財務官によると，ドル以外の通貨を少なくとも10%以上強くすることには異論はなかったが，円はもっと強くなるべきで13とか15%という数字もだされたという[52]．

欧州諸国は各国一様の切り上げ幅には不満であり，自国通貨が強くなりすぎることを回避したかった．しかし先進国の中で最も自国通貨価値の上昇を恐れているはずの日本の竹下蔵相は円の10%以上の上昇を許容すると自発的に申し出て参加者たちを驚かせ，会議の成功に非常に重要な影響を与えたとボルカーは述べている[53]．彼は会議をまとめて協調介入を成功させることを願い，20%，200円を覚悟していたという[54]．

(4) プラザ合意直後の為替市場

プラザ合意が為替市場へ与えた影響を跡付けてみよう[55]．合意の第1報は22日日曜深夜に日本に入った．すでに日曜も開いているバーレーン市場でドルが盛んに売られているとの情報に一部の為替関係者が注目していた．翌23日は秋分の日で東京市場は閉じたままであったが[56]，プラザ後最初に開いたニュージーランドのウェリントン市場では239円から234円へ5円下落，香港，シンガポールにドル安が引き継がれた．

欧州市場が開いて，ブンデスバンクによるドル売り介入が始まり，ロンドン市場では230円へ急落した．ニューヨークでは，ややドル高に戻して231円で寄り付いたが，午後にはニューヨーク連銀による2億5000万ドルの介入で225円に下落し，それまで半信半疑であったディーラーたちも加わって市場はドル売り一色となった．米通貨当局はドル売り介入とともに，買いオペも実施し，金利低下を促進，外為市場介入の効果を高める操作を行った[57]．

9月24日，東京市場が開くとニューヨークよりドル高の230円で寄り付いた．当局の大規模な介入[58]にかかわらず，228円へ持ってゆくのがやっとで，一時は232円60銭まで戻る局面もあった．東京市場ではドル高で苦しんでいた輸入業者が，ドル買いに殺到したのである．巨額のドル売り介入に

もかかわらず,寄り付きより40銭円安ドル高で終わった[59].その後も円高へ誘導するため市場介入を継続するとともに,竹下蔵相や澄田智日銀総裁は,頻繁に記者会見などで「口先介入」を試み市場の相場観の転換を促したが,結局216円で越月した.G5直前の242円から10日間で26円の下落であった.

プラザ声明後の9月23日から10月1日までの7日間で,G5諸国のドル売り介入金額は,行天によると約27億ドル,うち日本は12億5000万ドル,フランスは6億3500万ドル,米国は4億800万ドル,西独は2億4700万ドル,英国は1億7400万ドルであった.その結果,対ドルで円は11.8%,マルクとフランス・フランは7.8%,英ポンドは2.9%上昇した.

介入期間として決めていた10月末までの6週間のG10諸国の介入は,想定された180億ドルよりかなり少ない102億ドルであり,米国が32億ドル,日本が30億ドル,独・仏・英合わせて20億ドル,その他で20億ドルであ

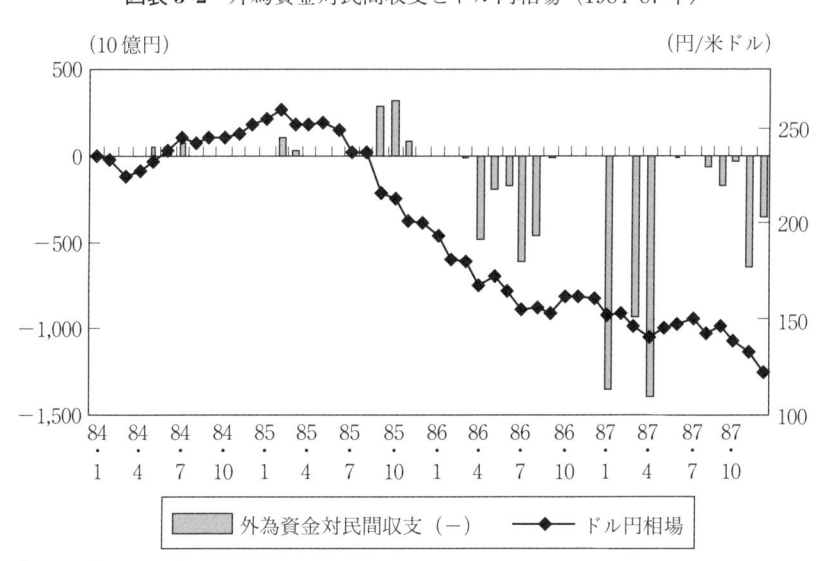

図表3-2 外為資金対民間収支とドル円相場(1984-87年)

出所:図表1-2と同じ.

った[60]．

(5) ドル高修正の足踏みと日銀国内派の反撃

プラザ合意の際に「金融政策の弾力的運用」で匂わせていた金利引き下げによる内需拡大努力に逆行する短期金利の高め誘導を，日銀は10月24日から実施し円高へ誘導しようとした[61]．実はプラザ会議で討議されなかった重要な項目に為替市場介入は不胎化すべきか，為替相場の目標水準を達成するのを支えるためにはいかなる金利・金融政策をとるべきかという問題があった．「市場介入に関する論点のリスト」には「金利に対する意味合い」という見出しのついた最終パラグラフがあり，そこには「討議を予定」とあるだけで会議では議論があまりされなかったという．プラザ会議がドル高是正とその実現のための為替市場への協調介入に主眼がおかれており，米財務省主導で進められたため，ボルカー，ペール（K.O. Poehl），澄田ら各国中銀首脳たちは議論が金融政策の協調に及ぶことを避けたと見られる[62]．

プラザ合意後，円相場は合意直前の242円から9月末に216円に上昇し，ドル高修正が順調に滑りだしたように見えたが，10月に入って足踏みした．国債流通利回りが戦後最低となり国内長期金利が急速に低下して6％を割ったことが主因と見られた．そこで日銀は下旬に突如短期金利の高め誘導に踏み切り，国債市場は過去最大の下げを演じた．長期金利上昇により，円相場は反発し，11月以降，200円台が定着した．

この金利高め誘導には，内外の批判が集中した．日本に内需拡大をさせることが，プラザ会議を演出した米政府の真意であったから，当然それに逆行する政策に映ったのであろう．プラザ戦略が自分等の預かり知らぬところで決められ，金融政策まで「割り当てられる」ことに反発した日銀国内派のマッチョ行動と大蔵省OBが皮肉ったといわれる[63]．

日銀の太田赳理事（当時）は，行き過ぎた金利先安感で円安修正が足踏みすることを回避し，為替市場介入による円買いを不胎化せずに金利上昇を放置したものであり，プラザ合意に沿った協調行動と主張したが，実は日銀内

第3章　プラザ，ルーブル合意そしてバブル　　　　　　　　　181

部ではあまり議論されておらず，プラザ会議で金融政策の協調について十分な論議が行われなかったとしても，事前に関係国への連絡もしなかったことを認めている[64]．

(6) 達成されたドル高修正

ドル円相場は11月25日には瞬間的に200円の大台を突破し，その後は年末まで200円を僅かに上回る水準で推移した．竹下が10カ月か1年位先の目標としていた200円を，わずか2カ月で達成してしまった．

9月の米貿易収支悪化報道で，11月初めからドルは続落，石油価格低下見通しや強固な介入姿勢などで，欧州通貨から円への乗り換えの動きや大量の輸出予約もあって円独歩高の様相となったのである．日米通貨当局者のドル急落を警戒する発言や誤報で，ドルが反発する場面もあったが長続きせず，日米金利逆転傾向，米国景気への懐疑的な見方，日米金融当局の円高誘導姿勢への思惑などで25日には200円割れもあった．その後12月初めにかけては一時的なドル反発もあったが，月中は202〜204円のレンジで変動し，200円60銭で越年した．G5直前水準から17％，2月の高値263円から24％の円高であり，年間変動幅は瞬間ベースで63円85銭と78年の66円30銭に次ぐ激動の1年であったといえよう．

これでドル円相場が安定して対米貿易黒字が劇的に縮小し対日批判が鎮静すれば，プラザ合意は大成功ということになる．しかしこのような戦勝ムードは急速に消滅，年末にはこのまま円高が進んで大丈夫かという警戒感へ一変する．

第3節　ルーブル合意とバブル

1. 加速する円高と批判の高まり

86年の円高の奇跡を跡付けてみよう[65]．年初202円95銭で寄り付いたド

ル円相場は 201～202 円の間で小浮動していたが，1 月下旬竹下蔵相が 190 円台までの円高を容認したとの報道[66]で円が急騰，24 日には 7 年ぶりに終値で 200 円を突破，月末に日銀が公定歩合を 5 → 4.5% へ引き下げたが円高を食い止められなかった．

中曽根首相は，86 年 4 月 13 日のキャンプ・デービッドでの首脳会談で，竹下蔵相は直前の G5 での場で，そしてその後も書簡で一層の円高を抑えるための協力をレーガン，ベーカーに求めた．しかし彼らの要請は，議会内の強い保護主義に鑑み，対外不均衡の改善が見られない以上，為替政策を変えることはできないとして拒絶された[67]．むしろレーガンのドル安歓迎ととられる発言で，円は 170 円を割った．

その直後の 4 月 22 日，自民党の宮沢喜一総務会長は，前川レポート[68]に関する経済閣僚会議の場で，中曽根首相に対して，急速な円高をもたらしたプラザ合意とそれに対する政府の対応の不足を批判した．円高ドル安でも対外不均衡はむしろ悪化し，輸出産業，とくに中小企業からの苦情が高まり，政権与党内の抗争を激化させたのである[69]．

5 月の東京サミットでは，米側が G5 にイタリア，カナダを加えて G7 とし，政策協調を進めて，相互に政策実行の程度を監視する体制をつくることを主張した．政策協調を客観的に監視（サーベイランス）する指標を導入する米側提案[70]に各国は反発したが，日本の望んだ為替安定の声明はでなかった．市場では，これを見て円買いが急増，12 日には一時的に 160 円割れとなった．

自民党総裁としての 2 期目の任期が終わろうとしている中曽根首相は，7 月に参議院選挙を控えて，衆議院も解散して同日選挙を行い，勝利を収めて続投を目論んでいた[71]．そのためには景気にマイナスの円高を何としてでも阻止する必要があった．東京サミットの際に中曽根は，円高をストップさせ為替を安定させるような発言をレーガンに直接訴えたという[72]．サミット中は動かなかった米側も，5 月 13 日と 20 日にベーカーは「ドル高是正は十分行われた」との趣旨の発言を行った．一方 5 月 29 日にはレーガンが円高を

評価する発言を行った．ドルは5月末には170円台へ反発した．

2. 大規模なドル買い円売り介入

　本邦当局は，急速な円高の進行を懸念する政界や産業界の懸念に対応して4月には単独でドル買い介入を行い，ニューヨーク連銀でも委託介入を実施した[73]．4月半ばに160円台に突入したのは，月初の竹下・ベーカー会談で為替安定が合意されたとの日本の報道を米財務省が否定したり，ローソン(Nigel Lawson)英蔵相が日本以外は更なる円高を望んでいるし，ベーカーも同様だと発言したことなどが契機となった[74]．

　東京サミットでは円高防止のための協調介入に米側が同意せずとの報道を市場はドル安承認のシグナルと解釈，ドル売りが強まり，5月12日には一時160円割れとなった．その後レーガンやベーカーがドル是正をほぼ達成と発言したり，ヤイター(Clayton K. Yeutter)通商代表，フェルドシュタイン(Martin Feldstein)前CEA委員長のドル安予想，ボルカー単独利下げ示唆などでドル円相場は乱高下した．

　市場がドルは十分下がったと納得していないので，もう少し下がってから不意に大規模な介入をすることを提案した行天国際金融局長（当時）に対して，中曽根首相も「選挙の前までには170円に戻しておいてもらわなければならない」と念を押したという．3月から選挙のあった7月までの間に，外貨準備は62億ドル増加したので，かなりの大規模なドル買い介入が行われたと見られるが，単独介入でもあり効果があがらなかった．

　行天は，この頃の介入は政治的パフォーマンスの意味合いが強かったことを認めている．すなわち当時は財政出動など国内の経済政策を変えることができなかったので，為替介入しか方法がなかったが，単独介入では効果がないことはわかっていたものの，政治的にやらざるをえなかったというのである[75]．

3. 金融政策の協調

86年に入って円高が一段と進んで景気減速が懸念されたが,米国は貿易赤字改善には,ドル高修正では不充分であり,日独など黒字国の内需拡大を強く求めた.日銀は円が200円を突破した直後の86年1月30日に公定歩合を5%から4.5%へ単独で引き下げた後,さらに3月10日と4月21日に各0.5%の日米協調引き下げを実施した結果,公定歩合は戦後最低の3.5%となった[76].計画的に先進3カ国が同時に金利を動かしたのは歴史的なことであった.これには日米で選挙が控えていたこと,ドル急落,そして深刻な累積債務問題,米国で激化する保護主義への対応の必要性が背景にあった[77].

最初の引き下げは,円高の進む中で均衡の取れた成長を図るために必要であったし,2回目は米独との協調引き下げで理解できた.しかし3度目の引き下げに関しては,日銀内部で抵抗感があったようである.緒方四十郎理事(当時)は,適切な財政政策が打ち出されず金融政策に負担をかけたのは問題であったと主張している[78].

4. 財政政策の転換と日米共同声明

円高不況の影響が心配された1986年7月6日の衆参同日選挙は,自民党の大勝利でおわった.しかしこれが契機となって,円が再び上昇しはじめ160円を割り込んだ.5月のベーカーによるドル高是正達成発言が中曽根政権への応援であり,今度は11月の米中間選挙に向けて日本側が借りを返すことを求められると市場は読んでいた.

7月下旬に第3次中曽根内閣が発足し,幹事長に就任した竹下に代わり,円高批判の急先鋒であり積極財政論者である宮沢喜一が蔵相となった[79].彼は160〜170円を適正水準と発言し,機関投資家の外債保有制限を緩和したが,円の上昇は止まらなかった.9月初めにサンフランシスコでベーカーと

第3章　プラザ，ルーブル合意そしてバブル　　　　　　　　185

直接会談し[80]，円高が経済成長にマイナスに働いており，3兆円程度の対策を考えていると言ったのに対して，ベーカーは議会での保護主義法案審議に対応するには，先進国の内需拡大努力が必要と応じた．しかし協調介入を含めた具体的な合意に至らず，中間選挙まで具体的成果を出すよう努力することを約するにとどまった．結局，日本側は具体的な内需拡大策策定を迫られることになった．

　自民党や財界も大型補正予算を求め，大蔵省は吉野良彦次官を中心に抵抗したが，結局9月中旬に総額3兆6000億円の総合経済対策を閣議決定した．しかし内容は電気・ガス業界の設備投資増加分まで含む寄せ集めで，5400億円の公共投資は翌年度予算の前倒しの災害復旧費4100億円を含んでおり，補正予算で実質的に増額されたのは1300億円であった．これを査定した主計局の関係者は，3兆6000億円で関係者の顔を立てたのであり，金利が下がれば景気は底を打つと思ったし，財政拡大で輸入が拡大する根拠はなく，国際協調という説明も主計局になかったと語ったという．行天によれば，「数字合わせであり，宮沢は部下の官僚に足を引っ張られていた」のである[81]．

　9月末からの一連の国際金融会議の間に再び宮沢とベーカーは会談するが，米側は内需拡大策が不充分であり，金利の更なる引き下げを求め，結局為替安定の合意に至らなかった．ボルカーFRB議長からも澄田日銀総裁に利下げの強い圧力がかかっていた．澄田には宮沢からも「財政政策を転換するから，金融も足並みをそろえてくれ」と言われ，記者会見で景気に配慮する必要に言及した．宮沢はベーカーが日米協調を求めているのを，うまく活用することを考え始めていたと見られる[82]．

　他方三重野副総裁ら日銀国内派は東京都の商業地が前年比40.5%の上昇を示すなど資産インフレの兆候に警戒心を強めており，帰国後の澄田は内部の意見に押されて一転して公定歩合引き下げに難色をしめしたものの，結局は10月末に公定歩合を0.5%引き下げ，戦後最低の3%とする決定を行った．

同日，大蔵省と米財務省は共同声明を発表，為替相場の不安定が経済成長を脅かす恐れがあること，プラザ合意後のドル円相場調整は基礎的諸条件と合致していることを認めた[83]．これは劣勢と見られた共和党が中間選挙で巻き返す絶好のタイミングで発表され，レーガン政権，財務省，FRB は満足したとの市場の見方が多かった．しかし宮沢は「米側が必要なら共同介入することに合意した」と述べたのに対して，米側はこれを否定するなど必ずしも双方の思惑が完全に一致したわけではなかった．

マルフォードは，当時の円高がまだ不充分で 135～140 円位を適正な相場と見ていたという．サンフランシスコ会議後，155 円近辺で安定していた相場が急に円安となり 10 月 24 日に東京市場で 162 円 50 銭まで下落したとき，彼は行天に激しく抗議した経緯がある．日本側は密かに 160 円近辺まで相場を誘導したと疑っていたようだ[84]．ドルの安定を図るのは早すぎるが，急激なドルの下落が海外投資家の米財務省証券購買意欲を損なうのを警戒し，共同声明がだされたとみられる．いずれにしろ声明の効果でドル円相場はその後 160 円台でしばらく安定した．宮沢は円高を止めたと賞賛されたが，長くは続かなかった．

5. ルーブル合意の成立

(1) 87 年初めの為替市場と日米交渉

再び円高が激化した 87 年初めの為替市場の動きを見よう[85]．年末発表の過去最高の 11 月の貿易赤字，中間選挙での民主党の勝利，イランへの武器秘密売却の表面化などレーガン政権を揺るがす問題が続出，欧州では EMS の調整機運が高まって，マルク買いドル売りが盛んになり円も連れ高となった．年明けの米議会では保護主義的な法案が相次いで提出されたが，ベーカーが議会で「最近のドル安は妥当で，秩序あるもの」と証言し一気に円高を加速させた．彼は日本の補正予算の内容に失望して，日本に圧力を加える行動に転じたと見られる[86]．

第 3 章 プラザ，ルーブル合意そしてバブル

1月12日に西独マルクの3％切り上げを含む EMS の調整が行われ，次は円が標的となった．本邦為替当局は150円を防衛線として徹底的にドル売り市場介入で対応した．ニューヨークやロンドン，シンガポールでも介入した．1月の介入額は，92億ドルと推測されている．しかし単独介入には限界があり，1月19日に瞬間的に150円を割り込んだ．

そこで宮沢は局面打開のために事前の準備なしにワシントンへ乗り込み，ベーカーに前年10月の共同声明の確認を求めた[87]．1月21日の宮沢・ベーカー会談後の声明では，世界的成長促進，対外不均衡縮小，市場開放促進のため，主要先進諸国間の協調の重要性が謳われていた．過度のドル安で米国への資金流入が減少すると財政や経常収支赤字のファイナンスが困難となるので，米国としても為替安定を模索せざるを得ない時期にきていた．事実2月5日には米財務省証券の大量入札が控えていた．

1月28日に大統領一般教書発表後，米当局はプラザ合意後初めて約5000万ドルのドル買い円売り介入を実施[88]，円は150円前半で小康状態を保った．この介入はドル安戦略の転換ではなく，財政赤字の順調なファイナンスを目指したものである．しかも介入することで，次は日独の内需拡大を迫る戦術であった．

さらにベーカーはこの声明と引き換えに再び内需拡大と利下げを宮沢に求めた．日銀は2月23日，公定歩合を0.5％引き下げ，2.5％とした．当時地価の高騰は都心から郊外へ拡大，株価も上昇しバブル経済の様相は強まっていた．しかし一般物価が落ち着いており，円高不況を早期に脱却するために，日銀は国際協調を優先させたのである．

またベーカーは宮沢にマイナス・シーリング撤廃を迫った．大蔵当局は87年度予算にも継続することを譲らず，5年連続の緊縮予算を維持することとなったが，大蔵当局は宮沢へのG5への手土産にNTT株売却益2兆円を社会資本整備特別勘定に計上，民活推進として使う案を用意した．これは公共投資と同じ効果をもち，しかも予算本体とは別枠なのでシーリングの変更とならず，大蔵省の面子も立つわけであった[89]．

(2) ルーブル合意

87年2月21日と22日，ルーブル宮の一角にあるフランス大蔵省の会議室でG5とG7が開かれた．目的はプラザ合意で始まったドル高是正の行き過ぎにブレーキをかけ，政策協調体制を築くことであった．準備作業は86年10月の宮沢・ベーカー会談や12月のベーカー・ストルテンベルグ（Gerhard Stoltenberg）西独蔵相会談から積み重ねられ，日本は公定歩合引き下げを決め，西独は減税実施を表明，米国は財政赤字削減に努力することとなって政策協調の基本ラインはできた．

しかし為替安定のやり方と水準については意見が分かれた．宮沢は合意の草案である「現在の水準」に抵抗した[90]．会合の日のドル円相場は153円50銭，ドル・マルク相場は1.825マルクであった．宮沢にとってはこれを固定化すること，またその上下各2.5％もしくは各5％の幅を設定して変動させ，それを超えると自動的に介入すること（目標相場圏）[91]を受け入れるのは困難であった．そこで157円33銭（2.5％）または161円17銭（5％）を円の下限とされ，円安防止介入を約束するのは，政治的に困難であると主張した．為替安定のためのメカニズムはよいとして，中心相場をより円安の水準としたかったのである[92]．

イタリアが途中欠席したので，G6は各通貨は基礎的な経済諸条件におおむね合致した範囲にあり，為替相場を当面の水準の周辺に安定させるために緊密に協力するという趣旨[93]の声明を出して終わった．しかし数字を固める努力はなかった[94]．それでも日本側は通貨戦争が休戦となり，「国際通貨体制を新たな方向に発展させることになるかも知れない」と期待した[95]．しかしこれは希望的観測に過ぎなかった．

6. ルーブル合意後の市場と協調の綻び

合意後，為替市場はしばらくの間150円台で小浮動していたが，3月に入ると，86年の米貿易赤字が過去最大となり，米GNP伸びが下方修正され

るなど相次ぐ米経済の停滞を示すデータが発表され，再び為替市場が動揺し始めた．さらにベーカーが3月24日にテレビ出演し「相場水準についての合意はなかった」と発言して，ドル安は一気に加速した．これは目標相場圏の設定はなかったという意味であり，ルーブル合意の公式見解に沿ったものだが，タイミングが悪く市場のドル不信を煽った[96]．

各国は協調してドル買い介入を行った．日本は1月に続いて大規模な介入を行ったと見られ，3月の外貨準備増加額は67億ドルでほぼ1兆円に相当する．1-3月の日本の介入額は約200億ドルであった．それもあってか協調介入ではなく，日本の委託介入が海外市場で行われたと市場で噂されたくらいである．しかしプラザ合意の時に比べて東京市場の外為取引は3倍に増えており，為替当局の影響力は低下し，介入は効果を発揮しなかった[97]．

3月24日には円は140円台に突入，月末には145円に達した．ルーブル合意からわずか1月半たらずで8円の円高となった．しかもレーガン政権が，対日半導体報復を打ち出したことを契機に，円高が米金利上昇につながり始めた．そこでベーカーは政権内のドル安容認姿勢を修正することとなった．米通貨当局もワシントンG7までに，30.8億ドルのドル買い介入を実施した[98]．

4月8日にワシントンでG7が開かれ，ルーブル合意を再確認し，各国通貨はファンダメンタルズに合致した水準にあるとの声明を出した．しかしベーカーはなお政策協調を模索，ボルカーも澄田総裁に利下げを要求したが，澄田は Enough is enough と峻拒したという[99]．市場は先進国の協調体制の綻びを察知，円が買われ下旬には130円台に入った．米当局は4月7日から17日の間に5億3200万ドルのドル買い介入，本邦当局は月間90億ドルを上回る市場最大の介入を行ったが，円相場は一貫して上昇，27日には一時137円25銭の最高値をつけた．米当局は対円で4.2億ドル，対マルクで1億ドルの買い介入を実施した[100]．

4月30日，5月1日にワシントンで開かれた日米首脳会談では，ドル下落は日米両国経済成長や不均衡是正に逆効果となり，為替相場安定に緊密に協

力することが謳われた．また日本は短期金利を引き下げるよう要請された．ドル暴落と対米資金流入の減少への危機感は，米通貨当局の強い介入姿勢にも表れている．2-4 月の自己勘定のドル買い介入額は 40.6 億ドル，うち対円では 39.6 億ドルであった．これはカーター政権下の 78 年 11 月～79 年 1 月のドル防衛以来の規模であった[101]．

7. 緊急経済対策，バブルの拡大そして暗黒の月曜日

円高を阻止するには，為替市場介入は効果なく，利下げもできないとなると，残された手段は財政出動しかないと 86 年暮れ頃から中曽根は考えたという．しかし彼が掲げていた「増税なき財政再建」の旗印とどのように折り合いをつけるかが問題であった．結局自民党は抵抗する大蔵官僚を政務調査会長室へ出入り禁止をするなどの強硬手段をとって，5 兆円超の内需拡大策を盛り込んだ総合経済対策要綱をまとめた．これは大型減税を含み，米側がプラザ合意の準備段階から希望していた条件をほぼ満たすものであった．この景気対策を 4 月末の日米首脳会談で示し，レーガンを喜ばせた．会談では為替相場安定が合意され，通貨戦争は終結したかに見えた[102]．

それにもかかわらず中曽根は大蔵省主計局の抵抗を抑えて，先に米国に示した計画に 1 兆円を上積みした内需拡大策を示すことで，最後のサミットとなるベネチア・サミットを花道にすることを決意した．5 月 29 日に発表された「緊急経済対策」は，所得税・住民税の 1 兆円以上の減税，5 兆円程度の公共事業の前倒し発注，追加からなり，所謂真水は 1 兆円を超えていた．目論見どおり，6 月 8 日のベネチア・サミットでは，日本の立場を強いものとし，米国の財政政策に厳しく注文をつけた．しかし景気対策として，これほど大型の規模が必要であったのだろうか．すでに円高不況は 86 年 11 月を底として回復しつつあったからである．中曽根はとにかく円高を抑え，その後は安全運転をすればいいと考えた．「最終サミットの成果は，花道らしい成果となった」と自賛している[103]．

第3章　プラザ，ルーブル合意そしてバブル　　　　　　　　　　191

　急落を続けたドルが安定して小康状態を保っていたこともあり，ベネチア・サミットはレーム・トークと言われながらも，無風状態で終わった．為替相場のさらなる変動は，世界経済の成長や各国の構造調整にとり逆効果であることを確認したものの，ドル安防止の具体策は乏しいものであった．しかし東京サミット，パリ G7 以来の課題であった経済政策のサーベイランス（相互監視）の仕組みを導入することとなった[104]．

　景気対策の効果は着実に顕現し，7月以降，内需は年率で9.9％，実質 GNP は8％台の成長を示した．しかし土地と株価の上昇も加速した．再び円高の引き金を引くことを恐れて利上げをためらっていた日銀は，「乾いた薪の上に座っている」の三重野副総裁の言に見られるように警戒心を高め，年内の利上げを目論んでいた．しかし事態は思いがけない方向に動いた．

　87年9月4日に FRB は，ボルカーの後任のグリーンスパン（Alan Greenspan）議長の下で，公定歩合を3年5カ月ぶりに5.5→6％へ引き上げた．6月の貿易赤字が過去最悪であったことから8月中旬からドル安が再発しており，それに対応する措置であったが市場の反応は鈍かった．そこで金利差を拡大するために，日独に利下げを求めた．しかし利上げを目指す日銀はもとより，プラザ合意後の政策協調で内需拡大を進めインフレの兆候が出始めている西独のブンデスバンクは，10月6日に期間28日の買いオペ金利を0.1％引き上げ3.6％にするなど金融引締めを始めていた．米財政赤字削減が不充分との観測が市場に広まり，米国債利回りが上昇し株式との利回り格差が7％に近づき，資金が債券市場へ移動しはじめていた．

　ベーカーは10月16日に記者会見をして西独を非難し，金融緩和に協力しなければ一段のドル安を容認すると発言した．財政赤字を抱える米国としては金利差を確保して資金流入を図る必要があった．しかし週明け19日のニューヨーク証券取引所でダウ平均株価は対前週末比22.6％，508ドル（ダウ工業株30種平均）という市場空前の暴落を演じた．「暗黒の月曜日」である．その衝撃波はたちまち世界の株式市場に伝播し，20日の東京では29年の大恐慌以来の3,836円安となった．一向に改善しない米国の財政・経常赤字を

曲がりなりにも支えてきたプラザ合意の下での政策協調体制に綻びが生じ，不安が高まっていた投資家たちに，ベーカー発言は絶好の売り材料となったのである．すなわちドル安を嫌気した海外投資家は米財務省証券を大量に売却した結果，30年物の利回りは10%を超え，米投資家が株売り・債券買いに走ったことが引き金といわれる．さらに米国では9月にグラム・ラドマン・ホリングス財政均衡法（Gramm-Rudman-Hollings Act）が改正され，財政均衡目標年度を2年先送りして93年度とし，また8月の貿易収支赤字が史上4番目の高水準であったことなどで双子の赤字改善が進まないことに対する市場の警告という見方もあった．

為替市場では，株式暴落直後一時的にドルが上昇した．米国市場で投信の解約が相次ぎ，証券会社は解約資金確保のため，下げ幅の比較的小さかった東京市場で株式を売却したことなどが影響したと見られる．1週間で100億ドル近い民間によるドル買い支えが行われたといわれる．

しかし資金調達が一段落した後，10月26日以降円高が進み29日には130円台に突入した．米当局は10月27-29日にドル下落を食い止めるために対マルクで3億9500万ドル，対円で6500万ドル，計4.6億ドルの買い介入した．さらに11月2-10日には対マルクで4億ドル，対円で3.8億ドル，計10.95億ドルを買い介入した．この後ドル円相場は12月中旬に120円台に突入し，88年1月4日に120円65銭まで進んでようやく反転した．プラザ合意から2年4カ月で円の価値は対ドルで倍増したのである．

「暗黒の月曜日」は，幸い30年代のような深刻な恐慌につながらなかったし，日米の景気にもあまり大きな影響をあたえなかった．しかし日本にとって不幸なことにバブル対策としての利上げを困難にした．米国は公定歩合を別として短期金利を低めに誘導し，また年末にかけて欧州各国も利下げに動いた．その中で日銀は円高を加速するような利上げは不可能であった．そればかりか円相場が安定した後も，公定歩合を引き上げず，結局89年5月までの2年3カ月の間2.5%を維持した．抜きがたい円高恐怖症の所産であろう．

第3章 プラザ，ルーブル合意そしてバブル

　世界が株式市場の暴落に震撼した10月19日に，「安全航海」を目指した中曽根は嵐の中で竹下を後継総裁に指名することを決断，11月5日に首相官邸を辞した．

　87年末のドル円相場は，22日の米グラム・ラドマン・ホリングス修正法案の議会通過[105]，「これ以上のドル下落は世界経済に逆効果」とするルーブル合意再確認を意図した12月23日のG7声明（クリスマス合意）にもかかわらずドル売りが続いた．米当局は12月16-31日に17.7億ドル，88年1月4-15日の間に6.85億ドル，21日3億ドルのドル買い介入を実施した．87年11月～88年1月の米当局によるドル買い介入額は対マルクで23.9億ドル，対円で17.5億ドル，計41.4億ドルであった[106]．

　122円で越年したドル円相場は，以後88年の為替市場は平静を取り戻し，プラザ合意以後もっとも安定した値動きを示したが，89年は米ソデタントが進展するなどの影響で，夏にはドル相場が140円半ばへ上昇したため，「ミニ・プラザ合意」によりドル売り協調介入が行われた．2-4月には，米当局は対円で1.5億ドル，対マルクで19.9億ドル，計21.4億ドルの売り介入を実施した．さらに5-7月には四半期として最大の対円で72.4億ドル，対マルクで46.8億ドル，計119.2億ドルの売り介入を行ったが，円安・ドル高が進み，竹下内閣の総辞職などもあり6月半ばには151円を超えた．9月23日のワシントンでのG5，G7で，ドル高是正の協調介入について合意がみられ，米当局は対円で32.9億ドル，対マルクで25.8億ドル，計58.7億ドル，11-12月にも1.5億ドルのドル売り円買い介入を行った[107]．

　90年1月4日の東証第発会で，日経平均株価が史上最高値であった前年末比，202円99銭安の38,712円88銭で引け，バブルの崩壊を告げた．政界スキャンダルの報道もあって円は146円を超える円安となり，米当局は6億ドルのドル売り円買い介入を行った．さらに本邦株式市場の急落にともなう円安が進み，2月23日のG7で合意された協調介入の一環として，米当局は4月末までに17.8億ドル（うち対円では15.8億ドル）の売り介入を実施したものの効果は乏しく，4月末は158円90銭で終わった[108]．

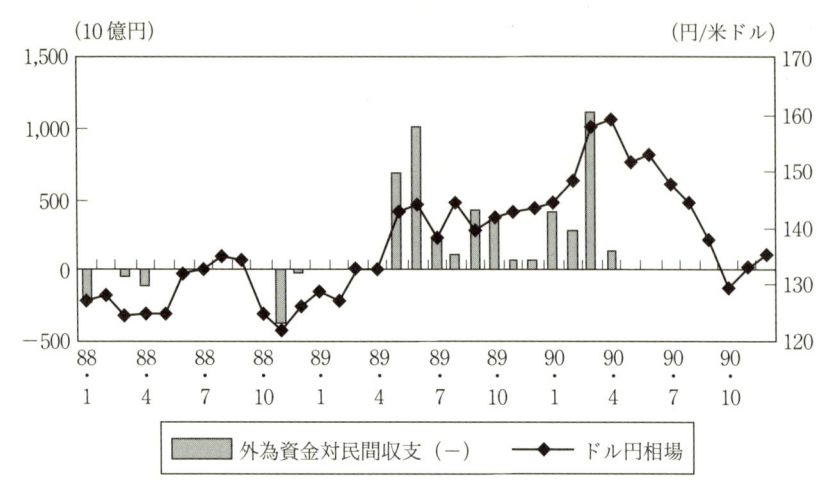

図表 3-3 外為資金対民間収支とドル円相場（1988-90 年）

出所：図表 1-2 と同じ．

 8月2日のイラク軍によるクウェート侵攻でドルが反発して月半ばに150円台をつけた後，原油高騰などで軟化したものの，10月半ば以降はソ連情勢の流動化，湾岸での武力行使の可能性が高まりドルは強含みで越年した．

第4節　プラザ戦略の政治経済学的評価

 近藤健彦元大蔵省副財務官は，プラザ戦略の作業にかかわった経験を踏まえて，その意義を概略次のように総括した[109]．
 ①その構想は米財務省主導により周到な事前準備の下に進められ，日本はこれを支持・支援した．
 ②ドルを減価させるという目的に対しては，意外性の効果を発揮，市場心理を巧妙に突いて，米国が参加する為替市場への協調介入で短期的には目的を達成できた．しかしオーバーシュートしたドル下落には，有効な協調策を打ち出せなかった．
 ③日米の国際収支調整については，当初のJカーブ効果はあったものの中

期的には結果を出した．政策当局者は，我慢強く状況へ対処する必要がある．
④主要先進国間のピア・プレッシャーに基づく政策協調の出発点となった．その後の進展ははかばかしくなかったとの批判はあるが，グローバル化に対応するために政策協調のニーズは失われていない．
⑤ターゲット・ゾーンの議論に一石を投じたものの，国際通貨体制の再構築を方向付けるには至らなかった．
⑥当事者が予想しなかったアジア経済発展を加速する長期効果をもたらした．すなわち米国が保護主義を回避し，アブソーバーとしての役割を続けたことやアジア地域への対外直接投資を増大させた．
⑦プラザ合意はバブルの元凶であり，日本経済を空洞化させたという批判があるが，日本経済の問題は，プラザ合意そのものの効果ではなく，国際収支調整の進展を見ながらの適切なポリシー・ミックスの遅れ，中長期的には，調和的な対外経済関係構築のための構造政策の遅れに起因するものであり，また空洞化は日本社会の老齢化のプロセスの一環とすべきだ．

以下，この総括の中の主要な論点について評価を試みることとしよう．

1. プラザ戦略における米国の狙いと行動

プラザ戦略に対しては，基本的にレーガン政策の失敗の「隠蔽作戦」であり，保護主義を鎮める時間稼ぎであり，政治的な宣伝にすぎず，そこで選択された政策は誤りであったという厳しい批判がある[110]．

確かにレーガノミックスのつけをG5, とくに日本と西独へ転嫁するという目的で国際政策協調が持ち出されたという側面は否定しえない．唯一の成功は米議会における保護主義の台頭を抑えたことという評価もある．しかしこれとて，米国の経済政策の失敗が，対外不均衡を肥大させて，保護主義を触発させた自作自演の成り行きともいえる．

ただし米国議会における保護主義の台頭は，米国市場に大きく依存するG5各国にとって共通の関心事であり，また86年の中間選挙を控えてベーカー財務長官にとっては，それを暴発させないために時間稼ぎをする必要があり，そのためにも政策協調を進めているという姿勢が重要であった．

米国の対外不均衡が，貯蓄不足とくに財政赤字に由来することを米国自身は認めていた．その削減は冷戦末期の困難な状況下にもかかわらず徐々にではあるが実現し，86年と89年の間に，GNPの4.9%から2.8%へ財政赤字が減少した．そしてドル安政策は，財政赤字が主因の経常収支赤字を削減するための現実的な選択であったといえる．これを梃子に，日独に内需拡大を迫ったのである．

元来ドル高政策には，冷戦の武器として機能した側面があった．「強いドル」はレーガン政権の国際的威信，資本流入による財政赤字のファイナンス，インフレの抑制の目的にかなっていた．しかも対ソ強硬戦略にも整合的である．ドル高・米金利高は，ソ連の石油や金による外貨獲得を目減りさせ，外貨資金繰りを困難にする．

岡部直明は，レーガン政権が「ドル・デタント」と「軍事デタント」を同時進行させようとしたと分析する．この双子の戦略はシュルツとベーカーの共同作戦であった．この戦略を打ち出した背景には，財政赤字と貿易赤字の膨張がある．米財政赤字削減によって総需要が減少するので，日欧の内需拡大が必要となる．シュルツはプリンストン大学の講演で日本に高貯蓄を投資と消費に向けるべきだと唱え，欧州には経済停滞が米国への資本流入の要因なので，産業構造改善と投資促進を求め，その翌日，ベーカーは国際通貨システムを見直す国際会議のホストを引き受けると述べた．米ソ首脳会議への準備とプラザ路線への転換は同時進行していたことになる[111]．

2. 為替介入政策について

ドルの減価を目的とするプラザ戦略は意味がなかったという批判がある．

第3章 プラザ，ルーブル合意そしてバブル　　　　　　　197

すでにドルは85年2月をピークとして下落をはじめていたからである[112]．しかし，プラザ合意後の大規模な為替介入なしにドル安が継続できたか，また暴落して市場を大混乱させることがなかったかは，予見できないことであった．これに対して，ドルの秩序ある下落を実現させるためには，やはり国際協調が必要であったとするのがプラザ合意に結実した参加国の意思であった．

　経常収支の赤字・黒字は，「市場の失敗」ではなく，異時点間における最適資源配分の結果であるという標準的な経済学の立場では，経常収支不均衡が問題となるのは，保護主義の台頭など政治的な理由からである．対外収支それ自体が経済政策の目標とならないとすれば，為替政策は何のために行われるのか．為替相場が2国間の金利差で決まるのであれば，それは内生変数なのであり，政策手段とはなりえず，したがって財政政策や金融政策とならぶ為替政策はありえず，他の政策の補助手段でしかないということになる[113]．

　しかし為替相場が2国間の金利差とともに予想為替相場変化率によっても影響されるとすれば，プラザ合意後の協調介入は，市場の期待にアナウンス効果を通じて大きな影響をあたえることによって，ドルの水準調整に成功したと考えられる．同時に市場参加者の予想に依存するので，為替介入政策の効果も不安定たらざるをえない．とくにプラザ合意のように政策協調が明確に示されたときには，ドルの減価が急速に進んだが，ルーブル合意後においては政策協調への信頼感が裏切られ，何度かの先進国間の合意確認声明にもかかわらず，介入政策の効果は低下した．

　ドミンゲス/フランケル（Dominguez/Frankel）が指摘するように，為替市場介入は，不胎化の有無を問わず，市場参加者の期待を変化させることで現在の為替相場に影響を及ぼすことができるとすれば，中心相場が経済の基礎的条件に従って変更できるように合意された参考相場圏を公表することでより効率的な介入政策を実施できるはずであった．またG7ではマクロ経済政策と為替相場政策を切り離して議論されがちであり，マクロ政策への不信で

為替相場が乱高下しているのに,経済の基礎的条件を変えようとせずに病的な兆候を抑えるだけに為替介入政策を使う誘惑にかられる恐れがある.為替政策とマクロ経済政策は一体として,各国政策当局でもG7でも議論されるべきであろう[114].

3. プラザ戦略が対外不均衡是正に及ぼした効果

米国の貿易赤字がはじめて1000億ドルを超えたのは,1984年であった.赤字拡大の最大の原因は,80年の安値から83年末までに名目ベースで3割も増価したドル高というのが大方の見方であった.しかしそのメカニズムは,単純な輸出入価格弾力性の働きではなく,財政赤字と金融引締め政策の組合せが,米国の実質金利を押し上げて海外からの資本流入を促進したからである.したがってこの問題の解決に必要なことは,政治的決断であり,その結果がプラザ合意であり,先進国の間の経常収支不均衡の是正を協調して実施しようとする戦略であった.

85年のピークからドルは急速に減価しはじめ,88年初めまで続いた.しかし87年後半に至っても,ドルの減価に見合う経常収支不均衡の改善は見られなかった.特に増大する米国の貿易赤字と日本の黒字は,両国間の政治的な軋轢を生み出したが,為替相場による調整で貿易不均衡が是正できなかったという失望感も広がった.そのため経済学者の間に,為替相場と国際収支の間にどのような関係があるのかについて論争が行われた.

(1) 為替相場調整と対外不均衡是正をめぐる論争

クルーグマン(Paul R. Krugman)は,その論争の主題を次のように整理している[115].

①貿易勘定を決定する実質為替相場の役割

　貿易の流れをその他の要因とともに相対価格の関数と見なし,実質為替相場への働きかけは調整過程では重要な役割をもつとするのが伝統的な

考え方であった．しかし80年代では，貿易収支に実質為替相場は関係ないか，貿易収支を変化させる必要もないという主張が有力であった．

②実質為替相場の変化を促進する名目為替相場変化の効果

従来の弾力性アプローチでは，通貨調整が財の相対価格をシフトするとしていた．これに対して国際収支や為替相場に対するマネタリー・アプローチでは，為替相場は2財のではなく2貨幣の相対価格とする．80年代には名目・実質為替相場が平行して変化したことをどのように説明するかが問題．

③貿易調整阻害要因についての新しい見解

為替相場に関係なく市場別に価格を決める戦略や履歴現象が，強烈な円高ドル安にかかわらず日米の大きな貿易不均衡を持続させたとする主張が流布したが，不均衡が縮小するにともない従来の貿易モデルが復活した．

④競争力

所与の実質為替相場に対応する貿易収支または所与の貿易収支を達成する為替相場をシフトさせる長期的な趨勢の問題であるが，80年代末までにドルは実質ベースで80年代初めの水準へ戻ったのに，米国の貿易赤字は縮小はしたものの元へもどらず，また円高が未曾有の水準になったのに日本は貿易黒字を続けた．その理由を競争力の格差増大に求める考え方がある．

⑤持続する巨額な経常赤字ファイナンス問題

主要国間の巨額で持続的な対外不均衡を，資本市場はどこまでファイナンスできるのだろうか．

70年代の経済学者たちは，貿易の流れは相対価格と所得に依存し，為替の減価によって当該国の財の相対価格が低下，Jカーブ効果が働いてもやがては貿易黒字に向かうと考えていた．このような見解はケインズ的なマクロ経済モデルに基づいており，為替相場のような名目変数の変化は，粘着的な価格として実質的な効果をもつとされた．

80年代までには，スタグフレーションの発生によりケインズ・モデルは破綻，国際的調整についてのそれまでの見解は，ミクロ的基礎を欠いていると批判された．しかし80年代には，大幅に為替相場と貿易収支が変動し，またとない実験材料をもたらした．貿易の流れが為替相場に反応したとして，伝統的な国際貿易に関する所得・価格・弾力性論やケインズ的見解の有効性が，80年代の国際的調整での経験で見直されたとクルーグマンはいう．はたしてそうなのか．いくつかの重要な論点について，より詳しく見てみよう．

(2) 為替相場による対外調整は機能するか

発展途上国では輸出品需要は非価格弾力的であり，輸入品と競合する製品を国内で生産していないので，通常通貨切り下げは貿易収支を改善せず，実質所得を低下させるかインフレを加速させる．この見解の支持者は中南米諸国のエコノミストに多い．米国でも，86年から87年にかけて，このような主張が増えた．急激なドル安でも貿易赤字が拡大したことが背景にあった．特に日本の非関税障壁や保護主義的政策が米国の輸出増加を妨げており，ドル安になっても効果はないと主張する対日強硬論が強まった．たとえばファローズ (James Fallows)，プレストウィッツ (C.V. Prestowitz, Jr.)[116] など所謂レビジョニスト達の主張である[117]．

また企業は為替変動を輸出価格に転嫁せずに，輸入国の通貨建て価格を一定にすることで市場占有率を維持しようとする「市場に応じた価格設定 (pricing to market)」を行う戦略が，為替相場による国際収支の調整プロセスを失敗させるというドーンブッシュ (R. Dornbusch)[118] などの主張があり，日本企業についての実証研究もある．

また「橋頭堡効果」[119] もしくは「履歴効果 Hysteresis」[120] も，為替相場で経常収支不均衡が是正できない理由として挙げられた．輸出企業は海外で販売網整備などに大きな投資をするが，これはサンク・コスト (sunk cost) であり輸出を続けることで回収される．したがって為替変動に対して様子見を続け，すぐには行動を変えないこととなる．

これらの見解にはそれなりの説得力があり無視することはできない．個々の産業で発生する事例がマクロ経済分析に代わることはできないが，マクロ経済に関係することは事実である．また長期的には為替相場が経常収支不均衡是正に効果をもたらすとしても，多くの公私の諸行為主体が短期的な時間の枠内で行動しているし，また大きな貿易不均衡が存在する場合，短期はもちろん幾分長い期間でも調整に必要な実質為替相場の変化が大きすぎて政治的に受け入れられないであろう．巨額な貿易赤字をファイナンスする資金の流入がなく，為替相場の減価だけで調整する場合，当該国は物価の急騰に見舞われるが，それを金融引締めによって対応すれば深刻な景気後退を招く．

米国はこのようなハード・ランディング・シナリオ[121]を回避できた．これはそれを警告したマリス（S. Marris）によれば，86年の石油価格の下落，米財政赤字の縮小（対GNP比，86年の4.9％から89年の2.8％），そして米通貨当局の主導下で各国の協調体制が為替市場の信認を獲得できたからであり，資本市場が貿易赤字を急激に縮小させるのではなく，為替市場介入を含めてそれをファイナンスしながら徐々に調整を進行させることができたからだという[122]．

(3) 為替相場調整は競争力問題に対応できるか

80年代初めにドルが急騰したとき，米国の経常収支赤字は遅れて追随したが，ドルが下落し米国の相対価格がほぼ元の水準へもどっても，赤字はGNPの1.5％程度に止まった．これと対照的なのは，円高になっても経常黒字が拡大する日本であった．この現象の意味するところは何か．国際収支調整メカニズムについて何を物語るのだろうか．

技術的優位性のシフトが貿易不均衡を引き起こすので，為替相場による調整ではこのようなシフトを埋めることができないという見方，米国製品に対する海外の所得弾性値が，輸入品に対する米国の所得弾性値より低いので，米国と他国が同じペースで成長するならば，米国の輸入は輸出より速く拡大し，一定水準の実質為替相場の下では，米国の貿易赤字が拡大する．したが

ってそれを避けるには着実にドルを実質ベースで減価させる必要があるとクルーグマンは主張する[123]。

ドルの実質均衡相場は，1980年代の初めと終わりでほぼ同水準であるが，ほぼ均衡状態であった米国の経常収支は恒常的に大きな赤字を計上するようになった．これはハウタッカー（H.S. Houthakker）とマギー（S.P. Magee）が指摘した，上記のごとき所得弾性値の格差を再確認するものであろう．

問題は実質為替相場の永続的な趨勢の原因をどう説明するかである．それまでの20年間，所与の貿易収支と整合的な実質的ドルの年率1～2%下落と実質的な円の2～3%上昇があったとクルーグマンは見ており，これらの趨勢は技術，生産性などで計る広い「競争力」の問題に行き着くとする．この常識的な観念をどのように貿易収支と結び付けられるか，この趨勢は持続するかについてさらなる解明が必要である．

(4) 為替相場調整による対外不均衡是正政策の生み出す不安定性

マッキノン（R. McKinnon）/大野健一は，国際金融問題と通商問題を分けて分析することは日米マクロ経済関係の理解を誤らせるとし，貿易摩擦が円を長期的に上昇させてきた重要な政治経済的要因と捉える．そしてドル円相場を各国が選択する財政・金融政策の結果としての受動的な調整変数ではなく，日本の金融政策に影響を及ぼす「強制変数」と位置付ける．

1) 過去円がドルに対して長期的に上昇してきた背景には，日米経済摩擦激化の中で，米国が貿易赤字解消のために通商交渉と円高要求を結び付けて発動してきた対日経済政策が原因であり，それを支えたのが企業のロビイングと，為替調整で貿易赤字削減可能と主張する経済理論であった．
2) 貿易不均衡是正に大幅な実質為替相場の変更が有効であり，名目為替相場を固定すべきでないというアプローチは，ソフト・カレンシー国や隔離された経済では有効であろう．しかし金融政策の協調を欠く世界を前提とすれば，過度に変動する為替相場は有害である．
   ① ミクロ面では価格メカニズムにノイズを持ち込み，投資効率を低下さ

せる．
②マクロ面では相互依存関係の緊密な経済間では，各国の賃金，金利，物価の長期動向を不安定化させる．急激な通貨価値の上昇は厳しい不況をもたらす．
③将来の為替相場にかんする不確実性が高いと，国際資本移動が困難となる．

　70年代以降の円の不規則な上昇過程は，これらの状況を生み出した．日米のような貿易や金融の開放された先進工業国では，為替調整で構造的な貿易収支を変えられない．円高は競争力の他，様々な影響を経済に及ぼし，全体として黒字縮小になる保証がない．長期的な対外不均衡は貯蓄・投資バランスを反映する．
3) 80年代以降，ドル円相場問題は，日本経済に必要以上のマクロ変動をもたらし不安定化させた．すなわち円高不況，資産バブル，その崩壊とデフレそして銀行危機，財政赤字拡大などをもたした．為替相場は物価不安定を引き起こす「強制変数」として機能した．
4) 日銀は短期的には急激な円高に対応する金融緩和政策をとるが，長期的には円安誘導批判をおそれてきつめの金融政策を維持した．為替相場は日銀を円高に短期抵抗・長期追随させる強制力をもっていた．

したがって伸縮的な為替相場が経済の自動安定装置であるとの認識と決別して，日米間で貿易紛争が為替相場に影響しないような新たな通商・為替関係を構築し，通商摩擦と円高の悪循環を断ち切るべきだと彼等は主張する．これにより円高がいつ再燃するかもしれないという不安感，すなわち円高シンドローム[124]から脱却することができるという．

　彼らの提案する日米通商合意の内容は，米国は為替政策を通商目的に発動せず，日本側は包括的かつ具体的な規制緩和目標を明示し，その実施を保証することなどである．通貨協定は，日米間で目標相場圏を設け，中心を卸売り物価水準を均等化する購買力平価として上下5％の変動幅とし，それを保つために協調介入することなどを含む[125]．

(5) 為替相場は不均衡是正に有効とする主張

クルーグマンは，マンデル＝フレミング・モデルに，インフレと為替変動に対する期待を組みこんだ，国際収支調整に関するモデル，所謂「マサチューセッツ・アベニュー・モデル」が，ドル下落が米国の貿易赤字を調整するプロセスの説明に有効であったと主張する．このモデルの内容は，以下のように要約される[126]．

① 需要が生産を決定するという有効需要の原理で構成され，ある国で生産される財への需要は，内需と純輸出の合計であり，国内支出は所得と実質金利に依存し，純輸出は国内所得と海外所得，実質為替相場に依存すると仮定される．

② 実質為替相場の純輸出への影響は，時間的なラグを伴う．

③ 中央銀行が決めるマネーサプライは，所得，物価，金利に依存する貨幣需要に等しい．

④ 投資家は，国内と海外の金融資産の期待収益が等しくなることを求める．また実質為替相場は，長期期待為替相場に徐々に回帰していく．

⑤ 物価水準はあらかじめ決まっているとされるが，インフレ率は何らかの期待形成を組み込んだフィリップス曲線により決定される．インフレ率は潜在的な生産能力と実際の生産水準との差や期待インフレに依存する．期待インフレは実際のインフレに反応して徐々に調整される適応型期待形成が前提とされる．

このモデルはIS/LMモデルを改訂したものであり，そこでは財市場と金融資産市場が同時に均衡する．これは，為替変動に対する輸出入の反応の鈍さ，フィリップス曲線における価格調整の緩慢さ，期待インフレ率に織り込まれる期待形成の遅行性をもつ動学モデルであり，為替相場の貿易収支に対する調整が完了する中期を想定している．

以上の見解に対応する国際経済政策上の標準的な学説の基本命題は，次のように要約される[127]．

① 貿易収支はマクロ経済上の問題であり，基本的には総支出と総生産の差

を反映しており，市場の失敗ではない．ミクロ経済要因に対して実施されるべき関税や輸入割当のような貿易政策手段は適切な解決策にはならず，貿易赤字には国内支出削減と自国通貨を減価させるポリシー・ミックスで解決できる．

②為替相場の変動で，対外不均衡を円滑に解消できるので，その伸縮性を放棄すべきでない．

　政府はマクロ経済の安定化を図る役割を果たせばよく，それ以外は市場にまかせるべきである．金融・財政政策は総需要を適切な水準に維持するために利用できる．国家間では総需要の問題に対外不均衡の問題が加わるが，変動相場制の下では，国際収支問題の解決にミクロ経済政策を採用する必要はない．すなわちマクロ面では積極行動主義，ミクロ面では自由放任主義ということになる．

(6) 80年代後半の対外不均衡調整過程の実態

80年代に為替相場の大きな変動があったにもかかわらず，日米の貿易不均衡は残った．80年代初期時点での特殊条件がその後の現象を歪めた．貿易不均衡はドルが減価しはじめてからも，それまでのドル高の影響を受けて拡大傾向を示した．原材料価格の変動や不完全な価格指数が事態の把握を困難にしているが，為替調整は期待された不均衡是正をもたらしたのだろうか．

1) 米　　国

80年代にドルの実質為替相場は上昇後，また80年代当初の水準にまで下落し，経常赤字は遅れて拡大しその後縮小したが，元の水準にはもどらなかった．その遅れは，約2年であった．またドルは80年代の終わりに元の水準にもどって3年間その近辺を上下していたが，巨額の経常赤字は減らなかった．これに対する説明としては，ドルの減価が均衡点より高い水準からはじまり，また景気拡大が継続する中で起きたからだという主張もある[128]．

2) 日　本

　プラザ合意後の数年間は別として，その後は急速に調整が進んだといえる．当初名目ベースでの経常黒字が変化しなかったので実質ベースの変化が覆われた．85年に比べると89年の経常黒字は対GNPで4%弱の減少を示した．この変化は，石油価格の暴落と輸出のJカーブ効果などで覆い隠されたのである．88年以降の経常黒字の急減は，海外直接投資の急増と関連するものとみられる．

　日本に特殊な問題とされる「市場に応じた価格設定」については，円の価値が倍になると円建て輸出価格は約40%低下すると予測されたが，実際には約60%もの低下がみられるという．またマクロ経済的に，日本の経常黒字拡大が緊縮財政の影響を受けたが，縮小過程では積極財政ではなく，民間投資の著しい拡大が影響した．また米国と異なり，日本では経常黒字拡大後，元の水準に縮小したときに実質円相場は当初より高くなっている．これは輸出入の所得弾性値の差によるものと見られる．全体としては，国際収支調整についての標準的な見解に沿った動きとされている[129]．

(7) 米経常赤字のファイナンス

　80年代後半，なぜ米国は金利低下にもかかわらず海外からの資本流入が続き，ドル安が経常赤字縮小をもたらすまで赤字をファイナンスでき，ハード・ランディングを回避できたのであろうか．一般に経常赤字国が緊縮財政と金融緩和政策を組み合わせると国内金利は低下，自国通貨は減価，経常赤字は中期的に縮小すると考えられるが，短期的にはJカーブ効果で経常赤字は拡大する．もし資本流入がなければ通貨はさらに減価する．米国金利低下にかかわらず，資本流入が続いたのは，通貨下落そのものが資本流入に必要なインセンティブを生み出したと考えられる．

　すなわち貿易収支が通貨の減価に反応すれば，いずれその水準から回復するという予想が働き，割安なうちに当該通貨を購入し将来のキャピタル・ゲインを手にしようとする動きが高まるであろう．それが為替相場の減価に歯

止めとなる．すなわちポリシー・ミックスがとられた後は，通貨は中期的に予想される価値よりさらに減価する必要があり，投資家は過小評価に気づいて将来の増価を期待してこれを購入する．その増価幅は低い金利を埋め合わせるに十分である必要がある．国内資産に十分な割安感があれば，経常赤字縮小までの期間，赤字ファイナンスに必要な資金をひきつけることができると考えられる[130]．

4. プラザ戦略と国際政策協調

(1) 日米の政策協調の試み

1) 為替市場協調介入からマクロ政策協調へ

プラザ合意からルーブル合意，ブラック・マンデー直後のG5による低金利政策，そして87年末のクリスマス合意にいたる時期は，国際政策協調が旗印として掲げられ制度的にも追求されたと坂井昭夫は主張する[131]．すなわちベーカーとダーマンは，巨額の財政赤字と高金利政策が招いたドル高を，他国の政策当局と協力して調整することが政治的に必要と考え，市場重視派のシュルツ国務長官やボルカーFRB議長もこれを支持したが，目指すところは単なる為替政策ではなく，それを効果的にささえるマクロ政策協調であったというのである．

しかし85年6月の竹下・ベーカー会談以降，日米はドル円相場調整で合意しながらも，米側は内需拡大を求めたのに対し，日本側はまず協調介入を優先することに固執し，プラザ会議でも同様であった．ドル安が進み，86年1月に190円を切る事態となって，政策協調はマクロ政策に重点を移し，協調的利下げによる為替相場安定を図った．

日本では急速な円高でも日米貿易不均衡は縮小しないので，さらなる円高によって，国内の構造改革を進めるべきだとする主張と，内需拡大の主張が対立した．86年の段階では，夏に同日選挙を目論む中曽根首相にとっては，宮沢らの円高批判と内需拡大要求の高まりもあって，さらなる円高は政治的

に受け入れ難かった.

　増税なき財政再建にコミットした中曽根首相と大蔵省が選択したのは日銀による金融緩和政策と,東京サミットを前に準備された前川レポート[132]が唱導した民間活力を利用した内需拡大策の推進であった.ルーブル合意のために,87年5月に策定された総額6兆円の財政措置をともなう大幅な内需拡大策は,「行革」予算との決別を示すものであった.

　2) 米国の政策協調姿勢

　米国は財政赤字削減を約束したが,その成果はどうであったか.

　レーガノミックスの帰結として財政赤字が肥大化したので,85年末に91年度に赤字をゼロとするグラム・ラドマン・ホリングス財政均衡法が議会を通過した.しかし86年税制改革法による個人所得税減税,法人税増税で米国産業の供給能力改善を阻み双子の赤字からの脱出を困難にしたと批判された.

　87年9月には財政均衡法を改正,赤字ゼロの目標年度を2年先送りした.しかも各年度の赤字限度額は予算成立までの期間を規定するものであり決算に対する拘束力をもたず,税収を多く見積もるなど操作の余地を残すものであった.総じて米側の財政改革努力は微温的といえる.

　3) 米国の求める政策協調への疑問

　日独は為替政策や金利政策でそれなりに協力し,内需拡大のために財政政策を転換した.これに対して米国のマクロ政策運営は基本的に変わらず,それがもたらす影響を緩和するために政策協調の名のもとに日独へ圧力をかけたというのが現実であろう.

　ドル安効果で88年以降,米貿易赤字が縮小し始めたが,「1988年包括通商・競争力法」には「1988年為替相場および国際経済政策協調法」が含まれており,経済成長と為替の安定を長期に実現するには先進国間の政策協調は不充分であるため,大統領や財務長官は諸外国との折衝や外国の為替政策

の分析などを通じて，さらなる協調の進展を図るべきことを義務づけている．

このような米国の姿勢は身勝手といわざるを得ないが，米財政赤字は米国の覇権維持のコストでもある．米ソ間の緊張緩和は，そのコストを削減する大きな手懸りとなる．しかしそこへ至るためにはソ連を圧倒する軍備を保持する必要があった．国際政策協調の要請には，その側面を無視し得ない．それが理解され，最終的に西側の協調体制が維持されるにしても，その間経済的な国益の衝突と調整に手間どることは不可避であった．

また米財政赤字の急速な収縮は世界政治経済の攪乱要因となる．それがもたらす衝撃を緩和するために，日独が内需拡大を図ることは，ある程度必要でもあった．しかしそのプロセスをうまく管理することは，各国の公私の行為主体の利害調整を含み至難の業であった．

4) ピア・プレッシャー

86年5月の東京サミットでは，7カ国の間で経済政策の協調をはかることが重要であるとしてG5にカナダ，イタリアを含めたG7が創設され，①例えばGNP成長率，インフレ率，金利，失業率，財政赤字比率，経常収支・貿易収支，通貨供給量の伸び，外貨準備，為替相場の指標を勘案しつつ多角的な監視を強化，②当初意図した進路から相当な乖離が生じるときは，是正措置で合意するよう最善の努力をすると宣言した[133]．

これは日独に内需拡大を求める米国側の戦略を反映するものであるが，その後の展開は，米国側の協調利下げによる内需拡大要求に日独は同調せず，不調に終わった宮沢蔵相との86年9月の会談後，ベーカーはIMF暫定委員会で成長促進や不均衡是正で政策協調できなければ，経済指標を引き金に強制的に政策変更を求める仕組み（トリガー）導入を示唆した．

87年2月のルーブル合意や4月のワシントンでのG7でも東京サミットでの経済宣言内容が再確認され，87年6月のベネチア・サミットでは，対外不均衡是正は為替相場の変化のみでは困難であり，黒字国が内需拡大し対外黒字を削減する政策を策定するよう経済宣言に明記された[134]．しかしベー

カーの望むトリガー制の導入ではなく,多角的監視はプラザ合意以来の国益の衝突の中での国際協調の模索という従来の枠組みの追認であった.

　国際協調が必要とされる今ひとつの理由は,国際資本移動の急激な拡大である.国際金融市場の混乱に対しては,各国通貨当局が結束して対処する必要性は高まる一方である.しかし協調行動は,緊急事態への対処という例外的な事態でのみ期待されるのか,それとも相互の政策監視に基づくピア・プレッシャーや不断の情報交換が協調体制の基盤を強化してゆくのかが問題である.

5) 政策協調としての構造協議

　プラザ合意後のマクロ政策協調の効果で米国の貿易赤字は87年に底を打ち縮小傾向に転じたが,対日赤字縮小は緩慢であり貿易赤字全体に占める比重はかえって高まった.そこで「日本異質論」が沸騰し米政界の対日強硬論の台頭を促し,「1988年包括通商法」を成立させた.ブッシュ政権は,89年5月にスーパー301条の対日適用を決定,同時に「貿易と国際収支調整上障壁となっている構造問題」の協議を提起,7月以降5回の会合を経て,90年6月末に最終報告を発表した.この過程を跡付けてみよう[135].

　構造調整政策に関しては,88年5月のOECD閣僚理事会がマクロ経済政策との相互補強作用を生かして最大限活用すべきだと謳い,6月のトロント・サミットではそれが再確認された.翌年7月のアルシュ・サミットの際の日米首脳会議でもブッシュ大統領が提案し,宇野首相が受け入れた経緯もある.その結果,構造調整の具体化と実行を日本に迫るために,「構造障壁イニシアティブ」(Structural Impediments Initiative: SII) を開くことになったのである.日本政府は双方向の話し合いの印象を与えるためか「構造協議」と訳しているが,日本側が構造障壁を改善しなければスーパー301条の適用対象とするとの威嚇を背景とする「内政干渉の制度化」といえる面があり,「日米円ドル委員会」の手法を継承したものといえる[136].

　大蔵省の内海財務官(当時)は予算編成権や税制問題への波及をおそれて,

貿易不均衡問題のうちマクロ政策運営についてはG7ないし両国の財政・金融当局間で扱い、この構造協議では専らミクロ問題を議論することについて米財務省側の了解を取り付けていた。しかし会合が始まると海野恒男経済企画庁審議官（当時）がマクロ問題抜きで貿易不均衡を論じることは妥当でないと発言し、日本側の内部不統一が露呈した。結局日本の「貯蓄・投資パターン」が他の構造問題とともに主要な論点に組み入れられたのである[137]。

米側は前川レポートを盾に、また日本の消費者の利益になるとして、土地利用、流通システム、価格メカニズム、系列問題、排他的取引慣行など様々な改善要求を突きつけたが、貯蓄・投資バランス改善を理由として大幅な公共投資拡大要求を強め、日本は以後10年間に430兆円をこれに当てる約束を呑まされたのである[138]。

マクロ政策協調の不調への反省の上に立ち、日本のミクロ構造改革を目指した構造協議は、日米双方にとっての政治的成果を狙った公共投資の拡張を決めることでバブルを準備し、改革を要すべき構造の延命をもたらす皮肉な効果を伴うこととなった。

(2) バブル経済の原因としての国際政策協調
1) 諸政策の展開

85年6月から86年11月は円高不況の時期とされるが、政策当局は経常収支黒字是正と内需主導による景気回復をめざして拡張的なマクロ政策をとった。プラザ合意による円高定着のため、日銀は短期市場金利の高め誘導という引締め金融政策をとったが、円高によるデフレ効果が顕在化するにつれて、金融緩和、財政拡張政策に転換した。前川レポートとそれに乗じる米国による内需拡大要求に応じて約束した膨大な公共投資拡大は、個々の経済行為主体の期待を歪ませ、バブル現象の下地を強化した。

金利政策面では、86年1月末に単独利下げに踏み切った後、ドル暴落が懸念された86年末から87年にかけては、国際政策協調のもとでさらなる金融緩和を進め、段階的に利下げを実施し、87年2月20日の第5次引き下げ

で,公定歩合はそれまでの最低である 2.5% となり,これが 89 年 5 月まで維持された.

また為替介入政策もバブル拡大を支えた.プラザ合意後のドル売り介入でドル安が進行し,86 年 3 月 17 日に円が 175 円 45 銭をつけた後,これ以上の円高を抑えるために 87 年末までに断続的に円売り・ドル買い介入を行った.これによる円の供給額は 86 年度に 4 兆 3500 億円,87 年度には 3 兆 4800 億円にもなった.特にドル全面安の 87 年 1 月初めには連続して大規模な介入を行い,わずか 10 日余りで 1 兆 3000 億円を散布した.このような介入は,86 年度で約 1.4%,87 年度で約 1%,マネーサプライの増加につながった[139].

このような諸施策は日本の地価や株価を急騰させ,バブル経済を生んだ.その後,バブル退治をめざした急激な引締め政策がとられ,株価・地価は急落し,それまでの過剰な土地関連融資は不良債権化,その後の日本経済に深刻な影響をもたらした.すなわち過去の円高期と同様,拡張的な経済政策がとられ,その後の経済パフォーマンスを不安定化させた.円高対策のマクロ政策は,必要に応じて機動的に運営し,必要性がうすれたら早期に中立的なスタンスに戻すことが望ましものの,それは政治的に極めて困難な作業であった.

2) 長期の低金利政策とバブル

プラザ戦略による協調介入で円高誘導が強力に進められた結果円高不況となり,政府は内需拡大による景気回復と対外不均衡是正のために,日銀に低金利政策を維持させた.何故そのような政策が持続したのだろうか.伊藤光利は国際政策協調上必要な政策でも,その程度と内容において他の政策との整合性を欠けば,国内経済の健全性を大きく損なうという可能性に,日本の指導者達が度し難いほど自覚に欠き,バブル経済の下地を作ったと批判する[140].

すなわち大蔵省はプラザ戦略としてまず通貨調整,そして金融政策を割り

当て，財政政策を隔離保護する戦略をとり，過剰流動性拡大の要因をつくった．この戦略を可能にしたのは，政府・大蔵省が日銀に対してもつ役員解任権，業務命令権，監督権などの制度上の権限，大蔵省出身者のたすきがけ人事による日銀総裁への就任の慣行，明示的・黙示的な権力をもつ優位性などに基づく「非対称的な権力関係」であり，日銀は独立性，中立性を持たなかったため，健全な金融政策を追求しえなかった．政府や大蔵省は日銀の持つ専門性にもとづく合理的な議論にも耳を傾けず，自らの利益にもとづき権力的に金融政策を統制しようとした．

日銀は専門性，合理性を存立の基盤とすべき組織であるが，その政策が政治化することを避けようとする「テクノクラート組織のジレンマ」に囚われ勝ちなのに対して，大蔵省は予算編成権，もろもろの規制権，検査権などを利用して政財界にネットワークをつくり，政治的に行動した．

高度成長期に染み込んだ円高回避の思い込みにとりつかれ，その実現に安易に金融政策を割り当てた宮沢蔵相と多めのマネーサプライが日本経済の常態と考えた澄田日銀総裁が，長期の超低金利政策を維持させ，その危険を軽視した．制度のあり方や政策理論は当然政策の帰結に大きく影響するが，それだけで一義的に決まるのではなく，政治家や組織の利害関心，判断，戦略なども重要であり，それによって責任が問われると伊藤は指摘する．

利上げの遅れが米国の圧力，もしくはそれを想定した日本側の躊躇に起因するのではないかとの疑念がある．これについては古城佳子は否定的である．その根拠は，88年以降，相変わらず通商政策面での要求は激しいものの，米国が不均衡是正のための内需拡大もしくは為替相場高という要求を控えたこと，西独の88年の2度の利上げを容認したことなどである．むしろ日本国内に支配的な円高回避論が政府・日銀の政策選択を制約したと見る[141]．

3） 政策選択の制約要因としての円高回避論

米国は対日貿易赤字解消のために，ブレトンウッズ末期以来，円高か内需拡大を求めてきた．米側は内需拡大が不充分と見ると，口先介入で円高進行

を加速させることも少なくなかった．80年代に入ると円高メリットの認識が高まってきたものの，円高が予想以上に急速に進行すると，中小企業を中心に与野党への陳情を通じて反対の政治的圧力を高めた．日本政府が，このような動きに敏感であることを米側も知悉しており，それを最大限利用したのである．

　古城は，80年代が共和党の大統領と民主党が多数の議会の「分割政府」の状態であったことに注目する．すなわち保護主義的な通商法案を相次いで提出し通商政策における大統領の権限を縮小させようとする議会に対して，レーガン，ブッシュ政権は為替政策を通商政策と結び付け，主導権の維持を図った．議会の圧力の存在で交渉の余地が少ないことから，日本から譲歩を引き出す可能性を徹底的に追求したと見られる．

　米側は不均衡是正に構造改革要求を持ち出したものの即効性はなく，円高が進むと金融緩和政策か公共投資を中心とする拡張的財政政策が実施された．根強い円高回避至上論の存在で，米側の政策協調要求を強い外圧に転換するという構造が継続したと古城は指摘する[142]．

5. 前川レポートをめぐる論争

(1) 前川レポートへの批判と反論

　野口旭は，80年代後半の政策論議で唱えられ共有された思考の枠組みを，「前川レポート的パラダイム」と名づけ，それが90年代の日本経済の停滞と混迷をもたらしたと以下のように批判する[143]．

　すなわち同レポートは，わが国の大幅な経常収支不均衡の継続が危機的状況なので，これを転換しなければわが国の発展はないとの基本認識に立ち，経常収支不均衡を国際的に調和のとれるよう縮小させることを中期的な政策目標として設定すべきだとする．そしてその目標実現のためには「内需拡大」「国際的に調和のとれた産業構造への転換」「市場アクセスの改善と製品輸入の促進」「国際通貨価値の安定化と金融の自由化・国際化」「国際協力の

推進と世界経済への貢献」などを提言する．すなわち内需拡大的な構造改革とマクロ政策の国際協調という政策を割り当てるのである．

しかし野口によれば，このような政策割当ては，「日本経済の安定的な成長の実現」という観点から評価すれば誤りであり，とくにマクロ政策協調による「黒字減らし」という考え方はその後の日本経済にとり，有害であった．市場開放，規制緩和など市場志向型制度改革を唱えたことは意義があったものの，構造改革についての誤解を広め，内需拡大や黒字減らしの手段として位置づけたことは誤りであったと指摘する．構造改革とは資源配分の効率性改善のために割り当てられるべき政策にすぎないからである[144]．

レポートの起草者の1人であった宮崎勇も，当時国内で主に3つの批判があったことを認めている[145]．

① 貿易黒字は，ダンピングや輸出奨励金によるものではなく，企業合理化努力，エネルギー原単位引き下げ努力など合理的で正当な方法で生み出されたものであり，非難される理由はない．

② 小宮隆太郎らエコノミストは，貿易・経常収支のみに注目すべきでなく，また地域別に論じるべきでなく，国際収支全体でみるべきだと批判する．標準的な経済学によれば，経常収支不均衡は，1国の総貯蓄と総投資のマクロ的問題であり，産業構造を転換して確実に貯蓄が減り投資が増える保証はない．日本の経常収支黒字は，豊富な貯蓄の一部を資本輸出の形で諸外国に提供しているのであり，「危機的状況」と捉えるには的外れである．

③ 下村治は，貿易乗数分析に基づき米国の過剰消費や財政赤字が不均衡の原因である以上，日本に非があるかのごとき内需拡大論は自虐的であり，米国が是正努力をすべきだと主張した．

また飯田経夫は，名目成長率を32～33％としなければ500億ドルの日米貿易不均衡を解消できないと批判した[146]．

これに対して宮崎は，それぞれに対して，① 86年の対GNP 4.4％の経常黒字は異常であり，相手国から近隣窮乏化政策だと非難され，自由貿易体制

を揺るがす懸念がある，②③については理屈があるが日本の貿易黒字の急増が問題だと反論している．

宮崎は貯蓄が豊富なうちに将来必要な社会資本を整備することが経済的に効率的であり，また貯蓄・投資の不均衡を是正すると主張，野口も宮崎の主張だけは，経済学的に正当なものと認めている．しかし筆者のインタビューに対して，宮崎は前川レポートの正当性を改めて主張し社会資本整備を擁護したことについて後悔はないものの，現実には公共事業の形でいつの間にか膨大な資金がどこかへ消えてしまったと理論と現実の差を嘆いた[147]．

前川レポートが目標の数値化を避けた背景についての筆者の質問に対して，宮崎は自分も経常収支黒字を対GDPで2%程度にするような数値目標の挿入を主張したが少数派であったことを認めた．特に大蔵省は目標達成のために財政出動を米国に要求されることを警戒して強硬に反対し，自民党の小沢一郎も「説得性がないから数字が必要だ」といいながら結局大蔵省の反対に同調，前川も努力目標を抽象的に掲げることに決したという[148]．

結局，前川レポートでは，黒字減らしの必要性は「自由貿易体制の維持」，「保護主義拡大の阻止」といった政治的理由によるものであり，「内需拡大」政策も本来マクロ経済安定化に割り当てられるべき財政政策以外に実効性ある手段は提起されなかったのである．

日米経常収支不均衡の最大の原因が米財政赤字である以上，日本の対応には限界がある．前川レポートが当時の厳しい日米関係の中で無理を承知で作った政治的文書としても，以後経常収支黒字縮小がない限り国際公約を日本は果たしていないとして，米国が日本に無理難題を要求することになった．これを政治的失態であったとする野口の批判に対して，宮崎は当時の政治的状況の中で，中曽根政権は国際協調の姿勢を示す他考えられず，その理論的武装のための文書であり，日米摩擦解消にそれなりの貢献をしたが，失敗は日本経済の体質改善に必要な社会資本よりは無駄な公共投資に資金が浪費されたことであったと筆者に語った．

(2) 不安定化を生んだマクロ経済政策の割当て

プラザ合意では，為替相場と経常収支の間に直接的な関係を想定し，ドル高是正によって米国の経常収支赤字を縮小しようとして，為替市場での大規模な協調介入を実施した．これは国内マクロ安定化の手段としての金融政策の放棄を意味するものであった．結果は円高で不況になり，内需を縮小させて経常黒字を拡大させることになった．その後ドルは急激に暴落したので，それを阻止するためにルーブル合意にしたがって内需拡大，対外黒字の縮小のための財政金融政策をとることとなった．これによりバブルを呼んだのである．

野口旭は，変動相場制をとる国の間では国際マクロ政策協調は有害無益であり，日本はその実験のコストを日本経済のマクロ的不安定化という形で最も多く支払わされたと指摘する．黒字減らしとドル円相場の安定化という2つのマクロ的目標を強要された日本は，これらの制約を経済大国として受け入れるべき当然の義務として甘受し，ジャーナリズムも多くの経済学者もこれを支持したのである．

しかしプラザ合意やルーブル合意における為替調整は広義の固定相場制への復帰であり，金融政策を為替操作に割り当てることで物価安定が損なわれる．特定国のマクロ経済的損失とならぬためには，国際マクロ政策協調が各国にとり対称的に行われる必要があるが，日本と米国間でそれが実現可能であるかのように考えるのは，「ナイーブかつユートピア的」と野口は批判する．

米国の経常収支赤字への危機感が国際マクロ政策協調を促した背景にあり，ドルの暴落や世界経済の混乱をもたらす可能性が高ければ，政策協調で相互に束縛しあってドル価値維持という公共財を提供しあうことも必要となる．しかし野口は，米国の経常収支赤字は循環的に変動しつつも大きな規模でも持続可能であり，ドルは下落したが米国への資本流入は続いているとして政策協調の必要性を否定する[149]．

(3) 国際政策協調と金融政策

鈴木淑夫元日銀理事は，初体験の「国際政策協調」の下で長すぎる超低金利時代を余儀なくされ，マネーサプライの過剰供給でバブル発生の貨幣的条件を形成，その後「バブル退治」が資産価格暴落の引き金となり，深刻な「資産デフレ」を招いたと説明している[150]．

すなわち78-85年の間，消費者物価上昇率を先進国中最も低く抑えながら，高い実質成長率を実現できたマネーサプライ重視政策が87年以降一変し，10％を超える伸びを許容するようになったのである．86年当時，円高不況で物価上昇率は鈍化しているのにマネーサプライが高水準の伸びを示している異常さを，日銀幹部は「乾いた薪の上に座る居心地悪さ」と表現したが，日銀が金融引締めへ転換したのは，薪が燃え盛っている89年5月であった．日銀のエコノミストたちは，金融政策失敗の原因を国際的政策協調，円高阻止，内需拡大による経常収支黒字縮小という政策思想に帰しているが，彼らはこの政策思想に抵抗した痕跡はなく，むしろ86年当時は国際政策協調無用論を批判していたと野口は指摘している[151]．

(4) 通貨当局者の反省

国際マクロ政策協調の呪縛によって，金融政策が為替に振り回されたことに，日銀の澄田，三重野元総裁や鈴木元理事などが強い悔恨の念をしめしているが，為替政策の直接の担い手である大蔵省側の政策担当者には，国際マクロ政策協調が日本経済に何をもたらしたかについての問題意識はあったのであろうか．

関係者の証言ならびに筆者のインタビューへの回答をまとめると，長年通貨外交の指揮をとり大蔵省きっての国際派といわれた行天は，自らの国際金融局長，財務官在任中の政策について次のように総括している．

① 日本経済がドル円相場の変動に弱くその都度大騒ぎするのは，円の国際化について大蔵省，日銀が熱心でなかったこともあり，自業自得である．
② 円高の中で競争力を獲得した企業や円高メリットを享受する企業も多く

なっているのに，それは禁句，円高阻止もしくは逆転のためにはなんでもせよとメディアも政治家も一緒になって役人に圧力をかけてきた．

③経常黒字に対する海外の批判は強く，円高で減らそうとは口が裂けてもいえないので，市場開放がもう1つの選択肢となるが抵抗が強く，それを乗り越える力はなかった．

④残る方法は内需拡大だが，減税など財政当局はとんでもないというし，政治家も消極的，公共投資拡大も真水は大きくなかった．

⑤残りは金融政策となるが，日銀は景気刺激を必要と考えず，外的要因で緩和をするには抵抗感があり消極的であった．しかし国際関係と国内の政治経済状況から大幅な金融緩和に踏み切り，長期にこれを維持し，その後急ブレーキを踏んだ．しかし資産バブルとその後の推移に対して非常に希薄な危機感しかもたなかった．

⑥バブル形成の過程での反省点．

i 金融政策変更のタイミングが不適切であった．

ii 金融政策に負担がかかりすぎ，財政がもっと出る余地があったなど政策手段の選択に誤りがあった．

iii 為替相場は本来政策目標にはなりえないのに，円高阻止に重点を置きすぎた．もっと早くに円高にミクロ政策的な対応をすべきであった．前川レポートは立派であったが実行されず，結果的にあまりいいインパクトを与えないで終わってしまった．

そして「5年間を振り返れば反省のみである，政治的な問題，業界の既得権などで，大蔵省がその気になってもどこまで出来たかは疑問であり，政治家で努力した人も居たが，時の流れというのはしょうがない，喜んで話ができる期間ではないのが事実である」と率直である．今後に生かすべき多くの教訓を含んでいるといえよう．

ま と め

　世界の政治経済の安定を確保するためには，開かれた貿易体制や安定した国際通貨体制という参加国共通の利益である国際公共財を提供する覇権国とその指導に従う国々という階層化された秩序が必要であるというのが覇権安定論である．すなわち覇権国は国際公共財を提供するコストの多くを負担するとともに，参加者にも応分の負担を求め，フリーライダーを制裁する力を維持する必要がある．ブレトンウッズ体制を支えた米国は覇権国の名に値する存在であった．しかし1960年代以降，米国は国際公共財の供給より自国利益を優先しはじめた．70年代と80年代の国際通貨体制の動揺，大幅な為替変動や対外不均衡の持続は，米国の覇権衰退の帰結であるというのが覇権安定論者の認識であった．

　その中で米国は日本をジュニア・パートナーに組み込むことで，覇権衰退を緩和しようとしたとギルピンはいう．たとえばドイツは79年10月，87年夏などに対米協力を拒んだが，日本は対米金融支援を行う形の協力を強めた．また日米円ドル委員会合意は，製造業で優位に立つ日本と金融業に比較優位をもつ米国の間での均衡を回復し，日本の過剰な貯蓄を米国の双子の赤字ファイナンスに利用するという構図のきっかけとなった．

　日本はこれにより米議会の保護主義的貿易立法に対応して米国市場を確保し，また対日軍備増強圧力を緩和できた．また為替相場が妥当な限り日本は米国の財政赤字をファイナンスし続けるとの暗黙の了解もあった．しかしギルピンは日本が対米金融協力の継続が長期的な日本の利益に合致するか否かを問い始め，米国の金融覇権を狙う可能性すら指摘した[152]．しかしこれは米国の力を過小評価，日本の力を過大評価した誤りであることは，その後の事態の推移で明らかである．

　コヘインは覇権安定論で説明できる米国の衰退は，石油を通じて維持してきた国際秩序の形成力だけであり，この理論は貿易や通貨問題には当てはま

第3章　プラザ，ルーブル合意そしてバブル　　　221

らず，利害関係を共有する諸国が必要とする国際経済レジームの進展を軽視していると指摘する[153]．プラザ合意からルーブル合意にいたる過程も，国際金融秩序の動揺を，政策協調によって食い止めようとした努力の跡ということになる．国際協調は，「交渉や政策調整に関する論争的な過程」であり，その実現には各国政府が国益を追求しながらも協調に至る枠組みが必要であるとコヘインは言う．しかしその枠組みは各国が対等な立場で形成されるのか，米国が覇権国であった時代の遺産なのか，それとも米国が新たな秩序形成能力を獲得し始めたのかを吟味する必要があろう．

　ストレンジもギルピンら覇権安定論者の見解に疑問を呈した[154]．彼女は世界経済は市場メカニズムを基礎に形成されているので，国際通貨問題についても覇権論的に国家間の権力の均衡よりも，市場と国家の力の均衡の変化に焦点を合わせ，市場の力に基づく「構造的権力」[155]を重視すべきであるとする．そして日米間の金融的権力の違いは「構造的権力」と「関係的権力」[156]の違いであるという．

　彼女によれば戦後の国際通貨体制の変遷は，米国が覇権国として衰退する歴史ではなく，資本移動の自由をもたらす金融市場の世界的統合の歴史として把握すべきなのだ．この流れは米国の構造的権力を強化するが，その他の国々には選択の自由を制約するという非対称的な作用を及ぼす．なぜならばその他の国々に対しては，金融のグローバル化が国家と市場の均衡を崩し，民間企業や個人は自由に富を海外に移転できるようになるから国家の力を弱める効果をもつからだ．

　これに対して米国は自国通貨建てで過剰支出のファイナンスが可能なために，他国，とくに日本の貯蓄を利用できる．その意味では80年代の米国の双子の赤字は，構造的権力の指標でもある．日本の債権国化は進んだが，これで米国の構造的権力の基礎を侵食することにはならない．日本は安全保障面と経済面で脆弱な立場にある．輸出市場を大きく米国に依存し，巨額な対外資産がドル建てであることにそれが現れており，自立した金融上の指導力を制約されている．

また政府が自国の対外資産をコントロールする力についても，規制緩和，国際化の進展などでその影響力は低下を免れない．日本に残されているのは関係的権力であり，その強化にはIMFや世銀など国際経済組織における影響力を増大すること，国際債務問題で独自の政策を追求すること，東アジア諸国との通貨・金融関係の緊密化などが考えられるが，成功は限られた範囲にとどまると見る．

　米国の経常収支赤字はむしろその力の強さの現れとするストレンジの見方はともかくとして，維持不可能であり急激な調整を迫られるとの多くの警告にもかかわらず，80年代から今日に至るまでそれは順調にファイナンスされてきた．80年代前半には，米国はマクロ政策の変更はもとより，為替市場への介入も拒否した．後半になりドル相場の調整についてG7諸国と協議し為替市場への介入やある程度の金融政策の協調に踏み込んだものの，政治コストの高い財政赤字削減には不熱心であり，むしろ日独などに対外不均衡の調整を押し付けることに成功した．

　それは米国の安全保障上の力はもとより，開放された巨大な国内市場の存在，債務国でありながら自国通貨の減価で他国へ圧力を加えられる基軸通貨国の非対称的な力，そして優れた金融・資本市場の存在などに裏付けられた構造的権力であり，86年から87年に生じたファイナンス能力への不安も金融市場の安定化で乗り切った．米国はその力をもって他国の金融市場の開放や変革を迫り，自国の財政赤字ファイナンスに役だてたり米国金融機関の活躍の場を拡大したのだ．

　しかし市場メカニズムに国際通貨・金融問題を全面的に委ねることはできない．それはしばしば自己制御が効かなくなるシステムであるからだ．為替相場はオーバーシューティングするし，その大きな変動は政治問題化しがちであるため各国政府は無関心でいられない．また巨大化した国際金融市場も制御が困難となってきた．市場に大きく依存する米国は優位性とともに脆弱性を抱えることになるが，それに対応するために今後とも日本に負担と協力を求めることであろう．

第3章　プラザ，ルーブル合意そしてバブル　　223

　これに対して日本は，冷戦構造の終焉とともに米国の構造的権力に対抗して独自路線を歩む選択肢は議論としてはありえた．しかし自由主義市場経済から多大の恩恵を受けている以上，ある程度の負担を担い国際協調を続けることが現実的選択であった．予見しうる将来も国益を擁護しつつ世界政治経済の安定維持に建設的な協力をしてゆくことになろう．

　その際，米国の構造的権力に対応して，負担を合理的な範囲に抑制しつつ協調を維持する必要がある．それにはカルダー（K. E. Calder）の所謂「反応的国家」[157]の習性から脱却し，能動的に世界の政治経済体制の安定への貢献と国益追求を両立させる構想力と実行力を培う必要がある．しかし船橋洋一が指摘したような日本式政策決定方式，すなわち自発的には行動せず，外圧

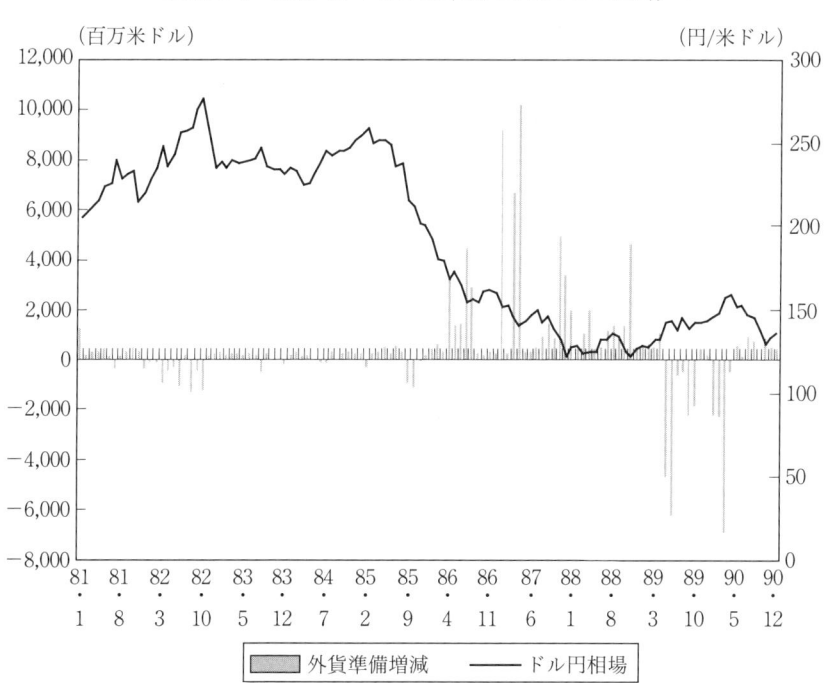

図表 3-4　1981-90 年の外貨準備増減とドル円相場

出所：大蔵省，日本銀行 HP．

に一応は抵抗してみるものの最終的には受容し，それがもたらす苦痛を関係者に平準化して分担させる方式の下では，それは不可能である．根回し型政策決定，国内派の国際派への優位，自民党派閥政治のしがらみ，各省庁間や同一省庁内での熾烈な権限・縄張り争い，そして弱体な首相官邸機能は，日本の通貨外交を制約し続けている[158]．プラザ合意以後の国際協調行動がバブルとその崩壊，その後の長期の停滞をもたらしたのは，このような構造的弱点を脱しえぬままに，グローバル化の圧力へ場当たり的で受動的な国際化で対応してきた政策に大きな責任があったと思われる．

注
1) 現在5カ所が黒く塗りつぶされた上で公開されている．
  National Security Decision Directive on United States-Japan Relations, number 62, October 25, 1982, The White House, http://www.fas.org/irp/off-docs/nsdd/23-1925 t.gif (2006/01/21)
2) 染谷［2005］第4章参照．
3) 第1節は主に石川［2004］144-68ページ，草野［2005］148-71ページ，川上［1996］138-78ページ参照．
4) レーガノミックスによれば，スタグフレーションの原因は，60年代初頭から15年に及ぶケインズ的景気安定政策であり，生産性上昇率の大幅鈍化は，生産的資本ストックの伸びの鈍化に起因する．生産性上昇鈍化は家計部門の過小貯蓄，企業利潤率の低下，政府規制強化による非生産的費用の増大にある．スタグフレーションには，通貨供給増加率低下でインフレ期待を鎮静化させ，生産性向上には限界税率軽減，加速度減価償却導入，政府規制緩和，政府支出削減を図ることで対処する（吉冨［1984］第1章参照）．
5) 簿価ベースの対外投資ポジションの把握には直接投資が過小評価されるなどの批判があり，商務省は91年5月に表記方法を見直し，時価方式（at current cost）と市場価格方式（at market value）で発表することになった．時価方式では，子会社の工場，設備，土地，在庫資産項目を時価で評価し，市場価格方式では，子会社の自己資本を株式市場価格に基き再評価する．ポートフォリオ投資，金準備を除く公的準備資産はいずれの方式でも時価．米国は時価評価でも86年，市場評価でも89年に純債務国化した（U.S. Department of Commerce, *Survey of Current Business*）．
6) 米実業界のロビー団体であるビジネス・ラウンド・テーブル代表であったモーガンは，82年ごろから貿易不均衡の原因は円安ドル高にあると主張し続けた．

「コスト削減の努力をするよりも,ドル高問題に取り組むほうがよいと,あの時期は思っていました……問題の本質はドル高で,われわれがかなり感情的になっていたのもそのためです」と述懐している.しかし彼の陳情に対してリーガン財務長官は「市場での取引だけが,(ドル)の価値を決める」と一喝したという (NHK [1996] 18-20 ページ).

7) この決議は,共和党ダンフォース上院財政委員会国際貿易小委員長が中心となって推進し,「日本の不公正な貿易慣行に対応する」こと,そのため輸入制限など「適当で可能なあらゆる対抗措置」をとることを大統領に求めたものであり,法的拘束力はないものの,全会一致による議会の意思表示という意味で,日本へ大きな衝撃をもたらした.
8) コーエン [1995] 297 ページ.
9) ブラッドレー法案は,為替安定のための基金(戦略的資本準備)を設定し,年間の経常収支赤字が GNP の 1.5% を超え,ドル相場が経常収支均衡に必要なレベルを 15% 以上上回っている場合,次の四半期中にこの基金を使って 30 億ドル以上の外貨を財務省に購入させ,FRB には不胎化政策を取らせないとした.ボーカス・モイニハン法案と同様,市場介入を義務付けるものであった(デスラー・ヘニング [1990] 171-2 ページ).
10) 船橋 [1993] 131-42 ページ,コーエン [1995] 第 10 章,デスラー・ヘニング [1990] 171-7 ページ.
11) 当時ミネソタ州選出の下院議員でその後ブルッキングス研究所名誉研究員となった自由貿易派のフレンゼルの証言(船橋 [1993] 19 ページ).
12) 81 年 5 月に米議会上下両院合同経済委員会で,スプリンケル次官は「政府が頻繁かつ大規模な介入を実施するということは,当該政府が『多数の市場参加者より少数の政府関係者の方が為替相場のあるべき水準(またはあってはならない水準)についてよく分かっている』ということである……レーガン政権のドルおよび為替市場政策はファンダメンタルズ重視でいくつもりである……しかし予期せぬ事態(例えば大統領暗殺事件)が生じ為替市場に混乱を引き起こしかねない場合には,我々は介入する用意がある」と証言(ソロモン [1999] 18-9 ページ).81 年 3 月 30 日レーガン大統領の暗殺未遂事件が発生し市場が動揺した際には,米為替当局は 7440 万ドル相当のマルク売りを行い,鎮静化に成功した. Federal Reserve Board [1981] September, p. 689.
13) 当時の米財務省が為替市場への非介入政策を固守していたのは,①シカゴ学派の影響を受けたスプリンケル財務次官ら市場万能主義者たちの存在,②ヘルムズ上院議員,ケンプ下院議員など共和党右派からの金本位制復帰を求める圧力への対抗といった要因を指摘する見方がある(船橋 [1993] 129 ページ).他方リーガンが非介入政策を擁護したのは,資本流入,ドル高騰,貿易赤字がレーガノミックスのもたらした好ましい投資環境の賜物との確信に基づくものであり,大統領と自らを守る政治的な動機によるとする見解もある (Dominguez/Frankel

[1993] p. 10）．
14) デスラー・ヘニング［1990］48-52ページ．
15) 財務省財政史室［2003］116ページ．
16) ボルカー・行天［1992］350ページ．
17) ドルのバブルは，新チームによる政策変更への期待と，1月17日のG5で合意されその後実施された小規模ではあるが市場で注目された介入により破られ，下降をはじめたとの見方がある（(Dominguez/Frankel［1993］pp. 12-3）．
18) 黒田元財務官は，金融緩和を遅らせた日銀は，インフレという「前の戦争」を戦っていたとし，インフレ懸念がないのに円安を恐れていたのも誤りであると日銀を批判する一方，財政再建に効果のある増税や歳出削減は政治的に困難であり，金融政策の支援なしでこれを進めようとして経済の低迷を招き，財政再建への反対を強めてしまったとする（黒田［2005］70-2ページ）．
19) 関係者によると，83年9月のIMF世銀総会のときには，日本に対して金融・資本市場の自由化を要求する考え方は全くなかったが，シュルツ国務長官がこれまで貿易問題に集中していた対日要求に疑問をもっていたという．それが総会後1週間で急変，大統領訪日の最重要テーマになるとマクナマル財務省副長官から連絡があり，急遽ハワイとサンフランシスコで議論が行われた．モーガン・ペーパーの影響と推測される．
20) キャタピラー社のモーガン会長の委嘱で，スタンフォード大学のエズラ・ソロモンと弁護士がまとめた報告書（いわゆるソロモン・ペーパー）は，円相場が不当に安いのは，日本の閉鎖的な金融制度や資本流入抑制策に起因し，金融自由化とユーロ円市場の拡大で円資産の魅力を増し，円高とすべきだと主張．これに基く対日政策は産業界と金融界の双方から支援を取り付ける一石二鳥の策と見られる（小泉［1996］120ページ）．
21) 「日米円ドル委員会」の日本側責任者の大場財務官は，ドル円相場の主な短期的決定要因は金利格差，中長期的要因はインフレ格差であり，円の国際化や金融資本市場の自由化措置などは脇役だと指摘している（黒田［2005］73-5ページ）．また関係者によれば，メリルリンチ出身のリーガンは，東京証券取引所への参入問題と日本の世銀における地位引き上げを絡めるなど，露骨な圧力をかけ日本側を怒らせたという．
22) 野村證券・モルガン合弁の信託会社構想に表れた外銀の信託銀行への参入，居住者ユーロ円債発行自由化などの要求は，日本の金融規制体系を根本から揺るがす意味をもっていた（塩田［1994］第1-4章）．
23) 当時日本側が一番悩んだのは，マルフォードが持ち出したユーロ円市場規制緩和問題であり，国内金融制度を揺さぶることになるとして銀行局，証券局が抵抗したが，大場財務官は自由なユーロ市場を梃子に国内金融の自由化に刺激を与えるべきだと判断，中曽根首相はそれを強く支持，竹下蔵相は党を完全に押えてくれたので，ユーロ円の自由化推進優先で纏められたと関係者が述懐している．

24) 財務省財政史室［2003］273-89ページ．
25) 塩田［1994］180ページ．
26) 中西［2002］317-22ページ．
27) 田所［1988］222-55ページ．
28) FRBNY Quarterly Autumn 1985, p. 52.
29) NHK［1996］42-5ページ．
30) 中曽根首相はこの演説を読んで感心し，以後彼を私の教授と呼んだ（Shultz［1993］pp. 191-2）．
31) 為替市場介入に頼るのは危険としていたシュルツ国務長官がスプリンケルと共に反対するのを避けるために，ベーカーは慎重な根回しをしたが，最終的にベーカーの新政策を支持した理由については，①ワシントンの政治ゲームのプロとして，議会や貿易相手国の不満や苦情を知悉し，財務省の新しい試みを理解できた，②変動相場制信奉者ではあるが，スプリンケルのようにイデオロギー的ではなく，またベクテル会長としての実務経験もありドル高で苦しむ産業界の実情も理解していた（船橋［1993］146-50ページ）．しかし後に「プラザ合意は大きな過ちだった……ベーカーのやったことはまったく無意味だった」と述懐したという（NHK［1996］47ページ）．
32) ボルカー・行天［1992］351-3ページ．
33) 船橋［1993］150-1ページ．
34) 大場［1995］173ページ．
35) 船橋［1993］第4章参照．
36) 当初中曽根は通貨問題には余り関心も知識もなく，具体的政策は竹下へ任せていたが，円高を政治的に演出・利用する政治的感覚をもっていたと中川は筆者に語っている．
37) 船橋［1933］は，中曽根の為替戦略の政治的背景を詳しく分析している（163-71ページ）．また細見の円高作戦のマル秘メモについては，望ましい円・ドル相場を1ドル＝170～180円程度に設定し，円を徐々にこのレベルまで誘導すること，為替の乱高下には日米当局が積極的な介入で安定させるよう提言したとする（167-8ページ）．中曽根の海軍時代からの友人の中川は「国全体が発展していくためには，全体として生産性が上がる必要がある……国際的に生産性が低いそういう産業（中小の小売店とか農業など）は，ある程度整理せざるをえないのです」と円高推進を唱えた（NHK［1996］28-31ページ）．
38) シュルツは安倍と親交を結び，5年間に30回以上も会ったという．Shultz［1993］p. 181.
39) 竹下がベーカーへ政治家としての付き合いを求める働きかけは，85年4月のIMF暫定委員会や，翌5月のボン・サミットの時といわれるが，ワシントン訪問中の竹下がユナイテッド航空の日本乗り入れ問題の口利きでベーカーに恩を着せ，個別案件に強いことを印象付けたという（船橋［1992］180ページ）．彼の

努力が実を結びベーカーとは相当親密な関係を築いたことは，構造協議が行き詰まったときに打開策をゴルフ場で協議し，結果的に大規模な公共投資の約束を引き出したというエピソードに表れている．これに比べてベーカーの回顧録に宮沢への言及がほとんど見当たらないのが不思議である（Baker [1995] pp. 611-2）．

40) NHK [1996] 40-41ページ，G10の前日の蔵相代理会議で大場財務官は，マルフォードから政策転換の感触を得ていた（塩田 [1994] 211-2ページ）．
41) 為替相場の調整策を合意できたら西欧に呼びかけるとの了解で行われたこの会談では，竹下はドル相場が下落し始めている現在，協調介入すべきだと提案，これに対してベーカーは介入より政策協調こそ為替調整のカギであり，日本が内需拡大策に踏み切るよう要求した．竹下はマクロ経済政策についての検討を約し，日米が指導力を発揮する必要あるため，2人の連絡を密にしようといった．その後事務レベルでの交渉が行き詰まった時，ベーカーは，竹下に書簡を送り，減税・税制改革など内需拡大を求めた（船橋 [1993] 32-5ページ）．
42) 船橋 [1993] 76ページ．
43) 大場 [1995] 176ページ．

プラザ合意における日本政府声明の5には「財政政策は，引き続き，国の財政赤字の削減と，民間活力を発揮させるような環境づくりという2つの目標に焦点をあわせてゆく．その枠組みの中で，地方団体が個々の実情を勘案して1985年度中に追加投資を行おうとする場合には，所要の許可が適切に与えられよう」とある（財務省 [2003] 119ページ）．これは吉野良彦主計局長の案といわれ，しかも英文はより前向きのニュアンスをもたせた（Fiscal policy will continue to focus on the twin goals of reducing the central government deficit and providing a pro-growth environment for the private sector. Within that framework, local governments may be favorably allowed to make additional investments in this FY 1985, taking into account the individual circumstances of the region）．しかしマルフォードは，そのからくりを察知していたようで，「大蔵省のこうした行動が，日本の問題点」と批判した（NHK [1996] 59-62ページ）．

44) 日本経済新聞社 [2000] 25ページ．
45) マルフォードはリトラー英大蔵次官に対して，プラザ合意のねらいは日本に内需拡大策を国際公約させることだと本音をもらした（NHK「1996」63-4ページ）．
46) 関係者の話では，ティートマイヤーがブンデスバンク代表がいないので議論できないとごねたものの，介入について相当な議論が行われ，相当長期間かつ大規模に行う必要がある，大蔵大臣と中銀総裁がそれぞれ5名集まり10%も為替が動かないのではみっともない，13%にするか15%にするかなど様々な意見が出た．しかしマルフォードが用意してきた介入に関するペーパーは破棄することにしたという．
47) 船橋 [1993] 36-8ページ．

第3章　プラザ，ルーブル合意そしてバブル　　　　　　　　　　　　　　229

48) 財務省財政史室［2003］118ページ，船橋［1993］39ページ．
49) ボルカー・行天［1992］369-70ページ．
50) 船橋［1993］39-48ページ．通貨当局幹部OBは，船橋は出席メンバー16人全員に会っているので，その報道は7～8割方正確だと筆者に語った．
51) 岡部［1987］は介入規模については100億ドルであり，10月末までの40日の介入規模はそれを超えたとしている（18ページ）．
52) 大場［1995］177ページ．
53) ボルカー・行天［1992］356ページ．
54) NHK［1996］79-80ページ．
55) 大蔵省国際金融局［1986］102-10ページ，東銀・東銀リサーチ［1986］6-7ページ，Federal Reserve Board. February［1986］pp. 109-12, May［1986］pp. 298-301参照．
56) 日銀は為替市場関係者にプラザ合意メモを配布したり主要銀行のディーラーを訪問したりして，積極的に市場期待の変化を誘導する作戦に出た（塩田［1994］312-5ページ）．日銀が一部の為銀にドル売りを強く勧めたとすれば不公正だと外銀の為替ディーラーは批判している（小口［2003］119ページ）．しかしプラザ会議の情報をキャッチした一部の為替ディーラーは休日出勤して日銀にコンタクトし介入開始を知って，ドルを売りまくった（酒匂［2004］78-82ページ）．
57) 岡部［1987］23ページ．
58) 「すべての責任は僕がとる．円を買いまくれ」．山口（大蔵省事務次官）は早朝，国際金融局次長の橋本貞夫を呼んでこう厳命した．大蔵省は1日で15億ドルもの円買い・ドル売り介入を断行した……当時の1日の東京市場の直物ドル取扱高は，膨らんだ日でも数十億ドル．少ない日の1日分をゆうに超える巨額介入でも，投機筋のドル買いは強く，なかなか円高誘導は進まない．難攻不落の「正午前30分間」を何とかしのぎ，東京市場はプラザ前の1ドル＝240円から230円に上昇して引けた．この日1日で用意した介入枠はすでに使いきっていた（日本経済新聞社［2000］27ページ）．
59) 当日の介入額については12億ドルから15億ドルまで諸説あり，塩田［1994］では13億ドル（319-20ページ）．
60) ボルカー・行天［1992］371ページ，岡部［1987］24ページ．
61) 澄田は215円前後で張り付いている相場を一段と円高にするには，日米金利差を縮小する必要があると考えた．また営業局を中心に過熱気味の債券相場を冷やす必要を感じていた．公定歩合引き上げには内外の抵抗が大であり，大蔵省に相談せずに金利高め誘導に踏み切った．その後急速に円高が進み200円に近づいたところで，12月18日にこの政策を解除した．その間海外や大蔵省の反発は激しかった（塩田［1994］330-6ページ）．ボルカーやコリガン・ニューヨーク連銀総裁は，大事なのは内需拡大だと厳しく批判（岡部［1987］25ページ）．
62) ボルカー・行天［1992］370ページ，太田［1991］107ページ．

63) 船橋［1992］208 ページ．
64) 太田［1991］105 ページ．大場財務官は，プラザ合意が「金融政策の弾力的運営」を謳っているのを逆手にとり，国内派の役員が国際派の役員に相談しないで金利を動かしたので本当に驚いたという（大場［1995］176-7 ページ）．
65) 大蔵省国際金融局［1987］78-87 ページ，東銀・東銀リサーチ［1987］67 ページ，Federal Reserve Board. August［1986］pp. 525-8, November［1986］pp. 766-96, January［1987］pp. 14-7 参照．
66) ロンドン G5 出席後米国を訪問し帰国の直前に空港で，「より円高になり，円高が定着することを期待するという方向に変わりはない．では 1 ドル 190 円になっても大丈夫なのか……それを受け入れる環境ぐらいはあると思う」と語ったという日経記事（86 年 1 月 24 日夕刊）．岡部［1987］28-9 ページ．
67) ボルカー・行天［1992］373 ページ．
68) 前川元日銀総裁が主宰した経済構造調整研究会報告書（1986 年 4 月）は，日本の対外不均衡が危機的状況にあるとの認識に立ち，短期的には内需拡大による経常黒字縮小と，中長期的な構造改革の必要性を提言した．その後経済審議会の経済構造調整特別部会が検討を続け，86 年 12 月に中間報告，87 年 4 月に部会報告（新前川レポート）を纏めた．ここでも経常収支不均衡縮小を国民的政策目標とし，為替調整のみならず日本経済を内需主導型に変革すべきと主張，適切かつ機動的な財政・金融政策を運営するよう提言した．全体として内需成長型経済運営をめざし，そのために民間活力の利用，土地・住宅関係投資を促進することとなった（日刊工業新聞［1987］179-221 ページ）．須田［1992］は，経常収支調整を約束したのは誤りで，かえって対日批判を激化することになったと批判している（295-6 ページ）．
69) 通貨調整と円高を進めてきた竹下は，宮沢の中曽根批判に「国政上の重要な問題を政争の具に使っている」と強く反発した（塩田［1994］359 ページ）．
70) プラザ合意で介入をやったものの為替相場安定にはつながらなかった経験を踏まえ，根っこにあるマクロ経済の均衡を図ることが結果的には相場の安定にも繋がるとの考え方が台頭し，いろいろなマクロ経済指標を監視して政策をトリガーするようなルールを作ろうと米国が言い出し，東京サミットの直前の代理会議のレベルで議論が行われた．日独は黒字国責任論に繋がることを警戒した．
71) 自民党総裁の 2 期 4 年の任期満了が迫る中曽根は，同日選挙を断行して勝利し，続投する構想をもっていたが，自民党長老はこぞって反対，宮沢総務会長はその先頭に立った．急速な円高を絶好の機会と捉え，臨調・行革路線にそって財政再建を掲げる中曽根に対して，積極財政による経済成長と円高抑制を主張，政治の空白を避けるために解散・同日選挙に反対した（塩田［1994］349-51 ページ）．
72) NHK［1996］113-4 ページ．
73) 円相場が変動相場制移行後の最高値に達したことで，本邦為替当局はドル買いの逆協調介入を米欧に持ちかけたが，更なる円高を望む米議会を重視するベーカ

ーをはじめ各国の反応は冷淡であった（岡部［1987］33-5 ページ）．竹下が直接電話で協力を訴えたことで，ベーカーはニューヨークでのドル買い委託介入には反対しない旨回答したという（塩田［1994］352 ページ）．当時の通貨当局幹部は，中曽根首相からしばしば呼びつけられ，何とかして円高にしろといわれ，無理のきく手段ではないと思いつつも他に知恵もないので介入したが，結果的には効果はなかったと述懐している．

74) ベーカーは貿易不均衡に苛立つ議会，政権内部，産業界に高まるドル安・円高への政治的圧力に配慮せざるをえなかった．プラザ合意以来の「ドル高是正」を「ドル安容認」に戦略転換したと見られた．しかしその直後にボルカーFRB議長はドル暴落懸念を下院銀行委員会で表明した．ウォーリックFRB理事も，財政赤字を放置してドル高是正を急ぐと金利上昇につながると警告した（岡部［1987］29-31 ページ）．

75) ボルカー・行天［1992］373-4 ページ，NHK［1996］115 ページ．

76) 大蔵省事務当局から日銀が利下げに抵抗するのはインフレへの警戒感によるものであり，円高が進めば反対理由がなくなるとの助言を受けた竹下蔵相は，協調利下げの合意ができなかった86年1月のロンドンのG5の帰路，ワシントンで記者会見し「190円容認」と受け取られる発言をし，その結果一気に 200 円の大台突破を招いて日銀を利下げに追い込んだとの見方がある（塩田［1994］337-46 ページ）．

77) 飯田［1995］278-80 ページ．

78) NHK［1996］116-8 ページ．

79) 衆参同日選挙で勝利した中曽根は，円高批判を続けてきた宮沢を封じこめ，さらに積極財政派の彼を使い政策転換を図ろうとしたと見られる（塩田［1994］362-6 ページ）．

80) 中間選挙で共和党が引き続き上院で過半数を握るにはレーガン政権が貿易赤字改善に努力していることを示す必要があり，そのため日独からの譲歩を引き出したいベーカーは，当初極秘に訪日して中曽根首相とも会談を希望して，国務省から駐日大使館経由でその旨申し入れを行ったが，外務省の介入を排除する意図も働いて，結局大蔵省・財務省間の話し合いでサンフランシスコでの会議となった（塩田［1994］369-80 ページ）．

81) NHK［1996］125-6 ページ．

82) 岡部［1987］47-8 ページ．

83) 日米蔵相共同新聞発表では，日本は公共事業，住宅，建設などの追加的投資で経済を刺激するために，3兆6000億円の総合経済対策を策定，その実施のための補正予算案を国会に提出，また個人所得課税と法人課税の限界税率引き下げを含む税制改革を実施する．米側は，グラム・ラドマン・ホリングス法に沿って財政赤字の大規模で着実な削減に努めるとともに，経済成長促進のための税制改革法を制定したという内容であり，為替問題については関連事項として言及されて

いる.
84)　塩田［1994］383-4 ページ.
85)　大蔵省国際金融局［1988］96-103 ページ, 東銀・東銀リサーチ［1988］6-7 ページ, Federal Reserve Board, July［1987］pp. 552-7, October［1987］pp. 779-82, January［1988］pp. 14-7, April［1988］pp. 209-13 参照.
86)　NHK［1996］132 ページ. ベーカーの口先介入は, ブルメンソール前財務長官のそれに類似しており,「貴国経済が拡大し輸入を増やすことを望むが, そうしないならドルを減価させ貴国よりの輸入を減らすだけ」という理屈である (Dominguez/Frankel［1993］p. 14).
87)　「ベーカーのところへ, これは本当に丸腰で陳情に行ったものでした. 一つ何とか話をして,『米国もよくわかったというようなことにしてくれよ』と言って陳情した覚えがあるんです. その時は 150 円で苦労していたわけです. それで, 協調介入も一寸やってもらいました……私としては, 為替のことがいちばん気になっていたし,（バブル抑制のために）どこで公定歩合を引き上げるということになるかは, 政策当事者としてはなかなか思いも及ばなかったことです」(御厨・中村［2005］282-3 ページ).
88)　FRBNY Quarterly Spring 1987, pp. 68-9.
89)　塩田［1994］398-9 ページ.
90)　NHK［1996］138 ページ. 宮沢は直前の蔵相代理会議で決められなかった為替相場の水準に関する表現について「present」よりは「current」level とするよう強く主張し, 日本語訳も「当面の水準」とした. これは円高水準で手を打ったとの国内での批判を避けようとした思惑とみられる (船橋［1992］355-6 ページ).
91)　当時の通貨当局幹部によると, この構想はベーカー, ダーマンの考え方でマルフォードはあまり関与していなかったようだが, 夕食会で突然ベーカーが「これから為替相場安定のために従来以上に協力するために, ドル・円, ドル・ルクについての基準相場の設定, それから乖離した場合の介入について話をしよう」と言い出した. 事前の十分な準備のないままに, 今日の相場をもとに, 2.5 もしくは 5% 乖離したら介入するのはどうかなどの議論がでたものの, ドイツは反対, フランスは米国寄り, 日本は円高を抑えるのはいいが円安の時にドル売り円買い介入義務を負うのは困るということであり, 結局合意が成立したので皆で守ろうという気分でなかったという.
92)　船橋［1992］357-68 ページ.
93)　岡部［1987］は,「為替相場安定のための緊密な協力」は協調介入を意味し, 各国通貨当局が自己勘定で介入する「24 時間リレー型」介入方式であり, 自国通貨のみならず主要国通貨すべてを対象とした仕組みであり, その表現はドル暴落不安が通貨当局全体に広がっていたことを示すものという (57-8 ページ).
94)　行天によれば, 為替相場についてのあまりに明確な言明は投機家を利するとし

て，代理たちの草案は通らなかったが，為替相場を上下各2.5％の範囲内に維持し，これを超えた場合，各国は協調的な介入を実施すること，上下どちらかに5％超えたら，相場の範囲を変更する可能性を協議すること，また次回の会合までに介入資金として120億ドル利用できるようにすることが議論されたものの，明確な合意はなく，「参加者は皆，肉を切りワインを楽しむのに非常に忙しかった」という（ボルカー・行天［1992］387-8ページ）．

95) 太田［1991］111ページ．
96) このような口先介入と見られる情報操作は，米通貨当局首脳の得意技となっていた．貿易不均衡是正にはドルの大幅な下落が必要だが，緩慢な下落では海外投資家のドル債ばなれが起きる．急下降して水準訂正し安定させると，海外投資家はドル債投資を続けるという「急傾斜の階段型調整」に口先介入は有効に機能した．為替相場調整と資本流入を両立させる戦略である．ドル安容認論のベーカーとドル急落警戒論のボルカーが，絶妙のタイミングで口先介入を行えば効果を発揮した（NHK［1996］140-1ページ，岡部［1987］134-6ページ）．
97) 宮沢は「市場介入を朝1回，更にもう1回，それぞれ20億ドルくらいずつやってはいたのです……でも，ブラックホールに金を注ぎ込むようなもので，夕方になっても相場はなんの反応もない．それで夜また会合に行くと，みんな恨めしそうな顔をして見るのです．本当につらかった」と述懐した（NHK［1996］141-2ページ）．
98) FRBNY Quarterly Spring 1987, pp. 57-63.
99) 太田［1991］111-2ページ．
100) FRBNY Quarterly Spring 1987, p. 62.
101) 岡部［1987］62ページ．
102) NHK［1996］145-50ページ．
103) NHK［1996］151-7ページ．
104) ①参加7カ国は毎年年初に成長率，内需，インフレ率，経常収支，財政収支，金融情勢，為替相場の7指標について2年程度先を見通した政策の方向を示す，②G7を定期的に開き，政策の方向と経済実態について点検，乖離している時は，新たな政策をとるよう努力する，③政策変更に強制力はないなどの内容で，当初の米国案と異なり緩やかな協調を前提とするもの（岡部［1987］63-5ページ）．
105) 修正グラム・ラドマン・ホリングス法による大統領と議会間の基本合意が成立，赤字削減額を1988年度334億ドル，1989年度460億ドル合計794億ドルとした．
106) FRBNY Quarterly Winter 1987-88, pp. 54-9.
107) FRBNY Quarterly Summer 1989, p. 74, Autumn 1989, pp. 54, 61, Winter 1989-90, p. 70.
108) FRBNY Quarterly Winter 1989-90, p. 72, Spring 1990, pp. 68, 72.
109) 近藤［1999］159-61ページ．
110) 船橋［1993］第9章．

111) 岡部 [1987] 76-9 ページ．
112) 高橋 [1995] 10-21 ページ．フェルドシュタイン元 CEA 委員長も市場が決めた実際のドルの下落とプラザ戦略の関連はすくないと主張（Dominguez/Frankel [1993] p. 12)．
113) 須田 [1995] 238-60 ページ．
114) Dominguez/Frankel [1993] pp. 135-40.
115) Krugman [1991] pp. 3-12.
116) 「アメリカ側としてはまず，日本の市場もアメリカと同じであり，日本が不公正であることをやめさえすれば，市場は開放され，同じように操作できるはずだという思いこみを捨ててかからなければならない．日本人なりの精神構造，その社会と経済の構造がれっきとして存在しているのである……日本に対する際に，こと貿易や経済問題に関して伝道者のように振舞い続けるのは却って逆効果である．自由貿易対保護主義といったステレオタイプの論争からもはや身をひくべきである．むしろその中間にこそ道はある」プレストウィッツ [1988] 469 ページ．
117) 飯倉 [2001] 404-19 ページ．
118) Dornbusch [1987] pp. 93-106.
119) Baldwin [1988] pp. 773-85.
120) Baldwin & Krugman [1989] pp. 635-54.
121) マリス [1987] 122-6 ページ．
122) Marris [1991] pp. 247-61.
123) Krugman [1991] pp. 285-93.
124) 日米両政府の通商，為替，金融政策が作り出した症候群（Syndrome of the Ever-HigherYen)．不規則な変動を伴いながらも趨勢として続いてきた円高は，政治的対立の悪化に貢献しただけでなく，ミクロ経済的には 2 国間貿易を巡る効率性低下，マクロ経済的には日本経済に深刻なショックをもたらした．マッキノン・大野 [1998] 10-1 ページ．
125) マッキノン・大野 [1998] 第 10 章．
126) 米国でこのモデルを支持する人々がケンブリッジ市やワシントン DC のマサチューセッツ・アベニューの近くの MIT，ハーバード大学，政府や国際機関で活躍しているニュー・ケインジアンが多いのでこの名称をつけた．Krugman [1991] pp. 280-2.
127) Krugman [1991] pp. 293-4.
128) Cline [1991] pp. 16-7.
129) Krugman [1991] pp. 303-6.
130) Krugman [1991] pp. 317-20.
131) 坂井 [1991] 第 3 章，第 6 章．
132) 1985 年 10 月 31 日，中曽根首相は「国際協調のための経済構造調整研究会」という私的懇談会を設置，前川春雄前日銀総裁を座長として，17 名が参加，86

年4月7日に報告書を発表した．その基本的な認識は，日本の経常収支黒字が世界経済にとり大きな攪乱要因となっているから，それを国際的に調和ある数字へ下げる必要があるというものであった．具体的数量目標を示していないが，経常収支黒字の対GNP比（85年3.7%，86年に4.4%）を2%程度にすることを目指していた（宮崎［2005］225-7ページ）．

133) 財務省財政史室［2003］88-9ページ．
134) 財務省財政史室［2003］120-1ページ，98ページ．
135) 坂井［1998］173-218ページ，中西［2002］334-41ページ，野口［1995］第10-13章参照．
136) 関岡［2004］61-85ページ．この会合の位置付けを巡り，日本側が強制力のない「話し合い（トーク）」を主張したのに対して，米側は「交渉（ネゴシエーション）」を主張，国広外務審議官が双方が自ら問題解消に取り組むということで「イニシアチブ」を提案，米側が受け入れた経緯がある（野口［1995］257-8ページ）．
137) 野口［1995］266-73ページ．
138) 野口［1995］301-4ページ，361-5ページ．
139) 三橋・内田［1994］199ページ．
140) 伊藤［2002］189-272ページ．
141) 古城［2002］366-7ページ．
142) 古城［2002］367-70ページ．
143) 野口［2005a, b］．
144) 野口［2005c］．
145) 宮崎［2005］227-9ページ．
146) 前川レポートは，内需拡大と市場開放で貿易黒字を減らすことを主張しながら，数値目標を盛り込まなかったのは，85年の貿易黒字約500億ドルを解消するのに必要な内需拡大を達成するには83兆円，実質成長率で32%が必要となり，年率30%のインフレを必要とすることになるので，とても数値を書けなかったとの指摘がある（飯田［1996］114-7ページ）．
147) 宮崎［2005］は，財政支出が思うように効果を発揮しないことについて科学的な説明がないことや，大蔵省が「見せかけを大きくして実際は小さくした」などといっていることを指摘，また後藤田正晴の質問に対して「多分お金がいろいろな機関を渡っているあいだに，目的以外のところに行っているのではないでしょうか」と答えている（256-8ページ）．
148) 宮崎［2005］264-5ページ．
149) 野口［2005e］．
150) 鈴木［1993］138-41ページ．
151) 野口［2005f］．
152) Gilpin［1987］pp. 331-4.

153) コヘイン［1998］253-5 ページ.
154) Strange［1990］pp. 259-73.
155) 世界市場経済に参加するのなら，選択の余地なくその中で生きていかなければならない生産，知識，安全，信用の構造を形成する権力であり，国際通貨問題では，政府が他国の金融行動に影響を及ぼすことができる能力によって権力の有無が識別される（ストレンジ［1988］93 ページ）.
156) A が働きかけて B に何かをさせるような力であり，B はこの働きかけがなければこうした行動をとらない（ストレンジ［1994］37 ページ）.
157) Calder［1988］は，日本が巨大な経済力を持ちながら，米国の圧力に受動的に反応する経済外交を続けたことに関心を持ち，安全保障や資源面での脆弱性，米国市場への大きな依存などの他，既得権益を死守する国内諸集団の利害を国際環境変化に応じて調整する政治的な指導力の欠如などにその理由があるとした. 短期的にはこの構造は米国の覇権維持を助けるが，排他的なナショナリズムを高揚する危険を孕むので，国際秩序安定に貢献するより能動的な経済外交や安全保障政策を日本に促すべきであるし，日本は対外直接投資や証券投資の拡大により，その方向へ進むだろうと指摘する（pp. 517-41）.
158) 船橋［1992］202-3 ページ，456 ページ.

第4章

バブル崩壊，超円高，通貨・金融危機の90年代

第1節　90年代前半の日米関係

　この時期には，ソ連崩壊による冷戦構造の瓦解，イラクのフセインにより引き起こされた湾岸戦争などで，国際政治経済や安全保障問題に大きな地殻変動が見られた．冷戦の終了直後の米国外交方針については，やや明確を欠いた感があったが，湾岸戦争によって唯一の超大国として世界秩序を担う意志を固めたといえよう．しかし米国の掲げる新秩序の構築を，国際協調で進めるのか，米国中心でもしくは単独でも進めるのかについては，必ずしも一貫しなかった．

　それどころか，湾岸戦争に勝利しても，国内では長引く不況で経済政策への不満が高まり，また外交面では世界各地に噴出する内戦や民族紛争への対応に苦しみ，政策の重点を外交から内政へ移すべきだという主張も見られるようになった．日米関係もそのような流れに大きく影響されて軸足は安全保障から経済へ移され，同盟関係は激化する経済上の摩擦や対立で危機に直面した．その動きを概観する[1]．

1. 海部俊樹とG.H.W.ブッシュ

　①139円05銭（89年8月10日）②160円15銭（90年4月4日）

③124円40銭（90年10月18日）④129円80銭（91年11月5日）[2]

　宇野首相がスキャンダルと選挙の敗北の責任をとって在職わずか68日で退陣したあと，89年8月の自民党後継総裁選挙で，竹下派が推薦した海部がクリーンなイメージを売り物にして，石原慎太郎らに勝利し，内閣支持率も回復した．

　首相就任直後には，ソ連・東欧に体制変革を求める激動の波が次々と押し寄せ，12月初めにマルタ島で行われた米ソ首脳会談で，冷戦終了が宣言された．日米間では89年9月から構造協議が行われ，米国は公共投資，税制，流通機構など日本固有のシステム自体を構造的な障害物として，その変革を要求した．90年4月に中間報告がだされ，6月に最終合意に至ったが，引き続き改善措置の実施状況点検のために次官級による事後点検協議を開くことで合意した．最終合意内容は多岐にわたるが，その中には，日本側の公共投資の大幅な拡大，米側の財政赤字削減があった．

　内閣支持率上昇を見て衆議院を解散し，土井人気による社会党の大幅な議席伸張にもかかわらず，90年2月の選挙で安定多数を確保した海部首相は，直後のブッシュとの首脳会談で貿易摩擦緩和に最大限の努力を約し，親密な関係を演出した．

　第2次海部内閣も高い支持率で発足したが，90年8月のイラク軍のクウェート侵入，それに対する91年1月の多国籍軍による「砂漠の嵐」作戦の開始とそれに伴う厳しい対日要求で，その立場は大きく揺らぐことになった．イラク侵攻後4週目にようやく発表した多国籍連合への貢献計画に対して，米下院は在日米軍の段階的撤退を要求する決議案を可決して対日批判を露わにした．これに対して日本政府は多国籍軍への戦費や周辺国援助のための拠出金を40億ドルに増額することとし，翌年1月にはさらに増税により90億ドルを上積みした[3]．

　米国から「カネだけでなくヒトも」と圧力をかけられ，政府は「国連平和協力法」案により自衛隊を海外に派遣することを検討したが，政府与党間の

第4章　バブル崩壊，超円高，通貨・金融危機の90年代　　　239

意見がまとまらず廃案となった．しかし政府は91年1月には自衛隊輸送機を湾岸避難民の移送に使うこと，4月には掃海艇のペルシャ湾派遣を決め，9月には「国連平和維持活動等に対する協力に関する法律」（PKO協力法）案を国会に提出した．タブーとされた「海外派兵」に踏み切る姿勢を示したことで，海部内閣のハト派のイメージが損なわれ，支持率も低下した．

　小選挙区・比例代表並立制導入や政治資金規正強化を通じて政治改革を実現しようとした海部の続投は，党勢が復調して改革熱が冷めた自民党内の支持をえられず，竹下派の主導で宮沢喜一が後継者に選ばれ，91年11月に新内閣が発足した．

2. 宮沢喜一とG.H.W. ブッシュ/クリントン

　① 129円80銭（(91年11月5日）② 135円01銭（92年4月1日）
　③ 103円90銭（93年8月5日）④ 104円95銭（93年8月9日）

(1) ブッシュ訪日と高まる反日感情

　宮沢内閣の課題は，前内閣から引継いだPKOと政治改革であった．前者については，12月にPKO法案は衆議院を通過したが，参議院では継続審議となった．93年，カンボジア和平の進展にともない，同法案を成立させて自衛隊を派遣する最初のケースとしたい政府は，軍事行動をともなうPKF本体への参加凍結を決意，これに沿った自公民3党共同修正案が参議院を通過した．これに基づき，92年9月に自衛隊がカンボジアへ派遣された．

　この間，日米関係は大きく揺れ動いた．すでに経済摩擦で悪化していた日本観に，冷戦終了後の国際秩序形成への貢献に不熱心であり，自国の経済的な利益のみを追求するフリーライダーであるというイメージが定着し，湾岸戦争後数カ月に至るまで，ジャパン・バッシングが続いた．

　しかし91年の8月革命の失敗にともなう不安定な旧ソ連圏の状況，北朝鮮の核開発疑惑をめぐる朝鮮半島の緊張の高まりなどで，ブッシュ政権の対

日政策は軌道修正され,92年1月の訪日は良好な日米関係と新アジア太平洋戦略の必要性が強調される機会と期待する向きもあった.だが20人もの財界人を伴った大統領の訪日目的はその年の大統領選挙を意識した「雇用の創出」であった.帰国後,これら財界人達は,訪日が失敗であったと表明し,それに大統領選挙でのブッシュの共和党の対抗馬であるブキャナン(Patrick J. Buchanan)やペロー(Ross Perot)もこれに唱和する始末であった.また首脳会談後の記者会見で宮沢首相が,米国の自動車および部品購入を倍増する公約をしたのは,米国が大変だから日本が努力しているのだと発言,米国記者団の反発をかったり,その後も日本の政治家の米国批判の発言が相次ぎ,反日感情の火に油を注いだ[4].

(2) クリントン政権の誕生と宮沢内閣の蹉跌

92年の大統領選挙では湾岸戦争の勝利をもたらしたブッシュが敗北し,クリントン(William Jefferson Clinton)が93年1月に大統領に就任した.彼は選挙中に,米国経済の衰退に果敢に立ち向かう姿勢を強調し,共和党の富裕層優遇政治を批判して当選した.ポスト冷戦時代には,経済が外交政策の中心課題であるとの認識に立ち,米国経済再生を最優先課題とする同政権は,日本の市場開放を強硬に求めることとなる.

93年4月に宮沢首相はクリントンと会談し,日米関係の基本的な枠組みを堅持することを確認した.首脳会談直後にクリントンは,冷戦時代の日米のパートナーシップは時代遅れであり,日米関係における最大の関心事が対日貿易不均衡問題であり,その改善には円高,日本の景気刺激,米国製造業の生産性向上,分野別に日本の達成すべき市場開放目標を設定する協議が必要だとした[5].

国内では,佐川急便や大手ゼネコン絡みのスキャンダルで後ろ盾の竹下派が混乱,選挙制度改革をめぐる対立から小沢・羽田派の同調で内閣不信任案が可決されて,宮沢首相は衆議院を解散したものの,93年7月の選挙の結果は,自民党は単独過半数に届かず,社会党は大幅に議席を減らしたのに対

して，自民党から分離した新生党や新党さきがけ，細川護煕の日本新党，公明党，民社党が議席を伸ばした．

宮沢首相は，7月7-9日の東京サミットを花道に退陣したが，その際に日米両首脳は「日米間の新たな経済パートナーシップのための枠組みに関する共同声明」を発表し，これに基づく「日米包括経済協議」が発足した．これにより日本は中期的に大幅な経常収支黒字削減を目指し，米国は実質的な財政赤字削減と国際競争力向上を図り，新しいパートナーシップを構築しようとするものであった．

3. 細川護煕とクリントン

① 104円95銭（93年8月9日）② 113円60銭（94年1月5日）
③ 100円35銭（93年8月17日）④ 101円36銭（94年4月28日）

93年は，米国では1月に第2次大戦後のベビーブーマー世代であり，ポスト冷戦期初のクリントン大統領が誕生した「世代交代」の年であり，「経済の時代」の始まりの年であった．日本では8月に細川護煕を首班とする連立政権が誕生し，「戦後55年体制」が崩壊，以後めまぐるしい政権交代が続き政治的に不安定な時期を迎える幕開けの年であった．

政治的空白を埋めるように，大蔵省や通産省などの経済官僚の影響力が高まった．外交や経済的な問題についての意思決定能力が低下した連立政権の下で，経済官僚主導の日本の経済外交は，国内優先，保護主義的傾向を強める米国の強硬な対日政策と相対することになった．

38年間政権を維持してきた自民党が単独過半数割れした結果出現した細川内閣は，自民党から分裂した新生党を含む7政党と1会派による連立政権であった．細川は第5党である日本新党党首であり，毛並みの良さと清新なイメージが売りであり，圧倒的な内閣支持率の下に発足した．

9月の国連総会出席の機会に，クリントンと初会合したが，同じ知事出身

でもあり意気投合し，日米安全保障関係の重要性を再確認した．11月にシアトルで開かれたAPECの際に行われた第2回日米首脳会談では，景気刺激型の税制改革，日米包括経済協議の進展，コメ輸入を中心とするガット・ウルグアイラウンドへの貢献を米側が求めた．これに応じて12月にはコメの部分開放に合意し，長年の懸案事項を解決した．

94年2月，包括経済協議進捗状況評価のために，日米首脳会談が行われたが，事務レベルで政府調達，保険市場，自動車・同部品の分野で，客観的基準と数値目標を巡る対立が解消せず，首脳会談は決裂した．これに対して，米側は直ちに携帯電話メーカーを標的とする制裁をほのめかし，3月には88年包括通商法の「スーパー301条」規定を復活させる大統領令にクリントンが署名した．貿易戦争勃発の予兆であった．

2月の記者会見で3%の消費税廃止と7%の国民福祉税新設を表明し，与党の社会党や新党さきがけの反対で翌日撤回するという失態を犯した細川首相は，さらに金銭問題の疑惑を野党に追及されて，4月8日に突如辞任した．在任期間は8カ月であった．

4. 羽田孜とクリントン

① 101円36銭（94年4月28日）② 105円56銭（94年6月3日）
③ 98円40銭（94年6月30日）④ 98円44銭（94年6月30日）

細川首相の後継は新生党の羽田孜となったが，社会党は，新生党や日本新党，民社党が同党に断りなしに衆議院内に与党の統一会派「改新」をつくったため，連立政権から離脱，新党さきがけも閣外協力に転じた．これは小沢一郎新生党代表幹事と市川雄一公明党書記長の連繋と強引な政治手法への反発に起因し，2カ月後の自民，社会，さきがけによる連立政権誕生につながる出来事であった．

羽田首相は細川内閣の副総理兼外相であったので，日米関係修復を目指し

て，クリントン・細川会談決裂後4月に行われたカンター（Mickey Kantor）通商代表との会談を踏まえて5月下旬に協議再開に合意したが，6月末の94年度予算成立直後，総辞職を表明した．社会党連立復帰交渉が不調に終わり，内閣不信任案可決が必至の情勢であったからである．在任わずか65日であり，戦後3番目の短命内閣であった．

5. 村山富市とクリントン

① 98円44銭（94年6月30日） ② 106円57銭（96年1月4日）
③ 79円75銭（95年4月19日） ④ 104円82銭（96年1月11日）

94年6月末に村山富市社会党委員長を首相とする自民，社会，さきがけ3党連立内閣が誕生した．手段をえらばず政権を奪回しようとした自民党の奇手であった．細川政権の時と同じく，主義主張の異なる政党・会派が，キャスティング・ボートを持つ勢力に首相の座を与えて，政権を獲得するという政治力学が働いた．これにより社会党は，日米安保体制維持，自衛隊合憲を受け入れて従来路線と決別することになった．7月のナポリでの日米首脳会談では，国内政治の変動は両国関係に影響しないことと，従来の外交政策の継続が確認された．

93年7月の宮沢・クリントン会談で設置が決まった日米包括経済協議で，日本側は，政府の責任の範囲の事項に協議を限定し，数値目標を排除し，協議の成果が多角的貿易体制や市場経済原則を増進するものであるべきだとの立場をとり14ヵ月にわたり協議は難航したが，94年9月には政府調達，保険などの分野で妥協が成立し，11月のジャカルタでの首脳会談で両国間の地球的展望に立った協力を推進する合意がなされた．しかし包括経済協議の優先分野である自動車・同部品については決着せず，米国は通商法301条に基づき，自動車補修部品を「不公正貿易慣行」に特定して交渉が継続され緊張が続いた．

94年11月の中間選挙で，民主党は敗北した．米国内での保守回帰，外交での失点，大統領選挙における改革の公約棚上げなどが敗因といわれる．そこでクリントンは96年の大統領選挙を睨み，保守寄り中道路線へ軌道修正したが，財政均衡をめぐり共和党と激突して予算の空白状態が生じ一時は政府機関の一部が閉鎖されるに至った．

　このような米国の政治状況の下，政治的不安定で官僚の影響力が高まる日本に対しては「結果重視」の姿勢を強めた．自由貿易を建前としたブッシュ政権と異なり，合理的な思考をもつ強力な経済的競争相手との戦略ゲームを日本と演じて協調解を見出そうとする戦略的貿易政策を基本としたのである．それを達成するためには，日米2国間，多国間交渉を駆使し，それでも目標を達成できなければ，スーパー301条発動という一方的な方法を辞さないというものであった．

　95年は日本にとり苦難の年となった．まず1月17日に阪神淡路大震災が襲い，村山内閣の不手際が露呈した．次に異常な円高となり1ドル80円台に突入し，有効な対応を講じられないままに景気回復の希望が潰えた．さらに3月20日には地下鉄サリン事件が発生し，社会不安が高まった．加えて9月には沖縄で米兵による少女暴行という日米安保体制を揺さぶりかねない重大事件が発生し，予定されていたクリントンの訪日が翌年4月まで延期されて，日米安保体制の必要性自体への疑問が両国で噴出した．

　日米経済関係でも緊張は高まる一方であった．クリントンの最大の関心事は，96年の再選であり，対日政策もそれを達成するために動員された．対日不信の根底には，日米間の巨額な貿易不均衡があり，94年度では米国の赤字1500億ドル中対日赤字が657億ドルと4割を占め，とくに自動車・部品がその6割を占める有様であった．この分野での両国間の確執は，米側の通商法301条にもとづく制裁リストの発表，それに対する日本側のWTO提訴で，緊張が高まったが，95年7月に玉虫色の妥協で，辛くも衝突を回避した．

　しかしクリントン政権の対日政策は，結果的にそれなりの効果をもたらし

た．すなわち対日市場開放要求については，コメ市場開放を実現，建設市場開放も促進された．自動車分野では，米国自動車産業が活力を取り戻すことに成功し，また半導体分野で米国は首位の座に復帰した．とくに円高ドル安戦略は，当初こそJカーブ効果が働いたものの，着実に自動車や半導体などの対米輸出を減少させ，日本の不況を深刻化させ，結果的に米国の最強の経済的ライバルの弱体化が実現したことになる．

村山首相は96年初頭に退陣を表明した．95年7月の参議院選挙で連立政権が，94年末に新生党，日本新党，民社党，自民党の脱党組や公明新党などで結成された新進党に敗北，特に社会党が惨敗を喫したからである．半年もつかといわれた自社さ連立政権は，561日持続して橋本龍太郎自民党総裁へバトンタッチされた．

6. 日米関係をめぐる政治経済的環境変化

80年代半ば頃から経済摩擦が頻発し日米間の緊張関係は高まる一方であった．クリントン政権になって，それがピークに達したといえよう．その背景は，90年以来，日米間の貿易・経常収支不均衡が急速に拡大したことである．これに対しては，冷静な経済学的な議論より，日本市場の閉鎖性や輸出主導により経済成長を図ろうとする日本の経済政策，通商政策への反発が米国側に目立った．佐藤英夫は以下のように，日米関係の変化をもたらした幾つかの政治経済的要因を指摘する[6]．

(1) 冷戦の終焉に伴う同盟関係の変化

93年4月の宮沢・クリントン会談で，日米関係を見直すべきだとクリントンが発言したが，すでに東西関係の緊張緩和が進む中で，同盟国としての日本への米国の姿勢は次第に厳しさを増していた．

(2) 米国内政治環境の変化

冷戦中，歴代の政権は共産圏を封じ込め，西側の結束を維持するという外交目標で一貫しており，対外経済問題が外交に従属し国内政治化することは少なかった．しかし米国産業の競争力低下とともに，次第に保護主義勢力が力を強めた．

ベトナム戦争やウォーターゲート事件を契機に，外交における大統領の権限に制約が加えられ，対外政策分野でも議会の影響力が高まり，国内の利益集団が政策へ影響をあたえることを容易にした．また小委員会の族生に見られるように議会内の権力が分散し，個々の利益集団の議会工作がやり易くなり，院内総務，党指導者，各委員会長等の統率力を弱める結果となった．また委員会活動の公開を進める「サンシャイン」規制が設けられ，利益集団の提案に対して議員たちが反対し難くなるという状況が生まれた．

(3) 米国の貿易政策の変化

第2次大戦後，米国は外国製品に市場を開放し，各国の経済再建に貢献したが，60年代後半以降，貿易・経常収支不均衡を是正し国内の保護主義を押さえるために貿易相手国へ市場開放を要求するなどの相互主義的な姿勢に転換した．しかし政治的に市場開放が困難な分野において所期の成果を得るのは容易でなく，また先端技術関連分野では，米国の威信や国益も絡むので，貿易不均衡問題は急速に政治化した．自由貿易推進派は，自らの政治的基盤を維持するには，相手国から実質的な市場開放を勝ち取り，対外不均衡を是正する成果をあげる必要があるが，もとよりそのためにはマクロやミクロ経済上の諸要因を放置しては実現できない．そこで80年代後半には単独主義的な結果重視の姿勢が強まった．

(4) クリントン政権の対外経済政策

「国内経済の再生」を最優先する同政権は，連邦政府の財政赤字問題に取り組むとともに，輸出拡大を通じて国内産業による雇用を創出するために貿

易黒字国,特に日本に対して強硬な姿勢をとることになった.

これまでは大統領経済諮問委員会,財務省,国務省などが自由貿易擁護の立場をとり,商務省や通商代表部などが国内産業の利益を代弁する中で,対外経済政策が形成されてきた.しかしタイソン(Laura Tyson)大統領経済諮問委員長が米国に重要な先端技術産業を保護するために,「攻撃的単独主義」の必要性を説いているように,強硬派のブラウン(Ronald Brown)商務長官やカンター通商代表とともに輸出拡大のためには,対日強硬姿勢をとることで違いはなくなった.

93年4月の日米首脳会談とその後の協議で,94年2月の首脳会談までに,優先分野として政府調達,保険,自動車,同部品等の問題で解決を図ることを決めた(日米包括経済協議 Framework for a New Economic Partnership).議会の保護主義的な立法の続出を回避するために,結果重視の貿易政策にコミットし市場開放を具体的に計測可能とする期限付き対日交渉を推進するクリントン政権は,数値目標設定を主張,日本側はその実現性を疑問視,管理貿易に繋がるとして抵抗した.

94年2月の細川・クリントン会談が決裂した後対日攻勢は激化し,移動電話問題で強引に米案を呑ませ,行政措置でスーパー301条を復活させた.貿易相手国の「不公正」慣行を取り締まる法案が幾つか提出されたものの,米議会による対日集中攻撃が辛くも避けられたのは,早期に日米フレームワーク協議を設定したこと,行政措置でスーパー301条を復活してより強硬な動きを牽制したこと,財政問題など国内経済問題や北米自由貿易協定などの審議が優先されたという事情があったといわれる.

第2節　90年代前半の為替市場の動向

1. 91年の状況

年初はイラクのクウェートからの撤退期限接近で緊張する中東情勢やソ連

によるバルト3国への軍事行動などでドル円相場は135円台でスタートし，1月17日，湾岸地域での戦闘開始報道直後には138円をつけた．その後マルク高につられて127円台をつけたが，2月末に湾岸戦争が終結し，米景気早期回復期待，ソ連情勢の不安もあってドル買いが継続，3月に日本の国会が1兆1700億円という巨額の湾岸協力会議への拠出を決定したこともドルを支え，3月末には140円台をつけた．

ドルは5月も強く，本邦当局は5月13日に139億円の円買いドル売り介入を行った．6月13日には，円は年間最安値の142円05銭をつけた．日本の金融市場や銀行システムへの不安が原因である．本邦当局は6月10日と13日にそれぞれ211億円，213億円の円買いドル売り介入を実施した．6月23日のロンドンG7で，必要なら為替市場で協調行動をとることが再確認され，ドルへの高値警戒感が台頭した．

7月初めには日本の国際収支黒字拡大傾向を材料に円が買われたが，公定歩合引き下げ（6→5.5％）や証券・金融スキャンダルで，ドルは下げ渋った．8月19日のソ連クーデター発生とゴルバチョフ辞任報道でマルクが急落，円も139円をつけたが，本邦当局は139億円相当のドル売りマルク買い介入を実施，その後クーデター失敗の報道で反転し円は136円台前半となった．

9月中旬までは135～139円台で小動きした後ドル高是正が進み，貿易黒字是正のために日本は円高を容認するとの思惑から，10月のG7時点では130円割れまで円は上昇した．G7ではこのような動きは対外不均衡の持続的調整と整合的だと評価された．その後12月下旬には国際収支黒字増を背景に年明けの日米首脳会談を控えて円が上昇し，結局東京で125円25銭，海外では124円台で終了した[7]．

2. 92年の状況

124円前半で始まったドル円相場は，ブッシュ大統領訪日を控え日米当局

第4章　バブル崩壊，超円高，通貨・金融危機の90年代　　249

が円高容認するとの思惑から一時円が122円台をつけたが，米景気回復期待や本邦景気低迷もあり日本の政局不安も手伝って円は弱含んだ．1月17日，日米当局は協調して，各63億円，5000万ドルのドル売り円買い介入を実施した[8]．2月17日と20日にも協調介入が行われた．本邦当局は，それぞれ127億円と769億円，米当局は1億ドルと5000万ドルのドル売り円買い介入を行った[9]．結局本邦当局は，3月までに1346億円の円買いドル売り介入を実施したが，ドル高が続いた．

4月9日には日経平均17,000円割れもあって円は弱含み月末近くには135円まで下落した．G7で円の下落が調整プロセスに貢献しないとの共通の懸念が表明されたことや，本邦金融機関の海外投資回収の動きもあり，その後円は強含む展開となった．

ドルは米国経済の予想を下回る経済指標や欧州との金利差拡大，さらには本邦当局の継続的なドル売り介入で下落した．6月2日にデンマークがマーストリヒト条約批准を拒否したことで，EUの財政・金融政策の収斂が困難との見方がでて，独への資金移動が増大しマルク買いが強まった．しかし本邦経済の脆弱性を反映した株価下落の継続もあって，対円ではドルは対マルクほど下落しなかった．4-6月の介入額は，5185億円であった．

7月初めのG7では特にドル支援の動きはなく，その後ブンデスバンクが公定歩合を引き上げ，対欧州通貨でドルは下げ足を早めた．そこで7月20日，米当局は欧州と協調して1億7000万ドルのドル買いマルク売り介入を実施した結果，ドルの下落に歯止めがかかった．しかし本邦当局はこれには参加しなかった．

その間ドル円相場は124～125円台で推移，7月27日に日銀が公定歩合を0.5%引き下げて3.25%としたことや，日経平均株価が年初来安値を更新したこともあって，7月下旬から8月上旬には638億円のドル売り円買い介入を実施したにもかかわらず円安になり，一時128円台をつけた．しかし欧米市場では低調な米経済指標を反映して再びドルが急落したので，米当局は8月7日と11日に合計6億ドルのマルク売りドル買い介入を実施した．

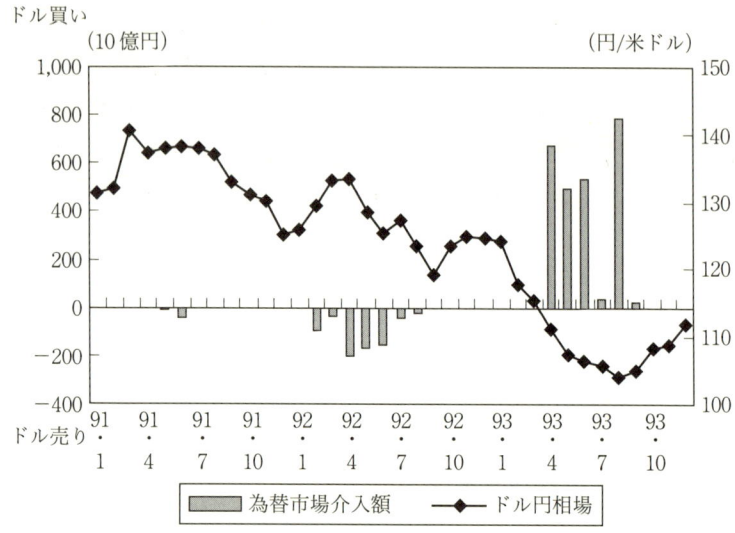

図表 4-1　為替市場介入とドル円相場（1991-93 年）

（縦軸左：ドル買い／ドル売り（10億円）、縦軸右：（円/米ドル）、横軸：91.1～93.10）

凡例：為替市場介入額／ドル円相場

出所：財務省 HP「外国為替平衡操作の状況」，日銀HP「金融経済統計」．以下同じ．

　それでもドル安マルク高は止まらず，21，24 両日に米当局は再び 5 億ドルのドル買いマルク売りを行ったが効果なく，以後介入を停止した．本邦当局はこれにも参加しなかった．円は 8 月末に発表された総合経済対策が好感されたことなどで強含みに転じた．

　9 月 17 日に英国とイタリアが ERM 離脱するなどの欧州通貨情勢の動揺を背景に円が買われ，月末には期末要因による海外投資の回収もあって 118 円台をつけた．11 月の大統領選挙後，クリントン政権が財政刺激政策をとるとの観測で，ドルは強含み，ドル円相場は 121～126 円台で推移し，年末は 124 円台で終了した[10]．

3. 93 年の状況

　年初 124 円台後半でスタートした円は，イラク情勢や欧州金利低下傾向を

第4章 バブル崩壊,超円高,通貨・金融危機の90年代

背景として底堅いドルに対して125円を挟んで推移したが,2月上旬から一連の国際会議を控え,貿易不均衡是正のために米国が円高を求めるとの思惑から円が買われた.3月には景気刺激のための補正予算への期待で円高が一時的に止まったが,その後ベンツェン(Lloyd M. Bentsen)財務長官などの発言に過敏に反応する神経質な市場環境のなかで円はジリジリと上昇し,115円台前半で始まった4月には宮沢首相の円高容認発言報道,日米首脳会談後の記者会見におけるクリントン大統領の貿易不均衡是正に円高が効果ありとする発言などで一気に110円台に突入した.本邦当局は4月中継続的にドル買い介入したが,4月27日,円が109円台をつけた時,本邦当局とともに米当局は2億ドルを対円で買い介入した[11].

日米間の貿易交渉の難航,予想を上回る米貿易赤字などを受けて,円はさらに上昇した.米当局は,5月27,28日と6月8日に,それぞれ2億ドル,4.9億ドル,3.8億ドルのドル買い円売りを実施した[12].本邦当局もこれらの介入に呼応して1135億円,690億円,772億円のドル買い介入を行った.これらを含めて,本邦当局は4-6月に1兆7113億円相当のドル買い円売りを実施した.円は5月28日に106円80銭,6月15日に104円85銭と高値を更新した.

6月18日に宮沢内閣不信任案が可決され,衆議院が解散された.政局不安定,日本経済停滞による金融緩和の見通し,株式市場の下落,米金融引締め観測などでドルは強含んで,一時111円95銭に戻した.7月は106円台後半で始まり,為替問題に言及しなかった東京サミット前後の荒い値動きを見たが,米要人による対外不均衡是正のための円高歓迎発言で104円台へ突入した.

8月は105円でスタートしたが,本邦貿易黒字の急増,ERM参加通貨の変動幅をマルク,ギルダーを除き2.25%から15%へ拡大することを余儀なくされた欧州通貨情勢の緊張などを背景に,逃避先通貨としての円買いもあって17日の東京市場で一気に100円台をつけた.しかし高値警戒感や利食い売りの高まり,協調介入の噂やサマーズ(Lawrence Summers)財務次官

が「急激な円高は日本及び世界経済の成長を阻害する」と発言したことなどを好感してドルが反発，104円台後半で終了した．本邦当局は，8月を中心に7-9月の間に，8467億円の介入を実施した．うち8419億円がドル買い円売り介入であった．その中で，6月の貿易赤字が発表されドルが急落した8月19日には，本邦当局は170億円，米当局が1.7億ドルのドル買い円売り協調介入を実施した[13]．ルービン（Robert E. Rubin）大統領補佐官は，クリントン大統領へ市場介入により日本の景気回復を支えて訪米予定の細川首相へ「貸し」をつくるよう助言したといわれる[14]．

その後は日本の政局不透明感や株価の大幅下落，9月21日の予想以上の大幅な公定歩合の引き下げ（2.5%→1.75%），米景気回復や要人の発言に敏感に反応する神経質な展開の中で円は軟調に推移して，10月末は，108円台となった．11月も，日本経済の停滞，日米金利差の拡大，日本のマネーサプライの低迷などでドルが支えられ，年末には111円台で終了した[15]．

4. 94年の状況

年初110円を挟んで推移したドルは，本邦政局の混迷や日米包括協議に対する米国側の不満表明などを背景に弱含み，月末，政治改革法案成立に伴う日経平均株価の大幅回復もあって108円台前半まで下落した．2月中旬の日米首脳会談が決裂し，クリントン大統領が会談後の記者会見で為替相場は市場開放度計測の基準と発言したことを囃して，日米合意を期待して積みあがったドル買いポジションの巻き戻しが起き，海外市場で円買いが進み，ドルは14日に一時101円台へ下落した．

3月のドル円相場は一時106円台を付ける場面もあったが，米国の景況，移動電話市場開放を巡る日米交渉の推移，クリントン夫妻の投資を巡るホワイトウォーター疑惑が影を落とした米国証券市場の下落，対日証券投資の増大などで弱含んで102円台後半で終わった．2月半ばから3月末まで本邦当局によるドル買い介入が続き，5604億円が売られた．

4月8日に細川首相が突如辞任し日米貿易摩擦解消の可能性が遠のき，内需刺激策や市場開放を進める政治的環境にないとの見方が市場に広まった．105円台をつけたドル円相場は，ベンツェン財務長官の「日本市場開放のためのドル安操作はしていない」との報道や4月下旬のG7での為替相場安定に関する合意の再確認にもかかわらず弱含み，ドル安が米債券市場に悪影響を及ぼすとの懸念で債券価格が急落，ドル円相場も月末近くには101円40銭まで下落した．このような状況に対応すべく，4月29日には，米当局は対マルクで5億ドル，対円で2億ドルのドル買い介入を実施した[16]．当日本邦当局も月中10日目となる506億円相当のドル買い介入を行った．介入後ドル円相場は落ち着きを取り戻し，101円55銭で越月した．

5月4日，米当局は為替市場の動きは経済ファンダメンタルズを逸脱しているとのベンツェン財務長官の声明とともに，対マルクで7.5億ドル，対円で5億ドル買い介入を行った．本邦当局は2，3，4日連続で合計824億円相当のドル買い介入を実施し100円台を防衛した．その後は各国中銀が金利面でも協調し金利差が拡大するとの観測や中断した日米貿易交渉再開を材料にドルは強含んだ．

6月にはドルに対してマルクが強含んだことにつれた思惑的な買い，三重野日銀総裁，ティートマイヤー（Hans Tietmeyer）独連銀総裁らの介入効果についての懐疑的な発言，日米交渉不調の場合制裁措置も辞さずとの米政府高官の発言もあって21日には100円を割り込んだ．米当局は24日に他の16カ国と協調介入を実施し，対マルクで9.5億ドル，対円で6.1億ドル買い介入した．本邦当局もすでに当月は20日より連続ドル買い介入を継続し当日も1363億円の円売りドル買いを行い，月末まで介入を継続した．この間4678億円相当のドルが買われた．25日の羽田首相の辞任と村山首相の就任に現れた日本の政治不安定が，日米貿易摩擦解決や内需拡大政策推進の見通しを不透明にするとの見方が強まってさらに円高が進み一時98円35銭の既往最高値を付けたが，98円半ばで越月した．4-6月の本邦当局によるドル買い円売り介入は8319億円であった．

7月になって98円台後半で始まったドル円相場は，ドル安阻止手詰まり感や米インフレ懸念から7月中旬には96円台に突入した．ナポリ・サミットでのドル安防止策手詰まり感，北朝鮮情勢の不透明感，米利上げ観測後退などを思惑材料にドルは対欧州通貨で下落，対円でも一時96円55銭を付けた後，利食いのドル買い戻し，ベンツェン，グリーンスパン，サマーズらの相次ぐ強いドルは国益との声明，米対日貿易赤字減少，米利上げ期待再燃でドルは反発し，月末には99円98銭に戻した．

8月のドル円相場は日米包括協議，政府調達分野交渉の難航を映して98円台後半に弱含んで始まったが，ベンツェン財務長官がドル安を通商上の武器としないと発言したことや米利上げ決定もあって，16日には101円台をつけたものの，クリントン政権への不安などを背景にドルはじり安となった後，米証券市場の堅調で100円台前半で取引を終えた．

8月の米鉱工業生産指数，設備稼働率が予想を上回ったことで債券市場が急落，7月の米貿易赤字が拡大したことで，9月半ばにはドル円相場は97円台をつけたが，月末には日米包括協議に楽観的な見通しがでて，99円台前半まで戻した．7-9月には，3340億円の円売り・ドル買い介入が実施された．米当局の介入はなかった．

10月は98円台半ばで始まったドル円相場は，日米包括協議の結果や米債券市場の堅調，イラク情勢の緊張などを受けて，一時100円台後半をつけたものの，イラク情勢の沈静化や独選挙でのコール（Helmut Kohl）政権勝利でマルクが買われて円は連れ高となり97円台前半を付けた．さらに8月の対日貿易赤字の予想外の拡大，ベンツェン財務長官の介入に否定的な発言などを受けて，ドルは全面安の展開となり一時96円46銭と既往最高値をつけた後，ドル防衛のためG7が開かれるとの噂で97円台半ばまで戻した後，96円台後半で終了した．

米債券・株式市場の下落で，11月2日には96円11銭をつけた．米当局は対マルクと対円で各8億ドルの買い介入を実施した．同時にベンツェン財務長官はドルの動向が投資主導で回復している米経済ファンダメンタルズと

非整合的であり,強いドルはインフレ圧力を減らし米国の生活水準を上げ,投資を促進すると声明し,ティートマイヤー独連銀総裁もこれを歓迎した.翌3日,ドルは97円65銭で取引されていたが,米当局は再び対マルクと対円で各5億ドル買い介入した.

本邦当局も,10月から11月初めまで断続的に合計3556億円相当のドル買い介入を実施したが,内11月2日に1057億円,3日に491億円のドル買い介入を行った.このような動きとともに米金融引締め観測も高まりドルは反発,中間選挙での共和党圧勝にもかかわらず,予想を上回る0.75%の公定歩合引き上げもあって内外金利差拡大を材料に98円台後半へ強含んだ.

12月には米雇用統計改善で追加利上げ期待が高まり,また米債券・株式相場が堅調でドルが買われ一時100円台後半まで強含んだものの,加州オレンジ郡がデリバティブ取引で失敗との報道やメキシコ・ペソの15%切り下げ報道などで上下動,結局99円台後半で越年した.当月は当局の市場介入は行われなかった[17].

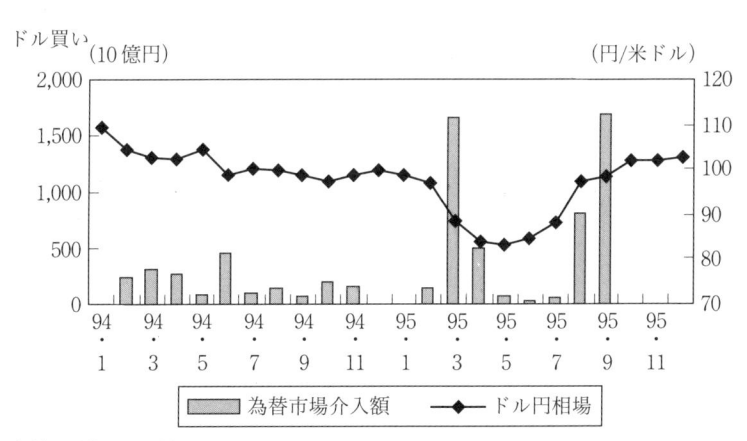

図表 4-2 為替市場介入とドル円相場(1994-95年)

出所:図表4-1と同じ.

5. 95年の状況

　年初，99円後半で始まり米利上げ観測やロシア情勢緊迫化を背景に101円台半ばへ上昇したドルは，一時99円台後半へ軟化したものの，ルービン財務長官の強いドル支持発言，日米首脳会談で包括協議の進展が評価されたことなどで100円近辺で推移した後，17日の阪神淡路大震災による円売りやFRB副議長の利上げ支持発言報道などで100円台を回復した後98円台へ軟化，メキシコ支援の進捗を受けてドルが買い戻され，99円台半ばで1月を終えた．大震災により，30兆円ともいわれる巨大な社会資本が破壊された．このような大災害は円相場の暴落を誘うと見るのが常識であったが，大方の予想に反してその後急速な円高を生んだ．これは復興のための公共投資が急増し，拡張的な財政政策が継続することを市場が読み取ったためであろう．

　2月初めの米債券・株式相場上昇につれて強含んだものの，英政情不安などを材料にポンド売りマルク買いに連動して96円台半ば割れとなったドルは，ベアリング証券の巨額損失による日本株急落観測で円が売られたこともあって，97円を挟む取引となった．

　3月初め，96円台半ばで始まったドル円相場は，FRB理事がドル安を懸念せずと発言したことやメキシコ情勢の不透明で94円台後半へ弱含んだ2日，欧州中銀と協調して米当局は対マルクと対円で各3億ドルの買い介入を実施した．翌3日にも13カ国の通貨当局とともに再びドルを支える介入を行い，対マルクで4.5億ドル，対円で3.7億ドルを買い入れた．ルービン財務長官は同日，強いドルが国益だと言明した．本邦当局は，2月中旬からドル買い介入を継続してきたが，3月2，3両日には各482億円，1086億円のドルを買った．

　しかし大規模なドル買い介入にかかわらず，3月中は円高圧力が続いた．欧州通貨不安にともなうマルク高に加え，米財務長官が介入効果への疑念を

もつとの報道もあって88円75銭の新値を付けた．その後，FRB議長がドル安を懸念したことで92円台に戻したものの，米利下げ観測の後退，米貿易赤字拡大，年度末を控えた本邦金融機関の海外投資の回収，アジア諸国の中銀の外貨準備再構成の動きにともなうドル売りや円債務のヘッジの動きなどでドル売り需要が強まり，87円台に下落した．その後予想外の独利下げなどで一時90円台を回復したものの，日銀がコール利下げのみで公定歩合引き下げ見送ったことを契機にドル売りが強まって，既往最高値である86円50銭で越月した．2月半ばから開始され，3月には継続的に実施されたドル買い円売り介入は，1兆7954億円に達した．

4月は86円台半ばで始まったドル円相場は，カンター通商代表が日本の規制緩和計画や自動車交渉の成り行きに失望感を表明したり，ワイゲル(Theo Weigel)独蔵相がG7の為替協調で政策の失敗を補えないと発言したとの報道，アジア諸国の中銀がドルを売却しているとの噂などで下落した．86円50銭で寄り付いた3日に，米当局はアジア市場で5億ドル買い円売り介入を実施した．本邦当局も協調介入し，1255億円相当のドル買いを行い，ドルは一時上昇したものの，ニューヨーク市場が開けたときには元へ戻った．ルービン財務長官は強く安定したドルを実現するためファンダメンタルズを強化すると発言[18]，米通貨当局も対マルクで7.5億ドル，対円で2.5億ドルを買い介入した．結局ニューヨークでドルは同日初めより安い85円85銭で終わった．

4月5日，ドル円相場が86円の時に米当局は日独当局と協調介入した．米当局のドル買い額は，対マルクで8.5億ドル，対円で2.5億ドルであり，当日の本邦当局のドル買い額は，432億円であった．しかし同日のドル円相場は一時86円半ばへ強含んだものの，終値は寄り付きとほとんど変わらなかった．

今や円高が日本経済に内在する構造問題の兆候と市場関係者が見るようになり，4月14日の「緊急円高・経済対策」発表や公定歩合引き下げ（1.75%→1%）などで一時的なドル反発の場面もあったが，「対策」が具体性に乏

しいこと，日米自動車・部品交渉が不調に終わり米側が制裁措置をちらつかせたことなどを受けて，19日の東京市場では79円75銭の最高値をつけた．その後，2月の米貿易赤字幅縮小や底値感などからドルが買い戻されて84円台まで回復したが，ドル円相場の下落は日本の国内問題が原因とのクリントン大統領発言報道などで81円台前半まで下落したものの，4月25日ワシントンで開かれたG7でドルを反転させるとの声明[19]が出されて急反発，結局84円15銭で終了した．

84円台前半で始まった5月のドル円相場は，堅調な米資本市場や財政赤字削減に向けた米議会の動き，ユーロ円債発行に伴う円売りなどの支援材料で87円78銭へ上昇し，その後本邦輸出筋のドル売り，メキシコの債務不履行の噂などで下落，月末には82円70銭となった．米当局はG10諸国と協調介入，対マルクと対円で各5億ドルを買い入れた．本邦当局も430億のドル買いを実施した．ドルは反発し85円40銭を付けた後，84円40銭で終わった．

6月は米金融緩和観測，4月の貿易赤字拡大などのドル軟化要因と，強いドルは米国の利益とのルービン発言，武村正義・ルービン会談における為替相場が基礎的諸条件から乖離しているとの共通認識，日米自動車協議妥結報道などの上昇要因が働いて84～85円50銭の間で上下動し，月末には本邦輸出企業のドル売りや米債券市場下落などで前月末とほぼ同水準の84円65銭で取引を終えた．この間，本邦当局は4月を中心に6050億円相当のドル買い円売り介入を実施した．6月28日の430億円のドル買い円売りは，榊原新国際金融局長の下で行われた最初の介入である[20]．

84円台後半でスタートした7月のドル円相場は，7日の日銀による短期金利の低め誘導の実施で87円05銭をつけたが，日米協調介入により，米当局は3.3億ドル，本邦当局は579億円のドル買い介入を行った．強めの米5月雇用統計発表などもあって89円台前半まで上昇した後，利食い売りで軟化したが，日銀の利下げ観測の台頭，米株式・債券相場の堅調などを背景として88円45銭で取引を終えた．

第4章　バブル崩壊,超円高,通貨・金融危機の90年代

大蔵省の「円高是正のための海外投融資促進対策について」[21]や日米協調介入実施報道を材料に8月初めに88円台半ばで始まったドル円相場は2日に91円27銭をつけた．事実日米協調介入が実施されて，米当局は5億ドルの円売りドル買いを行い，本邦当局は6757億円相当のドルを買った．協調介入とともにルービン財務長官は声明を発し，日本当局による資本移動の障害を除去する行動を歓迎し，4月25日のG7コミュニケと整合的だと述べた．

このような協調行動は市場期待の変化を生み，実需筋のリーズ・アンド・ラッグズの修正も誘いドルは上昇したものの，米6月貿易赤字幅拡大などもあって15日に日独米協調介入が実施された．米当局は対円で3億ドル，対マルクで4億ドル買い入れた．当日は93円65銭で寄り付いたがニューヨークでは97円24銭で終わった．本邦当局は11日にすでに935億円，当日482億円の売り，ドル買いを実施した．市場では，米当局が強いドルを望んでいるとの見方が高まった．ドルは一時軟化する場面もあったが，日銀の利下げ観測，木津信用組合，兵庫銀行の経営破綻などの報道で，市場では米国が貿易問題より金融不安への対応や景気回復を優先すると見て円売りが加速，月末には一時99円40銭をつけたが利食いのドル売りで軟化し，97円台半ばで越月した．

97円台前半で始まった9月のドル円相場は，本邦国際収支黒字幅縮小，8日の日銀の利下げ（1％→0.5％），本邦当局によるドル買い介入（6，8日に各2264億円，8576億円）などで100円台前半をつけた．本邦投資家による外債投資の動きでドル買いが強まり，年初来高値の101円50銭を超えると，損切りのドル買いが加速して19日には104円75銭まで上昇した．20日発表の本邦経済対策が規模はともかく規制改革や金融不安対策への失望感を誘い，欧州通貨統合を巡る関係諸国間の摩擦の表面化，予想を上回る7月の米貿易収支赤字の報道も手伝って，21日にはドルは97円05銭まで急落，本邦当局による5991億円の売り・ドル買い介入もあって，101円近辺へ戻る場面もあったが，米債券相場下落，対マルクでの大口の円買いなどで99円

台後半で取引を終えた．7-9月のドル買い円売り介入は，2兆5584億円に上った．

10月初め100円台前半でスタートしたドル円相場は，G7でドル高歓迎の共同声明，本邦資本筋のドル買いなどの要因と介入警戒感やマルク高などの要因が交錯して，99円台〜101円台のレンジの取引が続き，メキシコ・ペソ，米証券市場の下落などで一時100円台後半まで軟化したものの，月末にはメキシコ情勢の落ち着きなどでドルが買い戻され，対マルクでの円売りもあって102円で終わった．

11月初めにはドル上昇の思惑やマルク円が続伸したことで，101円台後半から2日には104円12銭にまで急上昇したドル円相場は，米利下げ観測の高まり，メキシコ・ペソの下落，マルク円の下落に加え，米政府機関の一部閉鎖報道もあって下落し，9日には一時99.80円をつけたが，ドルの下値では本邦資本筋のドル買いの動きもあり，また米国債入札計画発表でデフォルト危機が回避されたとの思惑やFOMCで金融緩和が見送られたことなどからドルは反転，米予算交渉決着の報を受けて一時102円80銭まで上昇した．このレベルでは本邦輸出筋のドル売りがあり，米財政赤字削減の先行き不透明感が再燃して100円台後半まで下げたものの，ドル・マルク上昇に連れて対円でも102円台に上昇して取引を終えた．

101円台後半で始まった12月のドル円相場は，米財政協議の行方を巡る思惑，本邦資本筋のドル買い意欲，ドル・マルク相場の動向などの影響の下で，101円台前半〜103円台の間を変動し，年末には103円超の本邦輸出筋などのドル売りオーダー，クロス・円での円売り，ショート・カバーのドル買いなどで103円45銭で越年した．10-12月は本邦当局の市場介入はなかった[22]．

第3節　90年代前半の超円高とマクロ政策の評価

1. 超円高の経済学的説明

　90年代前半の円高は，戦後第4回目にあたり，90年4月2日の1ドル160円35銭を底に，95年4月19日の79円75銭と，ほぼ円の価値は倍加した．この急激な円高は，バブル崩壊による深刻な景気後退，資産デフレ，不良債権問題，そして阪神淡路大震災の中で進行した．標準的な経済学では，これをどのように説明できるのであろうか．河合正弘は，このような異常な円高が名目的にも実質的にも生じた背景を以下のように説明する[23]．

(1)　名目ベースでの円高
1)　内外資産が完全代替的と仮定した場合
　名目為替相場は資産価格の1つであり，資産ストックの需要と供給が一致するように決まる．代表的資産である通貨や内外債券の需給に影響するのは，各資産残高，内外金利，将来の為替相場に関する予想変化率などである．
　経常収支の黒字が持続すれば，市場に供給されるドル建て債券残高が増大する．ドル建て債券と円建て債券が完全代替資産と仮定すれば，総資産残高の円建て評価額が当初の水準に維持されるためには，ドル建て債券の増大を相殺する円高が発生することになる．

2)　内外資産が不完全代替的と仮定した場合
　現実には為替リスクが存在し，内外資産を同質と見ることはできない．リスク回避的な日本の投資家が，為替リスクを伴うドル建て資産を選択するには，その期待収益率が，円建て資産のそれを十分に上回る必要がある．その差がリスク・プレミアムであり，日本の経常黒字累増で，日本の投資家が保有する総資産中のドル建て資産の比率が増大する．そこで投資家はドル建て

資産保有により高いリスク・プレミアムを要求すると円高ドル安となる．これ以上ドル安とならないという予想が形成されれば，ドル建て資産の期待収益率を引き上げて，それを保有する誘因を高めるからである．

3) 非合理的心理や行動の影響

資産市場では投資家の思惑や心理が重要な役割を果たすことがある．経済の基礎的条件を無視して，あまり重要でない材料に基づいて予想をたてたり，群集心理に取り付かれて行動する投資家が大勢を占めると，為替相場は大きく変動するであろう．投資家の思惑や心理が時として非合理的であるのは，日米経済摩擦が円高要因にも，円安要因にも働いたことでもわかる．

(2) 実質ベースでの円高

実質為替相場は，内外の財の需給を均衡させる「財の相対価格」としての性格を持ち，財・サービス市場に影響する実物要因で決まる．実質円高要因としては，①不十分な日本の金融緩和政策，②ドル資産保有に対するリスク・プレミアム上昇という資産市場要因，③拡張的な財政政策，④エネルギー価格の低下など交易条件の改善という実物的な財市場要因が指摘されている．ただし70-80年代に円高をもたらした製造業の生産性向上は，この期には存在しなかった．

1) 日米金融政策スタンスの相違

日銀は91年半ばに景気後退に対応して金融緩和に転じ，95年4月まで7次にわたる公定歩合引き下げを行った．しかし金融緩和は十分でなく，90年代を通してマネーサプライの伸びは急減，実質ベースでは日本の短期金利が米国を上回った．これに対して米国は90年央を境に金融緩和政策をとり，91年春に回復局面に入っても低金利政策を継続し金融機関のバランスシート調整を93年頃には終わらせて，以後の景気拡大につなげた．

米国の低金利政策でドルは対円やマルクで売られた．94年初め，米金融

当局は予防的な引締め政策に転じたが，95年4月，ワシントンG7で更なる金利引き上げを拒み，円の上昇圧力が強まった．

2) 日米対外純資産ポジションの対照的な動き

80年代半ばから持続的に進行した日本の経常収支黒字と米国の赤字にともなうドル建て資産保有に対するリスク・プレミアム上昇は，趨勢的な実質円高の要因である．為替リスクに敏感となっていた日本の機関投資家は，90年代に入って，株価・地価下落による含み益減少によりリスク負担能力が減退し，さらに米国金利が低下したこともあってドル資産保有に極度に回避的となって，対外証券投資を控えた．植田和男も，80年代に比べ生保による外国資産保有が激減していることを指摘している[24]．

3) 財政拡張による高水準の実質金利

バブル崩壊後の深刻な不況に対応するため，92年以降，総額45兆円にのぼる公共事業などを含む拡張政策が打ち出された．これが景気の一層の悪化を防いだものの，金融政策は引締め基調を保った．このようなポリシー・ミックスはマンデル=フレミング理論通り，95年までの円高の原因となったのである．

4) エネルギー価格低下などによる交易条件の改善

イラクによるクウェート侵攻で90年には原油価格が上昇したが，その後90年代を通じて下落し，交易条件を改善，実質的な円高に寄与した．

2. 円高対策の評価

(1) ミスアラインメント是正の必要性

実質為替相場が，国内均衡と対外均衡に対して整合的である水準（マクロバランス・レート）から，長期間にわたり乖離する現象をミスアラインメン

トと呼ぶ．国内均衡とは物価が安定し完全雇用にある状態であり，対外均衡とは，完全雇用下の貯蓄・投資バランスと一致する経常収支がつくり出されている状態である．

80年代前半のレーガノミックス下で見られた実質ドル高のようなミスアラインメントが続くと，個別企業や産業構造に不可逆的な影響をもたらす可能性がある（ヒステリシス現象）．そして不必要な生産要素・資源の産業間移動，国際移動が生じ，無用な調整コストがかかりやすい．このような状況では，適切なマクロ政策で実質為替相場と国内需要の変化を促し，ミスアラインメントを除くことが望ましい．

90年代前半の日本経済は，景気後退の中で，構造的な貯蓄・投資バランスを上回る経常収支黒字を生み出していたと考えられ，拡張的財政政策と，金融緩和のミックスで国内均衡と対外均衡を同時に回復させることが必要であった．円高が日本産業の構造調整と高度化を促すにしても，実質円相場が趨勢的・構造的な水準を越えて急激に上昇すると，構造調整のコストが過大となり，景気を悪化させるからである．したがって円高対策は，そのようなコストや景気悪化の危険性を最小限に抑え，日本経済の構造を長期的なトレンドに適合させることに主眼を置くべきなのである．

(2) 拡張的な財政政策と不整合な金融政策

拡張的な財政政策で内需拡大，経常収支黒字縮小，景気刺激をはかりつつ，円高に歯止めをかけるには，金融緩和を必要とする．92年以降の総額45兆円におよぶ財政拡張にもかかわらず円高が進んだのは，実効性のある金融緩和政策がとられなかったからである．

野口旭も，急激な円高が進行した95年3-4月に前例のない規模の介入が行われていたのに，日銀はこの間コール・レートを2.2％前後に維持しつづけており，介入で投じられた資金は日銀の金融調節で自動的に不胎化されており，円安へ反転したのは公定歩合とコール・レートを引き下げた後からだと指摘している．日銀が利下げを渋ったのは，日銀の独立性確保の観点から

大蔵省の利下げ要請へ拒否反応があり，94年末に景況判断の誤りからコール・レートを高め誘導したので，このミスを認める金融緩和に踏み出しにくかったと報じられている．市場参加者は，日銀が容易に金融緩和しないと予想し，むしろ円買いを加速したという[25]．

(3) 為替市場介入

急激に円高が進むと，輸出入企業の為替リスクを増大させ収益を不安定化させ調整コストがかかるため，為替市場介入が正当化される．本邦通貨当局は93-94年に連続して大きな介入を実施した．しかし円相場の上昇を止められなかった．為替市場を動かす民間資金は巨額であり，持続的な市場圧力に抵抗して為替相場の動きを反転させるには，金融政策の変更を伴う国際的政策協調の下で，為替市場への協調介入が必要であった．

93-95年に国際金融局長や財務官として介入の指揮をとった加藤隆俊は，当時の市場の先行き円高観が特に強い局面では「介入に入ったものの市場の取引需要が無限に価格弾力的，介入で市場のドル売りを吸収してもドル売り需要がいわば雲霞のごとく沸いてくる」という実感を持ったという．市場の相場観と離れた介入で予想を越えた取引が誘発されたことを述懐しているのである[26]．

90年代前半の為替市場介入が有効であったか否かについては，幾つかの実証研究があるが，介入の効果についてはあまり高い評価がえられていない．例えば93-96年のドルを支えるための日米市場介入についてのBISエコノミスト，Galati/Melickの論文は，オプション価格から得られる先物為替相場の期待分布を使い，日米当局の介入戦略の相違や市場介入と市場の期待の関係を分析している．その結果，①本邦当局は内部的なターゲット・ゾーンから相場が乖離した時に主として介入する．②米通貨当局は，市場環境が介入を成功させそうなときに実行するとトレーダーは見ている．また③介入と見なされた取引は，為替相場水準には統計的に有意な効果を与えていないが，④将来の相場動向についてトレーダーの持つ不確実性を増大する効果がある

と分析している[27]．

　95年5月末から介入を指揮した榊原英資国際金融局長（当時）も，これまでの介入の基本的考え方は市場の過度の変動をなくするために小規模な介入を重ねる円滑化操作であったが，介入が頻繁すぎて市場は介入慣れし，市場はそれを与件として動き，協調介入を含めて予測可能となり，その効果は長続きせず，少なからず信頼性を失ってしまったと批判する．彼によれば，市場は為替相場が長期間ファンダメンタルズから乖離するなど「複数均衡とシステムの不安定性」をもつようになったので，為替介入の手法も基本的に変えるべきだと主張，具体的には，市場のパーセプションを変えるような情報を流し，市場にサプライズを与えるようなやり方で市場の不安定な動きを止めることが必要だとして介入の頻度を減らし，一時に大量の介入資金を投入して超円高を是正する戦略に転換した[28]．

第4節　90年代後半の日米関係

　第1期クリントン政権の対日政策は安全保障より経済を重視した結果，経済摩擦が強まり日米関係は悪化した．しかし優先課題であった経済的目標を達成して自信を取り戻したことや，政権内に東アジア戦略の再検討を求める声が高まったこともあり，96年11月に再選されたクリントンは対日政策を徐々に修正し始め，朝鮮半島や台湾海峡の緊張の高まりもあって，軸足を再び安全保障問題へ移し，日米同盟を強固なものとする方向に転換した[29]．

1.　橋本龍太郎とクリントン

　①104円82銭（96年1月11日）②146円27銭（98年6月16日）
　③103円39銭（96年2月27日）④143円82銭（98年7月30日）

(1) 第1次橋本内閣

96年1月に2年5カ月ぶりの自民党首相が誕生した．橋本は党内切っての政策通といわれ，官僚や業界にとり頼もしい族議員の代表であり，最も権力に近い派閥に属して政治力を蓄えてきた．

橋本内閣が直面した緊急課題の1つは，脆弱化した金融システムへの対応であった．95年夏以降，金融機関の破綻が相次ぎ，また住宅金融専門会社の不良債権処理で財政資金投入の可否を巡る論議が大きな政治問題となった．さらに大和銀行ニューヨーク支店における米国債不正取引にかかわる巨額損失事件が発覚し，米国から全面撤退を余儀なくされたことも，日本の金融行政への内外の不信感を高めた．日本の金融システムの脆弱性は単に国内問題ではなく，相互依存を深めている米国にとっても重大な関心事であり，米金融当局や議会でも論議が高まった．

今ひとつの重大な問題は，安全保障問題であった．94年の北朝鮮の核疑惑を巡る緊張の高まり，95年の南沙群島問題の再燃，同年夏から96年3月にかけての台湾周辺での中国の軍事演習と米空母派遣など，日本周辺での安全保障上の環境が劇変した．その中で日米関係が沖縄での少女暴行事件などで動揺した．これにどう対応するかも，橋本内閣の最重要課題であった．米国側も大統領選挙を控え，対日経済外交でそれなりの成果を得たので，次に安全保障問題においても実績をあげることが重要であった．

96年4月，日米両首脳は「日米安全保障共同宣言」で，日米安全保障関係が21世紀に向けてアジア太平洋の安定と繁栄の基礎であり，米国の抑止力は日本の安全保障の拠り所であることを謳い，このために米軍は前方展開兵力10万人を維持し，日本はこれを支えることを約束した．

(2) 第2次橋本内閣

菅直人を代表，鳩山由紀夫を幹事長とする民主党が結成されて連立の基盤が弱まったことで，橋本首相は96年9月に衆議院を解散し，新選挙制度の下で総選挙が行われた．結果は自民党が微増したが過半数に及ばず，新進党

は微減，民主党は現状維持，社民党は議席を半減した．自民党は，社民党，さきがけに連立継続を働きかけたが，安全保障問題で意見が分かれ，両党は閣外協力の形をとった．

96年11月に発足した橋本内閣は，行政，財政構造，社会保障，地方分権，金融に教育を加えた6大改革を打ち出し，特に財政構造改革を重視した．また金融改革については，英国にならった金融ビッグ・バンという名前が人口に膾炙した．外政では対ロ関係の打開も目指した．しかし11月ごろから表面化した金融危機は深刻化の一途をたどり，さらにアジア通貨危機が追い討ちをかけて経済は戦後最悪の不況に突入する．

一方米国では大統領選挙が行われ，サプライサイド・エコノミーの立場に立ち大型減税を主張する共和党のドール（Bob Dole）候補を破って，4年間の経済実績を踏まえ財政の健全化を主張するクリントンが再選された．

97年4月，橋本・クリントン会談が行われて，日米安保共同宣言の内容を再確認するとともに，「日米防衛協力のための指針」（ガイドライン）の見直し作業を急ぐことを合意した．その成果が9月に発表され，平素から行う協力，ゲリラやミサイル攻撃を含む対日武力攻撃に際しての対処行動など，そして周辺地域における事態で日本の平和と安全に影響を与える場合の3分野における両国の役割や協力・調整のあり方の大枠と方向性を示した．

経済問題については，選挙前には得点にならない懸案は先送りとする暗黙の了解があったといわれるが，選挙後にはこのモラトリアムは，一気に紛争に転換する火種でもあった．97年6月のデンバー・サミットの直前の首脳会談で，クリントン大統領は対日貿易赤字の急拡大抑制のために，規制緩和による内需拡大を要求，橋本首相は財政再建の途上にあるため内需拡大には限度があり，0.5%の公定歩合は史上最低水準であるとし，中長期的に貿易黒字が増大する体質にないと反論した．結局G7経済声明は，サマーズ財務副長官のいう日本の経常黒字の警戒水域であるGDP比2.5%を超えないよう日本に求める内容となった．米国側は，自国が競争力を持つ電気通信，住宅，医療品・医療機器，金融サービスなどの分野で，規制緩和による市場拡

大を期待したのである.

　97年7月にタイ・バーツ暴落で始まったアジア通貨危機は，米国での日本批判を高めた．80年代後半，欧米経済が停滞したため，ASEAN諸国へ直接投資が盛んに行われ，投資ブームが起こった．アジア諸国は，金融システムの脆弱性を抱えながらも積極的に外資導入を図り，やがて流入資金は投機性を強めた．これら諸国は米ドルに連動しており，かつ高金利を享受できたのであるが，経常収支が赤字になり国内のインフレが進むにつれ，アジア通貨売り・ドル買いが急速に膨らみ，通貨危機がアジア諸国に伝播し金融危機，そして経済危機を招くに至った．特に韓国，タイ，インドネシアでは，経済が破綻しIMFや日本などの救済を受けるに至った．

　このように通貨危機が経済危機，ひいてはインドネシアのように政治危機を引き起こしたのは，多分にアジア各国それぞれの事情を無視したIMFの経済再建の処方箋に責任があるが，米国では安全保障上の懸念が高まり，クリントン政権内や議会では誤った日本の経済政策によるものとする「日本悪玉論」が高まった．経済の回復や内需拡大でアジア経済危機解消に貢献すべきところ，それを怠りアジア諸国の苦境を深刻化させているというのである[30]．ルービン財務長官は，中国が人民元を切り下げずに安定化に貢献したのに，日本の政策は危機を呼ぶものであったと批判している[31]．

　98年7月に行われた参議院選挙で，自民党は改選議席を61から46議席へと大幅に減らした．主に大蔵官僚のシナリオに沿って橋本首相が意欲的に財政・金融面での改革を進めたのが，結果的に敗北の原因をもたらしたといえる．97年11月には大手金融機関が相次いで破綻，経済危機打開のために積極的な財政支出を求める声が高まったが，橋本は自ら推進する改革を挫折させることを躊躇し，財政構造改革法の理念を守ることに固執した．また4月からの消費税増税や医療費引き上げの景気に与える影響の評価を誤った．各分野での改革が全体として経済に及ぼす影響について総合的に把握できなかった橋本は，参議院選挙惨敗の責任をとり退陣，経済危機の進行で改革路線は挫折した．

2. 小渕恵三とクリントン

① 143円82銭（98年7月30日）② 147円66銭（98年8月10日）
③ 101円25銭（99年11月26日）④ 104円88銭（00年4月5日）

　98年7月に誕生した小渕内閣は，選挙前に社民，さきがけとの協力体制を解消したので，衆参両院で少数政権として発足した．政権は「経済再生」を目標とし，大幅な公共事業の拡大を表明するとともに，金融再生を目指す法案を提出したが，98年8月に日本長期信用銀行の経営危機が表面化し，金融危機への緊急な対応が必要となってきたので，野党と妥協して金融再生関連法案を10月に成立させ，金融機関の早期健全化勘定への43兆円と，先に決めた預金者保護のための17兆円とをあわせて60兆円の公的資金を準備した．

　さらに緊急経済対策として総額23兆円の公共事業と減税実施の方針を固め，12兆円を超える国債の追加発行で税収不足と新規歳出にあてる98年度第3次補正予算を12月に成立させた．これら緊急案件を成立させるために，小沢自由党と，さらに7000億円の地域振興券発行などの主張を受け入れて公明党と連立政権を組む合意を取り付けて国会での安定過半数を確保した．

　98年8月，北朝鮮が発射したテポドン・ミサイルが日本列島を越えて太平洋に着弾した．さらに99年3月，日本領海への北朝鮮船の侵犯事件が発生した．これらの事件は日本人拉致疑惑とともに，安全保障問題への関心を一気に高め，ガイドライン関連法案の可決成立を後押しすることとなった．

　日米関係は，対北朝鮮政策で協調関係が強化されたことや，日本が不況脱出のために大幅な内需拡大策を講じたこと，米国経済の好調などを背景に比較的平穏であった．もちろん普天間米軍基地移設問題や日本の規制緩和・自由化問題など，対立の火種は少なくなかった．

　99年9月の自民党総裁選挙で再選されたため，10月に第2次小渕内閣が

発足した．翌年10月の衆議院選挙を控えて，これまでの景気回復路線を継続するか，構造改革・財政再建に重点を移すのかの選択を迫られたが，亀井政調会長らの主張に沿って，2000年度も景気対策重視の拡張型予算を組んだ．内閣をささえていた自由党は選挙協力を巡り自民党と意見対立して分裂，連立を離脱したが，小沢党首との会談直後に小渕首相は脳梗塞で倒れ，後継は森喜朗が指名された．

第5節　通貨・金融危機の続発と為替市場の動向

1. 96年の状況

年初，海外市場では米株式市場急伸などを受けてドル円相場は，105円近辺に上昇，4日に開いた東京市場でも日米貿易不均衡の縮小傾向，投資家の高利回り通貨選好の復活などを材料に海外資本筋やオプション絡みのドル買い戻しもあって，一時106円台56銭まで続伸した．その後利食い売り，本邦輸出筋のドル売り，米財政交渉停滞などの材料で104円台前半へ軟化する場面もあったが，ルービンの「強いドルは米国の利益」発言，G7での協調再確認，内外資本筋のドル需要，本邦貿易黒字の減少傾向，大蔵省が第2次円高対策を発表するとの思惑などでドルが買われ，107円で取引を終えた．

2月は106円後半で始まったが，ドル買い持ち筋の手仕舞い，損切りの売りにおされ104円台へ値下がりした．値ごろ感からのドル買いや外為規制緩和策報道などで107円半ばまで回復したものの，さらなるドル買い材料もなく，ドル・ロングの調整が続き19日にはNY市場休場の薄商いの中仕掛け的なドル売りがでて一時103円57銭に下落した．その後106円台後半まで戻したものの，大統領選挙戦を前に景気拡大策が求められるため利下げが遠のくとの思惑から米債券市場は急落，久保亘蔵相の低金利政策への批判もあって，海外筋の仕掛け的なドル売りや円ショート・ポジション巻き戻しの動きがドルの下値を切り下げる展開となり，これに対して20日から月末まで

本邦当局は1兆6036億円に及ぶドル買い介入を実施，105円25銭で越月した．

3月初めに105円台前半でスタートしたドル円相場は，期待を下回る日銀短観結果，本邦機関投資家のドル買い，ドル・マルクの上昇で106円台前半をつけた．月央には利食いや本邦輸出筋のドル売り，ルービンの「ドル高は国益」発言で22日には107円20銭へ上昇し，中台緊張を材料としたドル・ロング筋の調整，独政策金利据え置きを受けたドル・マルク下落につれて106円近辺へ下げたものの，ヘッジ済み本邦輸出筋の新規ドル売りの減少などでドルは底堅く，107円25銭で取引を終えた．3月には市場介入は実施されなかった．

4月のドル円相場は107円台半ばで始まったが，本邦金融機関の経営破綻報道を受けての円金利の低め安定期待，米債券の堅調などで12日には一時109円を付ける場面もあったが，独金利低下観測でのマルク・円続落，日銀が金利低め誘導解除を検討との報道などで円買い戻しの動きが強まり，円は急伸，105円15銭で取引を終了した．

5月には105円台前半で始まったドル円相場は，米資本市場の軟調，マルク・円の下落，日銀金利引上げ観測などで104円82銭まで軟化の場面もあったが，北朝鮮軍の奇襲能力強化報道，クロス円取引での円売り増加などで108円93銭まで上昇，月末には対欧州通貨でのドル売りで軟化，108円05銭で越月した．

6月初めに108円台前半でスタートしたドル円相場は，米自動車業界が円安を懸念するとの思惑，日銀短観や米雇用統計発表を受けて軟化する場面もあったが，円金利低位安定継続の思惑，資金運用部による国債買い切りオペ再開の報道などで109円72銭をつけた．その後は円安が貿易摩擦を呼ぶとの懸念もあって107円65銭まで下げたものの，サウジの爆弾テロ事件でドル買いが強まり，109円69銭まで上昇したが，110円手前のドル売りオーダーが厚く，109円台後半で取引を終了した．

7月のドル円相場は，109円台後半から始まり，クロス円での円売りや本

邦財界首脳の円安待望発言，久保蔵相の円安容認発言，金融政策スタンス不変と受け止められた日銀総裁発言，強めの米雇用統計を受けた利上げ観測などで111円20銭まで上昇したが，利食いのドル売りや日米財界人会議での米側円安懸念表明，米財務長官の強いドルは国益との発言などもあって110円台で底堅く推移した．早期利上げ観測が台頭，米株式の大幅下落などで106円95銭まで下落し，本邦早期利上げ観測後退などでドルが買い戻されて108円台後半を回復したものの，106円85銭で終わった．

106円台後半で始まった8月のドル円相場はクロス円の円買いなどで106円35銭を付けた後反転，日銀短観が市場予測を下回ったことや株価下落で利上げ金利観測が後退したことや独連銀総裁のドル・サポート発言もあり108円90銭で越月した．

9月初め，ドル円相場は109円近辺で始まったが，米軍のイラク攻撃開始報道やFRB利上げ観測記事などを材料に3日には109円43銭へ上昇，本邦輸出筋のドル売りで下げる場面もあったものの，ティートマイヤー独連銀総裁のドル高支持発言，米利上げ観測台頭，株式・債券相場上昇などを受けて，13日には110円53銭へ上昇した．利食いのドル売りや米自動車会社社長の円安懸念発言報道，予想を上回った米7月貿易収支赤字などで18日には一時108円88銭に下落した後反転，月末には本邦資本筋のドル買い，オプション絡みのストップ・ロスが出たことなどで本年最高値の111円53銭を付けた後，111円35銭で取引を終了した．

G7がドル高歓迎姿勢を維持したこと，日本の金融システムへの不安や本邦資本筋の外債投資を見込んだドル買いの動きで，10月初めの111円前半から3日には112円台にのせた後，ポジション調整のドル売りなどで110円台後半を付ける場面もあったが，本邦総選挙の結果を受けて当面の低金利持続観測から113円を窺う展開となった．米当局者のドル高懸念表明報道で1旦下落したドルは，報道が打ち消されるとドルの上値を試す展開となりストップ・ロスのドル買いも巻き込んで29日には114円92銭まで上昇し，一時的な軟化もあったが114円10銭で終わった．

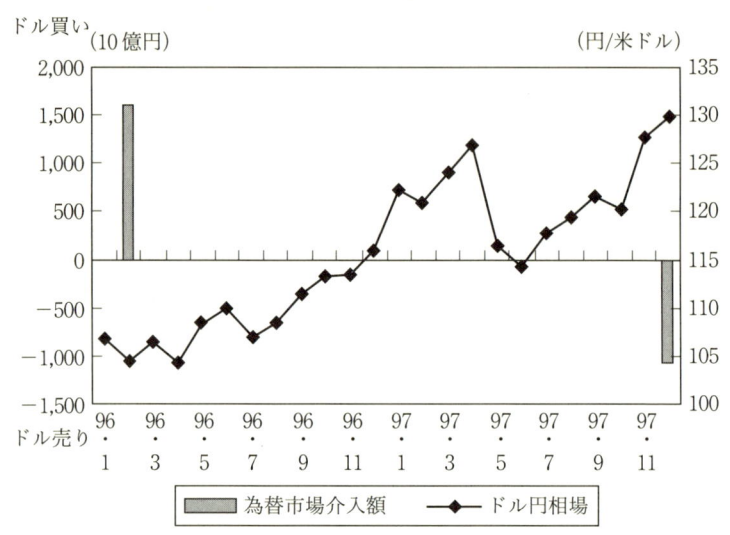

図表 4-3　為替市場介入とドル円相場（1996-97 年）

出所：図表 4-1 と同じ．

　11 月のドル円相場は 114 円台前半で始まったが，6 日にクリントン再選，議会では共和党多数との結果が報じられてドル買い安心感から 114 円 67 銭をつけた．日本当局高官が，日本経済の脆弱性は誇張されており，これ以上の円安はないと発言したことで一時下落したものの，その後自動車会社首脳発言，日米貿易収支動向への思惑，日本の金融機関破綻報道や低金利政策の継続予想，高水準の資本流出などの材料でドルは堅調に推移し 113 円 85 銭で越月した．

　113 円台後半でスタートした 12 月のドル円相場は，EU 首脳会議での「安定化協定」に関する合意成立を受けたドル・マルク上昇につれて 114 円近辺へ上伸，クリスマス休暇で取引閑散の中，日経平均軟化を契機とした円売りで 114 円台に乗せた後，米 10 月貿易赤字幅大幅減少，米債券・株式市場の堅調などでドルはじり高となり，オプション絡みのストップ・ロスのドル買いを狙う仕掛け的なドル買いなどもあって 30 日には 93 年 3 月以来の 116 円

第4章 バブル崩壊,超円高,通貨・金融危機の90年代   275

台をつけたが,大晦日にはドル・マルク安,米債券・株式相場下落を受けて115円85銭で越年した[32]．

2. 97年の状況

年初,海外では115円後半で始まったドル円相場は,6日に開いた東京市場では一時117円丁度まで上昇した．基本的には日米景況格差予想を反映するものである．三塚博蔵相の円安牽制発言,輸出筋のドル売りで,7日には114円90銭まで反落したが,ルービンやティートマイヤーなどのドル高支持発言,マルク売りの継続などでドル買い安心感が高まり24日には一時120円20銭まで急伸,その後介入警戒感や利食いのドル売りにもかかわらず29日には122円75銭をつけた．この水準ではドル警戒感も高まり,121円35銭で取引を終えた．

2月は121円台半ばでスタートし一時124円台に上昇したドル円相場は,ベルリンで開かれたG7[33]でドル安是正達成の認識,為替相場安定重視で一致したのを受けて120円台前半から123円台で推移したが,土地流動化のための公的資金導入検討の報道や日経平均が19,000円台を回復したことなどで,120円台半ばに軟化,120円30銭で終わった．

月初120円近辺で始まった3月のドル円相場は,強い米経済指標と金融不安を抱える日本経済を受けての日米金利差拡大の思惑から14日には124円台へ上昇したが,金利差拡大観測を誘うグリーンスパン発言,対日貿易赤字懸念を表明したバシェフスキー (Charlene Barshefsky) USTR代表発言などでドルの売り買いが交錯,狭いレンジ内でのもみ合い推移となった．25日のFOMCではFF金利誘導目標が0.25％引き上げられたことで,本邦資本筋のドル買いにより底堅く推移,123円80銭で取引を終えた．

4月のドル円相場は,123円台後半でスタートしたが,ルービンが貿易政策の道具に為替を使うべきでないと発言したため,本邦資本筋などのドル買いが優勢となり,10日には一時127円16銭まで上昇した．しかし日本経済

が好転の兆しを見せている中で，三塚蔵相の最近の円安は行き過ぎとの発言がドルの利食い売りを呼び125円台後半に軟化した後，月末の日米首脳会議やG7を控えて125円台後半から126円前半のレンジの中で小動きした．28日のG7声明が，ドル高円安進行是正を強く求めていないと受け取られて127円台を付けたものの，介入警戒感から126円台後半から127円台前半で小動きの後127円10銭で越月した．

127円台後半で始まった5月のドル円相場は，仕掛け的なドル買いで一時127円47銭まで上昇したが，今年末には103円をつけるとの大蔵省国際金融局長発言[34]，日本と円安への懸念を共有しているという米高官の発言，介入警戒感や本邦輸出筋のドル売りも厚く，本邦長期金利上昇を受けた円買いもあり軟化，9日にはストップ・ロスのドル売りで120円を抜き続落，さらに日銀幹部が公定歩合引き上げ示唆と報道されるなどで，20日には一時111円98銭を付けた．

経常赤字が拡大し経済成長が鈍化しはじめた途上国向け債権を，円でファイナンスしたポジション（円キャリー・トレード）の巻き戻しが進んだのも急速な円高の一因であった．三塚蔵相の行き過ぎた円安懸念解消との発言や予想を下回った米貿易収支の赤字幅などを材料に，本邦資本筋などのドル買いと輸出筋などのドル売りが交錯しつつ116円20銭で取引を終えた．

6月初めに116円でスタートしたドル円相場は，バシェフスキーUSTR代表やルービン財務長官が本邦貿易黒字拡大を懸念，サマーズ財務副長官が日本は内需拡大で対外黒字拡大を回避すべきだと発言したなどの報道で円買いが増え，11日には一時110円68銭まで急落した．その後112円から115円のレンジ内で推移し，デンバー・サミットや日銀短観も大きな材料とならず，114円65銭で越月した．

6月23日，橋本首相はコロンビア大学で講演した際に，自動車交渉が難航するときや，米国が基軸通貨ドルの価値の維持に関心が薄いと感じる時に，米国財務省証券を売却したいという誘惑に駆られることがあると発言，これでニューヨーク・ダウ平均は87年10月ブラック・マンデー以来の下げ幅で

ある192.25ポイント下落した．大蔵省は首相の発言報道は正確を欠き真意が伝わっていないとの趣旨の文書を発表，三塚蔵相も保有している米財務省証券売却の予定がないと言明した[35]．ルービン財務長官は，2日後に米国債市場は大量の売りを十分吸収できると発言した．為替市場への影響はさほどではなかった．

7月は114円台半ばで始まったが，本邦貿易黒字幅拡大を受けたドル売り円買いで113円を下抜けするとストップ・ロスのドル売りもあって112円05銭まで下落した．112円台から114円台で揉み合い推移後，対欧州通貨でのドル堅調を受けて，月末には118円の上値抵抗線を上抜けて118円60銭で終了した．

118円台半ばで始まった8月のドル円相場は，資本筋のドル買いなどで一時119円60銭近辺へ上昇したが，米資本市場の下落でドルが売られ一時114円20銭近辺へ急落した後，本邦資本筋のドル買いなどで118円台まで回復，その後はドル円自体に材料不足で動意薄く，ドル・マルクやマルク・円の動きにつれて117円から119円のレンジ内での推移となった．月末には日経平均株価の18,000円割れ，国債指標銘柄の史上最低利回り更新などを材料に円売りで120円を突破すると，損切りのドル買いを巻き込みながら一時121円70銭で取引を終了した．

9月は120円台後半で始まったが，それまでの日本経済に対する楽観的な見通しは後退し，消費税増税など国民負担増の影響が経済指標に出始め，サマーズ財務副長官が日本は輸出ではなく内需主導の経済回復をすべきだと発言したことを受けてドル売り円買いが強まり，ストップ・ロスのドル売りを巻き込みながら118円台前半に急落，本邦長期金利低下などを背景に123円を付ける場面もあったが，香港でのG7声明は円安に対する強いメッセージとの財務官発言をうけて24日には119円20銭へ急落，結局120円45銭で終わった．

121円台前半で始まった10月のドル円相場は，大手製造業も先行き悲観的となった日銀短観，日米自動車協定の難航報道などで10日に119円台後

半へ下落した後狭いレンジで小動きしていたが，23日には香港株式市場急落を受けてアジア通貨危機が日本経済へ及ぼす悪影響を懸念して122円38銭へ上昇，28日には米株式相場急落で118円75銭へ急落し，株式相場反発で120円台後半に上昇するなど荒っぽい展開の中，120円45銭で取引を終えた．

11月は120円台半ばで始まったが，三洋証券の破綻に伴う本邦長期金利の低下や株価軟調推移を受けて円が売られ，122円台半ばや124円台半ばのストップ・ロスのドル買いを巻き込んでドルは上昇，12日には126円代半ば，14日には日経平均が一時15,000円を割り，証券会社の格付けが引き下げられたことなどで127円台前半に達した．株価反転や三塚蔵相の円安懸念発言で124円台前半に下落したドルには買い需要が根強かったが，19日には本邦株価の大幅下落や韓国ウォンなどアジア通貨の軟調推移を材料に円売りの動きが強まり，127円台前半まで上昇したが，高値警戒感からのポジション調整で124円台後半まで下落した．その後，三洋証券，山一證券，北海道拓殖銀行の破綻でジャパン・プレミアムが拡大するなど本邦金融機関に対する懸念が強まり，127円台半ば以降のストップ・ロスのドル買いをつけながら，92年8月以来の高値128円07銭まで上昇，結局127円80銭で越月した．11月中の本邦当局の市場介入は，693億円相当のドル売り，インドネシア・ルピア買いのみであった．

127円台後半で始まった12月のドル円相場は，ドルの上値を試す動きに129円台前半まで急伸，ルービンや三塚蔵相の円安牽制発言にもかかわらず，米長期金利上昇やアジア通貨・経済への懸念を背景に，さらに上昇して15日には本年最高値の131円60銭をつけた．17日には橋本首相の2兆円所得減税実施との発言報道や市場介入（17-19日で1兆591億円相当のドル売り円買い）で一時125円70銭まで急落したが，G7各国はドル売り・円買い介入に消極的との観測もあり，ドル買いが進み130円台を回復した．クリスマス休暇で薄商いの中，130円台前半の狭いレンジ内で小動きしたが，本邦通貨当局の円安牽制発言，日欧米銀行団の韓国支援報道などから円買いもあり

ドルの頭の重い展開となり，130円40銭で越年した[36]．

3. 通貨・金融危機の続発

　新しいタイプの通貨危機が97年から99年にわたり続発して，世界を震撼させた．まず97年初めから経常収支赤字の増大やバブル崩壊の兆しを感じた国際投機筋は，タイ・バーツへの攻撃を仕掛け，タイ政府はバーツ買いドル売りで応戦したが外貨準備が枯渇し，IMFによる救済を求めた．通貨危機はアジア各国へ急速に伝播したが，特に10月から12月にかけてインドネシア，そして韓国が行き詰まってIMFなどの救済を受けた．

　97年11月，バブル処理を先送りしていた日本に金融危機が発生，アジア諸国の危機と共振しながら事態は深刻化した．98年には8月にロシア危機が発生，ラテンアメリカを経由して金融危機は9-10月には大型のヘッジファンド倒産という事件でウォール街を震撼させた．

(1) アジア通貨・金融危機
1) アジア危機のマクロ経済的な背景

　BISは，アジア危機の背景を以下のように分析する[37]．アジアの新興諸国は80年以後年平均7.5%の成長を遂げた．経済の開放がこれに貢献したが，マクロ経済政策は概して慎重であり，財政は概ね均衡し，価格も安定していた．経常収支の赤字は拡大したが，高水準の民間投資支出に結びついたものであり，民間貯蓄も増加していたので持続的な成長が期待された．

　しかし企業，金融，公的部門におけるガバナンス・システムが，成長に追いつかなかった．90年代前半に目覚しい成長を遂げるアジアに流入した海外資金を健全かつ生産的に利用するには，頑健な金融セクター，整備された銀行監督体制や信用秩序維持規制が必要であったが，実態は程遠いものであった．企業部門も過剰な設備と過大な短期債務を抱えてしまった．

　米ドル連動の為替相場レジームも，好ましくない影響を及ぼした．

①95年第1四半期までのドルの減価によりインドネシア，マレーシア，タイなどは国際競争力を強め，輸出と設備能力の増大をもたらした．しかしドルの上昇で，これら諸国の実質実効相場は上昇し競争力を失った．

②この為替相場レジーム維持のため，金融政策によって90年代半ばに発生した過剰流動性や短期資本の流入に対応できず，不動産投資バブルを招いた．

③米ドルへの固定相場が続いて，為替リスク感覚が鈍り，ヘッジなしの外貨建て債務を累増させた．

2) 危機の伝播と深刻化

97年前半にタイ・バーツへの投機圧力が急増し，7月初めにタイ中銀は，バスケット通貨にバーツを連動させることを放棄し，バーツは対ドルで急落した．この影響は周辺地域に急速に波及し，より柔軟な為替相場制へ移行したインドネシア・ルピア，マレーシア・リンギット，フィリピン・ペソも対ドルで暴落した．その後日本の金利上昇期待が後退したにもかかわらず，東南アジア通貨は圧力を受け，地域の株式も下落した．このような状況は，日本の輸出競争力を損なうので，円相場へ影響をもたらし，株価を下げ，国債の指標銘柄の利回りも8月の終わりには2%を切り，9月末には1.87%へ低下した．

10月の終わりに台湾ドルの下落が放置されることになった後，香港ドルのドル連動が維持可能か注目された．香港通貨当局は翌日物金利を150%とするなど金利引き上げで対応したが，不動産市場や株式市場は暴落，そのショックは世界の株式市場に波及，クレジット市場でのリスク・プレミアムを高めた．

危機は韓国にも波及し，11月17日に韓国中銀はウォンを支える介入を停止，22日にはIMFへ救援を要請した．12月末までにウォンは10月初めに比べて，53%も下落した．

3) アジア危機に関する日本の責任

プラザ合意以降の急激な円高で，日本の製造業は多くの生産拠点をアジア各地に移転し，それがアジアの成長に大きく貢献したことは間違いない．しかしアジア危機の発生に関して，日本の責任を問う声も少なくない．

危機発生後，米下院銀行金融サービス委員会で公聴会が実施されたが，国際経済研究所のバーグステンは証言で，「もしこの危機で主犯（number one villain）は誰かと問われれば，日本だと答える」と明言している．さらに彼は，危機の遠因に94年に実施した人民元の約33％の切り下げとともに，95-96年の25％を超える円安があるという．また日本がアジア経済の3分の2を占めているが，巨額の財政刺激，ゼロ金利，そして周辺諸国の高度成長にもかかわらず，ゼロ成長状態にあると批判する．そして金融システムに根本的な欠陥があるのに，その是正をためらい，不況が続いているのに緊縮財政を継続するなど，世界最悪の経済政策であると断じている[38]．

(2) 日本の金融危機

日本経済の変調が注目され始めたのは，97年第3四半期であった．4月の消費税引き上げなど約9兆円の国民負担増を伴う財政政策が第2四半期の経済のマイナス要因となったものの，年後半からは改善が期待されていた．変調は急ぎすぎた財政構造改革が主因という見方が多い．さらにアジアの通貨・金融危機が急速に拡大し始めると，東南アジアへの融資が大きい邦銀への懸念が高まった．

11月に入り，三洋証券，北海道拓殖銀行，山一證券が次々と破綻した[39]．外国人投資家の株の売り越しは，1月で7545億円に達した．月末にはジャパン・プレミアム[40]は1％に達したが，邦銀向けの与信枠は削減され国際金融市場での資金調達は困難となってきた．

これに対して外国金融機関の円調達金利はゼロ近傍，もしくはマイナスとなった[41]．これによってヘッジファンドはコストがほぼゼロの円資金を借入れ，ドルやこれに連動した通貨もしくはこれら通貨建て資産に運用し利鞘を

稼いだり，日本株先物売り・債券先物買いのポジションを造成する，いわゆるグローバル・キャリー・トレードを盛んに行うようになった．

　外国投資家たちは97年8月頃から日本株を売り越し始め，その額は9,10月と増加し，6月に2万円台であった日経平均株価は，10月には16,500円を割った．11月に入ってからは外国人投資家主導で長銀，日債銀，安田信託などの銀行株売りが激化した．預金の流出も増加し，金融危機の様相が深まった．外国人売りの中には，脆弱なアジア諸国の通貨を攻撃して成果を上げ，次に日本に狙いを定めたヘッジファンドの動きがあったと見られる．

　内外の危機が深刻化してきたので，政府・自民党もようやく事態を収拾するべく動き出した．宮沢元首相が11月20日に官邸を訪問，公的資金を預金者保護および金融機関破綻処理と回避に投入するという提案を行い，橋本首相は加藤紘一幹事長に不良債権処理検討を指示，これを受けて政務調査会の金融システム安定化小委員会が公的資金導入の具体策作りをはじめた．執行部は「金融システム安定化対策本部」を設置，宮沢が本部長に就任した．

4. 98年の状況

　97年にはバブル崩壊後はじめて景気の回復が見られ，デフレ脱却と不良債権処理を実施する好機であったが，急ぎすぎた財政再建策，アジア通貨危機，政策の不手際による金融危機などが重なり景気回復の腰を折ってしまった．

　金融危機の直前の11月初めには121円台であったドル円相場は，危機の深刻化とともに98年1月初めに134円を突破した．金融2法案成立で一時123円近辺に戻したものの，市場の悲観論の高まりで4月初めには，再び130円を超える円安水準に向かった．

　危機的状況に対応するために，98年3月末に自民・社民・さきがけの与党3党は，最大6兆円の経済対策を講じることを決め，橋本首相は4月8日に本予算成立後，翌日には4兆円の減税を含む財政支出10兆円，事業規模

16兆円の景気対策を発表，これに沿って補正予算を編成するとした．

　予想を下回る日銀短観，ムーディニズによる日本国債格下げ発表などで始まった4月には外為法の自由化が実施され，日本経済と金融システムは脆弱な状態が継続し資本流出が増加するとの予想で円への圧力が強まった．日経平均は月初の3日間で6.1％下落し15,518円となり，円も135円台へ下落した．4月9日の景気対策発表も，市場は日本の景気回復には不十分と受け取り，円の下支えとはならなかった．そこで本邦通貨当局は9日に1957億円，10日には2兆6201億円という大規模な円買い・ドル売り介入（NY連銀への70億ドルといわれる委託介入を含む）を実施，135円を超えていた相場は120円台に戻した．しかし米当局は懸念の共有を表明したものの自己勘定での介入をせず，日本悲観論の横溢する中では，大量介入の効果は一時的であり，円の先売りは高水準となり外国人投資家の売り越しは膨らむ一方であった．15日のG7では，過剰な円安を回避し，内需拡大を刺激して対外不均衡を是正することの重要性を強調する声明がだされた．

　その間，インドネシア，インド大陸の緊張でアジア通貨・金融危機が再燃し，それがロシアにも波及，株式市場はこの四半期で53.5％下落，債券利回りは80％を超えた．財政不均衡を是正し構造改革を進める政府の能力や石油価格の下落が輸出に及ぼす影響に懸念が高まったのである．

　4月の失業率が戦後最悪の4.1％に達するなどの報道で，G7やバーミンガムでG8首脳会議が行われた5月中旬には，G7が円安を容認したとの市場観測もあってドル円相場は135円を再び突破すると円安が加速し，月末には7年ぶりに139円25銭へ下落した．市場の悲観的なムードを反映して，アジアや欧州通貨当局者から，円安が世界経済の安定にもたらす影響を懸念する声が高まった．

　6月10日にはG7代理会議が開かれたが，円安を食い止める方法を議論しなかったとの報道，11日のルービン議会証言では日本経済のファンダメンタルズの影響を好ましくないと強調しながら為替市場への協調介入には積極的でないと市場は見たこと，円安が中国貿易に悪影響と非難する中国高官発

言[42] などで,ドル円相場は 140 円を超え,15 日には 8 年ぶりの円安である 146 円 67 銭,翌 16 日には 146 円 78 銭に上昇したあと,日本経済を議論しに米高官訪日検討中との報道で円は反転し,17 日には 143 円 30 銭をつけた.当日ニューヨークが開くと,米通貨当局は 142 円 21 銭でドル売りを実施した.同時に橋本首相は,日本の銀行システムを健全化し内需主導の成長を達成するためにあらゆる努力をすると声明,ルービンもこれに協力するために協調介入したとの声明を発した.米側のドル売り円買い介入は 8.3 億ドル,これに対して日本側の介入額は 2312 億円であった.ニューヨーク市場で円は 5 円以上上昇し,136 円 51 銭で取引を終えた.その後円は若干上昇したものの,下旬のマニラ・フレームワークや G7 代理会議で日本側から追加的な政策発表はなく,ドル円相場は 138 円 88 銭で終わった.4-6 月に実施された 3 兆円にのぼるドル売り介入にもかかわらず,円は対ドルで 4.1% 下落した.

7 月初めの金融改革案が銀行危機解決に不十分と見なされ,さらなる財政刺激も期待できないこと,さらに 12 日の選挙で与党が敗北したことなどで,日本経済や為替政策の方向について不確実性が高まり,また第 2 四半期の GDP が前年比 1.6% 低下したという報道なども相次いだことで円が売られ,8 月 11 日には対ドルで 8 年ぶりの安値 147 円 64 銭をつけた.

8 月 17 日に,ロシアは債務モラトリアムとルーブル切り下げを発表した.投資家はドルのロング・ポジションを利食って途上国市場で蒙った損失を穴埋めするとか,ボラティリティの高まった金融環境でのリスクを回避しようとする動きが増大して円が 8 月 11 日の 147 円 66 銭を底に反転したものの,9 月 4 日にサンフランシスコで行われた宮沢・ルービン会談の後も市場の日本経済と金融危機に関する悲観的な見方は消えず,11 日には 130 円 65 銭をつけたドル円相場は,月末には 136 円 50 銭に上昇して取引を終えた.

10 月のドル円相場は,136 円 50 銭で始まったが,ヘッジファンドなど投機筋がリスクを圧縮し,借入れを返済,他の市場で蒙った損失を穴埋めするためにドルのロング・ポジションを解消したため,突然そして急速に下落し

た[43]．7日には133円90銭から120円55銭と6.7％下落した．これは74年以来の1日での最大の下げである．ニューヨーク市場が開けるとドルは111円58銭へ下落した後123円40銭を付けるなどボラティリティが高まった．しかし通貨当局の介入はなかった．

11月初めには，ドル円相場は幾分安定し115～120円の間で変動したが，依然として解消したいドルのロング・ポジションを抱えている高いレバレッジの投資家がおり，ドルが大量に売られる可能性があると市場参加者は見ていた．日本国債市場のボラティリティが高まり，指標銘柄の利回りが0.77％から2.01％に急騰し，第4四半期には日米10年物国債の利回り格差も102ベーシス・ポイント縮小して263ベーシス・ポイントとなったこと，米国経常赤字への懸念などが，ドル円相場に圧力を加え，112円56銭の安値を付けニューヨークで113円60銭で取引を終えた[44]．

(1) 日米協調介入に至る交渉経緯

98年6月初めの円の暴落に対応するには，金融システムの抜本的な安定策が必要であったが，98年7月の参議院選挙を控えて，市場を納得させるような根本策を打ち出すのはきわめて困難な状況であった．そこで本邦通貨当局者は，為替市場への大規模な介入と金融安定化の政策の組合せが必要との認識を持ったものの，その具体策について選挙前の政府や政権党を納得させると同時に，欧米，とくに米国通貨当局を説得する困難な作業が必要であった．彼らにしてみれば，財政を引き締めて折角回復しかかった景気を悪化させ，金融システム改革を怠る日本の苦境は自業自得に映り，日本側の哀願には冷淡であったとしても不思議でない．榊原英資によれば交渉経緯は苦渋に満ちたものであったようだ[45]．

パリでの蔵相代理会議（G7D）で，日本側が日米欧の協調介入の可能性を打診したところ，サマーズ財務副長官は，抜本的不良債権処理対策による金融システムの安定がなければ介入の効果は限定的，一時的であろうと応じた．これはルービン財務長官の6月11日の上院での証言内容と同じであった[46]．

しかし円が140円を超えて下落すると，中国から自国とアジア経済への悪影響を懸念する声が上がった．クリントン訪中を6月下旬に控え，中国側の発言を米国側も無視することは困難であった．

6月12日，橋本首相は榊原財務官に，協調介入の可能性を探るようにと指示，これに基づきルービン財務長官，サマーズ副長官，グリーンスパンFRB議長，ガイトナー（P. Geitner）財務次官補ら米国当局首脳と交渉に入ったものの，米国側は明確な不良債権処理計画とさらなる需要刺激策を要求した．交渉の結果，金融改革と内需を継続的に刺激することを求める財務長官声明とこれに対する松永光蔵相談話，橋本首相談話を準備し，橋本・クリントン電話会談まで用意したが，ルービンは，最終的に17日午前10時半に介入に同意した．しかしその1時間前の松永蔵相との電話会談では，また否定的な感触であったという．

榊原によれば，ルービンは予定された電話会談でクリントンが橋本の政治的立場に同情して必要な圧力をかけられないことを心配したが，ロシア危機が浮上し始め，また6月末のクリントン訪中に際して人民元切り下げ問題が論じられることを回避したいとの考慮が働き，結局協調介入と20日に東京で緊急通貨会議を開くことに同意したと見る[47]．

ルービンは，介入は稀に実施する意味を持つ時があり，まさにこの協調介入は，その条件を満たしたと言う．すなわちドル円相場は147円と極端な水準に達し暴落の域に近づいたこと，約束を守るかどうかは別として，日本当局者は米国が奨励する経済改革を支持する声明を用意したこと（記録するだけで進歩），市場にサプライズを与える環境が整ったことである．それでも彼は介入に伴い，日本がどの程度，実効性ある改革をするかに疑念をもち，また介入の失敗で信用を失墜することを恐れた．しかしサマーズ，グリーンスパン等は，アジアの他の地域の状況を勘案すると，リスクをとる価値があると彼を説得した．

日本時間17日正午に橋本・クリントン電話会談を実施し，同日ニューヨーク市場で日米協調介入が行われた結果，前日の欧米市場に比べて6円程度

円高の137円60銭まで急騰した．米国側は8億3300万ドルのドル売りを実施した[48]．ルービンも20億ドルのドル売り介入が，外為市場の心理に明確な影響を及ぼすことで成功したと評価する[49]．

サマーズは18日に来日，19日には松永蔵相，小渕外相，速水日銀総裁らと面会，金融改革，継続的な景気刺激を求め，協調介入効果が持続するうちに改革を実行するよう求めた．

6月20日の緊急通貨会議では，中国が人民元の安定性を維持することを表明し注目を集めたが，日本政府の金融システム安定や経済対策の早急な実施に関する決意表明の具体的内容に質問が集中したという．ルービンは，日本経済の弱さは，経済の安定に重要な役割を果たした中国とは対照的であったとし，手強く独立心に富み，他国の圧力に屈しない中国のリーダーたちが，危機の際に建設的な役割を果たしたと賞賛している[50]．彼の回顧録の中での日本の指導者たちへの冷淡な記述とはまさに対照的であった．

(2) 金融危機の展開

1) 日本の金融危機への対応

98年2月には，金融機能安定化緊急措置法と改正預金保険法が成立し，破綻前処理のための13兆円を含む30兆円が準備された．これにより金融恐慌の発生は辛くも食い止められた．外国人投資家も98年1月と2月には買い越しに転じた．

2) 危機の再燃と加速

金融2法案が成立し危機が回避されることが期待されたが，事態は悪化の方向に動いた．98年3月に決定された公的資金投入[51]が，横並びかつ投入額が少ないので，抜本的な不良債権処理とは程遠いとの見方が一般的となった．不幸なことに強力な指導力を発揮して非常事態に対応すべき大蔵省や日銀のスキャンダルが露呈され，日本経済に対する悲観論が高まった．

一時買い越しに転じた外国人投資家も，3月から売り越しに転じ，その金

額も増加し始めた．日本売りはこうした状況では当然であるが，不備な日本の金融監督・検査体制がそれを加速させた．すなわち外国金融機関は，デリバティブ取引を通じて，日本企業の決算操作，損失隠しなどに通暁しており，その情報を使い，もしくは市場に意図的に流布して投機的利益を追求できたという見方が根強い[52]．おそらく事実であろうが，これは金融行政の欠陥を突かれたのであり，金融当局のこれまでの怠慢を正当化することにはならない．

(3) ロシア，ラテンアメリカ危機と LTCM の破綻
1) ロシア金融危機

97 年後半から 98 年初めにかけて，ロシアの財政規律維持，政府短期債務の急増，商品価格の下落，実質為替相場上昇などを背景に，ロシアの債務返済能力への疑念が高まってきた．その結果，激しい為替投機が発生したので，これに対抗するために金利を急激に引き上げた．その結果，インフレ率が 10% を下回っているにもかかわらず，5 月中旬には金利は 150% にまで達した．ルーブルを安定させるために，230 億ドルの国際金融パッケージが提示されたが，財政収入増大などの条件へ議会が反対し，調整プログラムの達成が困難となった．元利返済が予算収入の半分を占め，外貨準備は急減，市場性ある短期政府債務の繰り延べ交渉が失敗し，98 年末までに満期到来の 200 億ドルが借り換えできなくなった．ロシアのユーロ債のスプレッドは 2,000 ベーシス・ポイントに達した．

この緊急事態に対処すべく，8 月中旬にロシアは為替相場バンドの放棄，海外債権者への 90 日間のモラトリアム宣言などを含む政策を導入した．同年末までにロシアの外貨建て債務返済不履行は，旧ソ連分を含めて 1000 億ドルを超えた[53]．

2) ラテンアメリカ危機

アジア危機発生の際にも，外資流入が続いたものの，低い貯蓄率，実質為

替相場の上昇,商品価格の下落などで債務が増大,経常収支赤字が拡大するなどの問題を抱えていたので,ロシア危機はラテンアメリカ諸国の債券価格,株価,為替相場の急落を招いた.とくに自国通貨建て国債を外国人投資家が大量に保有しているブラジルから大量の資金流出が始まった.その外債が売り叩かれた結果,比較的低利回りの国内債を売却した乗り換えが発生したことも危機を加速した.総じてラテンアメリカ諸国は,米財務省証券に15%上乗せした金利でも,調達が困難な状況となった.強烈な信用収縮が新興国市場を直撃したのである[54].

3) ヘッジファンドの急増とLTCMの破綻

98年半ばには,数にして1,200,資産が1500億ドルを超えるという推計もあるヘッジファンドは,情報開示や借入比率規制を迂回し,借入れにより多様な金融資産に投資し高い利回りを追求していた.中でもLong-Term

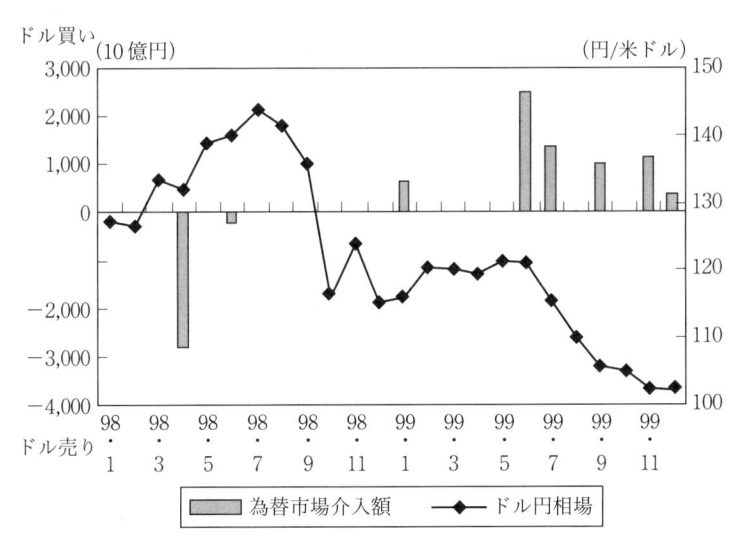

図表4-4 為替市場介入とドル円相場(1998-99年)

出所:図表4-1と同じ.

Capital Management (LTCM) はオプション価格理論でノーベル賞を受賞した経済学者や，業界の著名な債券トレーダー，元 FRB 幹部などが運営するファンドであったが，48億ドルの自己資本（年初）の25倍を超えた総資産1250億ドル（8月末）と，ハイテクの価格モデルやトレーディング戦略を駆使し，信用スプレッドと資産市場のボラティリティ縮小を期待したポジションを造成して高利回りを追求していた．

ロシアのモラトリアムでその戦略は破綻し，LTCMは行き詰まった．その影響が広範に及ぶと判断したニューヨーク連銀が音頭をとり，民間金融機関の支援をえて迅速に問題を処理し，システミックな金融危機発生を辛くも回避できたのである[55]．

5. 99年の状況

ドル円相場は112円80銭で始まったが，日本の投資家が米国資産から欧州や円資産へ資金の再配分を行ったり，1月7日の国債入札への外国人投資家の需要が高まったことなどで，11日には108円22銭へ下落した．しかし12日に実施された6563億円に上る円売りドル買い介入でドルは反転，円高リスクをカバーするリスク・リバーサル価格[56]は低下，その後はドル円相場は110～117円の幅で推移した．市場関係者は本邦当局が110円を超えて円高になることに抵抗する意思を感得した．しかし2月初めまでに248ベーシス・ポイントまで縮小した日米長期金利格差，米株式市場やブラジル通貨切り下げを巡る懸念などが，ドルの上値を抑えた．

しかし日銀がコール・レートの目標水準をゼロとする「ゼロ金利政策」を採用し，2月12日にコール目標金利を25から15ベーシス・ポイントへ，そしてさらに2ベーシス・ポイントにまで引き下げたため，ドル円相場は着実に上昇し始め，本邦金融当局が量的緩和政策にシフトするという期待で金利格差が381ベーシス・ポイントへ拡大し，3月4日には123円75銭に達した．しかし外国投資家の日本株買いや金融政策目標が当面変更ないとのこ

とで，円は 118 円 80 銭へ上昇して第 1 四半期を終えた．

第 2 四半期の前半には，5 月半ばまでに日米長期金利格差が 90 ベーシス・ポイント拡大したこと，米国経済成長の持続，米金利上昇，FOMC のインフレ警戒姿勢でドルが買われ，5 月下旬に円は 124 円後半へ減価した．しかし後半には第 1 四半期の日本 GDP が予想以上であったことと日米金利差が縮小して 393 ベーシス・ポイントになったこと，さらに内外の投資家が日本株の購入を拡大したことを受けて，円は上昇した．

6 月 17 日に財務長官に指名されたサマーズは，強いドルは国益という政策を継続すると証言した[57]本邦当局は時期尚早の円高への警告を繰り返し，10 日から 21 日まで 3 兆 392 億円の大規模な円売り介入を行ったが，うち 5396 億円はユーロ買いであり欧州中銀への委託介入も行われた．しかしこの介入は，ユーロへ投資し大きな損失に曝されている日本の投資家へ魅力的なヘッジを提供したともいえる．

日本経済回復期待で内外の投資家が円資産へ資金をシフトする動きが強まり，9 月 24 日にドル円相場は 3 年半ぶりに 103 円 72 銭へ下落した．本邦当局は，7-9 月に合計 2 兆 3876 億円のドル買い円売り介入を行った．経済の回復が確立する前の時期尚早の円高へ対応するためとの公式説明が行われたが，市場では円相場上昇を円滑化するものか円の押し下げを意図するものか見方が分かれたが，日本の為替政策目的に関する不確実性によって，1 カ月物のドル円オプションのボラティリティが，10% から四半期末には 22% に上昇するなど市場のボラティリティを高める結果となった．

第 4 四半期も諸経済指標，18 兆円の補正予算編成などに裏付けられた日本経済の回復期待，そして資本流入で，ドル円相場は下落を続け，11 月下旬から 12 月にかけて 4 年ぶりに 101 円台を付ける場面もあり，102 円台で取引を終えた．10-12 月中に，本邦当局は 1 兆 5580 億円の円売り介入を行った．内 527 億円はユーロ買い介入であった[58]．

第6節　90年代後半のドル円相場変動の原因と政策評価

1. 95年夏以降の円安の推移

　円は95年春から98年夏までの僅か3年4カ月で約80%も変動した．この異常な円安の背景について，ブラウン（B. Brown）は以下の如く分析する[59]．

(1)　日本の金融緩和政策と日米金利差の拡大
　日銀は金融緩和政策を推進し，コール・レートは95年夏には0.25%低下して1%へ，さらに9月初めに銀行危機深刻化の中で公定歩合を0.5%まで引き下げた．長期金利も10年物国債利回りが，年初の4.5%から3%へ低下した．しかし実質ベースでは依然高めであった．
　95年末に5.75%へ低下した10年物米財務省証券は6月春に7%まで上昇，米株式市場も堅調であったため，対米投資が活発となり，ドルが上昇した．これに対して，日本は96年に米国と並び高い成長を実現したにもかかわらず，その持続については疑問があった．そこで日本国債金利は低下を続け，10年物で96年夏には2.5%に接近し，本邦投資家の海外投資を促進した．

(2)　日本の銀行危機
　95年7月末にコスモ信組，9月初めに兵庫銀行，木津信金が破綻した．住専問題も深刻化しつつあった．9月末，大和銀行ニューヨーク支店の不正取引に伴う巨額損失が報道された．79年の石油危機以来初めてのジャパン・プレミアムが再燃した．大手主要邦銀でもロンドン銀行間取引金利に0.375%を上乗せした資金調達を余儀なくされた．邦銀の外貨資金流動性を支援するために，大蔵省は外貨準備からドル預金を増加させていると報じられた．

(3) 市場心理の変化

ドル円相場が80円を割る状況が維持不可能との見方が強まったことも，相場の反転に貢献した．米政府高官が口先介入で円高を要求することもなくなり，影響力のあるエコノミストたちもこれ以上のドル安を望まないと言い出した．投資家がドル資産を保有するために必要なリスク・プレミアムは低下してきたのである．

(4) 緊縮型の財政政策

96年9月，橋本内閣は追加的財政出動がなくても景気回復が続くと判断して，補正予算の要求を拒否，12月初めには2年間の時限的な所得税減税を失効させることを決め，加えて消費税の2％引き上げを97年4月実施することを決めていた．96年末に，橋本内閣は財政赤字を05年までにGDP比3％まで削減する計画を承認し，公共投資支出の大幅削減を打ち出していた．これにより97-98年度では一般政府財政赤字がGDP比で1.3％削減されることになる．

一般的に，本格的な緊縮財政を行うと，その国の通貨には下落圧力がかかる可能性が高い．財政赤字が減少すれば，その分を民間の余剰貯蓄の減少で相殺されない限り，余剰総貯蓄が増加するので貯蓄と投資を均衡させる利子率は低下し，為替相場も下落する．したがって中央銀行は，市場金利が新しい均衡水準に低下するのを円滑化させる政策をとるべきであるとブラウンは主張する[60]．彼によれば，財政再建を成功させるためには，次の条件が満たされる必要がある．

①日銀は，民間需要が力強く回復して財政デフレを相殺することがはっきりするまで，金融緩和を長期間継続する方針を堅持する．

②日米政府は，対外投資に係る為替リスクへの懸念を増大させないように，十分な配慮を行う．さもなければ対外投資が十分に行われず，財政デフレに加えて円高デフレに直面することになる．

2. 97年春の円の一時的急騰の背景とその影響

4月中旬の127円台から5月半ばの110円台へ下落したドル円相場について，ブラウンは，以下のようにコメントしている．すなわち当時クリントン政権は日本の市場開放について，フレームワーク協議が長期化したにもかかわらず実質的進展がないことに苛立っていた．さらに日本は円安さえ手にした．対日政策が失敗したことを96年11月の中間選挙前には公にできなかったが，再び制裁をちらつかせつつ強硬姿勢をとり始めた．日本政府は予防的に円高を差し出すことにして，日銀に金融引締めを示唆させることとした．しかし演出された円の急騰は，日米政権に大きな禍をもたらしたというのである．

円が急騰すると円キャリー・トレードで大規模にASEAN諸国向けに投融資していたヘッジファンドは，急遽回収に走った．不動産と株式のバブルの真っ只中にあったこれらの国々は深刻な金融危機に陥ることになった．本邦通貨当局者は，円の暴騰が日本の余剰貯蓄を海外にリサイクルするメカニズムを阻害することに配慮が欠けていたといえる．本邦投資家に対外投資をする自信を打ち砕き，日本経済をデフレの罠に追い詰めることになった．ブラウンは，クリントン政権の貿易交渉を通じての圧力に伴うリスクよりも，橋本財政再建がもたらすデフレ効果をさらに円の暴騰で悪化させるリスクの方が遥かに深刻であり，財政再建に必要な円安水準を維持するためにドル買い介入を継続すべきであったと主張する[61]．

3. 97年夏以降の円安とその後の急騰

97年夏のアジア通貨危機，秋の日本の金融危機，アジア向けの輸出の減少，設備投資の急減などで日本経済は急激に減速した．ドル円相場は97年秋には120円台後半となった後下落の一途を辿り，ついに98年8月11日に

第 4 章　バブル崩壊，超円高，通貨・金融危機の 90 年代

は 147 円 66 銭に達した．

しかし円高のエネルギーは，様々な形で蓄積され，予想を越える円急騰を招いた．8 月下旬にドル円相場は 140〜145 円であったが，10 月初めまでに 135 円台に下落した．本格的な下落は 10 月 7 日から 8 日にかけてであった．6 日は 134 円で始まったが，7 日には 121 円 30 銭，8 日には 118 円 85 銭，12 日には 115 円 5 銭と安値を連日更新した．この間ボラティリティも異常に高まった．しかし通貨当局の介入はなかった．

円乱高下の背景にあった事象を列挙してみよう．

1) 98 年 3 月，幹部職員の汚職スキャンダルの責任をとって辞任した松下日銀総裁の後任に，速水優元理事が指名された．同時に新日銀法が施行されて政府からの独立性が保証されることとなった．円高信奉者の速水総裁は早速超低金利政策や円安を批判した．

2) 98 年 4 月に 2 日間で 2 兆 8158 億円，6 月に 1 日で 2312 億円と大規模なドル売り円買い介入をおこなった．円高誘導に成功したとはいえない介入だが，6 月の介入はクリントン大統領の北京訪問を前にした贈り物と見られる．中国側は，円安が自国経済に悪影響を及ぼし，人民元が切り下げに追い込まれるとアジア通貨危機を再燃させかねないと主張，米国はそれに同調して円安への苛立ちを強めていた．中国の主張は，日中間の製品が国際市場で競合関係になく，対中直接投資もピークを過ぎて減少傾向は免れなかったので，通貨政策よりは外交戦略に基づくと考えられる．

3) 98 年 7 月の参議院選挙での自民党敗北で橋本首相が引責辞任後，大胆な財政拡張政策を公約して後継者となった小渕恵三首相は，ケインズ主義者の宮沢喜一を蔵相に指名，橋本内閣による財政赤字削減計画を凍結，公約の 6 兆円規模の恒久減税実施と 10 兆円の景気刺激型補正予算編成を実施した．このような政策は，円高要因となる．

4) 10 月の円の急騰のきっかけは，流動性が逼迫したヘッジファンドが，円キャリー・トレードのポジションを手仕舞いしたからといわれている．9 月の LTCM 破綻直後にはドル円相場に大きな影響がなかったが，その後米

国経済への悲観論が強まり，また小渕内閣が金融再生関連法案，金融機能早期健全化緊急措置法案を国会に上程したこと（それぞれ10月12,16日成立），グリーンスパンFRB議長が米国景気悪化に警告を発し，大幅な金融緩和を示唆したことなどが，ポジションの巻き戻しに大きく影響したと見られる．

しかし為替相場安定化の措置はとられなかった．それにより本邦投資家はさらに対外投資にリスク回避的となり，余剰貯蓄の円滑な還流が困難となった．

5) 11月に小渕内閣は，99年度にプラス成長を目指し，1兆円の事業規模の雇用対策，21世紀型社会構築を目指す野心的な緊急経済対策を策定した．これは長期国債の利回りを急騰させ，12月中旬には倍増の約2%となった．日銀は国債の買い支えを拒み，資金運用部による国債買い入れ減額計画も発表されたため，国債利回りは高止まり，本邦からの資本輸出を抑制する効果をもった．

4. 99年半ば以降の円の高騰

円は年央から晩秋にかけて120円台から100円に急接近した．米国のニュー・エコノミーと称された活況が，対米輸出のみならず対アジア向け輸出を増大させた．また外国人投資家はIT関連株を中心に幅広く買いを入れてきた．欧州投資家は株のみならず国債投資も増やした．これに対して本邦投資家は円高で対外投資を増やさず，企業や銀行などは株価上昇を機に利食い，持ち合い解消や流動性の積み増しを図った．

そこで榊原の後任の黒田東彦財務官は，景気低迷とデフレ深刻化の中での時期尚早の円高についてG7と懸念を共有しつつ，大規模なドル買い介入を実施したが抗し切れなかったことを認める．彼は不況とデフレという経済実態に合わない為替相場を放置しないという介入目的を鮮明にしている．そして株式市場への資金流入による円高は実需であるからやむを得ぬとか，スー

第4章 バブル崩壊,超円高,通貨・金融危機の90年代　　297

ムージングのための介入は良いが水準は市場に委ねるべきだという従来からの介入に関する基準を拒否する[62]．

この間のドル買い円売りの介入に対して，日銀は必ずしも協力的ではなかった．理由としては，①不胎化しなければ，最近法的に認められた日銀の独立性を疑われるということ，②ゼロ金利水準ではドル買い資金調達のために発行されるFBの日銀引受を通じてベースマネーを増加させても銀行の過剰準備をふやすだけでマクロ経済上の効果がないとみられること，③速水総裁が円高は日本経済にマイナスと考えていなかったことなどが考えられる．

第7節　90年代の為替介入政策の評価

1. 経済学的評価

(1) 伊藤隆俊

90年代初頭からの円の変動は，理論的なモデルで説明できる範囲を越えたものであり，日本経済の基礎的な条件と非整合的な為替相場が何カ月も，時には数年も続くことがあった（ミスアラインメント）と彼は指摘する．時には大したニュースもないのに急激に変動したのである（過剰なボラティリティ）．為替相場が開放マクロ・モデルが示す均衡水準から乖離すれば，通貨当局が介入により相場の動きに影響をあたえる機会が増えるが，介入の有効性は，市場参加者の必ずしも合理的でも効率的でもない行動と関連するとし，以下のように分析・評価する[63]．

1) 91年4月から95年半ばまでの期間，特に100円から80円に高騰した異常な95年前半の期間には，介入で意図した方向へ相場を動かすことはできなかった．

2) 95年6月榊原国際金融局長就任を境に介入戦略が再点検された後，効果を発揮するようになった．少ない頻度で大規模な介入を実施し，意図した結果を生んだ．回帰分析によれば，95年6月から02年3月の期間，1兆

円の売却により円を平均0.7%下落させた．協調介入はさらに効果的であった．

3) 90年代の介入は大きな収益を生んだ．本邦通貨当局は125円を中心にドルが安ければ買い高ければ売るというミルトン・フリードマン (Milton Friedman) 流の市場を安定化させる投機家であった．介入がなければドル円相場変動はより大きかったであろう．01年3月末までの10年間の介入で，9810億円の実現益，金利差益3兆9750億円，未実現益3兆6650億円，計8.6兆円の収益をあげた．

事後的に利益を生んだとしても，為替相場のボラティリティ，日米金利差の変動，ポジション解消に要する時間などを考慮して過剰なリスクをとったか否かが問題となるが，通貨当局は長期的な投資家であり，積立金を考慮すればリスク管理は妥当といえる．

(2) IMFエコノミスト

ラマスワミ/サミエイの分析と評価は以下のとおりである[64]．

1) なぜ本邦通貨当局が米通貨当局より，特に円の上昇過程においてより多く介入を行うかについては，貿易動向が日本経済により大きな影響を与えるからという説明がなされるが，これは貿易依存度が米国と大差ないので説得的でない．日本はドルとリンクしている通貨国との貿易が多いため，名目実効相場の変動が名目ドル円相場と一緒に変動するので，ドル円相場の変動は日本経済に与える影響が大きい．これに比べて，米国の名目実効相場はドル円相場と独立して動くためである．

2) 為替市場介入に踏み切る理由について，本邦通貨当局は特定の為替相場を目標とするものではなく，円の過度の上昇，下落に対応するためとしている．公表されていない落ち着きのいい相場領域があってもおかしくないが，ドル円相場がある領域を越えたら，実際の介入を引き起こすとまではいえない．相対的に大きく乖離する為替相場は，どちらの方向にであっても介入を引き起こした確率が高い．

3) 円上昇のときの方が，円下落の時に比べて本邦当局の反応が早いという非対称性がある．しかし円安を図る単独介入は，円高とする単独介入より成功する場合が少ない．

4) 通説とは異なり，不胎化介入は効果があった．それは将来の金融政策の動向や経済ファンダメンタルズへの市場関係者の期待を変化させ，そしてバンドワゴン効果を克服するからである．不胎化介入のポートフォリオ効果よりシグナル効果がより重要なので，市場参加者が通貨当局と中央銀行間に不一致があると感じれば，介入効果を弱めるだろう．

5) 協調介入は単独介入に比べてより効果的で，成功する確率が高く，成功すればドル円相場を平均3倍程度動かす．

(3) 小宮隆太郎

小宮は，71年までの旧IMF時代から99年までの28年間に，対ドルで円の価値は約3.5倍になったが，国ごとに物価の趨勢も受けるショックも異なり，誰も止められないし，為替の安定が通貨当局の責任だというが，「安定」とは何かが明確でないと批判する．そして変動相場制の下では，民間保有の資産・負債残高が介入額に比べてはるかに大きいので，市場に支配的な予想を動かさない限り市場介入は概して有効でないものの，人々の予想が極端に一方方向に傾き，相場が大きく変動したとき，介入とくに協調介入で妥当な範囲に戻したことが過去にあったことを指摘する．

彼は，市場介入は成功しないのが通例であるが，相場水準が明らかに行き過ぎと当局が確信すれば，不胎化・非不胎化の区別，不確かなポートフォリオ効果などは気にすることなく，市場を支配している非合理的予想を徹底的に叩けばよいと主張する．そして90年代のドル円相場の天井と底の時期の介入について次のようにコメントした[65]．

1) 95年の超円高

ドル円相場が10カ月間100円以下，5カ月間90円以下，4月には瞬間的

に79円台に達した．通貨当局者は100円か95円で買い支えればこれほど長期の円高は避けられたはずだ．

ドル買い介入をしてもインフレの心配がないので，1000億ドルでも2000億ドルでも全部買うという決意を示して介入すれば，そこまでの介入額になる前に極端な円高を阻止できたのに，95年当時，当局にはその度胸はなかった．

2) 98年の超円安

ドル円相場は6カ月間130円を超えて，8月には147円に達した．このときは130円くらいで徹底的にドル売り介入すればそれ以上の円安は防げた．しかし，外貨準備も限られ，当時ジャパン・プレミアムが深刻で大規模な売り介入は不可能だった．

6月にクリントンが訪中した時，人民元切り下げ回避を評価し，円安について中国とともに懸念を表明したが，小宮は日本の通貨外交の不甲斐なさを厳しく批判し，以下の主張をすべきだったとする．すなわち①経常黒字の中国が人民元を切り下げるのは，IMF協定第4条違反であり相場維持は当然のこと，②変動相場制下では円安は日米双方の責任，③過度の円安阻止には無限のドル売りが可能である米側に主な責任がある．

(4) 日銀不胎化政策をめぐる論争

99年夏以降急速に円高が進み，大量のドル買い介入が行われてきたが，金融の量的緩和の1つの手段として，非不胎化介入を求める主張が高まり，それを巡って論争が高まった．これまでの財務省（旧大蔵省）の介入政策と日銀の対応についての評価や，これからの金融政策・為替政策の枠組みに関わる問題が論じられている．

1) 浜田宏一は，為替介入が有効となるのは，両国のマネーサプライの相対比率が変わるからであり，日銀の不胎化でしり抜けになると批判する[66]．

2) 小宮隆太郎，翁邦雄，白塚重典は，金融市場で流出入する巨額な資金

量を考えれば，為替介入資金は僅かであり，不胎化・非不胎化の区別も現実的でないし，為替政策のために日銀の政策運営を変更する必要はないとし，無制限な不胎化介入を提案する[67]．

3) 野口旭は，日銀の政策が短期金利など為替以外の指標を操作目標として政策運営を行っているので，介入の非不胎化とは相容れないと指摘しつつも，為替は財務省の責任とする日銀の言い分も正当化できず，為替相場は日銀の政策変更で調整するしかないとする．そして為替誘導の成否は「市場に支配的な予想」を動かすことにかかっており，マクロ政策とくに金融政策と整合的に運営する通貨当局側の強いコミットメントが必要と主張する[68]．

2．大規模介入の政治経済学的な背景と問題点

介入行動を劇的に転換した榊原英資に関する評価や問題点に関して，筆者が市場関係者などから聴取したことを中心にまとめてみる[69]．

(1) ミスター円の登場

95年4月の大蔵省幹部人事は市場関係者を驚かせた．国際金融局長に退官待ちといわれていた榊原英資財政金融研究所長が任命されたからである．

当時は政権に復帰した自民と社会・さきがけの連立政権であり，大蔵大臣はさきがけ代表武村正義であった．政権内には，小沢一郎と気脈を通じて非自民党政権を助けた斉藤次郎大蔵次官への憤懣が残り，その影響下にあった大蔵省幹部への風当たりが強かった．武村や小沢のライバル加藤紘一自民党政調会長は人事に介入し，その一環として榊原を国際金融局長に据えたといわれる．

不良債権問題が表面化し始め，資産デフレと円高の悪循環が進行して株価も下落，村山政権は困難に直面していた．対米通貨交渉は中平幸典財務官と加藤隆俊国際金融局長が担当し，メキシコ危機や95年4月に至る超円高に活発な市場介入で対応，G7で「行過ぎたドル安の秩序ある反転が必要」と

の合意取りまとめなどに貢献したが，クリントン政権の露骨な円高圧力や不安定な国内政治の制約もあって所期の成果をあげることができなかった．そこで「円高無策批判の防堤」として，日米保険協議でタフな交渉手腕を発揮した榊原に白羽の矢が立ったという．

　1ドル85円の相場に危機感を覚えた加藤紘一は，7月初旬の参議院選挙応援の遊説で95～100円程度になることが望ましいと語り，市場関係者の関心を惹いた．政権維持のためにも円安を望む意図が読み取れる．直後の七夕協調介入をきっかけに大規模な介入が行われ，9月にはその水準が実現した．同氏は榊原に自分たちの意表をつく気持ちで存分にやるようにと全面的にバックアップしたといわれ，彼はその意向を受けて円高是正の至上命題の実現のために大規模な円押し下げ介入へ邁進したのであろう．

(2)　特異な情報操作と介入方式

　彼の介入方式は，取引の薄い時間帯や市場の潮目の変化を狙っての大規模な注文を一気に投入するやり方で，従来の標準的な介入手法である警告的な指値注文を置くやり方とは異なるものであった．事実95年8月，9月の大規模な介入では，通貨当局がドル売りにほとんど独占的に買い向かい (all taken)，わずか2カ月程で円は20円下落させ，さらに昼休みにまで介入して100円水準を突破，市場関係者を驚かせた[70]．

　彼はまた腹心で，おそらく新しい介入戦略形成と実行の影の実力者といわれる勝栄二郎為替市場課長とともに，有力な市場関係者と情報交換のために会合を持つこととした[71]．それまでは情報収集は主に主要国の通貨当局者，中央銀行などであり，民間金融機関などには一方的に情報提供を求めるだけという姿勢であった．中には銀行のポジションを全部言わせる当局者もいたという．

　しかし彼らは大方の通貨当局者と異なり，市場関係者と双方向での情報交換が必要かつ有効と考えた．その中で生の貴重な情報を得るとともに，当局の意図を知らしめ，結果的にそれに反するポジション造成を抑制させる効果

を狙ったようだ．民間側出席者も，当局側が相場をどの方向へ動かし，適当な水準はどの辺りと思っているかを知ることができ，その情報を生かした取引で利潤を手に入れることができる．市場関係者の証言では，特別扱いを受けた情報交換の相手は①邦銀大手（東銀，富士，興銀，住友，三和など），②外銀大手（UBS，チェース，ケミカルなど）[72]と，③自動車，電機，石油，生保などの為替取引の活発な大手企業といわれる．しかしそのような機会に恵まれない市場参加者の目には不公平に映るであろう[73]．

中でも欧州通貨危機の仕掛人であるヘッジファンドの総帥ジョージ・ソロス（George Soros）との親密な関係は，市場の注目を浴びた．96年1月に開かれた本邦有力金融機関共催の投資セミナーに，彼の肝いりでソロスを招いて円安ドル高シナリオを共演したと噂された程である[74]．

口先介入も多用された．就任早々の95年8月に外為ディーラーの親睦団体の会合で，「携帯電話持参で夏休みをとるように……10円は動きますよ」と語り，翌日から一気に8円以上も円安へもっていった[75]．また97年5月には，自らの円安誘導策が過剰な円安を引き起こし，6月のデンバー・サミットでの円安批判をおそれたのであろうか，8日の参議院大蔵委員会で103円まで円高になる可能性があると答弁，通貨当局者としては異例な具体的な相場水準への言及を行った[76]．市場は敏感に反応してその後1月で円は約15円上昇した．市場は彼の大規模介入を恐れて，その口先介入へ反応したのであろう．ソロスも4月上旬来日し，円と日本株買いと金利上昇を見込む債券売りのポジションを作ったと噂され，外人買いを誘った．2人の合作による相場誘導との疑念は避けられない[77]．このような通貨当局幹部の行動は，財政や金融政策に行き詰まって，為替政策に頼らざるをえない以上，効果のありそうな手段をすべて動員することはやむを得ないかもしれないが，市場の公平性，透明性の見地からは問題なしとしない．

(3) 問題点

常に勝つ介入を標榜し，経済学者たちの高い評価を得ているものの，その

意図や効果に疑問の介入もあった．98年4月9・10日に実施された2.8兆円の売り介入は，4兆円の特別減税上積みを含む総額16兆円の総合経済対策発表にもかかわらず円安が進んだので面目がたたない官邸の意向を汲んで通貨当局が記録的な規模の介入を，しかもイースター休暇を狙って行ったと見られるが，6月のクリントン訪中に際しての日米協調介入とともに円の押上げ効果は一時的であり，円安は8月中旬の147円台まで進んだ．両方とも投機筋に絶好の根固め材料を提供してしまった失敗のケースと見られる．99年1月に2年11カ月ぶりの6563億円相当のドル買い円売り介入が実施された．当日の安値108円62銭，高値112円と1日で4円の押し上げ介入であった．その後5月中旬に124円台まで円安にはなった．当時ユーロ発足を機に小渕首相が仏独伊を歴訪，円，ドル，ユーロによる3極基軸通貨体制構築を提案，円をアジア地域の基軸通貨とする意図を表明したが[78]，このような大きな変動をもたらす為替政策を実施する国の通貨が，そのような資格を持つのかと疑問をもたれても仕方がないと神谷一郎は批判する[79]．

　大規模介入が市場メカニズムの機能を損ねることにも注目する必要がある．当局がドルのすべての売りを吸収もしくは買いに売りを浴びせて押し上げもしくは押し下げ介入を行い，突然それを停止することを繰り返すと，市場は相場観，値頃感を見失い，マーケット・メーカーは機能しなくなり，正常な為替取引は阻害される．経済が危機的な状況にあるときに，他に手段はないというのが通貨当局の答えであろうが，やはり異常なマーケットという印象を拭えない．

ま　と　め

　90年代にはドル円相場は95年4月19日の79円75銭の底と98年8月11日の147円66銭の天井の間を大きく上下した．この間の日米関係は，冷戦時代の枠組みの崩壊による安全保障上の配慮が低下し，経済問題での利害対立が先鋭化した．経常収支不均衡問題はその象徴となった．

第4章 バブル崩壊, 超円高, 通貨・金融危機の90年代

80年代半ば以降, 貿易不均衡の急激な拡大で日米経済摩擦が激化, 米国では日本異質論者（レビジョニスト）たちが台頭し, 93年に経済の立て直しを最重要課題とするクリントン政権に参画し影響力を強めた. 彼らは80年代のジャパンマネーが席巻していた頃の傲慢な日本が, 経済的な苦境にある米国にとり脅威と感じていた時代の申し子とも言える. 日本が国際的ルールに従わず, 経済でも通常の市場メカニズムの働かぬ特殊な国という認識をもち, 数値目標設定など管理貿易的色彩の強い攻撃的な対日政策を振りかざすことになった. 標準的な経済学の立場からは, 経常収支がISバランスの問題であり, マクロ的な貯蓄と投資が変化しなければ問題は解決しないのであるが, 米側の要求は経済の論理ではなく極めて政治的動機に基づくものであった[80].

すなわち米国の議会や行政府の少なからぬ政策担当者たちの考え方は, 経常収支赤字やこれに伴う対外債務の累増は不健全かつ危険であり, 国際競争力を強化することが必要というものであった. 外国とくに日本の市場開放を要求する「戦略的貿易論」は, クリントン政権の結果志向重視の通商政策の根拠となった. それに基づき米側は次々と難題を持ち出し, 日本側はそれに受身で対応した. 内需拡大, 積極財政, 規制改革, 市場開放などが進まないと, 円高カードを使い日本を追い詰めた. 困難な国内調整を避けるために, ある程度の円高を受け入れて米国をなだめようとした日本側の思惑もあった.

その間, 金融危機の進行で本邦金融機関のリスク負担能力は低下し, 積極的に為替リスクをとって海外投資を拡大できぬ中, デフレ圧力による輸出拡大, 米側の円高カードに相乗りした投機資金の流入などもあって, 経済実態とは乖離した円高が発生し, またその反動で大きく為替相場が変動した. それに対応するために必要なのは適切なポリシー・ミックスであるが, 政策の行き詰まりもあって為替市場介入が用いられ, それが大型化していった. すなわち不良債権処理の遅れやマクロ経済政策の失敗により作り出された困難な状況において, 為替政策が緊急避難的に, もしくは問題先送りのために, またはマクロ政策の補完もしくは代替的に出動するようになったと思われる.

対日制裁発動一歩手前までいった95年春の橋本・カンター会談を山場として，日米関係は徐々に緊張緩和の方向へ向かった．これは米国経済がニュー・エコノミー論の流行が示すような好調に向かう一方，日本はバブル後遺症で停滞したからである．この転換は米経済の牽引役が伝統的な製造業から金融やITなど知識集約的な産業に変わりつつあることを反映したものでもあり，米国は圧倒的優位にあるこれら分野における自由化要求へ重心を移すことになった．

　同時に米国は海外資本の流入で経常赤字をファイナンスするのみならず，それをリスクマネーとして世界に再配分する役割の強化を図るようになってきた．そのためには強いドル政策を掲げるようになった．日本の金融危機や超低金利はそのプロセスを助長し，円キャリー・トレードでドル円相場は急騰したものの，ロシア危機をきっかけにその巻き戻しが起きて今度はドルの急落を招いた．99年には時期尚早の円高を好ましくないとして，大規模なドル買い介入が行われた．異常な規模の為替市場への介入に対して，G7などで声高な反対がなかったのは，まだ弱体な経済でありながら政策的に行き詰まりを見せている日本には，それ以外に方法がないという消極的な認識が共有されたのではないか．

　すなわち90年代後半にデフレからの脱却と不良債権処理に注力すべきところ，政府は財政構造改革を急ぎすぎ，また金融行政に決定的な誤りを犯して不良債権処理に遅れをとった．独立性を獲得した日銀は金融政策の役割の限界を強調しすぎ，良いデフレ論を唱えるなど深刻化するデフレに十分対応せず，99年2月に遅ればせながら導入したゼロ金利政策の効果にも懐疑的であった．このような状況において，2000年以降も大規模な為替市場介入が継続され，次第にマクロ経済政策の補完的色彩を強めるようになるのである．

　しかし90年代後半の大規模介入は，効果を発揮するために必要な整合的な金融政策が不在のまま力まかせの介入が行われた結果，かえって市場の変動性を高め，その機能を歪める副作用もあったことに留意すべきであろう．

第 4 章　バブル崩壊，超円高，通貨・金融危機の 90 年代

注

1) 川上［2001］183-223 ページ，石川［2004］168-86 ページ，草野［2005］171-97 ページ参照．
2) ①首相就任時，②最高値，③最安値，④退任時の銀行間ドル円相場．
3) 90 年 8 月末，ブッシュの強い要請に応えて，海部は第 1 次中東支援策を発表，多国籍軍支援として 10 億ドルを拠出することを決めたが，9 月にブレディ財務長官が来日，橋本蔵相に 10 億ドルの上積みと 20 億ドルの周辺国支援を要求．渋る日本側に苛立った米下院は，ポアニー議員提出の，在日駐留米軍経費全額負担要求を内容とする「国防歳出権限法案修正条項」を圧倒的多数で可決するなど対日圧力を高め，結局 30 億ドル追加支援を急遽決定した．91 年 1 月 17 日にイラク空爆が開始され，直後に米安全保障会議は戦費策定の会議で，戦費の大半を日独，サウジアラビアに求めること，日本には 20% の負担を要求することを決めた．1 月 20 日のニューヨークでの橋本・ブレディ会談で，3 カ月の戦費 450 億ドルの 20% の 90 億ドルの拠出を求められ合意した．日本政府はこの財源を石油税，法人税，たばこ消費税などの増税でまかなうこととした．しかしこの拠出が米軍の戦費か多国籍軍への支援かで後日紛糾することになった．政府は拠出金を 2 月 1-15 日の平均である 1 ドル 130 円を用いて換算，1 兆 1700 億円として補正予算に計上した．しかし 2 月 28 日に停戦成立後ドルは急騰，3 月 13 日に湾岸協力会議の平和基金へ払い込んだ際には，85 億 4000 万ドル，多国籍軍分 7 億ドルを差し引くと米側手取りは 78 億ドル強となったので，米議会は日米政府を非難した．結局日本側は，為替による目減り分 5 億ドルを 91 年度予算の予備費からクルド難民救援，大量破壊兵器処理の形で 700 億円を支出する形で穴埋めした．このような混乱は，戦争遂行に関わる資金を大蔵省・財務省間で取り仕切ろうとして詰めが甘かったこともあるが，基本的には日本側の戦略性のなさに米議会・政府側が役割分担して付け込む構図がここでも繰り返されたと見られる（野口［1955］第 14 章参照）．
4) 御厨・中村［2005］313 ページ．
5) 93 年 4 月にワシントンを訪問した際，クリントンは日本側が輸出規制，貿易黒字規制を数値目標をもって表すべきだと主張，7 月の東京サミットでも蒸し返したが，宮沢は終始これに抵抗した（御厨・中村［2005］318-9 ページ）．
6) 佐藤［1994］235-50 ページ．
7) 大蔵省国際金融局［1992］，東銀［1991］，FRB, April［1991］pp. 230-4, July［1991］pp. 528-32, October［1991］pp. 784-7, January［1992］pp. 19-22, April［1992］pp. 242-4 参照．
8) FRBNY Quarterly Winter 1991-92, p. 55.
9) FRBNY Quarterly Summer 1992, p. 49.
10) 大蔵省国際金融局［1993］，東銀［1992］，FRB, April［1992］pp. 244-6, July［1992］pp. 484-7, October［1992］pp. 738-41, January［1993］pp. 11-4 参照．

11) FRBNY Quarterly Summer 1993, pp. 84-5.
12) FRBNY Quarterly Autumn 1993, p. 51.
13) FRBNY Quarterly Winter 1993-94, p. 79.
14) 佐瀬 [1995] 241ページ.
15) 大蔵省国際金融局 [1994], FRB, April [1993] pp. 268-70, July [1993] pp. 674-5, October [1993] pp. 926-8, January [1994] pp. 1-3, April [1994] pp. 279-80 参照.
16) FRBNY Quarterly Spring 1994, p. 72.
17) 大蔵省国際金融局 [1995], FRB, July [1994] pp. 584-6. September [1994] pp. 782-5, December [1994] pp. 1073-5, March [1995] pp. 244-6 参照.
18) ドル高政策への変換の背景については, アジア中銀や体力を消耗した本邦機関投資家が米国債を投売りする懸念があるため, 債券トレーダーであったルービンが通商重視から資本流入重視の為替政策に転換したためといわれている. また滝田 [2004] は, 加藤紘一政調会長 (当時) がドル安を放置すればドル資産を売るとサマーズ宛メッセージを託したというエピソードを紹介している (127-8ページ).
19) G7声明には「これらの動き (ドル下落) の秩序ある反転が望ましい」とある (FED [September 1995] p. 834).
20) Ito [2002] は, 90年代の介入戦略の転換点と捉えている (p. 13).
21) 95年8月2日発表の対外投融資促進策の内容は以下の通り. (a) 機関投資家の海外投融資促進のために, (i)生損保の外貨建て海外貸付の解禁, (ii)生損保の円建て海外貸付に関し融資比率を50%以下に制限するルールの撤廃, (iii)非居住者ユーロ円債に関する還流制限の即時・完全撤廃, (iv)機関投資家の保有外債の評価方法を原価法, 低価法の選択制へ, 為替相場変動に関する「15%ルール」の弾力化, (v)外為銀行の円投入外債投資の促進 (持高規制の緩和), (b) 公的機関による資金協力の促進のために, (vi)構造調整融資への積極的な取組, (vii)使途先を限定しない輸銀融資対象国の拡大, 外貨建て貸付への積極的な対応. (viii)円借款の年次供与国の範囲拡大, (ix)公的機関による外債運用の推進.
22) 大蔵省国際金融局 [1996], FRB, June [1995] pp. 585-9, September [1995] pp. 832-6, December [1995] pp. 1078-83, March [1996] pp. 210-2 参照.
23) 河合 [1995] 第2章参照.
24) 植田 [1995] 153-5ページ. 89年と93年の生保の外国資産保有比率を比較すれば, 15.73%から9.19%へ減少 (表II-2).
25) 野口 [2003] 134-6ページ.
26) 加藤 [2002] 217ページ.
27) Galati & Melick [1999] p. 20, [2002] pp. 15-7. 加藤 [2002] は, 前者の結論をそのまま引用しているので, それを肯定していると見られる (221-2ページ).
28) 榊原 [2000] 119-22ページ.

29) 川上［2001］225-46 ページ，石川［2004］187-203 ページ，草野［2005］198-212 ページ参照．
30) 98年1月13日，クリントン大統領から橋本首相に電話で「混乱しているアジア経済を収拾するため……内需主導型の景気対策を希望する」と注文をつけ，3月にはルービン財務長官がニューヨーク滞在中の宮沢元首相を訪れ，消費税を一時的に 3% へ引き下げるよう橋本首相に伝言を依頼した．橋本は「米国に言われる覚えはないと思っていた」と反発している（江田・西野［2002］132-4 ページ）．
31) 日本は自国の経済的混乱を収拾する政治的意思に欠けると手厳しく批判し，日本の政治指導層は，まるで値下がりするポジションを抱えて，冷静にそれを再評価して必要な手当てをすべきところ，ただお祈りしているだけのトレーダーそっくりだと皮肉っている．Rubin［2003］pp. 223-7．
32) 大蔵省国際金融局［1998］，FRB, June［1996］pp. 506-9, September［1996］pp. 802-5, December［1996］pp. 1103-06, March［1997］pp. 188-90 参照．
33) 97年2月7日にルービン財務長官は，国益である強いドルになったと発言，G7 のプレス向け説明では，95年4月付コミュニケで留意された為替市場における大きな不均衡は修正されたと信じ，為替相場は経済ファンダメンタルズを反映すべきであり，過剰なボラティリティは望ましくないことを再確認した（FRB June［1997］p. 491）．
34) 97年5月8日の参議院大蔵委員会において，外為法改正で資本流出が起きるのではないかと質問した竹村泰子議員に対し，榊原国際金融局長（当時）は「外債投資は 5〜6% の利回りがあるが，約 6% 程度の円高で元本割れを起こす可能性がある．過去10年間の為替相場変動幅の平均は年約 23 円であり，97年の円最安値 127 円 50 銭として計算上来年 103 円まで円高になる可能性がある……為替リスクに大きな懸念を持っている」と答弁した．この発言を契機に，それまでの円安基調が反転し，その後1月で 15 円近く円高となった．森［2004］66 ページ．
35) 97年6月末の外貨準備は 2223 億ドルであった．
　　橋本発言の背景を筆者が直接当時の首相側近にインタビューして聴取したところでは，これは米国側が 5000 億円の減税による内需拡大を求めたことに対して，財源の面倒を見てくれるわけでもない米国の要求に対しては，80 円台で大規模に介入して取得したドルを売却して得たキャピタル・ゲインを充当するといってやるのはどうかと進言したことが頭にあったかもしれないが，コロンビア大学での講演ではヘッジファンド関係者と思われる者が，日本は外準を積み上げて損ばかりしているので金や他通貨へ乗り換えてはとの質問に対して，そのような気持ちになることもあるが日米関係に好ましくないと締めくくった．しかし刺激的な部分だけが報道されたというのが真相のようだが，首相退任後も，橋本は「一度やってみたかった」と述懐したという．

36) 大蔵省国際金融局 [1998], FRB, June [1997] pp. 490-3, September [1997] pp. 726-9, December [1997] pp. 947-50, March [1998] pp. 174-7 参照.
37) BIS [1998] pp. 33-8.
38) Bergsten [1997] pp. 221-4, East Asian Economic Conditions—Part 2, Hearing before the Committee on Banking and Financial Services, 105th Congress Second Session, January 30, February 3, 1998 Serial No. 105-44, pp. 93-4.
39) 3つの金融破綻は,密接に関連している.系列ノンバンクの不良債権が原因で経営難に陥っていた三洋証券を国際証券との合併で救済を画策していた大蔵省証券局が,情報がマスコミに漏れて窮地に立ち「法的整理」を決断,金融機関初の会社更生法適用申請となった.そのため同社がコール市場で調達していた10億円は返済不能となり,戦後初のコール市場のデフォルト発生で急激な信用収縮が発生し,問題金融機関の資金繰りが困難な状況となって,資金引揚げに対応できず北拓が破綻した.三洋はまた農協から借りた国債(貸し債)を担保に差入れた借入も返済できず,同様の資金調達をしていた山一證券を自主廃業に追い込んだ.このような連鎖反応の可能性については大蔵省も官邸も認識に乏しかったという.しかし財政・金融の完全分離を大蔵次官に指示した後数時間のうちに,北拓が破たん処理の準備に入り,山一社長が証券局長訪問,損失隠しの簿外債務を報告したという一連の動きに関して,金融危機を奇貨として大蔵省が組織防衛を図ったという疑惑が取沙汰されている(江田・西野 [2002] 109-19 ページ).
40) ジャパン・プレミアムは,①ドル資金,②円資金,③ドル/円為替スワップの3市場で発生,理論的には①のジャパン・プレミアム=②+③のジャパン・プレミアムであるはずだが,現実には乖離が生じた.邦銀の信用についての内外原資産市場における情報の非対称性,①における禁止的なプレミアムから,邦銀は③に依存を高めたことなどが背景にある(花尻 [1999]).
41) 邦銀の信用力への懸念が高まると,円投取引により為替スワップ市場を使ってドル資金調達する際に,ジャパン・プレミアムを含むリスク・プレミアムがドル・リスクフリー金利に上乗せされる.これは表裏一体である外銀の円転取引のコスト低下となり,マイナス化する場合もある(日銀金融市場局 [2005] 55-90 ページ).
42) 中国側は人民元切り下げ懸念で海外からの資本流入が減少し,8%の経済成長目標,国営企業の改革,失業増加防止など重要政策が達成できなくなることを恐れ,米国もクリントン訪中を控えて,中国の安定を損なうアジア危機の再燃を懸念していたといわれる.
43) 98年9-10月のドルの下落は,日米株式市場や実体経済の動向から説明できず,過剰な借入れで投資活動をしていたヘッジファンドなどが,低金利の円を利用するキャリー・トレードを止めてポジションの巻き戻しを行ったためと見られる.ロシア危機でこれら投機筋の資本が毀損,造成したポジションの減価で追証を求められ,その解消を図った.そこで円の短期的な反騰期待が高まり,さらに円キ

第4章　バブル崩壊，超円高，通貨・金融危機の90年代　　311

ャリー・トレードの巻き戻しが加速した（BIS [1999] pp. 106-9）．
44) FRB, June [1998] pp. 422-3, September [1998] pp. 716-20, December [1998] p. 1041, March [1999] pp. 178-9 参照．
45) 榊原 [2000] 41-9 ページ．
46) マーコウスキー上院議員が円を支えるために介入する可能性について質問した時，ルービンは介入は一時的な手段で根本的な解決にならず，弱い円は日本経済の弱さを反映していると答えた（U.S. Senate [1998] pp. 10-24）．当時円は8年ぶりの安値の141円であったが，証言中に隣席のサマーズから15分間で143円20銭に下落したとのメモを渡され，彼は市場が協調介入の可能性減退と解釈したことを知り，急遽介入は適切な時にいつでも利用できる手段だと補足しニュアンスの変更を試みたという（Rubin [2003] pp. 184-5, *Financial Times*, November 10, 2003, p. 11）．
47) 榊原 [2000] 44-9 ページ．
48) FRB, September [1998] p. 716.
49) Rubin [2003] pp. 186-7.
50) Rubin [2003] pp. 226-8.
51) 預金保険機構に設置された金融危機管理審査委員会（委員長は佐々波楊子慶大教授）は，大手21行に1兆8156億円の投入を決めた．
52) 榊原 [2000] によれば，空売り規制や風説の流布などの規制が緩く，日本攻撃の外国金融機関は聖域に置かれるという金融監督・検査体制の重大な欠陥で，攻撃する側はやりたい放題だったという（40 ページ）．
53) BIS [1999] pp. 50-4.
54) BIS [1999] pp. 54-60.
55) BIS [1999] pp. 99-102, 加野 [1999] 77-8 ページ．
56) ドル円リスク・リバーサルとは，同期日で同じくアウト・オブ・ザ・マネーであるドルコールの買いとドルプットの売りからなるオプションのポジションであり，その価格はコールとプットのいずれがより価値があるかを示す．ドルプットがプレミアムであれば，市場は対円でのドル下落リスクをカバーするためにより多くを支払う意図をもつことを示す（FRB [June 1999] p. 398）．
57) サマーズは，ルービン長官と共有した経済政策への方針として，財政規律の維持，連邦準備制度の独立性尊重とともに強いドルは国益との認識を強調．L.H. Summers to be Secretary of the Treasury, Responses to Questions submitted by Senator Roth, US Senate Committee on Finance, June 17, 1999.
58) FRB, June [1999] pp. 397-9, September [1999] pp. 618-9, December [1999] pp. 809-10, March [2000] pp. 206-8.
59) Brown [2002] pp. 186-8.
60) Brown [2002] pp. 192-4.
61) Brown [2002] pp. 201-2.

62) 黒田［2005］76-8 ページ．
63) Ito［2002；2005］参照．
64) Ramaswamy & Samiei［2000］．
65) 小宮［2000］17-9 ページ．
66) 浜田［2000］8 ページ．
67) 小宮［2000］20-1 ページ，翁・白塚［2000］31-4 ページ．
68) 野口［2003］129-33 ページ．
69) 筆者がインタビューした当時の市場関係者達や神谷［1999］の見解に基づく．
70) 1 ドル 100 円で膠着状態になったときに大蔵省課長から相談を受け，「こうなったら，昼休みに介入をやりましょう．勝つまでやりましょう」ということになった（酒匂［2004］92-3 ページ）．
71) 97 年 4 月 22 日の衆議院大蔵委員会で，佐々木陸海議員の質問にたいして，「市場の動きを正確にモニターしていくということが非常に大事になりますから，ファンドマネージャーあるいはディーラー，トレーダーといった方々と常にインフォーマルな意見の交換，情報の交換というものを行って，市場がどういう状況にあるかということをできるだけ的確に把握するということに努めているわけでございます」と説明しているが，単なる情報収集ではなく，介入を成功させるために，有力な市場参加者を味方につける必要があるという考え方に基づくものと見られる（神谷［1999］77 ページ）．
72) 当時大蔵省と金融機関の間では厳格なヒエラルキーが存在，国際金融局長に会えるのは銀行の頭取・役員クラスであり，外銀の為替責任者が会えるのは課長クラスがやっとであったから，国際金融局長室のドアを市場関係者に開放したことに「大きな感銘を受けた」し（酒匂［2004］90-1 ページ），おそらく収益機会も手に入れたことであろう．
73) 筆者のこのような感想に対して，行天は「これはゲームで成功するか否かがすべてであり，お呼びのかからなかった市場関係者にはお気の毒というより他ない」との反応であった．
74) ソロスは，日本の通貨供給量の伸びが米国を上回っており，金利差が拡大しているから円安は 2 年続くとし，これについては大蔵省とは一種の合意があると発言した．通貨当局は期末決算向けの利益確定や海外拠点からの利益送金などのドル売りが円高を招き輸出企業のドルの狼狽売りを招くことを恐れ，またヘッジファンドのドル買いポジション整理の観測もあって，ソロスに円安論を語らせたと市場は受け取った（96 年 1 月 17 日，19 日付日経金融新聞，18 日付日本経済新聞）．
75) 酒匂［2004］92 ページ．
76) 注 34 参照．
77) 97 年 5 月 20 日付日経金融新聞．
78) 99 年 1 月 1 日付日本経済新聞．

79) 神谷［1999］114-7 ページ．
80) バグワティ，クルーグマン，サミュエルソン，アローなど 41 名の高名な経済学者たちは，「細川首相・クリントン大統領への公開書簡」（山田久訳『エコノミスト』1993 年 11 月 2 日号）で①日本の黒字は有害とする米国の主張は近視眼的，②日本の"特殊な"構造的障壁を工業製品輸入の少なさの原因とするのは雑駁，③特定分野の市場アクセス交渉で日本のみを被告とするのは不公平とし，数値目標で日米経常収支不均衡解消はできず，経済学的に見て意味がないので，米国政府はそのような要求をすべきでない」と批判．

第5章

デフレ対策としての大規模為替介入

第1節　2000年代の日米関係

　ジャパン・バッシングで明け暮れたクリントン政権時代には，日米関係は冷却化したが，この時期にはテロやイラク問題への対応で日本が積極的な姿勢を示したことで両国の関係は修復され，それが為替政策の形で行われたデフレ対策の発動を容易にしたと見られる．米国にとり脆弱な日本経済は不安定化する東アジア情勢の中で看過できぬ問題であり，ある程度の円安を黙認して対米輸出依存の景気回復を助けるとともに，そのファイナスを米国債購入の形で行わせて米金利上昇を押さえながら景気の維持を図るという共棲の構図が成立したのである．この期間の日米関係を概観する[1]．

1.　森喜朗とクリントン，G.W. ブッシュ

　①104円88銭（00年4月5日）　②126円84銭（01年4月2日）
　③103円25銭（00年4月17日）　④123円17銭（01年4月26日）

　自らの改革理念に沿った自民・自由党合併を要求した小沢一郎との会談で，その申し出を拒否し，連立解消を合意した直後の2000年4月2日に，小渕首相は脳梗塞で意識不明となった後，少数の自民党有力幹部により森喜朗が

後継者に指名された．後に密室政治と批判を受けるが，党内の権力構造を維持しながら迅速に後継者を選定するためにとられた非常手段であった．4月5日に発足した自民・公明・保守連立による森内閣の課題は，沖縄での主要国首脳会議の開催，国内経済の回復と総選挙であった．首相指名プロセスの不透明さ，度重なる失言などが災いして6月の総選挙で大きく議席を減らし，単独過半数を取れなかった．7月初めに自民・公明・保守連立の第2次森内閣が発足し，宮沢蔵相と河野外相を再任，経済，外交政策の継続性を優先した．

森内閣の経済政策は，公共事業や中小企業対策を積み増した小渕内閣策定の2000年度予算に補正予算を組み，2001年度予算の概算要求で景気刺激型を容認，2000年10月に事業規模11兆円の経済対策を決めた．翌01年3月13日にITバブル崩壊でニューヨーク株が1万ドルを割り，日経平均株価も大きく値下がりしたこともあって，政府は危機感を高め4月には大蔵省の反対を抑えて，財政出動による景気回復を目指す緊急経済対策を決定した．

2000年7月21-23日のサミットで初めて沖縄を訪問したクリントン大統領とは，米軍基地整理縮小，駐留経費負担（思いやり予算），NTT接続問題，北朝鮮問題などが話し合われたが，日本経済については内需刺激継続の必要性が強調された．

一方米国では2000年は大統領選挙の年であり，民主党のゴア（Al Gore）副大統領と共和党のブッシュ（George Walker Bush）テキサス州知事が終盤まで鍔迫り合いの選挙戦を戦い，決着は法廷の判断に委ねるという異例のプロセスをたどりブッシュが大統領に選ばれた．大統領選挙で2分された世論を再び結束させ，上院で多数を占める民主党と協調関係をどのように築くかがブッシュ大統領の課題であったが，景気減速や株安で微妙な局面を迎えた米経済を適切に運営することが求められた．財務長官にオニール（Paul H. O'Neill），大統領経済担当補佐官にリンゼー（James M. Lindsay）が指名されるなど，経済チームはクリントン政権に比べてウォール街との距離を置いた．外交面では知日派のアーミテージ（Richard Armitage）が，パウエル

(Colin Powell) 国務長官の下で副長官となった．

　日米関係が緊張したのは，2月10日の宇和島水産高校の実習船えひめ丸と米原子力潜水艦の衝突事件であった．両国政府は事態の沈静化に躍起となったものの，森総理の危機管理能力に疑問が出され，自民党や外務省のスキャンダルもあって内閣支持率は数パーセントに低下，橋本派や公明党を中心に早期退陣論が噴出した．3月19日のブッシュ大統領との会談では，米側の日米同盟重視の姿勢が窺われたものの，森首相はこれを最後に辞任した．

2. 小泉純一郎とG.W.ブッシュ

　①123円17銭（01年4月26日）②135円04銭（02年2月1日）
　③105円20銭（04年2月11日）④108円76銭（04年3月16日）[2]

　自民党改革を国民に直接訴えてブームを巻き起こし，橋本龍太郎，亀井静香，麻生太郎との総裁選挙戦に打ち勝った小泉純一郎は，利権政治と官僚を標的とする構造改革を掲げ，組閣方針も従来の派閥均衡や当選回数などの選考基準を無視，郵政事業民営化，道路特定財源見直し，首相公選制などを打ち出した．自民党への鬱積した不満を持つ国民の人気を集めて，発足当初の内閣支持率は80％を超えた．これは細川内閣の70％半ばを上回るものであった．

　経済面での構造改革は，①2-3年以内の不良債権の最終処理，②競争的な経済システムの構築，③財政構造改革を意味した．しかし内閣発足1カ月前にITバブル崩壊でニューヨーク・ダウ工業株30種平均株価が1万ドルの大台を割り込み，「日米同時不況」の懸念が高まって日経平均も12,000円前後で推移して金融機関の含み益は底をついていた．「構造改革なくして景気回復なし」の路線は，業界保護の規制政策や公共事業を約束して当選した自民党議員達にとっては受け入れ困難であり，党内の抵抗が高まった．構造改革路線のもつデフレ的な影響で不景気は深刻化，失業率は5％を超え，日経

平均株価は下落，03年4月には一時7,600円台を付けるに至った．金融機関破綻も相次いだ．

　構造改革の推進など重要政策の策定に当たり，議院内閣制の建前から予算案や法律案を与党が閣議決定前に審査してきたが，これでは既得権益を死守しようとする族議員の影響力を排除できないので，政策決定プロセスを内閣主導に変えるべく努力をし，道路公団等7つの主要特殊法人の廃止・民営化や郵政事業の公社化，そしてその後の民営化を推進した．しかしこれらを具体化する段階で抵抗勢力との妥協を余儀なくされ，メディアや世論の厳しい批判を浴びることとなった．

　小泉の外交政策は，内閣の目玉である田中真紀子外相と外務省官僚の軋轢や影の外相といわれた鈴木宗雄や外務官僚の相次ぐスキャンダルで，結果的に外務省の地位は低下して官邸主導外交へ道をひらくこととなった．

　小泉外交の大きな成果は，まずクリントン政権時代に冷却化した日米関係をブッシュ大統領との個人的友情を育んで修復できたことであろう．01年6月末，キャンプ・デービッドで日米首脳会談が行われ，日米同盟を「平和と安定の基礎」と位置づけ，小泉首相は聖域なき構造改革断行を約束，ブッシュは小泉政権の経済財政運営に関する基本方針を評価した．

　01年9月11日の同時多発テロ事件後，テロ対策特別措置法をつくり，欧米諸国のアフガニスタン攻略作戦に自衛隊が給油活動などで参加した．また03年3月のイラク攻撃の際には，内外の世論が分裂する中，率先してブッシュ政権を支持，戦後はイラク特別措置法をつくり，04年2月に人道復興支援を目的に自衛隊をサマワに派遣した．またアフガニスタンに約9億ドル，イラクに約12.9億ドルの支援を約束し，東京で復興支援会議を開くなど積極的な外交姿勢を示した．しかし憲法を変えずに自衛隊の海外活動を拡大することの是非には，国内で大きな論争を呼んだが，対米協調重視政策を推進し，日本有事の際の米軍との協力関係を含む有事法制を04年6月に成立させた．

　他方アジア外交については，必ずしも順調ではなかった．02年9月の電

撃的な北朝鮮訪問は拉致被害者の一部の帰国を実現したが，北朝鮮の核・ミサイル問題を協議する6カ国協議は進展せず，拉致問題の解決や国交正常化の見通しは立たなかった．

中国との関係は，政冷経熱といわれるように政治面で悪化した．小泉首相の靖国神社参拝，教科書問題，東シナ海での天然ガス開発，尖閣諸島領有権，中国原子力潜水艦の領海侵犯など次々と問題が噴出，加えて日本が国際連合の常任理事国入りを求めたこと，米国とともに台湾問題の武力解決を牽制する動きを示したことなどに中国側は強く反発，反日運動が高まってきた．

ブッシュ政権の対日政策は，2000年12月に米国防大学国家戦略研究所が作成したいわゆる「アーミテージ・レポート」[3]が基本となった．同報告書執筆者のほとんどが，政権入りしたためである．それは国防を経済より優先し，日本を戦略的パートナー，中国を戦略的競争相手と見なすものである．いまや日米安保体制は，日本の安全を守る仕組みから，ユーラシアの不安定な弧へ機動的に対応しようとして再編中の米軍の戦略に緊密に連携する体制へと変化しつつある．米国の世界戦略にとって日本は重要な存在であり，小泉内閣は日米関係の軍事的緊密化に大きな役割を演じたといえよう．

第2節　2000年代のマクロ政策と為替市場動向

1. 2000年の状況

第1四半期の前半は円が下落し，後半は上昇する展開となった．年初102円台で始まったドル円相場は，前年第4四半期が2期連続でマイナス成長となるとの観測や，銀行改革の遅れ，東京都所在銀行への外形標準課税問題，ムーディーズによる国債格付け引き下げ，1月のG7声明で円高懸念が再び共有されたことや為替介入の効果で円安へ動き，おおよそ105〜110円の範囲で安定した．

2月下旬から3月にかけて，前年第4四半期のGDPが前年比1.4％のマ

イナスであったにもかかわらず，設備投資増大と1.7兆円にのぼる活発な外国人投資家の日本株買いに反応して円は急上昇した．円売りポジションの保有者は打撃を受けてポジションの解消を迫られ，それがまた円上昇を加速した．

1-3月の本邦通貨当局による円売り介入は1兆6443億円，うち720億円が対ユーロで実施された．通貨当局の考え方は，実需か仮需かとかスムージング・オペレーションか水準維持かにかかわらず，不況とデフレ経済の実情に合わない為替相場を放置しないとするものであった[4]．

4月早々の小渕首相の急逝，4月3日に102円台を付けたドル円相場は1兆3854億円のドル買い円売り介入で上昇し，その後105～107円で推移した．森内閣の発足や6月25日の選挙，日経平均株価の下落，証券投資の出超などで円はさらに弱含んだ．

森内閣は小渕内閣の拡張的な財政政策を持続していたが，米国のIT投資ブームの影響もあり，日本経済はデフレの中，少しずつ回復し始めた．市場では，日銀がゼロ金利政策を解除するのではないかとの思惑が高まり，TB金利が0.06％から0.18％へ急騰した．ドル円相場は，介入警戒感もあって概ね105円～110円台の狭い範囲で推移したが，7月には大口の企業倒産や銀行貸出の停滞で円は弱含んだ．

8月11日に日銀は翌日物コール・レートの目標値を0.25％引き上げた．政府が日銀法に基づき政策変更に関する議決延期請求権を行使して反対したが，これを押し切り「ゼロ金利政策」を解除した．金利上昇が日本経済へ与える影響への懸念から，円は若干弱含んだものの，8月後半には株式市場の上昇と景気回復期待で外国人投資家は2000年3月以来の買い越しとなり，上昇に転じた．

9月にはユーロ地域からの資金流出など投資家のポートフォリオの見直しで，為替市場のボラティリティは高まった．22日には欧州中銀主導で協調介入が実施され，ユーロ下落が世界経済へ及ぼす影響を懸念する本邦通貨当局は1435億円の円売りユーロ買いを行い，米通貨当局は15億ユーロを買い

第5章 デフレ対策としての大規模為替介入　　321

図表5-1　為替市場介入とドル円相場（2000-01年）

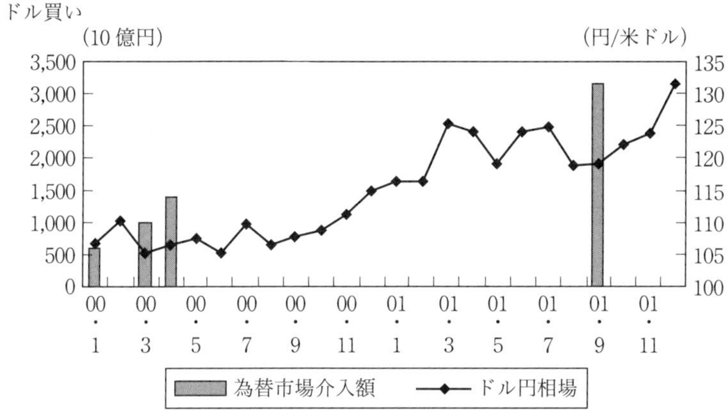

出所：財務省HP「外国為替平衡操作の状況」，日銀HP「金融経済統計」．

入れ13.4億ドルを売却した．同時にサマーズ財務長官は，強いドル政策に変更はないと声明を発した．

　第4四半期に発表された消費者支出や輸出の停滞などの報道で，日本経済の回復は緩慢との観測が高まり，また森内閣の人気低下に伴う政治的不透明さもあって，内外投資家は円資産からドルやユーロ資産へポートフォリオ構成を変更する動きもあり，対主要通貨で円は下落し，年末は114円台で引けた．この期に本邦投資家は1.9兆円の外国証券投資を行い，外国投資家は209億円相当の日本株を売却した[5]．

2. 2001年の状況

　ITバブルが崩壊したこともあって年初から経済の停滞色が強まってマイナス成長に陥り，デフレは深刻化した．ドル円相場は1-2月は114円台から117円台へじり高となった．日銀は2月13日に公定歩合を0.5％から0.35％へ，さらに3月1日には0.25％へ引き下げた．3月初めにナスダックは2,000ポイントを割り，S&P 500や日経平均も大幅に下落するなどの環境の

中で，日銀はゼロ金利政策を事実上復活したのであるが，3月19日には金融政策の操作目標をコール・レートから日銀当座預金残高にすることで，量的緩和政策に転換した．しかし残高の引き上げは緩慢であった．3月単月で円は対ドルで7%値下がりし126円台と98年9月の水準となった．

4月下旬に小泉内閣が発足し，その構造改革路線や財政規律維持の姿勢で投資家のセンチメントが好転，ポジション調整による円資産需要もあって5月末には120円を超えて円高となった．しかし6月には，この動きが反転した．構造改革への当初の期待が沈静し，第1四半期のマイナス成長で日本経済への投資家の期待が後退したこと，日銀の超低金利政策が当面継続するとの観測，米通貨当局が改革の結果であれば円安を受け入れるとの新聞報道，貿易相手国の経済減速による貿易黒字の減少などを背景に，円は124円台へ反落した．

7月に入ると米国経済の停滞を示す指標が相次ぎ，また日本の第2四半期もマイナス成長となるなどグローバルな景気の後退で，安全な資産への資金シフトが起き株価は値下がりを続けた．ドル円相場は8月上旬まではおおむね118円台から125円台の水準で推移したものの，8月中旬になって再び120円を上回る水準にまで円高が進んだ．

9月11日のテロ事件直後，懸念されていたドルや株価の暴落はG7の協調利下げもあって回避されたが，米国経済の先行きに悲観的な見方が広がり，9月14日には119円台から117円丁度の水準まで急速な円高が進んだ．急速な円高を放置すれば，わが国経済の回復を妨げるとの塩川正十郎蔵相の談話とともに，通貨当局は17日以降，断続的な円売りドル買い介入を実施した．介入当初は，ドル売り圧力が強く，20日には115円台まで円高が進んだが，17日から28日までの間，合計7日間，規模にして3兆円超の大規模な介入を行った結果，ドル売り円買い圧力も一巡し，119円56銭で取引を終了した[6]．

75年以来の鉱工業生産の落ち込み，戦後最大の失業率，消費者物価指数の更なる下落，年率2.2%下落した第3四半期のGDPなど日本経済の停滞

を示す報道が相次ぎ，3年間のうちに2度目のリセッションに入った日本経済に比べて，9・11事件の余波はあったものの米経済の相対に良好なパフォーマンスを反映して月初めにドルは対円で120円台の水準を回復した．

10月6日ワシントンで開催されたG7で，引き続き為替市場を注視，適切に協力していくとの声明がだされ，ドル円相場は落ち着きを取り戻し，10月から12月上旬にかけては，概ね120円から125円台の間で安定的に推移したものの，緩慢な改革の進行，弱体な金融セクター，財政赤字の累増などを理由に日本国債の格下げが行われ，また黒田財務官が円安は適切だと述べたことなどもあり円安が進み，6日に125円を超えると円売りが加速し25日には130円を超え，さらに27日には3年振りの安値である132円に達した．10-12月の四半期に，ドル円相場は9.2%上昇した．小泉首相，塩川蔵相は為替相場を市場に委ねると言明したが，アジア通貨当局の中には，地域経済に大きく影響を及ぼすと牽制する向きもあった[7]．

3. 2002年の状況

米国経済の改善を示す指標が相次いで発表される一方，日本の金融危機への懸念が増大して株や国債価格が下落する中で年明け後も円安が進み，1月末には135円台をつけた．2月になると銀行の保有株を買い取る処置や空売り規制の導入，日銀による国債の月間買い入れを8000億円から1兆円へ増額する措置がとられるなどでこの流れは一服し，3月上旬までの間は，概ね131円台から135円台のレンジで取引が推移した．このような円安の進行に対して，一部のアジア諸国から円安誘導をしているのではないかとの批判がでた[8]．

その後日本の株価が回復基調に転じたことなどで，円を買い戻す動きが強まり，6・7両日だけで約6円の円高となり，一時126円台をつけたものの，日本株買い戻しの動きが一巡すると18日には再び130円を割り込み，月末にかけて130円台前半で推移し132円73銭で終了した．

しかし4月以降は米経済成長が鈍化する見通しが高まったこと，米企業の不正会計疑惑などを受けた米株安から急激な円高となり，120円を割り込む水準に至った．急速な円高が経済の回復を妨げる恐れがあるとして，124円を割った5月22日以降6月28日にかけて本邦通貨当局は断続的に4兆162億円のドルとユーロ買い円売り介入（うちドル買いは3兆9924億円）を実施した．しかし6月末は四半期で10％円高の119円47銭で終えた．

その後9月初旬までは，概ね115円台から121円台の水準で推移したが，中旬以降は市場の関心は米企業会計問題から日米間の経済見通し格差に移り，相対的に堅調な米国経済に対して，日本は金融緩和が期待され，また輸出主導の経済回復に海外景気停滞が水をさす懸念や，対外証券投資超と期末を控えた本邦機関投資家の予想を下回る資金還流の動きもある中で，10月後半には125円台後半まで円安が進んだ．

年末にかけては，緩慢な米景気回復テンポ，オニール財務長官らの辞任やイラク情勢の緊迫化，北朝鮮の核問題，チェチェン情勢などを背景とする「地政学的リスク」[9]への懸念にドル売りが強まり，米当局による強いドル政

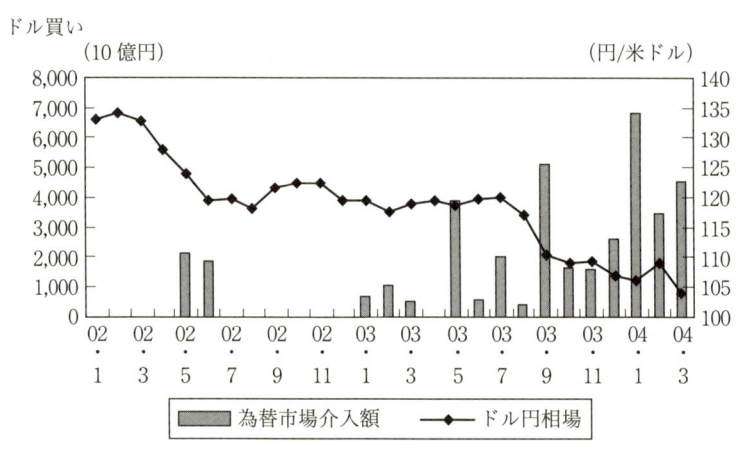

図表5-2 為替市場介入とドル円相場（2002-04年3月）

出所：図表5-1と同じ．

策不変とのコメントにもかかわらず年末には118円台前半まで円高となった[10].

4. 2003-04年の状況と大規模市場介入

(1) 2003年の状況

03年の市場動向を見ると，米国経済が力強く回復したにもかかわらず，歴史的低水準にある米国金利，イラク情勢の緊迫や，双子の赤字などのドル安材料により強く反応してドル安観が市場を支配し，ドルは主要通貨に対して弱含んだ．

年初，予想を上回る米経済指標を受けて一時120円台前半まで円安が進んだが，地政学的リスクの高まりで月央には117円台半ばまで急激に円高が進んだ．このため本邦通貨当局は8日間にわたり断続的に総額6780億円の円売りドル買い介入を実施し，1月末には120円まで円安となった．

2月以降もドル売り地合いが強く，景気にようやく明るさが見え始めたことを先取りして外国人の株式投資も急増し円は2月末には116円台をつけた．この円高が時期尚早であり景気回復の腰をおることを懸念して，2月下旬から3月上旬にかけて，通貨当局は9日間にわたり断続的に総額1兆7088億円の円売りドル・ユーロ買い（内ドル買いは1兆6132億円）を実施した．3月19日に米英による対イラク攻撃が開始されると早期終結期待感で一時121円台後半まで円安をつけたが，月末に向けては，イラク攻撃終了後の米国経済への不透明感を背景にドル売り圧力が強まり，118円台から120円台で推移した．

イラクにおける戦闘が縮小していく中で，市場の関心は米国経済や金融政策に移っていった．日本経済は，デフレが進行し金融不安が持続して，日経平均株価が4月には7,600円台に下落するような深刻な状況にあった．このような状況に対して財政政策の出動の余地はなく，日銀はゼロ金利下で銀行の日銀当座預金残高目標を引き上げてベースマネー供給を増やす非伝統的な

政策手法をとるなど，あらゆる政策を総動員してデフレに対応した．したがって為替政策も大きな役割を期待されたとしても不思議でない．

5月6日，スノー（John W. Snow）財務長官が「ドルの価値は開放的で競争的な，介入のほとんどない市場へ委ねられるべきだ」と発言，その後弱いドルが輸出を助けたとも語ったことで，「強いドル政策」が変更されるのではないかとの思惑が台頭して投機的なドル売り圧力が再燃，ドル円相場は119円台から19日には115円10銭まで急落した．その後，ブッシュ大統領が「我々の政策は強いドル」と声明するなど，米国政府が通貨政策に変更なしと再三表明したにもかかわらず，デフレ警戒のための政策金利引き下げもあってドル売りの動きは7月中旬まで続いた．これに対して本邦当局は5月に3兆8997億円のドル買いと829億円のユーロ買い介入，6月には6289億円のドル買い介入を実施した．

7月半ば以降，好調な米経済指標が相次いで発表され景気回復が期待されて，ドル円相場は119円台から120円台で安定的に推移した．しかし8月中旬にバグダッド国連事務所爆弾テロを契機に地政学的リスクへの懸念が再燃してドルは下落に転じ月末には116円台をつけた．グローバルな経済回復も日本経済にとり有利と見られ，円はドル以外の通貨に対しても強含んだ．これに対して，本邦通貨当局は7月中に2兆271億円の円売りドル買い介入を行い，急速な円高に対応した．

9月には米国経済への楽観的な見方が修正され，株価の下落やシカゴ・マーカンタイル取引所国際通貨市場（International Monetary Market : IMM）におけるドル先物のショート・ポジションが大きく積みあがるなどの動きが見られた．9月初旬ドル円相場は115円台後半へ下落したが，大量介入牽制のためと噂されたスノー財務長官の来日や，9月下旬ドバイで開かれたG7での「為替相場の更なる柔軟性が……国際金融システムにおいて市場メカニズムに基づき円滑かつ広範な調整を進めるために望ましい」という声明は，円などのアジア通貨にくらべて，対カナダ，欧州通貨でのドルの下落が大きいため，米欧通貨当局がもつ不満を反映するものと見られた．強いドル政策

第5章 デフレ対策としての大規模為替介入　　327

図表 5-3　ドル円相場, 日経平均, 外国人投資家の日本株売買状況推移

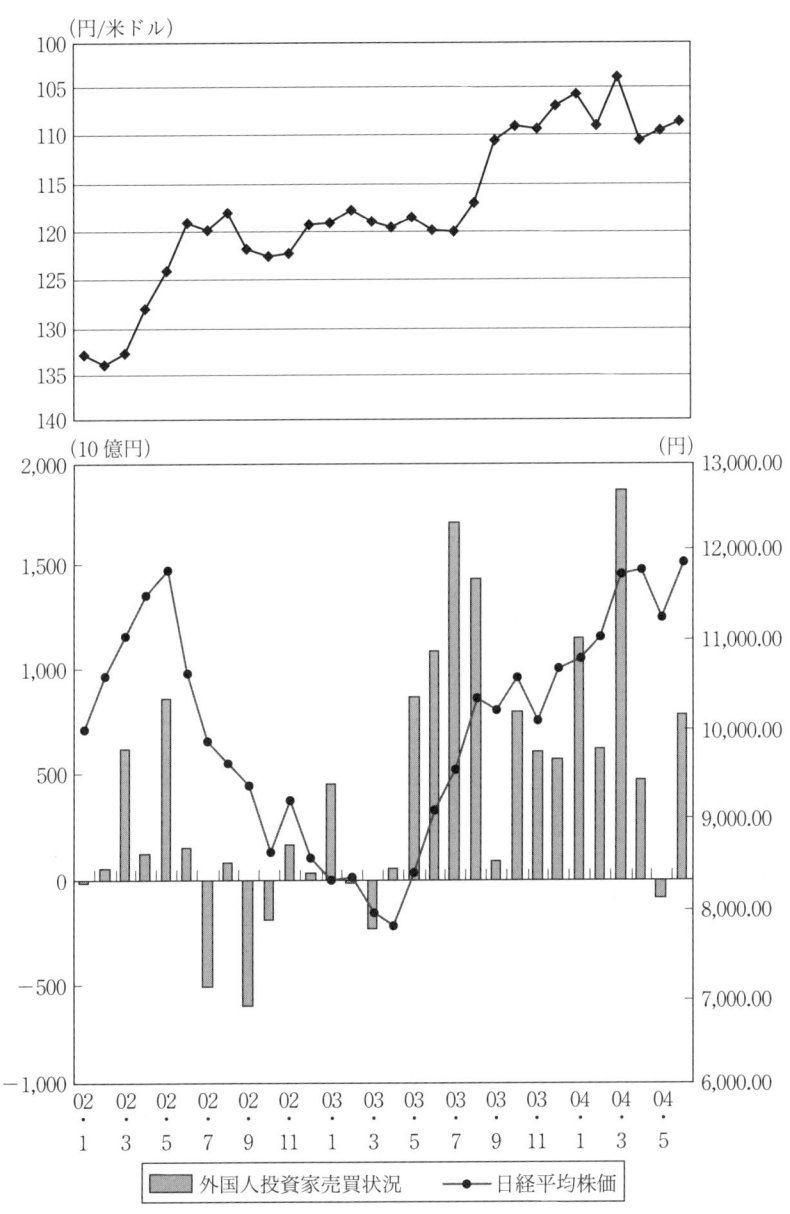

出所：東証, 日銀.

の転換と解釈した向きのドル売りが強まり，シカゴ通貨先物市場でのドル・ショート・ポジションは4年以来の規模となり，ドル円相場は9月末には110円台まで円高が進んだ．これに対し通貨当局は大量介入に踏み切り，8月末に4124億円，9月にはNY連銀への委託介入を含め断続的にドル買い介入した結果，月間の介入額は約5兆1116億円に達した．

10月から11月にかけてイラクでテロが続発し地政学的リスクへの懸念が再燃，また市場は米国経済の強さより双子の赤字に過度に反応，大統領選挙を控えてドル安容認になるとの思惑もあって日本への資金流入が続いてドル売りが強まり，11月半ばには107円台に下落した．本邦通貨当局は，10月中1兆6687億円のドル買い介入を実施した．このような事態の中で日銀は10月10日に当座預金残高目標を27～30兆円から27～32兆円に増やし量的

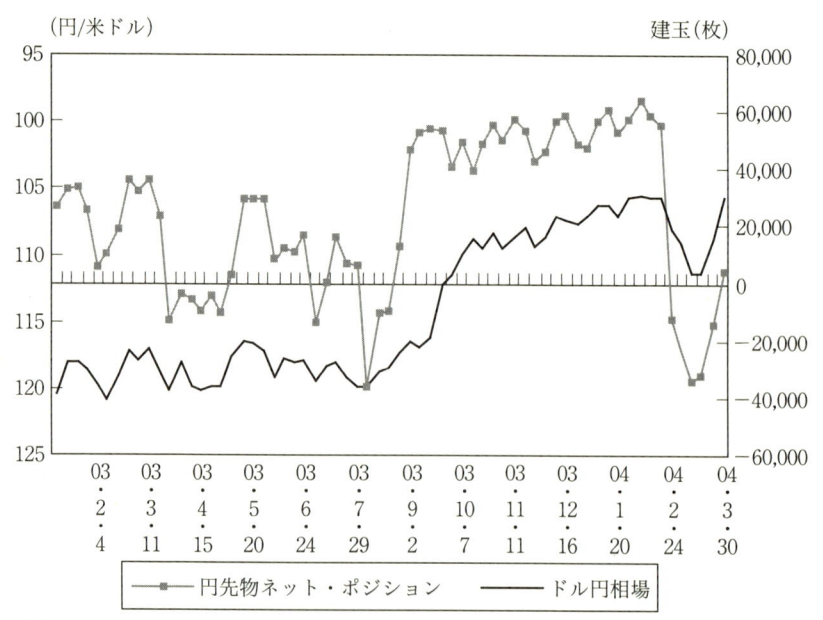

図表5-4 シカゴ通貨先物市場円持高とドル円相場

出所：Commodity Futures Trading Commission Chicago Mercantile Exchange.
　　　1枚＝¥12,500,000, 為替相場：infoseek

緩和を進めた[11]．

　12月に入るとユーロ・ドル相場はユーロ導入以来の最高値を更新する展開となり，ドル円相場も9日には106円74銭まで下落した．その後もドル売りの流れはフセイン拘束でも変わらず，107円台の小幅なレンジ内で推移した．シカゴIMMのドル・ショート・ポジションは年末に向けて最高額に近づいた．

　本邦当局は，11月中に1兆5872億円，12月中に2兆6196億円のドル買い介入を実施した．介入資金調達のためのFB発行枠79兆円が限界に近づいたので，日銀と10兆円の米財務証券を買い戻し条件付きで売却する契約を結び，03年度補正予算で21兆円，04年度予算で40兆円のFB発行枠増枠を計上，発行限度を140兆円とした[12]．

(2)　04年3月までの状況

　円高の流れは04年に入っても継続した．雇用指標が予想を下回ることなどで金融緩和継続の観測もあって思惑的なドル売りの圧力は強く，対ユーロで1.2930ドルと発足後の最安値をつけ，ドル安を放置する米国への不満が高まった．1月の証券投資流入は2.8兆円にのぼり，ドル円相場も1月初旬には00年9月以来となる105円台に下落する局面もあり，通貨当局は過去最大の6兆8215億円の円売りドル買い介入を実施した．日銀も景気回復の動きを支え，デフレ脱却を目指して，当座預金残高目標値を30～35兆円程度に引き上げた．

　このような情勢の中で，2月7日に開催されたボカラトンでのG7声明では，「為替相場の過度の変動や無秩序な動きは，経済成長にとって望ましくない」などの文言を追加，為替変動への共通認識を明確化した．G7前には，多くの市場関係者は，日本の為替政策への圧力を予期していたが，政策に大きな変更はないと感じ，円のロング・ポジションを再検討する必要に迫られた．本邦当局は2月にも継続的に総額3兆4766億円相当のドル買い介入を行った．

米金融政策の変更で利上げもありうるとの見方がでてきたこと，ドル円相場が105円台に踏みとどまったこともあって，投機的なドル売り円買いポジションの巻き戻しが起き，シカゴIMMの円先物契約が，ピークの2月中旬には64,000契約のロングであったが，3月中旬には34,000契約のショートとなった．そして日本経済の回復を裏付ける報道にもかかわらず，3月上旬に112円34銭までドルは上昇した．

通貨当局は，一方的なドル安観が後退し，また03年10-12月期の日本のGDP成長率が高かったなど経済の回復基調が底堅く企業のビジネスマインドが改善したとの判断から，3月中旬に市場介入を停止した．3月中のドル買い介入は，4兆5332億円に上った．しかしイラクやスペインでテロが続発，年度末の輸出企業や海外からのドル売り，日本株投資活発化もあって月末には一時103円40銭まで下落する局面もあったが，通貨当局は動かず104円22銭で取引を終えた．

結局本邦当局が実施した為替市場介入額は，2003年中は20兆4250億円（内ドル買い円売り20兆2465億円），2004年1月から3月までは，14兆8314億円，合計35兆2564億円に達した．日銀も為替市場介入により市場へ放出された円を当座預金残高目標引き上げにより不胎化しない形で，金融緩和を進めることになったと見ることができよう．

第3節　2003-04年3月までの大規模介入をめぐる論争

1. 政府と通貨当局の説明と主張

(1) 財務省の説明

通貨当局者の公式な為替政策に関する説明は，財務省の政策評価書中の政策目標6-1「外国為替市場の安定並びに強固な国際通貨システムの構築及びその適切な運用の確保」で示されている．そこでは，「為替レートは，ファンダメンタルズを反映しつつ，安定的に推移することが重要であり，そのた

めには，為替市場における各国の緊密な協力等が不可欠です．財務省においては，必要に応じた為替市場への介入，国際金融市場のモニタリング等を通じ，外国為替相場の安定に向けた取組を行っています」という基本方針に沿って，「平成15年度は，地政学的リスクの高まりや，米国の双子の赤字問題への過度の注目を背景として急激にドル安に触れる局面がありましたが，急激な為替相場の変動は，我が国経済の回復にとって好ましくないとの考え方の下，それぞれの局面において，通貨当局として為替介入を行いました．また，国際通貨全体の安定のために，G7等における協議・協調を行ってきました」としている[13]．

大規模なドル買い介入が円安誘導による輸出促進策ではないかとの批判にたいしては，「経済のファンダメンタルズをはずれた為替相場の過度の変動を抑制することであり，特定相場の維持や円安誘導を意図するものではありません．介入額が大きくなったのは，デフレ下の異例に厳しい経済情勢の下で，世界の為替市場において経済ファンダメンタルズに合わない投機的な動きが嘗てない規模で執拗に継続したことを反映したものである」とし，04年2月のボカラトンにおけるG7の共通認識に沿ったものと主張している．しかし為替介入の意思決定は，日銀の量的緩和政策とは独立しておこなわれたものとし，両者は整合的ではあるがデフレ対策として総合的に決定されたものではないとしている[14]．

これに対して財務省の政策評価のあり方に関する懇話会（座長西室東芝会長）は，「デフレ克服のために日銀がベースマネーの供給増加という非伝統的な手法も用いて金融の大幅な緩和を行う中で，経済実態を反映しない為替相場の過度の変動や無秩序な動きは，我が国経済の回復にとって好ましくないとの考え方の下で行った」為替介入が，その目標達成に向けて相当な進展があったし，事務運営のプロセスは適切で有効，結果の分析もおおむね的確と評価している[15]．

(2) 国会での質疑における大臣説明

大規模介入に関する国会での関係大臣の説明を以下に要約する[16]．

1) 谷垣禎一財務大臣

①大規模に為替市場介入を行う理由——為替相場は経済のファンダメンタルズを安定的に反映することが望ましく，急激な変動に対しては必要な措置をとる．03年度の補正予算で100兆円，04年度に140兆円へ介入資金枠を増やすのは，急激な為替変動に対応するために必要である．

②ドル安の流れがある中で，米国債を買い続ける理由——中身を話せないが，米国債が相当部分を占めるのは事実だ．しかし他のドル建て資産にも多様化を図っている．外貨準備は持ち続けて意味があり，経済規模からみて突出していない．

③外為特会の健全性について——外貨準備は含み損より運用益が遥かに多いので，外為特会は不健全でない．平成15年度末時点で7兆7928億円の評価損発生の見込み[17]．しかし特会の運用益累計は約28兆円あった．

④為替政策と金融政策の協調について——日銀は政策決定会合を通じて意思決定するので，必ずしも一枚岩でないが，全体の方向は平仄が合って進んでいると考える[18]．

2) 竹中経済財政担当大臣

①為替政策と他のマクロ政策の整合性について——デフレ状況下では，さまざまな形で貨幣供給をする必要がある．それが政府の1つの意思の下に非常に整合的，統一的にされているかについては，日銀は独立性をもつし為替政策は財務省所管なので，経済財政諮問委員会を中心に問題意識を共有する努力をしている．1つの意図のように完全に統一的に行うことのリスクは社会全体としてある．日銀の独立性，財務省としての判断があい重なって現状がある[19]．

②為替市場介入はデフレ対策か[20]——介入はその立場で行っていないと思

うが，どれだけ不胎化するかどうかを決めるのは日銀である．デフレ克服には，実体経済の活性化とマネーサプライの増加が必要で，それには政府・日銀が共通の問題意識を持って協力する必要がある．

(3) 大規模介入の責任者による説明

1) 溝口善兵衛前財務官

大量介入をしなければ，1年間に約120円から103円程度までの円高ですまなかったはずだ．大量介入をした意図・背景を要約すれば次の通りである[21]．

①日銀が超金融緩和を続けてもデフレが止まらない異常な状況下で，それを深刻化させかねないドル安・円高の投機を抑制する必要かつ止むを得ざる対応であった．ドル安の主因は米国経済そのものよりはイラク情勢などに伴う地政学的リスクにあった．

②米当局は追加的な財政・金融政策を伴わなければ，介入の効果はあまりないとの基本姿勢であった．議会，産業界，労働組合の一部による強い批判にもかかわらず，そして強いドルは米国の国益だが柔軟な為替相場が必要だとする一貫した立場をとりながらも，日本の介入には一定の理解をしていた．これは米財務省の為替政策に関する報告書やFRB議長の講演に示されている．すなわち介入が部分的に非不胎化され，デフレ脱却のためのベースマネー拡大に役立っている点を評価したと見られる．

③円高はデフレ脱却を目指す日本に好ましくないが，財政は赤字で使えないため金融の量的緩和という非伝統的手段を動員している特別な情勢を反映して大量介入が行われたため，かつての円高ドル安時のような日米間の摩擦には至らなかった．

④米当局にはマネタリストの主張を支持する向きが多く，デフレ脱却には大胆にあらゆる手段をとるべきだとした．これにたいして日銀は01年3月にゼロ金利政策から日銀当座預金残高を操作目標とする量的緩和方向に転じたものの，流動性不安を払拭し市場環境を安定させる効果を越えた景気や物

価を押し上げる効果には懐疑的であり，残高目標の引き上げは緩やかであった．

03年3月に就任した福井俊彦日銀総裁の下では方針が変わり，1年足らずで当座預金目標を5回，15兆円引き上げた．財務省は03年1月中旬から04年3月中旬までの間に約35兆円の円売り介入をした．米当局はこれを部分的な非不胎化介入であり，ベースマネーの供給拡大に役立ったと評価した．

⑤これらの政策は，政府・日銀が1つのパッケージとして明示的な合意をしてとった措置ではないが，双方がデフレ克服のため，それぞれの立場で必要な措置を果断にとっていくという共通の考えが当然背後にあった．

⑥大量介入といっても税金を使うわけでなく，市場からゼロ金利で資金調達してドルを買い，利回り3〜4%の米国債で運用，金利差で毎年2兆円の利益をあげ，外為特会創設以来04年1月末までに28兆円くらいの外貨資産運用益が出て，17兆円ほどが一般会計に繰り入れられている．残りの11兆円は積立金として外為特会が保有している．

⑦大量介入の結果，外貨準備が巨額となったが，これで米経済を支えるという意図はなかった．また売却できないのではないかとの批判があるが，米国債市場は巨大であり，また他の市場との裁定メカニズムが働くので，外国政府の売買で大きく影響されない．

⑧為替市場への介入は市場メカニズムを歪めるし，当該国の経済の基礎的条件から相場が乖離しても，それが市場の意思であり人為的に介入すべきではないという批判があるが，そうであればG7で為替問題を議論する必要はない．G7では，為替相場は経済の基礎的諸条件を反映すべきであること，過度の変動や無秩序な動きが経済成長にとり望ましくないという認識を共有しており，介入するかどうかは各国の総合的な判断に委ねられている．

日本の輸出入は相当部分がドル建てなので，為替相場変動が実体経済に与える影響は大きく，相場安定のために介入をする必要度が欧米より高い．

2) 黒田東彦元財務官

　大規模介入の口火を切った黒田東彦は，03年以降の介入が金融政策を助ける意味があったので，為替政策としての効果のみで評価するのは不適切であり，デフレとゼロ金利の下での金融政策に代わる非不胎化介入であったし，日銀は介入の全額を非不胎化すべきであったと主張する[22]．

2. 大規模介入に対する本邦識者の諸見解

(1) 元通貨・金融当局幹部の見解

1) 行天豊雄元財務官の批判的見解

　景気回復の兆しが見えてきたところで円高で腰を折りたくないという政財界の介入依存の気持ちが反映した巨額介入で，外需主導の景気腰折れをふさいだのは事実だが，規模が異常であり，一時的にドル安の勢いをそぐだけで，相場の流れを変えることは出来ず，成功とはいえない．ドル安は経常赤字の構造的な拡大によるもので，現状を放置すれば世界経済に大きなリスクがあり，実行可能な為替相場目標設定などを目指し，中国なども交えた国際通貨協議を準備すべきである[23]．

　①為替市場は巨大で流動性が高く，自由であらゆる情報がそこで消化される．各国が政策を検討するに当たり，為替市場の動向を正しく判断することは非常に重要である．そこへ圧倒的な規模で介入を行い，他のプレーヤーを押さえ込めば，為替市場を歪め，それが本来持っている特色を殺してしまう．

　②30兆円以上の資金を投じて円高進行をどの程度食い止めたか立証はできないが，介入がなければ市場心理に影響されて100円突破もありえた．結果的には03年初の120円前後から年末の107円前後まで円高が進行したが，日本経済は回復基調をたどった．円高恐怖症，輸出依存体質から脱却する必要があるが，どの程度の円高が経済にどのような影響を与えるかが正しく評価されずに，必ずしも必要でない水準で介入を続けるのには違和感をいだく．為替相場水準の人為的な変更や大規模な介入に伴うドルと円の巨額な資金調

達・運用により，資源配分の歪みが生じうる．

③ユーロ高でも，欧州中銀は介入せずに市場の自律的な調整に委ねている．それに対して日本のように無理な介入をやれば，市場は相場水準に納得せず市場は落ち着かない．結果的に円高圧力再燃と為替介入を繰り返すだけとなる．

④介入が必要な時には，いかに効果的に実施するかが問題である．タイミング，規模，そして国際協調体制の3つが為替介入成否の決め手である．その点，03年後半の115～110円程度では十分な円高進行との認識は醸成されてはおらず，米国は大統領選挙を控えてドル安待望論が高まっていたので介入には消極的なため，結局単独の規模に頼る介入となった．

⑤外為特会の規模が国家予算規模まで膨らみ，米国財務省証券保有が，5000億ドル規模に上り，大きすぎて手がつけられない．これ以上リスクを増大させないためにも，為替介入のあり方を再考すべきだ．

2) 南原晃元日本銀行理事の肯定論

①通貨価値は市場が決めるべきだと主張するのは，市場万能主義だ．為替取引がモノやサービスの実需だけで行われるならばともかく，金融自由化が進み，デリバティブなどを使って実需とかけ離れた多額の取引が行われている今日，当局が本気で市場に任せたら混乱は極に達するだろう．

日米の大半のエコノミストは，介入がドル安による米国経常赤字減少への調整機能を妨げるという．しかしプラザ合意以降，ドル円相場が250円から100円近辺になっても米国の対日経常収支の基調に変化なく，またユーロ発足以来，一時は0.8ドル台に軟化したが最近は1.2ドル台へ上昇した．しかし対EU経常収支はほとんど変化していない．為替相場が経常収支を調整する機能は大きくない．

②ドル安は自然の流れで，ドル買い介入の効果は一時的だとする主張の根拠も，また米国経常収支赤字だ．しかし赤字は70年代から続き，何度もドル暴落の危険が叫ばれたが現実化しなかった．米国経済は世界総生産の3割

を占め，軍事，情報，外交面で唯一の超大国であり，ドルに代わる基軸通貨は当面ない．

行天元財務官は，最近のドル安が新しいリスク要因をはらみ，介入だけでは対処できないと主張する[24]．確かに対外純債務残高は時価ベースで2.6兆ドル（02年末）に達しドル下落のリスク要因とされるが，米国の所得収支は30年間100〜300億ドルの黒字をつづけ，実質債権国だ[25]．03年に経常赤字が対GDP比で5％になったことも過去と異なるドル安のリスク要因とされるが，米国経済の劇的復活はグローバル化，IT革命の進展の中，産業構造を製造業からサービス業へ移行したからであり，貿易赤字の拡大の大きな部分は，海外の米国系企業の活動の結果である．米国は経常赤字の形で世界に成長通貨を供給しているといえる．

③為替相場の安定は，ほとんどすべての実業に携わる人の望むところであり，大きな相場変動を避けようという暗黙の合意（G7で）が存在すると確信する．ボルカーは，これはおかしいと思う為替相場水準はわかるので，そこでの介入は効果があり，国際協調で一気に流れを正常化できるといっていた．

03年4-6月以降，資本収支が一転して黒字となり，その主因がその他資本収支の黒字[26]なので介入がなければ相場の乱高下は必至であった．米国はデフレ懸念が解消しつつあり，財政赤字急膨張による国債金利上昇を日本が抑えてくれたことに異存はないはずだ．グリーンスパンもドル相場安定を望んでいるはずだが，公式にはいえない．介入は米経常収支赤字縮小への調整を妨げるという建前，相場変動が米国金融業にとって利益があること，一定の相場水準にコミットできないことなどが理由と思われる．

④外為会計は莫大な利益をあげ，これまで一般会計の赤字補塡を行い，多額の積立金を保有している．インフレによるドル安だと保有外貨の価値が目減りするが，当面その心配はないし，万一の場合は日米協調してドル防衛を図るだろう．

ドル買い介入のために発行するFB金利が，運用ドル資産金利を上回る状

態は，日本のインフレを前提とすることで，このような事態では円安となり本邦通貨当局は利上げとともに大量のドル売り介入をし，多額の為替差益を得られるし，逆ザヤの事態ではFBを低利で日銀が直接引き受けることが国益にかなう[27]．

(2) 経済学者の評価

大規模為替介入を肯定する議論が多い．それは日本経済が危機的状況にあるとき，あらゆる可能な政策手段を動員して対応するのが当然だという認識に立っている．以下深尾光洋[28]，伊藤隆俊[29]，北坂真一[30]，竹森俊平[31]の論点を整理してみよう．

1) 大規模為替介入の理由

①日経平均株価が1年で約4割下落して03年4月末には7,600円割れ寸前をつけるなど日本経済が依然脆弱な中で，地政学的リスクによるドル安，底値近いと判断した外国投資家による日本株買いなどで時期尚早で経済ファンダメンタルズから乖離した円高が発生した．またシカゴIMMにおける円先物ネット・ロング・ポジションが膨れ上がるなど投機的な動きが高まった．これらの動きを放置すれば，為替相場のミスアラインメントをもたらし，さらにマクロ経済の諸条件を悪化させる恐れがあり，断固としてこれに対応する必要があった．

②デフレ下では円高のペースの緩和もしくは円安が望ましい．ゼロ金利下での非不胎化介入によるマネタリー・ベースの拡大によって企業や家計がよりリスクの高い資産保有にシフトする中で，円高抑制効果が期待できる．また大規模為替介入の継続で，通貨当局の強い円高抑止のシグナルを市場に送り円買いを逡巡させられる．

③デフレ対策としてもマネタリー・ベースを拡大する必要があるが，ゼロ金利下では短期国債は貨幣と代替的なのでその購入は効果がない．そこで長期国債，株式，実物資産，外国為替などを大量に購入することが選択肢とし

第5章　デフレ対策としての大規模為替介入

て考えられるが，その中で巨額の米国債購入が選択されたのである．

④日本は財政刺激によるデフレ脱却はできないので，米国の減税による国内景気拡大が日本の輸出増に繋がることを期待し，減税による財政赤字を米国債買い入れでファイナンスする結果となった．

2) 大規模介入の効果

深尾は，03年度の経常黒字17兆円を大幅に上回り，GDPの6.5%に相当する33兆円の大規模な円売りドル買い介入でも，円相場を119円台で始まり103円台に上昇させる円高を止められなかったが，急激な円高進行を抑える効果はあったとする．為替相場の変動を累積経常収支と累積直接投資収支の合計，外貨準備増減（為替介入に相当）と内外の実質金利差で説明できるとすれば，03年1月～04年3月の外準増加額は約3300億ドルで，その分累積収支を圧縮する効果があり，為替介入は円相場を20%程度押し下げる効果があったと判断している．

伊藤は介入前日と当日の為替相場の変化を，180日の為替相場の移動平均や日米の介入金額で回帰分析し，介入の指揮をとった財務官により①榊原以前，②榊原/黒田，③溝口の3期に分けて比較し，②期に比べ③期における介入の効果は5分の1に減少したが，35兆円を投入して13%程度の円安を達成したと試算している．ただしこの分析は介入直後の為替相場への影響をもって有効性を捉え，その影響が中期的に持続するとの前提に立ち，長期的な効果を検証していない．それでも大規模介入がなかったら，02年の▲0.1%から03年の2.5%へ経済成長が回復し，株価が04年4月には前年同月比50%高となることはなかったとする．

大規模な介入が行われても介入当日に実施を確認することもなく，目指す目標について説明のない所謂覆面介入が多かった点については，伊藤や岩壷[32]は，その効果を減殺したと指摘している．

3) 為替政策と金融政策

北坂は，大規模介入は日銀の量的緩和策と相まってより多くの貨幣を市場に供給する金融政策と見る．日銀は福井総裁，武藤敏郎副総裁（元財務次官）就任により，政府・財務省との関係が改善して金融緩和姿勢を積極化し，日銀当座預金残高目標を急激に引き上げ，04年1月には30〜35兆円とした．03年中の円売り累積額は20兆円であり，マネタリー・ベースの累積増加額は12.5兆円なので介入は相当程度非不胎化されたと見られるし，01年3月から04年3月までの累積介入額とマネタリー・ベースの累積増加額は，ほぼ見合うと伊藤も指摘する．

4) 出口政策

大規模介入がそれなりに成果をもたらしたが，04年3月で終わった．これはグリーンスパン演説[33)]に見られるように米国の態度が変化したことも影響したと考えられる．彼は為替介入がベースマネー増加手段として行われたが，日本国債の買い入れでも同様な効果が得られるし，日本の景気回復で介入を止める時期が近づいていると指摘した．

竹森は，米国が金利を上げ始めたら介入を止めるのが自然であり，日銀は「インフレ目標」を採用して出口条件を明確にすればよいとする．この点で北坂は，この大規模介入が実体的には金融政策として財務省が実施したので，政策の説明責任が明確でなく，適切なコントロールがきかない可能性を指摘する．すなわちデフレが収束に向かう時に，インフレを未然に防ごうとする日銀，景気回復を目指す政府，国債管理政策上名目金利上昇を避けようとする財務省の間で対立がありうるので，為替政策を日銀に移管することや，説明責任を明確にするために政府・日銀間で合意を明文化することを検討すべきであるし，本来の意味でのインフレ目標政策が必要だと主張する．

5) 為替操作か

米ドルの実質実効相場を10〜30％下落させて，米国の対外不均衡是正を

図るべきところ,大規模介入で円が上昇しないと不均衡を是正できぬばかりか,介入しないユーロに負担がかかるとの批判がある.この点について伊藤は,非ドル資産を選好する投資家にとってはユーロと円は代替的であり,円が安ければ円買いユーロ売りの裁定が増大するだろうから,日本の通貨当局の介入がユーロに影響する度合いは,円とユーロ間の代替性に依存すると指摘する.

3. 大規模介入への海外の評価

(1) 公的機関
1) 肯定的見解
①国際通貨基金
i) 対日年次協議

04年5月に規約IV条の下で行われた対日年次協議で,使節団は03年度の為替介入について,日本の通貨当局から「異常な事態に対応する異常な措置であり,急激な短期的通貨変動を円滑化できた」と説明を受けた.使節団は巨額介入により円の上昇圧力を抑えて過度の貨幣供給不足に陥るのを防いだこと,そして大規模な介入は,ドル円相場の均衡がとれてきた現状では必要ないが,もし円高圧力が復活したら,景気回復を失速させデフレ圧力を高める程度に応じた更なる介入が必要であることについて日本当局と合意した[34].

理事たちはほとんど全員が大規模介入に関する報告内容を承認したが,多くの理事たちは,このような介入行動がグローバルな不均衡を悪化させうると懸念を表明し,為替相場の決定は市場に委ねるべきだと強く主張した.一部の理事は,今後のIV条報告で為替相場政策のより詳細な分析を行うことを求めた[35].

ii) ロゴフ (K.S. Rogoff) 調査局長

政府債務の水準がOECDの中で最高かつ増加中であり,銀行の資本勘定

強化のコストが巨額であることが想定され，老齢化で貯蓄率が低下しつつあり政府には将来インフレ政策をとる圧力がかかると見られるにもかかわらず，日本にはあと2-3年はデフレから脱却できないという深刻なデフレ期待が存在する．IMFはデフレが悪化する可能性があると警告しており，それから脱却する唯一の途は円安と見る向きも多い．日銀が株，国債，外国為替を買い入れてデフレ期待を克服しようとすれば，円は下落しよう．これは近隣窮乏化政策の為替操作と見られるかもしれないが，デフレが5年続いたので他国やIMFはこのような政策に苦情を言うべきではない[36]．

②米財務省

04年4月15日に議会へ提出した「国際経済及び為替相場政策に関する議会への報告書」で，「日銀が長引くデフレを克服するためにベースマネーを急激に拡大する金融政策に移行すると同時に介入が行われており，それによる円資金の供給は，その不胎化が部分的にしかなされなかったために，重要なベースマネーの拡大の1要素となった」と評価し，88年包括通商法の規定する「不公正な為替操作」を行っているとは認定していない[37]．

2) 否定的見解

①米議会

ボイノビッチ（George V. Voinovich）議員など超党派の上院議員5人は，04年4月16日までにスノー財務長官に対して書簡を送り，「日本は米国への輸出促進を目的に，円相場を対ドルで意図的に割安に維持してきた」と批判，これは自動車・同部品など主要輸出製品への補助金付与に等しいとし，「日本の市場介入を為替操作と断定しなかったことで，米国がこうした行為を黙認しているとのシグナルを送ったことになる」と述べた[38]．

同月29日に，今度はミシガン州選出のレビン（S. Levin）下院議員ら13名が財務長官宛に対して類似の書簡を送った．議員たちは，i) 03年以降の日本の大規模な介入が88年包括通商法上の不公正為替操作と認定しないなら，どの程度の介入でそうなるのか，ii) 財務省の報告書は信頼性を欠くの

で，議会は不公正為替操作国の定義を厳格化し，撹乱的な通貨政策に対して対抗措置を強制的に発動させるトリガーを設定すべきか，iii）人民元の弾力化を要求しながら，中国よりも攻撃的で有害な日本の介入に沈黙を決め込むのは何故かと問題提起し，財務省報告は日本の前例のない破壊的で収奪的な為替操作を暗黙のうちに認め，米国経済に重大な損害をもたらしていると非難した[39]．

②グリーンスパン FRB 議長

04年3月2日の演説で，為替政策は財務省の所管としながらも，彼は東アジア，特に日中の大規模なドル買い介入に言及した[40]．日本については，民間投資家の極端なホームバイアスがドル円相場を経済の基礎的条件から乖離させている側面を指摘，部分的に非不胎化された介入がどの程度為替相場に影響したか判断は困難であるが，ベースマネー拡大は金融政策の基本的要素であり，経済の状況から見てこのような政策は終わりに近づいている筈と牽制した．

大規模介入の停止が米国金利上昇を招くという懸念に関しては，保有財務省証券の満期構成が比較的短期であり，短期ドル資産市場は大規模なので問題はないとしている[41]．

FRB の研究[42]では，先進国の対 GDP 比経常赤字が 5% 程度になると，市場の力が働いて逆転を迫られる．米国は基軸通貨国なので対外債務拡大が他国に比べ容易であったが，他国のポートフォリオ中のドル資産拡大は鈍化しようと予想する．その調整が危機的な状況にならないためには，財政規律の回復や貯蓄増強とともに市場の柔軟性が大きいほど危機を招くリスクを少なくできるとし，保護主義的な動きは市場の柔軟性を侵すと警告している[43]．

(2) 専門家，ジャーナリズムの諸見解

1) エコノミスト達の見解

①クリーブランド連銀

短期金利がゼロ近傍にあるときは，伝統的な金融政策の経路で価格下落や

経済活動の後退を防ぐのは困難である．日本が流動性の罠にはまったのか，構造的な銀行問題の犠牲になっているのかは論争の余地があるものの，成長率は低迷し価格が下落，短期金利はゼロ近傍に達した．01年3月に日銀が量的緩和政策へ転換したのは，標準的な金融政策に効き目がなかったからだ．長期国債の買い入れも増やし，急速にベースマネーを増やしたものの，銀行は追加的準備を保有するだけで貸出を拡大せずマネーサプライは増えなかった．ゼロ金利下では短期金融資産と準備が代替的であり，デフレ進行で潜在的な借り手のバランスシートが悪化しつつあるからである．為替相場政策はこのような流動性の罠からの脱出に有効なのであろうか．

このような問題について，同連銀のハンページ（Owen F. Humpage）とメリック（William R. Melick）は，諸学説のサーベイを行っている[44]．たとえばスヴェンソン（Lars Swensson）は，日銀がインフレ率を組み込んだ長期的な目標価格水準の経路とそれと整合的な目標為替相場経路を公表すべきだとする．外国為替を無制限に買い入れることで円を下落させる能力を持ち，物価指数と異なり為替相場の下落は継続的に観察できるので，日銀の目指す経路の公表はインフレ目標だけを掲げる公開市場操作より信頼され，人々の行動を変えうるだろうと主張する．しかしマッキノンは，30年も円高傾向を持続したため，円の下落が一時的と見れば，それには限界があると指摘する．

マッカラム（Ben McCallum）は，日銀がドルを買えば，グローバルな民間投資家たちの円建て資産保有が相対的に増加するが，ドル建て資産とは非代替的であるため，より高いリスク・プレミアムを求めるので，期待先物相場が不変なら対ドルで円直物相場は下落するという．このポートフォリオ・バランス効果は，ゼロ金利下でも直物相場の下落をもたらし，相対価格変化により日本製品・サービスへの需要を増やす．このためには巨額の円売り介入が必要だが，理論的には日銀は無制限にベースマネーを造出できると主張する．

これらの政策が現実的かどうかは別として，計画的な通貨の減価はインフ

レ目的であっても，不公正な競走上の優位を獲得するとして他国の懸念を高めるし，IMF規約違反になるとムッサ（Michael Mussa）は批判する．しかしインフレが加速すれば，輸出競争力は損なわれるし，輸入が増えるので他国へ大きな被害をもたらすことにはならない可能性もある．

円安がドルに連動しているアジア通貨，特に人民元へ過剰な圧力となると心配する向きもあるが，中国の競争者はインドネシア，タイ，マレーシアなどであり，これら諸国は円との連動性は少ない．日本経済の回復は，中国にとり得るところの方が大きい．

流動性の罠から逃れるための為替相場に依存したこのような提案は，トランスミッション・メカニズムに不確かなところはあるが，日本がコミットすれば成功するだろうが，米国，EUが同時に流動性の罠に陥れば，それは不可能となるであろう．

②バーグステン（国際経済研究所）

95年初めから02年2月までの間に，ドルの実効相場が35～50％上昇したことで，経常赤字の大部分が説明できるので，日本は大規模介入でドルの下落を阻止する場合には，米国はドル売りで対抗すべきだとバーグステンは議会で証言した[45]．

彼の主張は，以下のとおりである．すなわちドルが1％上昇すると，2-3年の間に段階的に年100億ドルの経常赤字を生み出す．過去20年の対外赤字の結果，対外純債務は3兆ドルを超え，年2割のペースで増加している．経常赤字と資本輸出をファイナンスするために，毎年1兆ドル，毎営業日40億ドルの資本を輸入する必要があり，明らかに維持不可能である．

ドルは2002年初めから徐々に秩序をもって1～2割下落し，それ以前の6年半の上昇の3分の1から半分を取り戻した．今後2年，年当たり1000～2000億ドル赤字が減るはずだ．ドルの下落は米経済に目立った悪影響をもたらしていない．インフレは見当たらず，金利は50年来の低い水準であり，株式市場も上昇した．

米国は現在の経常赤字の半分程度，対GDPで2.5～3％なら維持可能であ

り，この水準なら，対外純債務の対 GDP 比率は危険水域 40% を下回る 30～35% で頭打ちとなろう．ドルはそのピークから 25～30% 下落する必要があり，これまで半分程度実現した．しかし対ユーロで約 30% 下落したのに対して対円では 15%，対人民元ではゼロとバランスが取れていない．

ドルと経常収支不均衡の調整をやり遂げるのに，i) 維持可能な対外ポジションを回復するために，来年にも対外ドルの実効為替相場はさらに 10～15% 下落する必要がある．ii) 来るべきドル下落第 2 波は，より広範な通貨のグループに対して生じ，東アジア通貨の上昇を伴うべきである．特に日本は円高防止のための為替市場介入を止めるべきだ．過去 18 カ月の大規模介入が円を少なくとも 10% 上昇するのを食い止めたという認識を，榊原元財務官と共有している．

大規模介入に対抗するために，日本が買うドルを米国が売り，日本の為替介入を相殺すると通告すべきだ．日本経済が弱体だから円が安いのは妥当だという主張があるが，依然として最大の貿易黒字を出していることを重視していない．不公正な競争上の優位性を獲得するために通貨を操作することを禁じる規約を基に IMF の承認を得て，この反対介入を他の主要国も実施することが望ましい．

2) ジャーナリズムの論調
①ビジネス・ウィーク

大規模介入の指揮をとった溝口財務官に「ミスター・ドル」の称号を呈した同誌は，この大規模介入について，本来円の上昇を緩和することで来るべき円高の時期に輸出業者が備えられるようにするのが目的であったのが，いまや円安そのものを意図しているように見えると批判し以下のように主張する[46]．

巨額のドル買いを行った同じ日に，国会はさらに 40 兆円の（FB 発行）枠増を承認した．貿易相手国はミスター・ドルにそれを使わせてはならない．日本は永らく為替操作で輸出を促進してきたしプラザ合意の時は米国もその

手を使ったが，今回の介入には純然たる重商主義の色合いがあり，経済が回復しつつある現在声を上げて止めさせるべきだ．

ブッシュ政権は為替介入に対しては，意図して行動をおこさなかった．1日15億ドルを外国から借入れる必要があるため，日本によるドルのリサイクルが金利上昇を抑えているからだ．また小泉首相が米国のイラク戦争を支持していることもある．しかし日本はゼロ金利で借入れができるので，対ドルやユーロで円を人為的に安く保ち続け，競争力を維持することができる．いまや日本経済は105円の相場でもやっていける．市場の柔軟性を求めるG7声明を無視して，白紙委任を手にしたかのように振舞うことを止めさせるべきだ．

②エコノミスト誌

大規模介入は，必要な調整を遅らせ，将来のドル下落の苦痛を増大させるだけだと，同誌は以下のように主張する[47]．

多くの人々が基軸通貨ドルの下落を心配するのは理解できる．しかし世界経済が直面する現実問題は，ドルが強すぎることだ．ドルの下落は不可避であり，米国もその他の国も，それで利益を受けるはずである．経常収支赤字を半減させるには，数年の内に，さらに20％下落せねばならぬかもしれない．

米国の政策当局者はドル下落歓迎だが，調整負担が不均等だと欧州人たちは文句をいう．ユーロが高騰する中で，日中などのアジア通貨当局はドル買い介入をして，03年の米国経常赤字の半分以上をファイナンスした．このようにアジアは米国の救済者のように見えるが，長期的には必要な調整を遅らせ，米国が注意をはらうべき市場のシグナルを弱めてしまう．

米国の経常赤字は国内の貯蓄不足の反映であり，04年の対GDP比4.6％に膨れ上がった財政赤字を縮小させるべきなのに，アジア通貨当局が米財務証券をリスク・リターンへの顧慮なしに買い入れるため，債券利回りが人為的に抑えられ，米国の借金漬けを助けている．ブッシュ政権は，低い債券利回りを見て，財政赤字は経済に害を及ぼしていない証拠だとする．

アジアの政府は，米国がアジア製品を買い続けられるように米財務省証券を買っているが，これを何時までも続けられない．やがて彼らが余りに大量の低利回りでリスクあるドル資産を持ちすぎていたと気づく．ドルや債券利回りの自然の調整を先送りすると，不可避な修正がやってきたら，苦痛はより激しいものになる．日本経済は回復してきたので円高に耐えられるだろう．デフレへの対応は現金をもっとたくさん印刷することだ．しかし何よりも米国は家計と政府借入れを抑え，金融と財政政策を健全にする責任がある．

4. 大規模介入に伴う外国為替資金特別会計の問題

(1) 介入資金の調達

外貨買い円売り介入を行うには，外国為替資金特別会計（外為特会）が短期の外国為替証券（為券/FB）を発行して円資金を調達する．FBは国債の一種なので，発行限度が国会の議決により定められ，支払い金利は特会の経費予算に計上されている．外貨売り介入の場合は，外貨準備を取り崩して市場に外貨を売却，その保有をファイナンスしていたFBが償却される．

限度枠を越えて円資金を調達する必要がある場合，為券発行限度枠の引き上げのため特別会計予算総則の補正，支払い金利手当てのための外為特会予備費の使用，それでも不足なら予算補正となり，必要に応じて新たな国会の議決が求められる．

為替市場で円売りドル買い介入を実施する際に，日銀は一時的に政府短期証券（FB）を引き受けて介入に使う円資金を供給する．政府は後日，公募入札方式により金融市場でFBを新規発行し，調達した資金で日銀借入れを返済する．03年以降行われた大規模介入のペースに，市場での資金調達が追いつかず，04年3月末にはFBの日銀直接引き受け残高8.7兆円，米国債の買い戻し条件付き売却6.1兆円と，日銀よりの資金供給は約15兆円にも達した．その後FBを市場で発行して日銀へ返済し年央には2兆円台へ縮小した．財政法では財政規律を守るために国債の日銀引受を禁じているが，短

第5章　デフレ対策としての大規模為替介入　　　　349

図表5-5　資金調達限度と為券発行残高

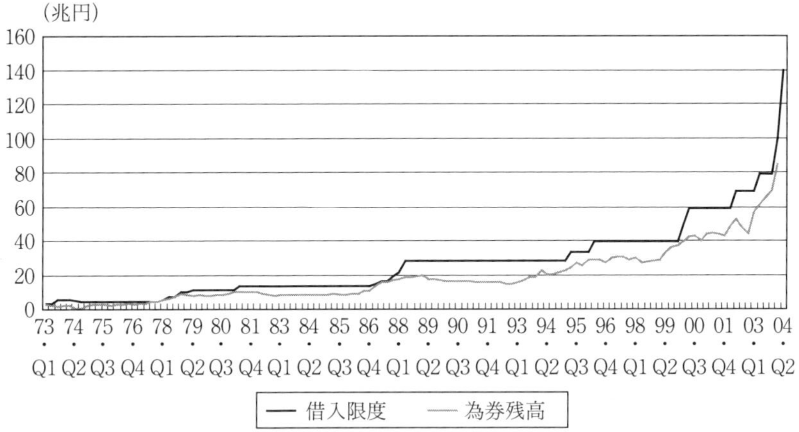

（兆円）

凡例：── 借入限度　── 為券残高

出所：大蔵省/財務省，各年度予算書，決算書．

期証券の発行による当面の資金繰りを目的とした借入れは例外的に認められている．

しかし2000年4月にFBも原則市中公募に移行した経緯があり，大規模介入は，例外的な制度を最大限利用して可能となった．その額が空前の規模に達し，財政法の理念に抵触するとの非難を浴びることになる．政府は期間3カ月程度のFBを借り換え発行して，80年代以来の介入で取得したドル資産をファイナンスしている．介入資金調達のためのFB発行枠79兆円が限界に近づいたので，03年度補正予算で21兆円，04年度予算で40兆円のFB発行枠増枠を計上した．発行残高も04年6月末で約100兆円の大台に迫った．現在は量的緩和政策でFBを安定的に発行できるが，この政策を解除すれば借換え債の安定消化を円滑に行えなくなる可能性もありうる．

(2)　財政面から見た問題点

04年度の特別会計決算書によれば，外為特会の為替評価損は03年度に比べ，3.8兆円拡大し，繰越評価損7.7兆円と合算すれば11.4兆円となった．

図表 5-6　外国為替資金特別会計の損益及び資産等の推移

(決算ベース，単位：億円)

年　度	1999	2000	2001	2002	2003	2004	2005	2006
歳出計	361	1,157	14,940	1,660	228	272	4,477	10,563
内借入金利子	322	1,109	8,759	27	74	54	2,123	5,597
歳入計	26,419	23,489	36,684	19,013	36,684	22,527	29,697	31,922
内外為売買差益	9,104	1,808	828	35	19,234	9	10	1,500
内運用収入	17,177	21,681	21,063	18,978	17,450	22,518	29,687	30,422
本年度利益	26,058	22,332	21,744	17,353	36,456	22,255	25,220	21,359
資産合計	534,722	584,081	687,079	720,912	1,024,979	1,129,436	1,291,797	1,601,817
内円貨預け金	104,434	119,681	128,696	127,153	133,192	155,711	167,319	170,967
内外貨預け金	75,680	70,812	70,377	79,645	205,416	131,589	162,949	253,341
内外貨証券	244,445	265,787	357,766	429,685	584,373	703,244	811,822	1,054,869
内外為評価損	56,270	18,247			19,885	37,631		
同繰越評価損	30,096	86,366	104,613	59,415	56,677	76,562	114,193	84,267
負債・資本合計	413,935	455,462	550,416	586,597	869,207	965,599	1,116,930	1,421,811
内外貨証券	395,730	438,065	486,274	565,254	850,397	947,207	1,067,744	1,400,000
内外為評価益				45,198	2,738		29,926	
資　金	7,556	7,556	7,556	7,556	7,556	7,556	7,556	7,556
積立金	87,173	98,731	107,363	109,406	111,760	134,026	142,091	151,091
一般会計へ繰入	15,000	14,500	13,700	19,700	15,000	14,190	14,190	16,220

出所：財務省各年度決算書，ただし 05，06 年度は予定額．
注：1．外為売買損益は基準外国為替相場と実勢相場の差．基準相場は，1-6 月は前年の 6-11 月までの実勢相場の平均値，7-12 月は前年 12 月-当年 5 月までの実勢相場の平均値．
　　2．外貨価額は基準相場に変更あったとき，変更後の基準相場で評価替えを行い，評価差額を貸借対照表上に評価損益として計上，年度中に発生した評価損益は決算時に繰り越し経理される．
　　3．一般会計への繰入は，決算剰余金の一部を外国為替資金特別会計法第 13 条の規定により繰入れるもので，剰余金発生年度に計上，翌年度に一般会計に繰入れる．02 年度には 1,500 億円が当該年度の利益金から当該年度の一般会計に繰入れられた．

　円高が進んだため，03 年度末は 115 円で換算していた資産を 109 円で計算した結果含み損が膨らんだのである[48]．現金主義の国の公会計では評価損を処理する必要はないので，円高が進んで含み損が増えても問題にされない[49]．

　含み損の存在を問題視しない立場をとる根拠としては，毎年計上される大きな運用益の存在がある．これは①日米金利差に基づく外準の運用益，②外為会計の剰余金積立分を財政融資資金へ委託することで発生する円資金運用，そして為替介入で生じる外国為替等売買差益からなる[50]．

　外為特会で生じた利益は，外為特会法第 13 条によって一般会計に組み入

第5章 デフレ対策としての大規模為替介入

図表5-7 外為特別会計累積損益

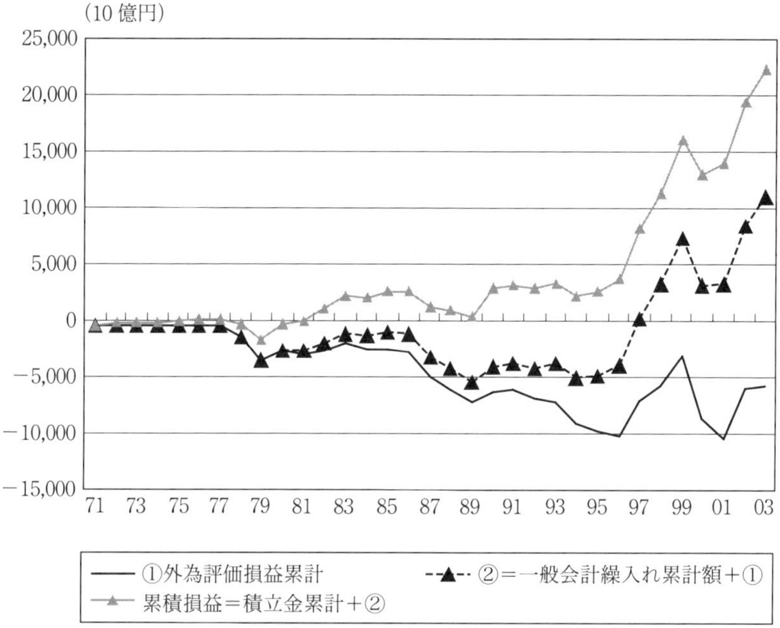

（10億円）

凡例：
① 外為評価損益累計
② ＝一般会計繰入れ累計額＋①
累積損益＝積立金累計＋②

出所：大蔵省/財務省，各年度予算書・決算書．

れられ，残りは積み立てられる．外為特会創設以来累計で約18兆円が一般会計に繰入れられている[51]．残りは積立金として外為特会が保有するが，その規模は04年度末で13.4兆円で，累積ベースの外為評価損を上回っており，06年度末では15兆円を予定している．04年3月末ではFB金利が0.001％，運用の中心の米国債の2年物が1％台半ば，TB6カ月もので1％弱程度であるから大きな運用益を享受できた．しかし景気が回復して円高と金利上昇が発生すれば，評価損の増大と金利差縮小による運用益の縮小もしくは逆鞘が発生，一般会計からの補塡を必要とする可能性がないとは断言できない．企業の資金需要が低迷する中，資金調達コストが高騰するリスクは現状では小さい．しかし日銀の金融政策に匹敵するほど経済や金融市場に影響を与えかねない規模に膨れ上がった外為特会の運営内容の情報開示不足は問題であ

ろう．

　今ひとつの問題は，毎年1.5～2兆円に上る一般会計への繰入れである．景気低迷で税収が低迷する中で，消費税0.7～1％引き上げに相当する外為特会からの繰入金は一般財源として重要性を増し，見直しを行う誘因が働かないであろう．しかしこれは為替政策の本来の役割といえるだろうか．

第4節　大規模介入，巨額な外貨準備蓄積の妥当性と運用上の問題点

1. 為替介入がもつ弊害

　03年のGDPに対する経常黒字は3％強で1990年以来の新記録であり，これが円高圧力を生み，為替介入がこれに対応した．これは輸出企業への補助金支給の要素を含む．一般に中堅中小輸出企業では円高耐久力が小さい．しかし日本の輸出総額の半分弱を担うのはトップ30社であり，そのシェアは拡大している．大手の輸出が増え円高となって中堅中小企業が苦しみ，その結果介入額が膨らみ，それで円高がおさえられれば大手の輸出が増えるという循環が続くという問題がある．

　90年代から2003年までを概観すると，ドル円相場は名目ベースでも実効相場ベースでも激しく動いただけでなく，大きなミスアラインメントが発生したことがわかる．これで本邦投資家が海外投資を行う場合に，極端にリスク回避的にしてしまった．国内の過剰な貯蓄を海外に還流させなければ，国内金利を低水準に抑え，非効率な経済活動を温存することになる．

　また為替相場水準は，資本流出が円滑に行われた場合に比べて円高となり，デフレを悪化させ，競争力のあるはずの製造業ですら収益が圧迫され，空洞化を加速してしまった．

　日本経済がはまり込んだデフレから脱却するためには，ある程度の円安を維持するための為替政策とそれを支える金融政策が必要であり，最近の大規

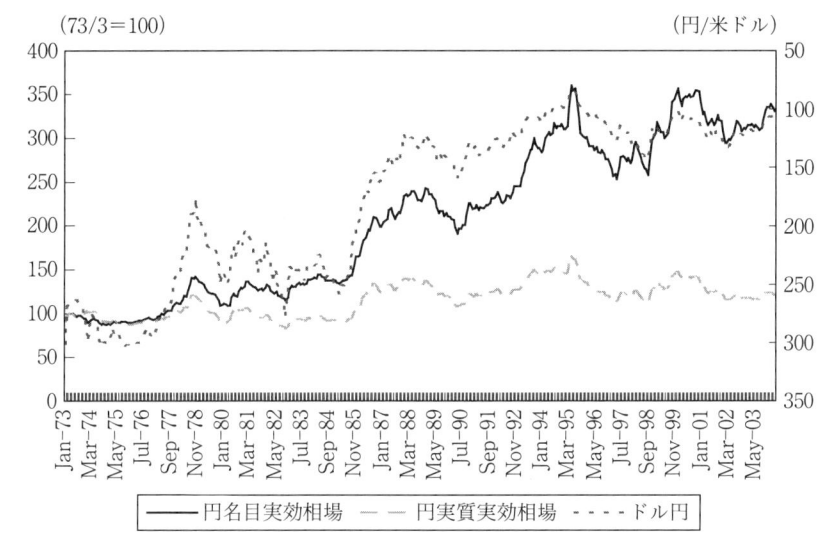

図表5-8 ドル円名目，円名目実効・実質実効相場推移

出所：日本銀行．

模な市場介入は，その意味で止むを得なかったといえる．しかし一種の緊急避難的な措置であり，自国通貨売りは無制限に可能なはずであるが，通貨操作と国際的に非難されない範囲でしか行えない．

2. 壮大な官製円キャリー・トレード

大規模介入終了の2004年3月末の本邦外貨準備は，8266億ドル，うち外貨証券は6258億ドル，外貨預金は1802億ドルであった．その他の主要な資産は金，SDR，IMFリザーブポジションなど約200億ドル強であった．大部分はドル資産であり，これを一種の円キャリー・トレードの形で運用している．通貨当局者が国民の貴重な貯蓄を運用する能力において，民間の資産運用専門家よりも比較優位にあるという保証はない．国家の信用で調達した資金でファイナンスされた資産運用にはソフトな予算制約しか働かない．し

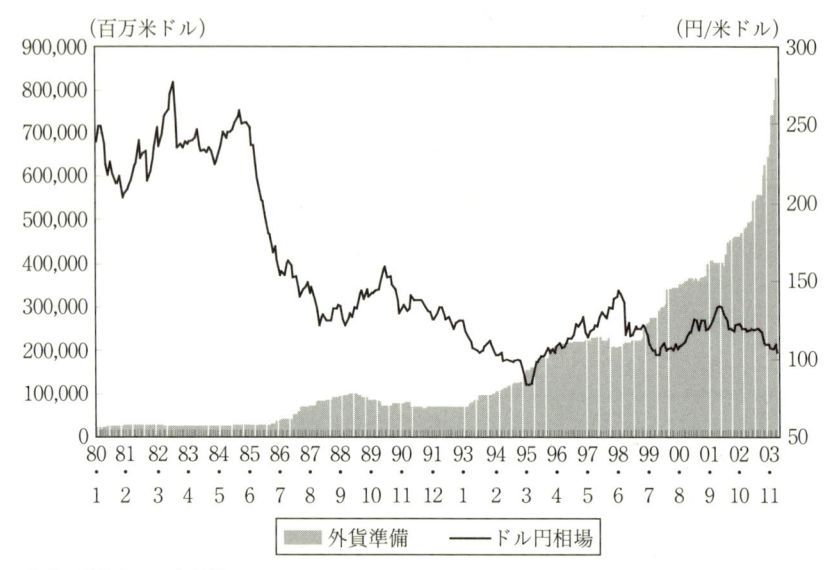

図表 5-9 ドル円相場と外貨準備額

出所:財務省,日本銀行.

かもどのようなプロセスで意思決定が行われたのか十分な説明が行われぬままに,ごく少数の通貨当局者が膨大な外貨資産運用を行っているのは,やはり問題である.外為特会の FB 発行枠増額を巡る国会でのやりとりや財務省の政策評価報告書内容とそれに対する評価委員会の意見も,ごく表面的なものである.

もちろん市場介入政策とともに,外貨準備管理政策は市場への影響を考えると機密を保つ必要があることは言うまでもない.しかし外貨資産選択に関する意思決定のプロセス,投資や処分,ポートフォリオ入れ替えの実施状況とその効果の評価などについては,詳細な記録を残し,数年後には情報を公開して国際金融専門家や世論の評価を受けるべきであろう.

第5章　デフレ対策としての大規模為替介入　　355

3. ドル選好の問題

　米国の財政赤字, 貯蓄不足, その反映としての拡大する経常赤字や対外純債務の累増は, 基軸通貨としての信任を揺るがし, やがてドル暴落に繋がると度々警告されてきたが, それを無視する形で本邦当局は大規模なドル買い介入を通じて貯蓄を米国に還流させてきた. これを我が国の対米従属の証し, 帝国循環, 体制維持ファイナンスと呼ぶ人もある. そして日本の貯蓄を米国に大規模に集中投資せずに, アジアその他の発展に役立てることにより, 日本の存在感を高めるべきだとの主張も少なくない.

　これに対しては, 米国の効率的な金融資本市場, 当面揺るぎそうもない基軸通貨としてのドル, 大きな日米金利差などを考えれば, これまでの為替政策は現実的であり, また不安定なアジア情勢を考えれば, 予測可能な将来において, 日米関係を維持強化することが現実的であり, その枠内でこのような政策も継続せざるをえないであろう.

　この問題を考える場合に, 日本だけでなくアジア諸国がなぜ大規模な市場介入を行い, 巨大なドル資産を外貨準備として蓄積してきたかを今一度検討する必要があろう.

(1) ブレトンウッズ体制 No. 2

　人民元切り上げの思惑もあり資本流入が増大し, ドルペッグ維持のためドル買い介入を継続したため, 中国の外貨準備は04年末で6099億ドルとなった[52]. 通貨を公式, 非公式にドルに連動しているその他アジア諸国でも, 外貨準備が増大した. その背景については, アジア通貨危機の後, 通貨当局が急激な為替相場の変動や自国通貨の上昇の抑制のために市場介入を行い外貨準備の蓄積を厚くしたこと, 日本や中国がドル買い介入によって輸出競争力を維持したことに対応して, 周辺国が同様の政策をとったことなどが指摘されている[53].

このような外貨準備の増大は，米国の国際収支統計では，海外資本（公的部門）の流入として計上される．公的部門による経常収支赤字ファイナンスの実態は，米国の国際収支統計よりもさらに大きいとの主張もある[54]．

米国の経常収支赤字は90年代後半以降，ほぼ一貫して拡大してきた．これをファイナンスする海外民間部門の対米投資は，ITブームで2000年にピークをつけたあと03年まで減少傾向が続き，04年には再び急増し1兆779億ドルに達した．これに対して海外の公的部門の対米投資は01年に281億ドルであったのが，その後急増し03年には2486億ドル，04年には3553億ドル（対GDP比3%）となった．

米ドルに連動するかそれに近い為替政策をとる国々にとっては，過小評価され安定した為替相場の便益が外貨準備を積み上げるコストを上回ると判断して，為替市場でドル買い介入してきた．このようなドル資産を購入するシステムは，第2次大戦後のブレトンウッズ体制下で，日欧が割安な為替相場を維持して輸出主導の成長を遂げた時期と類似しており，ブレトンウッズ体

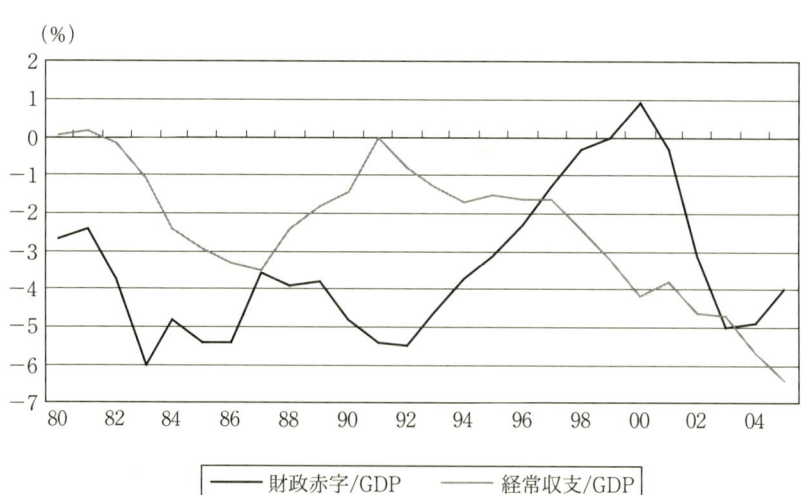

図表5-10 米国財政収支・経常収支赤字（対GDP）推移

出所：U.S. Department of Commerce, Survey of Current Business 各号．
Congressiional Budget Office.

制 No.2 と呼ぶ学者もいる[55]．

　これは海外の通貨当局の介入によりドルを割高の水準に維持して米国の輸入拡大を可能にすることで世界経済を牽引し，外国は輸出に依存した成長を継続できるというシステムである．このような海外資金流入により米国の長期金利の上昇が抑制され，国内の貯蓄を上回る投資を可能とし，景気を支えたと見られる[56]．

(2) 本邦外貨準備の圧縮と通貨分散の必要性について

　現在の米国への資金還流による世界経済の成長維持というメカニズムが実質的なブレトンウッズ体制の復活か否かはともかくとして，日本は中国などアジア諸国とともに大規模な介入でこのシステムを支えてきたことは事実である．日本の場合は，デフレ脱却のための非伝統的政策の一環として行ったと解釈できる大規模な介入はそれなりの正当性を主張でき，主要国も黙認の形をとった．その後日本経済の回復の兆しとドル円相場の安定で，04 年 4 月以降ドル買い介入は中断しているが，外貨準備は高水準のままである．デフレ懸念が完全に払拭されない限り，円高再現の局面でドル買い介入を本邦通貨当局が再開する可能性はありえよう．

　問題は日本がこれ以上外貨準備積み上げによる米国の対外赤字ファイナンスを行わず，また中国が小刻みではあるが人民元の切り上げに踏み切ったことでもあり[57]，ブレトンウッズ体制 No.2 は維持できるかどうかである．もし維持不可能であれば，国際的な資金還流システムは不安定化し，ドルの急速な下落が進む可能性もあろう．現在の巨額な外貨準備をそのまま維持し通貨当局がそれを運用し続けるべきか，それともドル急落に備えて，本来の外貨準備の目的に沿った水準へ圧縮しつつ，米国への資金還流を含めて経常収支黒字に見合った民間資本輸出の活発化を図る政策をとるべきかを真剣に検討すべきであろう．

　巨額のドル建て外貨準備を保有し続けていることは，本邦通貨当局のドル選好は変わらず，ドルのソフトランディング・シナリオを念頭においている

ためであろう[58]．小泉首相が国会答弁で外準の通貨分散に肯定的発言を行った後，財務省が直ちにそれを否定したが[59]，そのような行動をどう正当化できるのだろうか．ドルのソフトランディングは期待できるのだろうか．

1）ハードランディング・シナリオ

米国への資金還流がブレトンウッズ体制 No.2 によって安定的に維持されると主張する人に比べて，米国経済は維持不可能な対外債務に依存してきたので，最早それが限界にきているという見方をとる人は多い．90 年代後半の IT ブームによる民間投資拡大，01 年以降の財政赤字悪化，そして低い民間貯蓄率などを背景に，2005 年には経常赤字は GDP の 6.4% となった．プラザ合意の時期には，3% 台であったので著しい増加である．対外純債務も GDP の 4 分の 1 に接近してきたため，海外投資家がこれ以上対米投資を拒めば，パニックが発生，ドルが暴落，金利は急上昇して米経済は危機に陥り，世界を道連れにするというシナリオを描くエコノミストやジャーナリストが

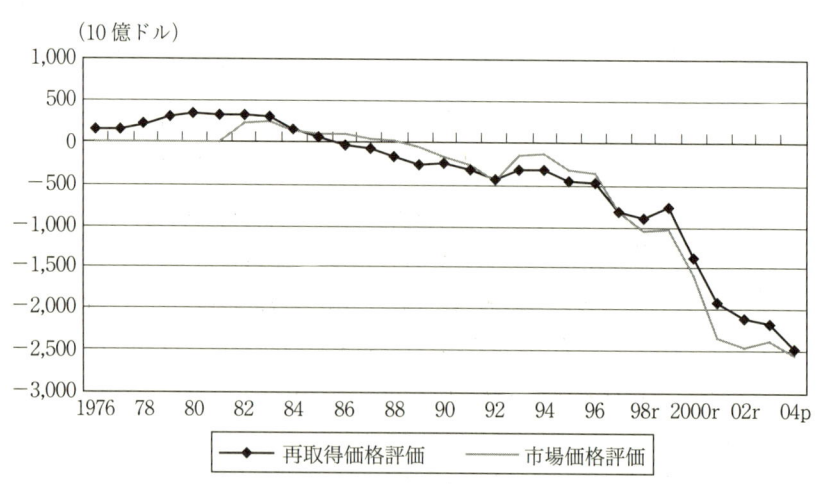

図表 5-11　米国国際投資ポジション推移

出所：U.S. Department of Commerce, Survey of Current Business 各号．

目立つ．

そこでブレトンウッズ体制 No.2 の脆弱性を指摘して，このシステムは数年で破綻するという主張をまとめてみよう[60]．

① 対外債務が累増したため，今後米国の貿易赤字を縮小するために必要な調整コストが大となると見られ，米国への更なる投資へのリスク・プレミアムを高める．

② 外国通貨当局によるドル買い介入を完全に不胎化することは困難であり国内に過剰流動性が発生し，経済運営を困難にする．デフレに悩む日本は別として，過剰流動性でインフレが高進すると国内金利が上昇すれば，ドル運用が逆ザヤを生む可能性がある．

③ 外国通貨当局によるドル買い介入で，米国議会や産業界に保護主義的傾向が強まる．とくに対中貿易赤字拡大と依然として人民元が主としてドルへの変動を僅かな幅に抑える為替政策を維持することは，中国が政治的・社会的平穏を維持するために，米国の政治的平穏を犠牲にすることを意味するものであり，自ずから限度がある．

④ アジアの通貨当局と異なり，欧州中銀は欧州の貯蓄を米国のために使うことを委任されていないので，ユーロ高に苦しむ欧州はアジア諸国へ為替調整を要求するか，保護主義的傾向が表面化しよう．

⑤ ブレトンウッズ体制 No.2 の基盤は脆弱であり，このシステムを支えるためにこれ以上の外貨準備増嵩を諸外国に期待するのは難しい．米国がドル価値を守る気はないからだ．しかも外国通貨当局がこのシステムから離脱しようとする場合，これを阻むこともできない．

もし米国が外国通貨当局による経常赤字ファイナンス依存を縮小し，外国が米国への輸出拡大による経済成長を図ろうとする政策を修正しなければ，ドルの急激な下落，長期金利の急上昇，株式や不動産価格などのリスク資産価格の暴落，そして米国経済の停滞と輸入減少によるグローバルな景気後退がありえよう．

オブストフェルト (M. Obstfeld)/ロゴフは，経常収支不均衡是正にはドル

の実質実効相場が 15～20％ 下落する必要があるとし，短期的に均衡させる場合には，オーバーシュートしてドル下落幅は倍増するかもしれないと警告する[61]．また小川英治は日本経済研究センターの分析に基づき，2005 年の経常赤字の維持不可能確率は 95％ であり，基礎的財政収支改善を 10 年間で対 GDP 比 2％ 弱改善しても，経常赤字の対 GDP 比改善率は 1％ 未満に過ぎないとする．そして財政収支改善が困難なら，プラザ合意後と同程度のドル安が発生しても，経常赤字の改善幅は，対 GDP で 2.5％ 程度に過ぎないので，米財政建て直しが急務だと警告する[62]．

2) ソフトランディング・シナリオ

ドル暴落，そしてそれがもたらすであろう米国覇権衰退という議論に対しては，レヴィ (D.H. Levey)／ブラウン (S.S. Brown) のような懐疑的な議論もある[63]．

米国の覇権的な地位が続くとする論拠は，おおむね次の如くである．

①技術革新を主導する米国経済は世界中から優秀な人材を集めるだけではなく，高い投資利回りを求める外国中銀や民間投資家にとり魅力的な投資対象であり続ける．特に急速に富裕化が進む国々では，国内の金融機能が非効率のため，増加する貯蓄の運用を効率的な米国の市場を利用せざるをえない．米国は短期借り，長期貸しの状態であるが，それは米国の金融市場が効率的であり，外国が流動資産保有を必要としている証左である．たとえば中国が保有するドル資産は，中国の非効率な銀行システムを迂回して中国向けの直接投資の原資となっている．

米国外では年間 6 兆ドルの貯蓄が生み出されており，米国へはそのおよそ 1 割が流入している．米国は世界の富の 25％ をつくりだし，魅力ある利回りの市場性金融資産の半分を提供しているので，その程度の流入は不思議ではない．

アジア諸国の重商主義的な開発戦略が続く限り，そして特に中国で 3 億人の農民が第 2，3 次産業へ吸収されるまで，この過小評価された通貨での輸

出主導成長政策を継続せざるをえないであろう．

②米国の対外債務はドル建てであり，その債務不履行リスクは他の重債務国とは異なる．基軸通貨ドルの地位は変わらない．外国通貨当局も，自国の輸出競争力の減退によるデフレ圧力の増大や民間保有のドル資産の減価を回避するために，ドルの急激な下落を避けようとするだろう．

多くの国々は戦後40年にわたり資本管理と金融規制を継続していたので，市場の流動性が低く，それらの通貨の魅力は乏しかった．今後金融革新が進み，通貨交換の取引コストが低下すれば外貨準備の分散が進むであろうが，ドルの優位性は当面変わらない．

複数の準備通貨が並存する場合でも，基軸通貨は米ドルに加えて，ユーロに限られよう．米欧は，強固な制度，財産権尊重，安定した政治システムをもち，経済も類似しているからである．問題は健全なマクロ政策を維持できるかどうかであるが，日本や中国はそれぞれ深刻な問題を抱えているので，それを解決できない限り円や人民元の役割は限られたものであろう[64]．

③巨額な米国の対外債務がもたらす金融不安定のリスクは誇張されている．04年末には，対外債務12.5兆ドル，対外債権10兆ドル，純国際投資ポジシ

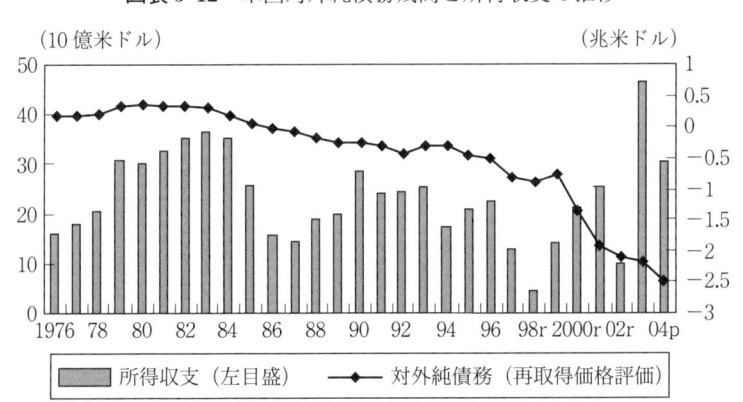

図表5-12 米国対外純債務残高と所得収支の推移

出所：U.S. Department of Commerce, Bureau of Economic Analysis.

ョンは▲2.5兆ドルであった[65]．しかし外国が保有する米国金融資産は9.3兆ドルであり，米国の金融負債106.5兆ドルと比較すれば，過剰とはいえない[66]．

巨額の対外純債務を抱えているにもかかわらず，引き続き在外資産からの所得が，在米外国資産の所得を上回っている[67]．また統計上明らかではないが，米国は対外債務のドル価値下落で大きな資本利得を獲得していると見られる[68]．

④米国では貯蓄・投資が統計上過小評価されている．個人貯蓄に含めない株式，401kプラン，家屋価値のキャピタル・ゲインを合算すると，米国の貯蓄はGDPの20%と，他の先進国と比較しても遜色なくなる．

投資面では，無形資産への投資は計算に入れない．この種の投資は90年代に急増，年1兆ドル，GDPの10%と設備投資と肩を並べる規模になり，有形，無形資産投資をあわせ算入すると，消費に比べ投資不足といえない．

⑤米国の高水準の経常赤字については，米国内の貯蓄の不足，とくに財政赤字が問題の根源とされる．これは逆に他の国々では過剰な貯蓄が存在していることの反映でもあり，他国での自発的な投資拡大を伴わずに米国の経常赤字を急速に縮小すれば，世界的な不況を招くことになる．

⑥米国の対外債務増大は当面不可避である．ある時点でそれが維持不可能と考えた投資家たちが米国資産を投売りして投下資本の急激な回収を図れば，ドルや株式・債券価格の暴落を招くであろう．仮にそのような事態が生じた場合，柔軟な為替相場や金利の変動による調整は，苦痛を緩和する可能性が高い．米国資産価格の下落は，内外投資家の押し目買いを誘う．危機に伴う景気悪化で米国の輸入が減少，貿易赤字は縮小しよう．しかし日欧の方が，グローバルな均衡回復過程における苦痛ははるかに大きい．

将来のある時点でのドルの下落と金利の上昇に備える必要はあるにしても，柔軟な市場機能が発揮されれば，そのプロセスは緩やかなものとなりえよう．ドルの下落は米国消費者の生活水準の上昇を遅らせるかもしれぬが，米国が

第5章　デフレ対策としての大規模為替介入　　363

グローバルな指導者としての役割を決定的に損なうことはないとソフトランディング論者は主張する．対外純債務の絶対額や対GDP比率のみに焦点を絞って米国の覇権的地位の脆弱性を論じるのではなく，その制度的，技術的なダイナミズム，人口学上の優位性，開放的貿易体制，アジアなど途上国との間の経済的補完関係などを考慮しつつ，ドルの将来を論ずべきであろう．

注

1) 川上［2001］246-74ページ，草野［2005］213-35ページ，石川［2004］201-13ページ参照．
2) ②〜④は，考察対象の大規模介入終了日（04年3月16日までの数値）．
3) J.ナイその他超党派の識者で作成した所謂アーミテージ報告の提言は，ブッシュ政権に採用された．クリントン前政権の中国シフトを転換，日本最重視を打ち出したが，日本には小切手外交から決別しリスクを伴う国際協力活動への積極関与を促した．小泉内閣によるイラクへの自衛隊派遣，憲法9条見直しの動きなど日本の政治・外交に具体的影響を与えている．J. Nye, R. Armitage et al., *The United States and Japan : Advancing Toward a Mature Partnership*, U.S. National Defense University, 11 October 2000.
4) 黒田［2005］77ページ．
5) FRB, June［2000］pp. 397-8, September［2000］pp. 635-7, December［2000］pp. 814-6, March［2001］pp. 149-52参照．
6) 9・11事件直後，主要な金融・株式市場の大混乱を回避するためにG7の金融当局は結束して大量の流動性を市場に供給した．その枠組みの一環として，政府がドル買い・円売り介入で市場に供給した円資金を日銀は不胎化しなかった（加藤［2002］226ページ）．
7) 財務省［2002］政策目標6-1外国為替及び国際通貨システムの安定3-(1)，FRB, June［2001］pp. 394-6, September［2001］pp. 578-9, December［2001］pp. 757-60, FRBNY January［2002］pp. 1-6参照．
8) 酒匂［2004］は口先介入の例として，通貨当局者が自分の相場観を批評する形で130円を超える円安へ誘導したエピソードを紹介している（130-2ページ）．
9) 政治と地理的条件の関係を研究する地政学上のリスク．02年にグリーンスパンが使用して以来しばしば用いられる．米国のイラクでの戦闘の激化，多発するテロ活動により米経済が打撃を受けてドルが弱くなり，世界的規模で景気が悪影響を受けるリスクを指すことが多い．
10) 財務省［2003］政策目標6-1外国為替及び国際通貨システムの安定3-(1)，FRBNY, May［2002］pp. 5-6, August［2002］pp. 6-7, October［2002］pp. 4-5,

January [2003] pp. 1-7, November [2003] pp. 1-9 参照.
11) 須田 [2005] は，この時期の巨額介入の政治的な背景として，03 年 11 月の衆議院選挙と 04 年 11 月の米大統領選挙を指摘する．日本側は円高とデフレ深刻化を回避して与党過半数を確保する必要があったし，米側も製造業の手前声高には叫べないもののドル資金還流を維持するにはドル高が必要であり，日本側の大量介入を黙認したとする（169-71 ページ）．
12) 財務省 [2004] 419-21 ページ，FRBNY, May [2003] pp. 1-5, August [2003] pp. 1-6, October-December [2003] pp. 1-8, January-March [2004] 参照．
13) 財務省 [2004] 403 ページ．
14) 財務省 [2004] 421-2 ページ．
15) 財務省 [2004] 評価意見総括表 [政策目標 6-1].
16) 国会会議録検索システムよりの要約．
17) これは 03 年 6-11 月の平均為替相場を基に計算したもの．しかしみずほ証券は 03 年度の介入額や外貨準備高をもとに 04 年 3 月末の円相場 1 ドル 103 円 94 銭での評価を試算したところ，為替評価損は 15 兆 5000 億円となる．これは積立金 11 兆円を上回る（日本経済新聞，2004 年 4 月 2 日）．
18) ①〜③は，04 年 2 月 4 日の参議院予算委員会における大門実紀史議員（共産党）の質問，④は 2 月 5 日の参議院財政金融委員会における大塚耕平議員（民主党）の質問に対する回答．なお大塚議員は，G7 声明は各国が自国に都合よく解釈できて経済的に無意味だ，米国の黙認は日米マクロ経済構造が抜き差しならぬ関係になりつつある証左だ，バブル経済がプラザ合意以後の円高不況に対応した為替介入と超金融緩和の結果であり，同じような構図が再現していると主張．また外為特会では日銀による為券引受けが恒常化したり，日銀へ外債を売却して介入資金調達枠の制約を逃れたりする財政法の脱法行為に類する行為が目立つなど様々な問題があるのに，通貨当局は介入に関する説明責任を果たしていないと批判している（大塚 [2004]）．
19) 04 年 2 月 5 日の参議院財政金融委員会における大塚耕平議員（民主党）の質問に対する回答．
20) 04 年 3 月 10 日の参議院予算委員会における舛添要一議員（自民党）の質問に対する回答．
21) 須田 [2005]，溝口 [2004]，筆者の面談記録からまとめたもの．
22) 黒田 [2005] 154-6, 187 ページ．
23) 行天 [2004] 96-8 ページ，日本経済新聞「経済教室―ドル安で国際通貨協議を」2004 年 1 月 28 日，同新聞「検証巨額介入と日本経済 5」2004 年 3 月 6 日，ならびに筆者との面談より要約．
24) 日本経済新聞経済教室，2004 年 1 月 28 日．
25) 米所得収支黒字要因を，（イ）米国外で流通しているドル紙幣約 3000 億ドルは無利子の対外債務，（ロ）米企業の海外から受け取る配当が海外企業の本口向け

支払いを上回る，（ハ）ウォール街の海外での圧倒的な運用力と推測している（南原［2004］29 ページ）．
26) 2003 年度のその他投資収支は 27.2 兆円の黒字であり，これは資本収支 20.9 兆円の黒字の大宗をなしている．その内容は主として借入れ 16.5 兆円，雑投資 10.7 兆円からなる．円売りドル買いの注文を受けた銀行は通貨当局へドルを渡すために，海外からドル資金を借り入れる場合があり，どこまでが円買いの資金流入かは明瞭でない．資本収支の黒字化は大量介入と裏表の関係と滝田洋一編集委員は指摘している．日本経済新聞「国際収支なぜ「双子の黒字」?」2004 年 3 月 21 日．
27) 南原［2004］26-31 ページならびに筆者との面談より要約．
28) 日本経済研究センター「金融研究報告」日本経済新聞 2005 年 3 月 11 日．
29) Ito［2004］pp. 171-96.
30) 北坂［2004］32-3 ページ．
31) 竹森［2004］62-5 ページ．
32) 2000 年以降の介入では，公表されなかったが報道された介入が 24％，覆面介入が 74％ であり，介入規模自体がシグナル効果をもつにしても，為替トレーダーたちがもつ将来の為替相場についての予想が均質でない場合，当局が明確なシグナルを送った方が介入は為替相場水準やボラティリティにより大きな効果を与えるとする（Iwatsubo & Shimizu［2005］）．
33) Greenspan［2004］．
34) IMF［2004］, Staff Report, pp. 12-3, 22.
35) IMF Public Information Notice No. 04/88, August 11, 2004.
36) Rogoff［2003］．
37) US Treasury, April［2004］．
38) 時事通信ワシントン発 2004 年 4 月 16 日．
39) Bipartisan Michigan Delegation Letter to John W. Snow, Secretary of the U.S. Treasury dated April 29, 2004 by Rep. S. Levin et al.
40) Greenspan［2004］．
41) 米国の長期金利が介入資金で約 0.2％ 押し下げられていると米国側がボカラトン G7 で示唆したという．「検証巨額介入と日本経済（3）」日本経済新聞, 2004 年 3 月 4 日．
42) 工業国の経常収支調整の動態を，80-97 年の間の 25 の事例について検討した結果，典型的な経常赤字の逆転は対 GDP 比 5％ 程度で起き，所得の伸びの鈍化，10~20％ の実質為替相場の減価を伴い，純投資ポジション，財政赤字の対 GDP 比率が横ばいになるのも調整の一部（Freund［2000］）．
43) Rogoff［2003］．
44) Humpage & Melick［2003］．
45) Bergsten［2003］．

46) B. Bremner, "Don't Let 'Mr. Dollar' Get Away With It", *Business Week*, March 22, 2004.
47) "Let the dollar drop", *The Economist*, February 7, 2004.
48) 外貨準備資産に生じる為替評価損益は，日銀が年2回公表する基準外国為替相場を使用して年度ごとに計算される．基準外国為替相場は，1-6月は前年の6-11月までの実勢相場の平均値，7-12月は前年12月〜当年5月までの実勢相場の平均値である．
49) 外国為替資金特別会計法第8条第2項により，ドル安で生じる資産目減りを，繰越評価損と当年度の評価損として認識し，それらを1951年4月の外為特会発足以来，累積させるという会計手法をとり，会計期間内で償却することなく，貸借対照表上年度末時点で，繰越損益として記載．外国為替資金特別会計法第5条で，「外国為替資金は，外国為替等の売買に運用する……」ので，含み損の実現はないという考え方である．
50) 外為特会の特殊性として，基準外国為替相場と介入時点の為替相場の差額で計算されるため，円高局面では基準相場は常に直物相場を上回るので，介入の増加で為替売買益が増大する仕組みが指摘されている（小笠原［2004］）．
51) 06年3月3日，参議院決算委員会での又市征治議員（社民党）の質問に対する谷垣財務大臣の答弁．
52) 06年3月には，中国の外貨準備高は8751億ドルとなり，日本を抜いて世界一となった（ロイター通信北京，2006年4月14日）．
53) 西垣［2005］は，中国，香港の外貨準備拡大に遅行して，他のアジア諸国が外貨準備を拡大する連鎖的な関係が存在すると指摘している．
54) 2003年には，世界各国のドル建て外貨準備は4400億ドル増加．中国人民銀行が国有銀行への資本注入に使った450億ドルを加えると，米国経常収支赤字5300億ドルの88％が外国通貨当局によりファイナンスされたことになる（Roubini & Setser［2005］p.2）．Dooley, M., D. Folkerts-Landau and P. Garber［2004a］p.2.
55) Dooley, Folkerts-Landau & Garber［2003］．
56) 為替市場介入による米金利への影響は，40〜200 bpsと様々な推測がある．Roubini & Setser［2005］pp. 8-10.
57) 2005年7月21日，中国人民銀行は，公告（2005）第16号で，①通貨バスケット制を参考に調整，管理された変動相場制に移行，ドルペッグはとらない，②毎営業日毎に各通貨の対人民元相場の終値を公表，翌営業日の中心相場とする，③当日の米ドル相場終値は8.11元，④米ドルの対人民元変動幅は，中心相場の上下0.3％以内とする旨，発表した．
58) 筆者がインタビューした数人の元財務官たちは，皆その立場であった．
59) 05年3月10日の参議院予算委員会での小泉首相の答弁，並びにこれに対する谷垣財務大臣ならびに渡辺財務官の否定的な発言と4月4日に発表された財務省

第5章　デフレ対策としての大規模為替介入　　367

の外貨準備運用方針，そしてスノー財務長官，グリーンスパン FRB 議長発言（日本経済新聞，05年3月11日）．
60) Roubini & Setser [2005] pp. 3-4.
61) Obstfeld & Rogoff [2004] は，GDP の 5〜6% 相当の不均衡を解消するには，米国の非貿易財価格が相対的に貿易財価格比大幅下落，海外ではその逆になる必要があるという．米国の GDP は世界の3分の1で，その中の貿易財が 25% 程度とすれば，5% の経常赤字解消には貿易財への需要を 20% 削減することを要する．貿易財と非貿易財の代替の弾性値を1とすれば貿易財価格は 20% 上昇する必要がある．これに対して外国では GDP の 2.5% の経常黒字解消に非貿易財価格が上昇する必要がある．代替の弾性値や目標の経常赤字削減額にもよるが，ドルの実質為替相場は 15〜20% 下落する必要があるとする．
62) 日本経済新聞，2006年4月14日，33面．
63) Levey & Brown [2005].
64) Eichengreen [2005] p. 22.
65) International Investment Position,
http://www.bea.doc.gov/bea/di/intinv04—t2xls/
66) この問題は小宮 [1988] が早くに指摘している（348-51 ページ）．
　　04年末の海外部門の保有比率は株式・投信では 8.5%，これに財務省証券，政府機関債，社債などを含めると 16.2%．Flow of Funds Accounts, June 9, 2005, http://www.federalreserve.gov/releases/z1/current/z1.pdf
67) 00-04年の期間を見ると，年間 154〜518 億ドルの黒字．
http://www.bea.doc.gov/bea/di/home/bop.htm
68) Dooley, Folkerts-Landau & Garber [2004b] p. 4.

終章

自由で透明,公正な為替・金融市場をめざして

第1節　米国の構造的権力下での日米関係

　これまでドル円相場の変動に反映された日米関係の推移を辿ってきたが,為替相場が経済的な要因のみならず,国際政治経済的な要因により異常に変動したり,ミスアラインメントが持続することがしばしば観察された．そのような現象は,少なからず国際的権力構造の変動,その中での国家間,そして国内主要行為主体間の利害の衝突と調整のプロセスを映し出すものであった．

　ブレトンウッズ体制が動揺し,その覇権構造が衰退したと言われた時期に,米国は新たな権力構造の構築に成功した．それは自国経済の成長を維持しつつ冷戦を勝ち抜くために不可避な財政赤字や経常収支赤字を容易にファイナンスするシステムを,他国にも受容させる力を内包するものであった．

　しかしこれはマクロ経済の不安定化をもたらすシステムでもあった．米国の過剰消費や過剰投資はインフレを生み,他国へ輸出された．また各国が蓄積したドル資産の減価をもたらし,資本移動が拡大する中で通貨投機を活発化させた．西側諸国は,自国経済のマクロ的安定を図るために財政金融政策を動員すべきところ,米国市場への輸出依存体質から自国通貨の増価を抑制するために金融を過度に緩和し,インフレを招くことも少なくなかった．

　経常赤字の拡大やスタグフレーションの進行で米国内に保護主義が台頭し,

また冷戦下の安全保障コスト負担増を各国に求める動きを強める中で，スミソニアン，プラザ，ルーブル合意などの形で国際協調路線が推進された．その結果，日本も自国経済のマクロ的安定よりは，ドル円相場の調整，公共事業中心の内需拡大などによる経常収支圧縮の政策を優先させることを迫られた．

本来ならば米国の経常収支不均衡を是正するには，その財政規律を強め，貯蓄率を増大させ，過剰消費や投資を調整する必要がある．他国が米国の不均衡を是正するための政策をとっても効果は限られるということは，マクロ政策割当問題の理論の教えるところである．それでも国際政策協調路線が推進されたのは，冷戦下での安全保障への配慮と輸出先の米国市場における保護主義台頭抑制の必要からであり，特に米国との経済摩擦の激しかった日本にとって，それ以外の選択肢は政治的に困難であったと思われる．

日米間の経常収支不均衡問題は，基本的には国境を越えた異時点間の資源配分の問題である．米国は基軸通貨国なので投資に必要な国内貯蓄の不足を自国通貨建ての資本輸入で容易に補うことができる．経常収支問題が時に深刻な政治問題となったのは，それについての誤った理解が広範に存在したこと，そしてそれを政治的に利用しようとする勢力が米議会，競争力の減退した産業界，労働組合に存在したからである．さらに急速に発展した日本経済に対する警戒心，低い防衛費負担，日本市場の閉鎖性に関する過大なイメージなどが，それを助長した．

米国はその圧倒的な軍事力，政治力や経済力を背景に，国内政治状況によっては経済の論理や国際的なレジームを無視してその国益を追求できる．それに対して日本は冷戦構造の中で，日米安保体制を基軸として友好関係を維持することが大局的には日本の国益に適うと判断し，その枠内で可能な限りの主張と妥協を重ねてきたのである．

小宮隆太郎は，80年代の日米経済摩擦を論じて，対米経常黒字国の中でもっぱら日本だけが非難されるのは日本外交の失敗のためであるとする．すなわち，日本政府や外交官は，米国経常収支赤字の基本的原因が米国経済そ

のものにあり，改善するには米国自身のマクロ経済政策を改める必要があると情理を尽くして主張すべきところ，反対に日本側が前川レポートのような行動計画を作ったり経済構造調整を約束したりしながら，米国に何の積極的改善策をも約束させなかったことを批判する[1]．

彼はまた安全保障面で米国に多くを負っているので，日本が譲歩をするのは当然とする考え方は誤りであり，国家にとっての最重要な安全保障上の取り決めの費用と便益は，それ自体で完結されているはずだとする．米国が日本に一方的に恩恵を施すことはありえず，両国の長期的国益に合致しているからこそ成り立つ安全保障問題と経済問題との間でのトレードオフの余地は少ないはずだと指摘する[2]．

しかし日本には歴史的，地政学的な理由や法的制約があって，経済とは無関係に安全保障上のさまざまなオプションの中から自由に選択することは困難であろう．日本は軍事力を最後の手段として国際的な権力構造に影響を及ぼす大国間外交を追求するという選択肢がなく，日米同盟を基盤として，それ以外の領域で主体性を発揮するより他ない．この事実は，日米間の政治経済交渉のさまざまな面に，制約を及ぼすことは避けられない．すなわち米国の構造的権力の枠組みが日本の行動を規定し続けてきたし，これからも予測可能な将来においてそうであろう．いかに日本がその枠組みの中で，一定の主体性を確保し，選択の幅や行動の自由の拡大を図ってゆくかがこれからの課題なのである．この点で，染谷芳秀の提唱する「ミドルパワー外交」は示唆するところ大である[3]．

第2節 通貨外交・為替政策に関わる諸行為主体の行動について

通貨外交・為替政策に関わってきた公私の諸行為主体，特に通貨当局の行動を考察するために依拠した限定合理性理論はどの程度説明力を持っているのかを総括して見よう．

1. 通貨外交・為替政策の推移と諸行為主体の行動

　70年代初期の通貨当局は，為替管理の有効性を過大評価してこれを堅持し，国家目標化されていたともいえる輸出依存の経済成長を持続させるため過小評価された円を維持することをもって，その主たる任務としたと思われる．意識したか否かはともかく，それは組織の維持，名声の高揚に資するものであった．しかし内向きの政権政党や政府首脳，身内の財政当局などに対して，国際通貨情勢や米国の戦略の変化について十分な情報収集活動を行って適切な政策提言することに失敗し，ニクソン・ショックの際には事態を正確に把握できず，場当たり的な対応に終始する結果となった．そしてその後も為替市場を開いたままドル買いを続けて銀行や大商社を救い，結果として国富を大きく毀損した．さらに膨大なドル買い介入は，その後のインフレの一因となった．これはマクロ政策の失敗であるとともに無理な為替管理政策，為替政策の帰結でもあった．しかし政治家やマスコミなどは国際金融情勢について認識が必ずしも十分でなかったため，通貨当局はその名声を失墜することもなく，むしろ銀行を守ることで大蔵省の影響力を確保し，組織を維持強化することに成功した．
　石油危機という異常な時期にも，市場を制御しうるという過信に基づく過剰な規制や硬直的な介入行動を継続し，市場機能を阻害するような為替管理の強化を行い，かえって為替相場の変動を拡大，資本移動を刺激することがしばしば見受けられた．内外金融を遮断して管理するという発想から脱却できず，80年12月に施行された新外為法の「原則自由」も建前だけで，多様な選好とリスク判断に基づく市場参加者を増やし，厚みのある内外資本交流を実現させようとはしなかった．これは既得権限の維持，組織防衛行動の現われであったといえよう．
　70年代後半に円が急騰した時期には，本邦通貨当局内で介入によって円高を食い止められないという認識が高まったが，国内に根強い円高脅威論に

抗しがたく，専門集団として政権政党を説得して必要な政策を推進するよりは，外国からダーティ・フロートの批判を受ける介入を継続した．これに対して福田首相は低迷する支持率を上げ，総裁選挙や総選挙を有利に戦うために，機関車論という外圧を利用して拡張的な財政へ転換した．この国際政策協調路線への転換で保護主義の台頭を抑えることはできたものの，財政規律を失い，為替市場介入や金融緩和政策とあいまって，インフレ加速というコストを支払わねばならなかった．政治家が選挙に勝利して権力の維持を志向することは合理的行動であり，また通貨当局が政権政党なり首相や大蔵大臣の指示に従う形で，効果が疑わしいか問題を含む政策を実施することも，組織維持のためには合理的な行動である．しかしそれらの相互作用で形成された政策が真の国益に合致する保証はない．

80年代のプラザ合意，ルーブル合意に象徴される国際政策協調路線は，レーガノミックスの後始末の性格をもつが，日本は積極的に調整コストを過剰なまでに負担した．財政規律維持が長期的な権力基盤である財政当局の意を汲んで，為替市場への協調介入が優先され，金融緩和政策や民間活力利用の内需拡大策が推進された．その中で通貨当局は米国と協調して通貨外交の中心的役割を果たすことで名声を高めることができた．また経常収支不均衡是正の効果が疑わしいにもかかわらず，日米円ドル委員会同様，米国の内政干渉の制度化と現在でも批判がある構造協議の音頭をとった通貨当局の行動は，外圧の負担を各省に配分する調整を推進することで，官僚組織内での地位や名声の向上に貢献する合理的なものであった．

財政政策出動が制約を受ける中で，選挙の勝利で続投を目指していた中曽根首相は，効果を疑う通貨当局を押し切って大規模な単独介入を実施させ，その後サミット成功のために増税なき財政再建の旗印を下ろして，思い切った拡張的な財政政策に舵を切った．中曽根首相の思惑と行動は，国際政策協調と日米連帯強化を演出することで大いに名声を高め，比較的弱いといわれた党内基盤にもかかわらず，退陣後も影響力を維持することを目指したものと思われる．

他方プラザ合意後に金利高め誘導を実施して米国や大蔵省から非難を受けた後，日銀はブラック・マンデーまでの間に5回も公定歩合を引き下げた．うち3回は内部のコンセンサスがあったものの，その後は大蔵省出身の澄田総裁によって事実上決められたと関係者は筆者に語った．さらに89年5月の公定歩合引き上げまで，長期にわたり金融緩和政策が継続したが，資産価格は別として一般物価の上昇が見られない時期にドル急落の引き金を引くようなリスクを，日銀は回避したのであろう．日銀の使命が一般物価の安定であるならば，資産価格上昇を理由に金融引締めに転換して円高誘発の批判を受け，その名声を損なうリスクを回避するのは合理的な行動であった．しかしこれら主要公的行為主体のそれぞれの合理的な行動は，一種の合成の誤謬のようにバブルを生み出し，90年代はそれへの誤った対応で生じたマクロ経済の大きな変動に苦しむことになった．

　90年代から04年3月までの本邦の為替政策は，為替相場の激変を回避するため，またファンダメンタルズから持続的に乖離した水準にある為替相場の修正という標準的な介入政策の側面ももちろんあったが，不十分な金融緩和政策を補強する性格を強めた．すなわちバブル崩壊後の脆弱な日本経済を破綻させないために動員できる限られた政策の1つであった．この期間，ドル円相場は79円75銭（95年4月）と147円（98年8月）との間を大きく上下動した．メキシコ通貨危機，欧州通貨危機，日米経済摩擦，アジア通貨・金融危機，ロシア金融危機，そして日本の政局の不安定，金融危機とデフレの進行など深刻な出来事が相次いだ．それらが急激で大規模な国際資金移動を触発し，激しい為替相場の変動を引き起こした．

　異常な為替相場の変動やミスアライメントに対して，通貨当局が大規模な市場介入で対応したことは当然である．しかし同じ大規模化した介入でも，95年の後半からは介入戦略が大きく変化した．政権政党の期待に沿って大規模な円押し下げ介入を行ったり，日本経済への不信感に基づく円安に対して一時的な効果しか期待できないのに記録的な円の押し上げ介入を行ったりもした．しかも市場との対話を重視するということで，限られた市場関係者

に当局の意図を知らしめ協力させるという一種の情報操作も駆使した．その仲間に入れてもらった市場関係者は入手した情報を利用して然るべき報奨を得たこともあってか，その手法を賞賛するものの，アウトサイダー達は大いに批判的であった．しかしこの介入戦略の有効性に関しては，経済学者の評価は概して高い．大胆な介入を指揮した財務官が，マスコミからサイバー資本主義時代の投機家と果敢に戦った「ミスター円」の称号を捧げられて名声を高めたが，市場メカニズムを大きく歪め，東京市場への不信感を高めたとの批判も払拭できない．

99年以降の大規模介入に関しては，通貨当局者は不況とデフレの実態を反映しない為替相場を許さないという明白な意図を表明している．さらに03年に入ると介入額は破天荒な規模となったが，日経平均の7,600円割れへの危機感の高まり，地政学的なリスク増大による時期尚早の円高への対応という公式説明のほかに，本腰が入り始めた日銀の金融緩和政策支援という性格を否定するのは難しい．深刻な財政状況で効果的な政策を打ち出せず，速水総裁の下での微温的な金融政策に焦燥感を抱いていたと見られる財務省は，通貨当局の大胆な行動が組織の維持・強化に大いに資するものと歓迎したであろう．さらに大規模な外貨資産の運用による収益によって一般会計へ大きく貢献しているため，財務省内での通貨当局の地位を堅固なものにできる．ここでも通貨当局の行動は，組織の維持強化，名声の高揚という目的合理性をもつ．

2. 通貨当局元幹部の証言と限定合理性理論の妥当性

以上のように通貨外交・為替政策という専門性の高い分野における政策形成においても，単一の行為主体の行動だけでは説明できず，民主政治下では専門家集団である通貨当局が最適と考える政策が実現できるとは限らない．政策形成のプロセスでは，他の行為主体の意向を考慮する必要があり，組織利益の極大化を目指して合理的に行動する諸行為主体間の戦略的な相互作用

の結果として政策が形成されるという考え方で，通貨外交，為替政策を解釈してきたのである．このような見解には強い反論もある．たとえば元大蔵省国際金融局審議官の北村歳治早稲田大学教授は，筆者が05年10月8日に金融学会で行った報告を厳しく批判し，通貨当局者は経済活動に与える為替相場のインパクトを考え，政治的圧力やマスコミの影響を極小化できた稀有な存在であると主張された[4]．

筆者もインタビューした元財務官や国際金融局幹部の方々がいずれも卓越した資質や見識，交渉能力の持ち主であり，国益が激突する国際通貨交渉の場で，所与の条件の下で，少なくとも主観的には妥当と考える目標達成のために注力したであろうと信じたい．また限られた時間と情報に基づき，叡智を傾けて強烈な為替投機の動きに対抗し，適正と信じる相場水準の実現を図るべく尽力したであろうと推察する．

その中で通貨外交に長年従事し豊富な国際的人脈と高い見識をもち今なお国際金融問題に対して大きな影響力をもつ行天豊雄は，官僚の行動を説明する諸理論のいずれが政策当局者の実感に近い説明力を持つと思うかとの筆者の質問に対して，極めて率直に答えてくれた．以下はその要約である．

「一般論として為替政策を含め，政策決定のプロセスは，国や時代によって異なるものの，主要なプレーヤー/ステーク・ホールダーの理念，利害関係が影響を与え，それらの相互の力関係で決まるといえる．為替政策の場合は，その影響を受ける金融機関，貿易関係者はもちろん，マスメディアもそれぞれの意見を表明し影響力を行使しようとする．しかし戦後日本の経済政策の決定や実行の過程で影響力があったのは，3つの主要なプレーヤー，すなわち長年単独政権を続けた自民党，財界そして官僚である．三者はそれぞれの利害関係をもつが，共有部分もある．これが何かを三者理解しあい，それを実現するために協力する．このプロセスは，アングロサクソンに比べると優れて「談合的性格」を持っていたことは間違いないが，これが戦後の政策決定の基本的ストラクチャーであった．それが結果として反民主的，反消費者的，反自由市場的，反国際的であったか否かが問われよう．

終章　自由で透明，公正な為替・金融市場をめざして　　　377

　自分の感じでは，日本の戦後の経済政策の決定プロセスの特徴は，国際性，市場性（市場原理？），消費者利益を尊重することに対して，高い優先度を与えていなかった．無視していたとはいわないが，それらが経済政策の目的であるべきだという感覚，意識は官僚や政治家に十分ではなかった．政治家は自民党安定政権の維持，財界は企業の経済的メリット，役人はそれぞれの省，局が正しいとする政策の実現を追求することが最優先であった．

　官僚は，彼らの判断からすれば正しいとする省，局の考え方が貫徹するような政策を採りたいという自己防衛本能がある．その場合，公的な利益・国益の追求が自己防衛本能と<u>不思議なことに</u>一緒になっている（下線は筆者）．自分たちは正しい判断力をもっているので，その意見が尊重され貫徹されるのが国益であるはずだというのである．彼らの脳裏には両者の間に違和感は少ない．自分の権限の維持・組織利益と国益は，齟齬なく調整されているという官僚の意識は，フランスをはじめ官僚主導型の国の官僚たちの特徴であろう．

　為替政策にも三者のコリューシブ（collusive）な関係が一貫して存在した．自民党は政権維持を一番に考えていたが，安定政権の確保には安全保障のための日米同盟が基盤であることがその利害関係の中に明白にインプットされていたし，ビジネス界も米国市場に依存している以上，為替政策を含む日本の対外政策については米国の指導に従うことは当然と考えていた．しかし開放的な米市場に円安で輸出を拡大して成長する政策を当然視している日本と，経済力が低下し寛容性を失いながらも世界秩序を維持する指導的国家としての使命感を持ち続ける米国の双方が，コリジョン・コース（collision course）を歩んでいることに気づくのが遅かった．通貨当局者としては，それぞれの時点での米国の為替相場についての願望を聞きながら，輸出主導による経済成長，そのための米国市場確保を最大の眼目としつつ，日米間の懸案を円滑に処理してゆくことが絶えず念頭にあった．為替相場政策は優れて政治経済的な事柄である」．

　日本の通貨外交の中心的存在であった元財務官の述懐は極めて示唆に富む．

インタビューした他の元高官たちからも，彼ほど率直ではないにしろ似たような表白が少なからずあった．限定合理性理論が，彼らの行動を最もよく説明できるのではないかと思う所以である．彼らの述懐の中で特に興味を引くのは，官僚たちの意識の中で，組織防衛と国益追求という行動の間の間隔が狭いことである．彼らが国益のために奮闘したと主張するときに，国益とは何かをどのように理解していたのか，そして組織利益の追求を犠牲にしてでも，それを追求したのかを客観的に検証するのは容易でない．政策形成のプロセス，目標，効果などについての情報が開示され，それに基づく客観的な評価を通じてのみ，彼等の行動の正当性が証明されうるであろう．

その際の評価尺度は，所与の政治経済的条件の下で明確に規定された国益が十分に守られたか否かであり，それが官僚の組織防衛・既得権益擁護の動機で損なわれることがなかったかどうかが問われよう．経済学的に最適とされる政策が，関係者の間で合意できれば問題ないが，複雑な国際金融問題に関しては経済学による分析や処方にコンセンサスの存在しない場合も多いであろう．仮に通貨当局が経済学的に最適とされる政策を認識していても，それが実行できるとは限らない．民主主義的な政策決定の過程では，多様な行為主体が様々な制度的制約の下で戦略的に相互に影響しあい，通貨当局がそれらの反応を考慮しながら政策を形成し，実行せざるをえないからである．しかし経済学の論理に基づいて当事者間で議論され，政治的プロセスの中で修正され決定された政策が，初期の目標を達成したか，達成できなかった場合の理由は何かなどを記録・保存して，将来の情報公開とそれに基づく客観的な評価に備える必要があろう[5]．

3. 通貨外交・為替政策の枠組み変革の必要性について

上川龍之進が指摘するように，「清廉潔白な聖人君子ばかりを集めて官僚にし，彼らに滅私奉公的な働きぶりを期待するのは非現実的である．官僚も人の子であり，官僚というものは，自己の利益を最大化するために，組織利

益の最大化を追求する合理的アクターなのだと考える方が自然である……組織利益を公共利益と一致させることで，彼らが自ら進んで公共利益のために働くような誘因付けを行うことが有効であり，そのためには，それを可能にするような制度を設計すること」[6]が必要であり現実的であろう．

通貨外交や為替政策に関連して，どのような発想や枠組みが必要なのであろうかを考えてみたい．

1) 第2の経済大国である日本が，先進国の中で例外的に頻繁かつ大規模に為替市場介入を行うのは好ましくない．これまでの大規模介入が緊急避難的な性格を持ち，ある程度正当化できたとしても，デフレ経済からようやく脱却しつつある今，為替政策は正常化されるべきであろう．通貨当局の使命は，民間の資本交流をできるだけ円滑に保ち，多様な選好をもつ投資家がそれぞれの情報に基づいて投資活動を行えるような公正，透明な市場インフラの構築と維持を図ることであり，それによって経済の基礎的条件を反映した為替相場が期待できよう．これまでは国民の貯蓄の多くを郵貯・簡保で吸収し，大蔵省/財務省が財政投融資制度を通じて公社・公団などへ投融資し，これが大きな官僚の既得権益の体系を支えるとともに，投資のホームバイアスによって円高圧力を作り出していたのではなかろうか．

大規模な資金を動員して巨大な市場リスクを負担する介入政策が大きな裁量をもつ少数の専門家集団による隠密裏の迅速な意思決定により実行される以上，その正当性は厳しく問われる必要がある．しかし現実には極めて情報開示が限られており，客観的な評価は困難なのである．政治経済領域の様々な行為主体間では，為替相場の変動とその水準がもたらす利害が大きく対立する場合が少なくなく，大規模な介入行動は所得分配を変化させるなど多面的な影響をもたらす．声の大きい圧力団体や短期的視野もしくは無知に支配された集団と，それに迎合しがちなマスコミが為替政策に及ぼす影響力は大きい．その政治的影響を受けて実現される相場水準は，個別には小さくても全体としては大きな負の影響を他の集団に及ぼすかもしれない．しかし不利益を蒙る集団の声はしばしば無視される．根強く存在した円高脅威論はその

典型であり，政権政党や通貨当局は声なき声に耳を傾けるよりは，おおむね脅威論に同調する型で政策を進めてきたと思われる．

　為替政策の至上命題とされてきた相場の安定維持という問題を，変動相場制度の下では，どのように考えるべきであろうか．為替介入の指揮を執った高官たちは，大きなミスアラインメントが発生した時に，断固として介入したからこそ破局的な相場水準へのオーバーシュートを食い止められたのだと主張する．多くの場合，ミスアラインメントはマクロ政策の失敗や必要な政策の先送りに着目した投機筋の動きに起因し，バンドワゴン効果で増幅され持続する．加えて他国がその国益追求のために，そのような状況を利用して為替相場に影響をあたえようとすることもある．政治家や他省庁の政策失敗の尻拭いをするために，介入効果が期待できなくても，利用可能な手段を総動員して困難な状況へ対応しているという姿勢が政治的に意味をもち，また通貨当局として組織内での地位の強化に役立つ場合もあろう．政策の失敗を糊塗し，必要な調整を先送りするために，少数の関係者が隠密裏に意思決定でき事後的にも厳しいチェックを受けずに済む為替政策を乱用する誘因は少なくないので，これを抑制する制度設計が必要と思われる．

　為替の安定は望ましいにしても，適切なマクロ経済の運営を図り国内経済の安定や均衡を図ることがより重要である．それでも外的ショックや，短期的なノイズ，それにともなうバンドワゴン効果などによる相場の乱高下が発生することは避けがたい．しかしファンダメンタルズからは到底説明できない相場水準は長続きしない．妥当な相場水準を決めるのは，広範な参加者が多様な情報により分権的に意思決定をした上でリスクをとり取引を行う，厚みのある為替市場である．そのような市場を育て，そこでも不可避的に発生する市場の失敗を極小化するための環境を整備することこそ，政府/通貨当局のなすべき任務であろう．

　政府がリスクを負担して巨額な国民の貯蓄を自らの支配下に置き，その配分を決め，しかも事後的な評価が不十分であるような環境は，その対極にある．そこではホームバイアスが働き，健全で活発な内外資本交流の結果とし

て形成される適正な為替相場水準よりは割高な為替相場が成立しても不思議でない．その結果，国内金利水準が低く抑えられ，国内での投資に対する予算制約を弱めて資本を浪費する結果をもたらした可能性が高い．

為替政策の目標，政策の形成，実施，効果の評価に関する情報開示には，市場や相手国への影響など多くの問題があり，短期間で詳細な情報開示が困難である以上，介入規模は非常事態を除き自ずと制約が課されるべきである．それを超える大規模な介入については，事後的に非公開で国会の専門委員会で説明を行い，一定期間経過後に詳細な情報を公開することを制度化してはどうか．

2) 外貨準備政策も転換すべきである．大規模介入の継続で，通貨当局は新しい力を手に入れたといえる．外為特会の借入限度を140兆円に引き上げた上で，ほぼゼロ金利で巨額の円資金を調達して為替市場へ介入し，米ドル資産を積み上げて金利差を稼ぎ，相場変動に伴う評価損とは関係なく疲弊した一般会計の歳入に毎年多額の繰り入れを行ってきた．国家財政に関する権限が大蔵省/財務省内で持つ圧倒的な重要性に鑑み，この貢献は省内での通貨当局の地位を大いに高めると思われる．筆者のインタビューに対して，元財務官たちの中で特に主計局経験者は誇らしげにこの実績を語った．膨大な外貨準備は，必至といわれる大震災や，少子高齢化に伴う貯蓄の減少で日本経済に避けがたい経常赤字や円安に備える宝の山であり，民間には不可能な役割を果たすのが通貨当局の使命と語る人もいた．

そのためか小泉内閣の特別会計の改革や，国家の資産の圧縮計画の中にまったく登場してこないが，外為特別会計制度もまた厳しく見直されるべきであろう[7]．すなわち外貨準備の本来の目的に沿った適正な規模に圧縮して運営管理されるべきである．先進国である日本で，国民に代わって通貨当局がその貯蓄を海外投資することを正当化する根拠は薄い．通貨当局が民間の資産運用専門家より情報上の比較優位を持つとは限らず，国家信用での資金調達による外貨投資においては，説明責任や結果責任が希薄となり勝ちであり，ソフトな予算制約では効率的な資産運用となる保証はない．また将来想定さ

れるとはいえ不確定で曖昧な事態に備えるという目的で，巨額の外貨資産を蓄積することを通貨当局が授権されているわけではなかろう．

　日本は少子高齢化社会を迎え，今後の貯蓄の伸びは鈍化，やがてはマイナスに転じる日も遠くないであろう．それだけに高度成長時代から蓄積された資産をできるだけ有利に運用する必要性がさらに高まる．だからといって通貨当局による膨大な外貨準備運用を正当化できるだろうか．現状は通貨の異常な動揺や国際収支の非常事態への対応という外貨準備制度の本来の目的から大きく逸脱しているといっても過言ではなかろう．

　国民の貯蓄で取得された巨額な外貨が，優秀ではあるが任務の特異性から説明責任も結果責任も厳しく問われないで済む少人数の集団に委ねられ，国会やマスコミの監視もごく表面的なものにとどまる現在の制度は，健全な市場環境や投資家を育てるためにはマイナスであり，早急に是正されるべきであろう．景気が損なわれない範囲で，円安時にドルを売却して外貨準備の規模を適当な水準に圧縮し，また通貨分散を図る必要がある．一般会計の税収不足を補填する役割を外為特会が果たしているからといって，この問題を議論せずに放置すべきではない．

　非常事態に備えるなど具体的な目標のための外貨保有が必要ならば，目的と責任ある管理体制を明確に規定し，外貨準備政策とは切り離して制度設計されるべきであり，投資・運用は民間の専門家に競争的な手続きをもって委託され，絶えずそのパフォーマンスが監視されるべきであろう．

　3)　通貨外交・為替政策の資料の保存と適切な時期における開示を厳正に行うことが必要である．これにより，省益，組織利益の追求が公共利益の実現を阻害しなかったか否かが適切に評価可能となる．しかし現実は非常に寒心に堪えない状況といわれる．為替政策については，市場への影響を考えれば迅速かつ隠密裏に意思決定を行い実施する必要があり，相手国との関係もあって，情報公開には自ずから制限があるというのが当局の姿勢である．インタビューした元財務官の1人は，今でも91年以後の「外国為替平衡操作の実施状況」という極めてシンプルなデータの公表についてすら疑問を持つ

と語っていた．先進諸国でも為替政策に関しての情報は乏しいが，本邦のごとく大規模な為替介入をしかも長期間実施している国はないので，同列に論じることはできず，一定期間を経過した後は政策に関する意思決定プロセスや実施状況の詳細，事後評価などを公開し，国民への説明責任を果たすべきであろう．

　2001年4月1日から所謂「情報公開法」が施行された結果，通貨外交を含む金融・証券行政関連情報へのアクセスも飛躍的に向上することが期待された．しかし現実は極めて憂慮すべき状況にあるという．すなわち，歴史的価値のあるはずの重要な資料が現用文書として公開されぬまま，保存期間が到来すれば，原局の恣意的な判断で公文書館へ移管されずに廃棄されている可能性がある[8]．このような事態を放置すれば，利害の衝突した交渉で日本が仮に正当な主張を行っていたとしても，その根拠を裏付ける資料がこちらに存在しないまま，相手国の公文書に基づいて歴史が一方的に解釈・評価されることになりかねないのである．

　政策運営に関する資料・記録が適正に保存・公開されることは，政府自体が過去にさかのぼって政策の妥当性を再点検したり，過去の誤りを繰り返さないために重要であるのみならず，政府の政策を客観的に評価する機会を国民に提供するという意味で，健全な民主主義の前提条件なのである．官僚組織が追求する名声の向上，組織の強化などの目的に公共の利益を従属させないためには，情報の適正な保存や時宜を得た公開制度の確立と厳正な運用は焦眉の急である．

第3節　健全な金融システム構築で日本の行動自由拡大を

　本邦通貨当局が，中長期的に見て価値下落の可能性が高いとみられている米ドル資産を大量に積み上げて米国の財政赤字，経常収支赤字をファイナンスするのは，対米従属の証左であり米国の覇権体制維持に協力するためだという批判も少なくない．しかし予見可能な将来には，劇的に米ドルが暴落し

て基軸通貨の座から降りる可能性は少ないと本邦通貨当局は考えているようだ．グローバル化しつつある金融市場を最大限に利用して貯蓄不足を補いながら，技術革新を先導し世界経済を牽引し続ける米国の力を過小評価すべきでない．日本を含めて自らの貯蓄を効率的に活用する能力を十分に持たない海外投資家は，米国市場に運用を委ねる形で結果的に米国の金融覇権を支えている構図になっている．

そのような「帝国循環」から脱却して自立の道を模索する中で，東アジア共同体やアジア共通通貨構想に望みを託す人も少なくない．アジア通貨基金構想こそ米中の反対で脆くも挫折を余儀なくされたが，アジア各国間のスワップ協定の拡大，アジア債券市場育成など具体的な政策協調を積み重ねて行けば，すでに高度の域内貿易を実現し他地域に比べて高い経済統合と成長を続ける東アジアで，欧州連合にも比肩しうる共同体を実現することも夢ではないと考える人もいる．しかしアジアには統合を強力に進めるために不可欠な，共通の価値観，強い政治的意思は存在せず，強いリーダーシップを持ってこのような構想を推進しようとする政治家は少ない．またこのような構想自体，台頭する中国による新たな覇権システムに繋がるのではないかとの懸念もある．渡辺利夫が指摘しているように，東アジアには共同体を推進するのに必要な政治体制や安全保障の枠組み，それを支える価値観や理念を共有化する展望は存在せず，むしろ逆の方向が構造化される恐れもなしとしない[9]．

また日本では国内産業保護のために自由貿易協定交渉もままならず，また中韓との政治的な摩擦に当分悩み続けざるを得まい．それどころかユーラシアの不安定な弧を巡る安全保障上の深刻な事態発生の可能性すら排除できない．したがって日米の同盟関係の維持・強化は現実的な選択肢であり，東アジアの経済統合への関与は，その枠組みの中で推進せざるをえない．むしろ添谷芳秀が強調するように日米安全保障関係の基盤が強固であることが，大国間の権力政治以外の領域で日本が主体的な外交を進め，ともすれば一国主義的になりがちな米国へ時に異議を申し立て，影響力を高めるために必要か

もしれない[10].

　日本が自由で民主主義的な価値観の下に，開かれた政治経済体制を構築するために，アジアでの指導力を発揮できる領域は少なくないが，国際金融もその1つであるはずだ．アジア経済の発展を図るために必要な貿易や金融面での協力を提供しながら，自由主義市場経済の原則に基づき自らの経済の一層の体質強化を進め，金融・資本市場を含む本邦の様々なインフラがアジア諸国にとっても使い勝手の良い存在となるように効率性，透明性，公正性を維持強化すべきであろう．

　本邦市場にアジアの資金が集まり，それがさらに世界各地に効率的に配分されるための基盤整備は焦眉の急である．いわばユーロ圏に対するロンドン市場の如き存在を目指し，それに必要な法制度の整備，専門家集団が活躍しやすいインフラ整備などが急がれる．そのためにも，まず市場を強引に統御しようとするような政策や，それを当然とする政府依存体質は払拭されなければならない．金融産業は情報産業の中核をなすものであり，その健全な発展によって日本は資金と情報の中心的な集積基地となるであろう．

　このような観点からは通貨当局に求められるのは，対外的には経済の論理に照らして根拠のない外国の要求へ断固たる対応を行って国益を擁護する姿勢を貫くとともに，その国際的なネットワークを通じて得られる高度の情報を最大限に活用して，ともすれば内向きで国内の利害関係に制約される政権党や官邸その他行政機関の政策形成に適切に関与・貢献することや，民間資本の円滑な流出入を促進するようなインフラを整備し，それに沿う政策をアジア諸国政府の先頭に立って推進することであろう．

　米国の持つ金融における「構造的権力」は当面揺るがないと思われるが，依然として大きな経済力をもち世界最大の対外純資産を保有する日本は，その資源を有効に活用して国益を守りつつ国際的な貢献ができ，これにより他国への影響力すなわち「関係的権力」を強化できるはずである．そのためにも金融・資本市場や為替市場への公的介入を極小化して民間の創意工夫を最大限発揮できる効率的で頑健なアジアの金融センターを育成し，域内の資金

の効率的な配分や為替相場の安定を図るべきであろう．そのような努力は，やがて政治経済的条件が整ってアジアの統合が飛躍的に進展する環境が出現したときに，日本が影響力を維持・拡大できる重要な礎石となるはずである．

魅力ある本邦為替・金融・資本市場の出現は，円に対する信頼に繋がり，アジア各国がドル・リンクからバスケット通貨へのリンクへと移行する中で，円の役割が高まる契機となるであろうし，それはドル円相場に振り回されてきた日本経済にとっても実効為替相場の安定化への道を開くものとなろう．

自由で開かれた魅力ある日本の存在は，中国の改革開放路線に基づく経済発展の彼方に期待される開かれた政治体制への転換の可能性を高め，東アジアの安定と繁栄の鍵となるであろう．そのことが不安定な弧を安定的な弧に変換する契機になり，アジアにおける安全保障体制の見直しにも通じる動きをつくり出し，日本の国際的地位向上に必要な行動の自由を拡大することに繋がるであろう．

注

1) 小宮［1986］58-9 ページ．
2) 小宮［1994］282 ページ．
3) 染谷［2005］23-5 ページ．
4) 北村［2005］は，「評者が垣間見た主要国の通貨当局関係者の討議は，G7やOECD……WP3 会合に端的に示されたように，内外の経済金融データに基づく専門家間の冷静かつ綿密な議論であり，組織論のような要素が付け込む余地はなかったと言ってよい」と筆者を批判した（9 ページ）．しかしそのような議論においても，各国代表は，それぞれの国益と組織防衛を追求するために，限定合理的に行動する可能性を排除する必要はないのではなかろうか．
5) インタビューした元財務官たちのほとんどが標準的な経済理論が通貨外交や為替政策上の判断の助けにはならなかったと明言したのは印象的であった．加藤［1997］は，大蔵官僚が政策に関して（組織の伝統と利益に沿って）同様な態度を培うよう訓練や教育を施され，理論的な一貫性よりは経済現象の常識的な理解を重視して政策を決定し（58-9 ページ），政治家や他官庁などの行為主体との妥協が必要な場合，自らに有利な提案から始め逐次行う譲歩点を細かく予め設定し，自らの利益を損なう妥協をできるだけ回避する「縦深陣地」，「さらとり」戦略（91-2 ページ）が共有されていると指摘している．そこで仮に経済学の論理に立

った最適な政策を大蔵官僚が理解していても，それが実施されることにはならないというメカニズムを政治経済学的な分析によって解明する必要が生じるのである（上川［2005］340 ページ）．
6) 上川［2005］338-40 ページ．
7) 06 年 3 月 3 日の参議院決算委員会における又市征治議員との質疑において，同議員が外為会計における剰余金のみならず，積立金も取崩して一般会計へ繰り入れるべきだと主張したのに対して，谷垣財務大臣は，将来の歳入不足への備えが必要と抵抗したが，小泉首相は真剣に検討したいと答えた．しかしこのような議論は，窮迫した一般会計に関する彌縫策の議論にすぎず，肥大化した外為特会自体の問題にも目を向けるべきであろう．
8) 情報公開法の施行にともない，かえって官庁が現用文書を破棄したり，新規文書の作成を控える動きが盛んになったという指摘がある．各官庁が公文書を管理・保存したり公文書館へ移管するルールが不十分のため，省庁再編やスペースの制約などもあって保存期間の再検討が行われ，長年保存されてきた資料の廃棄が進んでいるというのである．そこで金融・証券，経済史・経営史関連 5 学会の代表が，2001 年 9 月に，財務省，金融庁や日銀に対して恣意的な判断で重要な資料を廃棄せず，可能な限り長期に保存し，その後国立公文書館などに移管して保存・公開し，正確な情報・資料に立脚した客観的な政策評価を可能にするよう申し入れた．これに対しては文書での回答はなく，口頭で「総務省の指示に従い適正に処理されている」との答えがなされたという．
9) 渡辺［2005］終章．
10) 添谷［2005］終章．

参考文献

青木昌彦・奥野正寛『経済システムの比較制度分析』東京大学出版会，1996年
飯倉章「日本異質論とは何だったのか」細谷千博監修，A 50日米戦後史編集委員会編『日本とアメリカ―パートナーシップの50年』ジャパンタイムズ，2001年
飯田敬輔「先進国間のマクロ政策協調」草野厚・梅本哲也編『現代日本外交の分析』東京大学出版会，1995年
飯田経夫『日本の反省』PHP研究所，1996年
石井修「対立と協調―1972～1989年」細谷千博監修『日本とアメリカ―パートナーシップの50年』ジャパンタイムズ，2001年
石川真澄『戦後政治史』岩波書店，2004年
石黒馨『国際政治経済の理論』勁草書房，1998年
伊藤隆敏『為替レートと予想形成』日本経済研究センター連続セミナー，2002年1月10日
伊藤正直「フロート制移行期のわが国為替政策をめぐって」『経済研究所年報』第6号，成城大学経済研究所，1993年4月
―――「戦後IMF体制の構造転換―通貨危機の発現過程を通じて―」『土地制度史学』別冊，1999年9月
伊藤光利「長期超低金利政策の政治経済学―「現実認識」と影響力構造」村松岐夫・奥野正寛編『平成バブルの研究』下，東洋経済新報社，2002年
猪口邦子「ポスト覇権システムとG7サミット」鴨武彦・伊藤元重・石黒一憲編『国際政治経済システム』有斐閣，1997年
井堀利宏「先送り現象の分析」村松岐夫・奥野正寛編『平成バブルの研究（下）』東洋経済新報社，2002年
伊牟田武郎・桧森直紀「為替レートと日米介入政策の比較」『金融システムの構造問題　金融研究班報告書　日本金融研究3』日本経済研究センター，2000年10月
入江昭・R. ワンプラー編『日米戦後関係史』講談社インターナショナル，2001年
植田和男「最近の円高について」河合正弘/通産省通商産業研究所編著『円高はなぜ起こる―変動する為替レートと日本経済』東洋経済新報社，1995年
江田憲司・西野智彦『改革政権が壊れるとき』日経BP社，2002年
NHK取材班編『戦後50年その時日本は』第6巻，日本放送協会，1996年
大蔵省国際金融局『大蔵省国際金融局年報』各号（昭和52年版，1977年～平成9・10年版，1997/98年）
大蔵省財政史室編『昭和財政史―昭和27～48年度12国際金融・対外関係事項（2）』東洋経済新報社，1992年

太田赳『国際金融　現場からの証言』中央公論社，1991 年
大塚耕平「株式・国債暴落の引き金をひく「大規模為替介入」の責任を問う！」『週刊ダイヤモンド』2004 年 3 月 13 日
大場智満『二つの空洞化を超えて』日本放送協会，1995 年
小笠原悟「為替介入にかくされたもう 1 つの意義」『為替・外債ストラテジー・ウイークリー』Credit Suisse First Boston，2004 年 2 月 2 日
岡部直明『応酬—円・ドルの政治力学』日本経済新聞社，1987 年
小川英治「通貨政策とは何か何のために行うのか」『経済セミナー』日本評論社，2002 年 10 月
翁邦雄・白塚重典「非不胎化介入論の「錯覚」」岩田規久男編『金融政策の論点［検証・ゼロ金利政策］』東洋経済新報社，2000 年
小口幸伸『外為市場血風録』集英社，2003 年
加藤淳子『税制改革と官僚制』東京大学出版会，1997 年
加藤隆俊『円・ドル・元—為替を動かすのは誰か』東洋経済新報社，2002 年
加野忠「国際金融市場の不安定性とデリバティブ」加野忠・砂村賢・湯野勉編『マネー・マーケットの大潮流』東洋経済新報社，1999 年
上川孝夫・新岡智・増田正人編『通貨危機の政治経済学』日本経済評論社，2000 年
上川龍之進『経済政策の政治学』東洋経済新報社，2005 年
神谷一郎『大蔵省財務官榊原英資氏の大罪』アスペクト，1999 年
河合正弘/通産省通商産業研究所編著『円高はなぜ起こる—変動する為替レートと日本経済』東洋経済新報社，1995 年
川上高司『米国の対日政策—覇権システムと日米関係』同文館出版，2001 年
菅野雅明「ドル買い介入に必要な「出口」政策」『週刊東洋経済』2004 年 2 月 28 日号
北坂真一「財務省による金融緩和策」『経済セミナー』2004 年 5 月号
北村歳治「為替政策の政治経済学—加野論文へのコメント』（未定稿）2005 年 10 月 8 日
行天豊雄「我が国の為替市場介入に関するケース・スタディ（上・下）」『ファイナンス』大蔵省官房文書課，1985 年 7 月号，8 月号
―――「巨額為替介入の問題点」『週刊東洋経済』2004 年 4 月 17 日
草野厚『歴代首相の経済政策　全データ』角川書店，2005 年
黒田東彦『通貨外交』東洋経済新報社，2003 年
―――『財政金融政策の成功と失敗』日本評論社，2005 年
小泉龍司「新方式の 2 国間交渉—日米円ドル委員会」黒田東彦編『国際交渉—異文化の衝撃と対応』研究社出版，1996 年
河野勝「政治経済学とはなにか」『早稲田政治経済学雑誌』No. 356，2004 年
古城佳子『経済的相互依存と国家：国際収支不均衡是正の政治経済学』木鐸社，1996 年
―――「バブル形成・崩壊の背景としての日米経済関係」村松岐夫・奥野正寛編

『平成バブルの研究（下）』東洋経済新報社，2002 年
小宮隆太郎「日米経済摩擦と国際協調（上）」『週刊東洋経済』1986 年 6 月 7 日
―――――『現代日本経済：マクロ的展開と国際経済関係』東京大学出版会，1988 年
―――――『貿易黒字・赤字の経済学』東洋経済新報社，1994 年
―――――「百鬼夜行の為替・金融政策論議を正す」，「見当はずれの日銀バッシング」，岩田規久男編『金融政策の論点［検証・ゼロ金利政策］』東洋経済新報社，2000 年
小宮隆太郎・須田美矢子『現代国際金融論［歴史・政策編］』日本経済新聞社，1983 年
近藤健彦『プラザ合意の研究』東洋経済新報社，1999 年
財務省『平成 13 年度政策評価書』2002 年
―――――『平成 14 年度政策評価書』2003 年
―――――『平成 15 年度政策評価書』2004 年
財務省財務総合政策研究所財政史室『昭和財政史　昭和 49〜63 年度 11 資料（4）国際金融・対外関係事項・関税行政』2003 年
坂井昭夫『日米経済摩擦と政策協調』有斐閣，1996 年
榊原英資『日本と世界が震えた日―サイバー資本主義の成立』中央公論新社，2000 年
酒匂隆雄『酒匂隆雄の為替塾』実業之日本社，2004 年
坂本多加雄『国家学のすすめ』ちくま新書，2001 年
桜井公人「国際経済政策と国際政治経済学」新岡智・板木雅彦・増田正人編『国際経済政策論』有斐閣，2005 年
佐瀬隆夫『アメリカの国際通貨政策』千倉書房，1995 年
―――――『覇権国アメリカの対日経済政策』千倉書房，2005 年
佐藤英夫「日米経済関係の政治力学」伊藤元重/通産省通商産業研究所編著『貿易黒字の誤解―日本経済のどこが問題か』東洋経済新報社，1994 年
塩田潮『大蔵省 vs アメリカ―仕組まれた円ドル戦争』講談社，1994 年
島本礼一「為替平衡操作について」『金融財政事情』1961 年 4 月 3 日号
白石隆『帝国とその限界』NTT 出版，2004 年
進藤栄一『現代国際関係学』有斐閣，2001 年
鈴木淑夫『日本の金融政策』岩波新書，1993 年
須田慎一郎『財務官―その権力と正体』祥伝社，2005 年
須田美矢子編『対外不均衡の経済学』日本経済新聞社，1992 年
―――――「マクロ経済運営と介入政策」河合正弘/通産省通商産業研究所編著『円高はなぜ起こる―変動する為替レートと日本経済』東洋経済新報社，1995 年
関岡英之『拒否できない日本』文春新書，2004 年
添谷芳秀『日本の「ミドルパワー」外交―戦後日本の選択と構想』ちくま新書，2005 年
高橋要「外国為替介入の評価」『政府・企業・銀行部門の信用力　金融研究班報告書

日本金融研究 6』日本経済研究センター, 2002 年 3 月
高橋文利『円とドル―流説の攻防―国際通貨の政治経済学』プレジデント社, 1995 年
滝田洋一『通貨を読む―ドル・円・ユーロ・元のゆくえ』日本経済新聞社, 2004 年
竹中平蔵『日米摩擦の経済学』日本経済新聞社, 1993 年
竹森俊平「政府・日銀の歴史的政策転換は正解である」『中央公論』2004 年 5 月号
田所昌幸「ある外圧の事例研究―日米円・ドル交渉の政治学的考察」『姫路法学』第 1 号, 1988 年 3 月
―――『「アメリカ」を超えたドル―金融グローバリゼーションと通貨外交』中央公論新社, 2001 年
谷口智彦『通貨燃ゆ―円・元・ドル・ユーロの同時代史』日本経済新聞社, 2005 年
東京銀行・東銀リサーチインターナショナル共編『東京銀行外国為替相場年表』東銀リサーチインターナショナル, 各号
戸矢哲朗『金融ビッグバンの政治経済学』東洋経済新報, 2003 年
中西寛「国際システムの変容と日本のバブル」村松岐夫・奥野正寛編『平成バブルの研究(下)』東洋経済新報社, 2002 年
鳴沢宏英「為替平衡操作に関する一考察」『外国為替』1961 年 3 月 15 日号
南原晃「為替介入批判を批判する」『金融財政事情』2004 年 5 月 17 日
西垣秀樹「大幅に拡大した米国の経常収支赤字と海外公的部門の対米投資」『国際金融』1146 号, 2005 年 6 月
日刊工業新聞特別取材班『新「前川リポート」が示す道』日刊工業新聞社, 1987 年
日本銀行金融研究所編『日本金融史資料 昭和続編』第 13 巻, 大蔵省印刷局, 1983 年
日本銀行金融市場局「短期金融市場におけるマイナス金利取引」『調査季報 冬』日本銀行, 2005 年
日本銀行百年史編纂委員会編『日本銀行百年史』第 6 巻, 日本銀行, 1986 年
日本経済新聞社編『検証バブル―犯意なき過ち』日本経済新聞社, 2000 年
野口旭『経済論戦―いまここにある危機の虚像と実像』日本評論社, 2003 年
―――「日本の長期経済停滞と経済政策論争」『経済セミナー』日本評論社, 2005 年 4 月 (a)
―――「長期停滞を生んだ政策割り当ての歪み」『経済セミナー』日本評論社, 2005 年 5 月 (b)
―――「政策目標としての黒字減らし」『経済セミナー』日本評論社, 2005 年 6 月 (c)
―――「内需拡大と国際政策協調の時代」『経済セミナー』日本評論社, 2005 年 7 月 (d)
―――「国際マクロ政策協調論の陥穽」『経済セミナー』日本評論社, 2005 年 8 月 (e)
―――「バブル経済の貨幣的条件」『経済セミナー』日本評論社, 2005 年 9 月 (f)
野口均『日米通貨交渉 2000 日―大蔵財務官たちの闘い』日本経済新聞社, 1995 年

野林健・大芝亮・納家政嗣・長尾悟『国際政治経済学・入門』有斐閣，2001 年
花尻哲郎『3 つのジャパン・プレミアム：97 年秋と 98 年秋—市場間でのプレミアム格差はなぜ生じたのか』金融市場局ワーキングペーパーシリーズ 99-J-4，日本銀行，1999 年
浜田宏一『国際金融の政治経済学』創文社，1982 年
―――「日銀の不胎化政策は間違っている」，「ゼロ金利下の金融政策にも経済回生の手段あり」，岩田規久男編『金融政策の論点［検証・ゼロ金利政策］』東洋経済新報社，2000 年
速水優『変動相場制 10 年—海図なき航海』東洋経済新報社，1982 年
―――『強い円　強い経済』東洋経済新報社，2005 年
原洋之介『アジア型経済システム』中央公論社，2000 年
藤岡真佐夫『新展開する国際金融—世界に貢献する通貨・為替の新時代』金融財政事情研究会，1977 年
藤原帰一『デモクラシーの帝国』岩波書店，2002 年
船橋洋一『通貨烈烈』朝日文庫，1993 年
細見卓『激動する国際通貨』時事通信社，1982 年
本田敬吉・秦忠夫編『柏木雄介の証言・戦後日本の国際金融史』有斐閣，1998 年
牧野浩『日米通貨外交の比較分析』御茶の水書房，1999 年
―――「政策決定論の諸相」津田塾大学『国際関係学研究』No. 28，2001 年
―――「国際政治経済学の輪郭」津田塾大学『国際関係学研究』No. 30，2003 年
真渕勝『大蔵省統制の政治経済学』中央公論社，1994 年
御厨貴・中村隆英編『聞き書　宮沢喜一回顧録』岩波書店，2005 年
溝口善兵衛『為替随感』国際金融情報センター，2004 年 9 月 17 日
　　http://www.jcif.or.jp/docs/20040917.pdf
三橋規宏・内田茂男『昭和経済史』下，日本経済新聞社，1994 年
宮崎勇『証言　戦後日本経済—政策形成の現場から』岩波書店，2005 年
村松岐夫・柳川範之「戦後日本における政策実施：政党と官僚」村松岐夫・奥野正寛編『平成バブルの研究（下）』東洋経済新報社，2002 年
森佳子『米国通貨戦略の破綻』東洋経済新報社，2001 年
―――「外国為替介入」平島真一編『現代外国為替論』有斐閣，2004 年
八代尚宏『対外摩擦の政治経済学』日本評論社，1995 年
吉川洋「マクロ経済」橘木俊詔編『戦後日本経済を検証する』東京大学出版会，2003 年
吉冨勝「日本経済における経常収支黒字の分析」総合研究開発機構・ブルキングス研究所編『日米金融摩擦の経済学』東洋経済新報社，1984 年
―――『レーガン政策下の日本経済』東洋経済新報社，1984 年
吉野俊彦『円とドル』日本放送出版協会 1996 年
渡辺利夫編『日本の東アジア戦略』東洋経済新報社，2005 年

Baker, III, James A., *The Politics of Diplomacy-Revolution, War and Peace 1989-1992*, G.P. Putnam's Sons, 1995

Baldwin, R. "Hysteresis in Import Prices: The Beach-head Effect", *American Economic Review*, Vol. 78, 1988

Baldwin, R., & Krugman, P.R., "Persistent Trade Effects of Large Exchange Rate Shocks", *Quarterly Journal of Economics*, Vol. 104, No. 4, 1989

Bank for International Settlements (BIS), *68th Annual Report*, June 1998

────, *69th Annual Report*, June 1999

Bergsten, C.F., ed., *International Adjustment and Financing : The Lessons of 1985-1991*, Institute for International Economics, 1991

────, *The Asian Monetary Crisis : Proposed Remedies*, submitted to the Committee on Banking and Financial Services, US House of Representatives, November 13, 1997

────, *The Correction of the Dollar and Foreign Intervention in the Currency Markets*, Testimony before the Committee on Small Business, United States House of Representatives, June 25, 2003

Bhagwati, Jagdish N., "The Capital Myth: The Difference between Trade In Widgets and Dollars", *Foreign Affairs* 77, no. 3, May/June 1998

Bretton Woods Commission, *Bretton Woods : Looking to the Future*, July 1994

Brown, B., The YO-YO Yen and the Future of the Japanese Economy, Palgrave Publishers Ltd., 2002（B. ブラウン著，田村勝省訳『ヨーヨー円：日本経済の破壊者』東洋経済新報社，2003年）

Calder, K.E., "Japanese Foreign Economic Policy Formation: Explaining the Reactive State", *World Politics*, Vol. 40, No. 4, July 1988

Canales-Kriljenko, J.I., Guimaraes, R. & Karacadag, C., *Official Intervention in the Foreign Exchange Market : Elements of Best Practice*, IMF Working Paper WP/03/152, International Monetary Fund, 2003

Cline, W.R., "US External Adjustment: Progress, Prognosis, and Interpretation", in Bergsten, C.F., ed., *International Adjustment and Financing : The Lessons of 1985-1991*, Institute for International Economics, 1991

Cohen, Stephen D., *The Making of United States International Economic Policy-Principles, Problems and Proposals for Reform*, Greenwood Publishing Group Inc., 1994（コーエン著，山崎・古城・五味・明田・納家訳『アメリカの国際経済政策－その決定過程の実態』三嶺書房，1995年）

Cohn, H. Theodore, *Global Political Economy*, Addison Wesley Longman, 2000

De Grauwe, P., *International Money*, Oxford University Press, 1996

Destler, I.M., & Mitsuyu H., "Locomotives on Different Tracks: Macroeconomic Diplomacy, 1977-1979", in I.M. Destler & H. Sato, eds., *Coping with U.S.-*

参考文献

Japanese Economic Conflicts, Massaachusetts : Lexington Books, 1982 (I.M. デスラー, 三露久男「マクロ経済政策をめぐる摩擦―日米機関車論」I.M. デスラー, 佐藤英夫編, 丸茂明則監訳『日米経済紛争の解明』日本経済新聞社, 1982年)

Destler, I.M. & Henning, C.R., *Dollar Politics : Exchange Rate Policymaking in the United States*, Institute for International Economics, 1989 (デスラー・ヘニング著, 信田智人・岸守一訳『ダラー・ポリティックス―ドルをめぐるワシントンの政治構造』TBSブリタニカ, 1990年)

Dominguez, K.M. & Frankel, J.A., *Does Foreign Exchange Intervention Work?*, Institute for International Economics, 1993

Dominguez, K.M., "Central bank intervention and exchange rate volatility", *Journal of International Money and Finance*, 1998

Dooley, M., D. Folkerts-Landau and P. Garber, *An Essay on the Revived Bretton Woods System*, Working Paper 997, National Bureau of Economic Research, September, 2003

―――, "The Cosmic Risk : An Essay on Global Imbalances and Treasuries", *Deutsche Bank Global Markets Research*, February 2004 a

―――, "The Revived Bretton Woods System : Alive and Well", *Deutsche Bank Global Markets Research*, December, 2004 b

Dornbusch, R. "Exchange Rates and Prices", *American Economic Review*, Vol. 77, 1987

Eichengreen, B., "Hegemonic Stability Theories of the International Monetary System", in R. Cooper et al. eds., *Can Nations Agree? : Issues in International Economic Cooperation*, Brookings Institution, 1989

―――, *International Monetary Arrangements for the 21th Century*, The Brookings Inrtitution, 1994

Federal Reserve Bank of New York (FRBNY), "Treasury and Federal Reserve Foreign Exchange Operations", www. newyorkfed. org/pihome/news/forex/ 各号

Federal Reserve Board (FRB), "Treasury and Federal Reserve Foreign Exchange Operations", *Federal Reserve Bulletin* 各号

Fischer, Stanley et al., Should the IMF Pursue Capital Account Convertibility? Essays in International Finance No. 207, 1998 (S. フィッシャー他著, 岩本武和監訳『IMF 資本自由化論争』岩波書店, 1999年)

Frieden, Jeffry A. & Lake, David A. ed., *International Political Economy-Perspectives on Global Power and Wealth, Fourth Edition*, Routledge, 2000

Frieden, Jeffry A., "Exchange Rate Politics", Frieden & Lake, 2000

Galati, G. & Melick W., *Perceived Central Bank Intervention and Market Expectations : An Empirical Study of the Yen/Dollar Exchange Rate, 1993-96*, Bank for International Settlements, Working Papers, No. 77, October 1999

―――, *Central bank intervention and market expectations*, BIS Papers No. 10, April 2002

Gilpin, Robert, *The Political Economy of International Relations*, Princeton University Press, 1987

―――, *The Challenge of Global Capitalism : the World Economy in the 21st Century*, Princeton University Press, 2000 （R. ギルピン著，古城佳子訳『グローバル資本主義』東洋経済新報社，2001年）

―――, *Global Political Economy : Understanding the International Economic Order*, Princeton University Press, 2001

Greenspan, A., Remarks, *Current Account*, before the Economic Club of New York, New York, March 2, 2004

Henning, C. Randall, *Currencies and Politics in the United States, Germany, and Japan*, Institute for International Economics, 1994

Humpage, O.F., and Melick, W.R., *Foreign Exchange and the Liquidity Trap*, Federal Reserve Bank of Cleveland, October 1, 2003

International Monetary Fund, *Reforming the international financial architecture : Progress through 2000*, March 2001

―――, "Principles for the Guidance of Members' Exchange Rate Policies", in *Selected Decisions and Selected Documents of the International Monetary Fund*, Twenty-Sixth Issue, 2002

―――, *Japan : 2004 Article IV Consultation*, IMF Country Report No. 04/249, August 2004

Ito, Takatoshi, *Is Foreign Exchange Intervention Effective? : The Japanese Experiences in the 1990s*, Discussion Paper No. 3, Japan Bank for International Cooperation, June 2002

―――, "The Yen and the Japanese Economy, 2004", Bergsten & Wlliamson, ed. *Dollar Adjustment : How Far? Against What?* Institute for International Economics, 2004

―――, "The Exchange Rate in the Japanese Economy : the Past, Puzzles, and Prospects", *The Japanese Economic Review* Vol. 56, No. 1, March 2005

Iwatsubo, K. & Shimizu, J., *Signaling Effects of Foreign Exchange Intervention and Expectation Heterogeneity among Traders*, 日本金融学会国際金融部会（関西学院大学）May 7, 2005

Johnson, C., *MITI and the Japanese Miracle : The Growth of Industrial Policy, 1925-1975*, Stanford University Press, 1982

Jurgensen, Philippe, *Report of the Working Group on Exchange Market Intervention*, U.S. Treasury Department, 1983

Keohane, Robert O. & Nye, Joseph S. *Power and Interdependence : World Politics in Transition*, Little Brown, 1977
―――, *After Hegemony : Cooperation and Discord in the World Political Economy*, Princeton University Press, 1984 (コヘイン著, 石黒馨・小林誠訳『覇権後の国際政治経済学』晃洋書房, 1998 年)
―――, *Neorealism and Its Critics*, Columbia University Press 1986
Kindleberger, Charles P., *The World In Depression, 1929-39*, University of California Press, 1973
―――, *Manias, Panics, and Crashes : A History of Financial Crisis*, Basic Books, 1979
―――, *The World Economy and National Finance in Historical Perspective*, University of Michigan Press, 1995
Kissinger, Henry, *White House Years*, Little Brown & Co., 1979
Krasner, Stephen D., "Accomplishments of International Political Economy", in Steven Smith et al., eds., *International Theory : Positivism and Beyond*, Cambridge University Press, 1996
―――, "Structural Causes and Regime Consequences : Regimes as Intervening Variables". *International Organization* 36, 1982
Krugman, Paul R., "Introduction", "Has the Adjustment Process Worked?" in Bergsten, C.F., ed., *International Adjustment and Financing : The Lessons of 1985-1991*, Institute for International Economics, 1991
―――, *Has the Adjustment Process Worked?*, Institute for International Economics, 1991 (クルーグマン著, 林康史・河野龍太郎訳『通貨政策の経済学』東洋経済新報社, 1998 年)
Kurgman, P.R., & Obstfeld, M., *International Economics : Theory and Policy*, Scott, Foresman and Co., (P.R. クルグマン/M. オブズフェルド著, 石井・浦田・竹中・千田・松井訳『国際経済 理論と政策 II 国際マクロ経済学』新世社, 1992 年)
Levey, David H. & Brown, Stuart S., "The Overstretch Myth," *Foreign Affairs* Council on Foreign Relations, December 2005
Llewellyn, D.T., "International Monetary System since 1972 : Structual Change and Financial Innovation", in M. Ponser ed., *Problems of International Money, 1972-85*, IMF, 1986
Marris, S., *Deficits and the Dollar : The World Economy at Risk*, revised ed., Institute for International Economics, 1987 (マリス著, 大来佐武郎監訳『ドルと世界経済危機』東洋経済新報社, 1987 年
―――, "Why No Hard Landing?", in Bergsten, C.F., ed., *International Adjustment and Financing : The Lessons of 1985-1991*, Institute for International

Economics, 1991

McKinnon, R., & Ohno, K., *Dollar and Yen : Resolving Economic Conflict between the United States and Japan*, MIT, 1997（マッキノン・大野健一『ドルと円―日米通商摩擦と為替レートの政治経済学』日本経済新聞社，1998年

Nye Jr., Joseph S., *Bound to Lead : The Changing Nature of American Power*, Basic Books, 1990

Nye Jr., Joseph S. & Donahue, John D., ed., *Governance in Globalizing World*, Brookings Institution Press, 2000

Obstfeld, M. & Rogoff, K., *The Unsustainable US Current Account Position Revisited*, NBER Working Paper 10869, July 2004

Prestowitz, C.V., Jr., *Trading Places : How We Are Giving Our Future to Japan And How to Reclaim It*, Basic Books（プレストウィッツ著，国弘正雄訳『日米逆転』ダイヤモンド社，1988年

Ramaswamy, R. & Smiei, H., *The Yen-Dollar Rate : Have Interventions Mattered?*, IMF Working Paper WP/00/95, June 2000

Ravenhill, John, *Global Political Economy*, Oxford University Press, 2005

Rogoff, K. S., Escape from Global Deflation, July 17, 2003 (http://www. imf. org/external/np/vc/2003/071703.htm)

Roubini, N. & B. Setser, *Will the Bretton Woods 2 Regime Unravel Soon? The Risk of a Hard Landing in 2005-2006*, presented to the Symposium on the "Revived Bretton Woods System : A New Paradigm for Asian Development?" by the Federal Reserve Bank of San Francisco and UC Berkeley, San Francisco, February, 2005

Rubin, Robert E. & Weisberg, J., *In An Uncertain World―Tough Choices From Wall Street To Washington*, Random House, 2003

Sarno, Lucio & Taylor, Mark P., *The Economics of Exchange Rates*, Cambridge University Press, 2002

Sarno, L. & Taylor, M., "Official Intervention in the Foreign Exchange Market : Is It Effective and, If So How Does It Work?", *Journal of Economic Literature*, September 2001

Seabrooke, Leonard, *US Power in International Finance*, Palgrave, 2001

Shultz, George P., *Turmoil and Triumph―My Years as Secretary of State*, Charles Scribner's Sons, 1993

Solomon, R., *Money on the Move-the revolution in international finance since 1980*, Princeton University Press, 1999（R. ソロモン著，佐久間潮訳『マネーは世界を駆け巡る』東洋経済新報社，1999年）

Strange, Susan, *Casino Capitalism*, Basil Blackwell, 1986（ストレンジ著，小林襄治訳『カジノ資本主義』岩波書店，1988年）

―――, *States and Markets : An Introduction to Political Economy*, Pinter Publishers, 1988（ストレンジ著，西川潤・佐藤元彦訳『国際政治経済学入門―国家と市場』東洋経済新報社，1994 年）

―――, "Finance, information and power", *Review of International Studies*, Vol. 16, 1990

―――, *The Retreat of the State-The Diffusion of Power in the World Economy*, the Press Syndicate of the University of Cambridge, 1996（ストレンジ著，桜井公人訳『国家の退場』岩波書店，1998 年）

U.S. Department of State, Office of the Historian, Bureau of Public Affairs, *Foreign Relations of the United States, Nixon-Ford Administrations, Foreign Relations, 1969-1976, Volume III, Foreign Economic Policy 1962-1972 ; International Monetary Policy, 1969-1972*, Publication 10865, United States Government Printing Office, 2001, http://www.state.gov/r/pa/ho/frus/nixon/iii/

―――, *Volume I, Foundations of Foreign Policy, 1962-1972*, Publication 11017, United States Government Printing Office, 2003, http://www.state.gov/r/pa/ho/frus/nixon/i/

United States Senate, Hearing before the Committee on Finance, *Causes of the Trade Deficit and its Implications for the U.S. Economy*, S. HRG. 105-926, June 11, 1998

U.S. Treasury, *Report to Congress on International Economic and Exchange Rate Policies* 各号

Volcker, P. & Gyohten, T., *Changing Fortunes*, Times Books, 1992（ポール・ボルカー・行天豊雄著，江沢雄一監訳『富の興亡―円とドルの歴史』東洋経済新報社，1992 年）

Walter, A., *World Power and World Money : The Role of Hegemony and International Monetary Order*, Harbester Wheatsheaf, 1991

Waltz, Kenneth N., *Theory of International Politics*, McGrawhill, Inc., 1979

Williamson, J., "The Theorists and the Real World", in L. Tsoukalis ed., *The Political Economy of International Money-In Search of a New Order*, The Royal Institute of International Affairs, 1985

面談リスト

内海　孚　　　日本格付研究所社長，元大蔵省財務官（05年5月26日）
江田憲司　　　衆議院議員，元橋本首相秘書官（05年2月16日）
大西由辰　　　東京三菱銀行常務取締役（05年3月25日）
北村歳治　　　早稲田大学教授，元大蔵省国際金融局審議官
　　　　　　　（05年5月13日，10月8日）
木村治雄　　　元東京三菱銀行常務取締役（05年9月1日）
行天豊雄　　　国際通貨研究所理事長，元大蔵省財務官（06年2月27日）
田村達也　　　元日本銀行理事（05年12月16日）
千野忠男　　　前アジア開発銀行総裁，元大蔵省財務官（05年7月22日）
中川幸次　　　世界平和研究所副会長，元日本銀行理事（06年3月24日）
中原　真　　　前日本銀行政策審議委員，元東京三菱銀行副頭取（05年3月28日）
中平幸典　　　信金中央金庫理事長，元大蔵省財務官（05年5月19日）
鳴沢宏英　　　元東京銀行常務取締役（05年12月2日）
南原　晃　　　元日本銀行理事（05年9月12日）
溝口善兵衛　　国際金融情報センター理事長，元大蔵省財務官（05年2月22日）
宮崎　勇　　　元国務大臣・経済企画庁長官（05年9月12日）
宮崎知雄　　　元大蔵省国際金融局長，元東京銀行副頭取（06年2月8日）

日米通貨外交/国際金融関係年表

年	日本	米国/国際
1944		ブレトンウッズ協定採択 (7/22)
1945	太平洋戦争終結詔書放送 (8/15)、米軍交換レート$1=¥15設定 (9/10) ポーレー対日賠償政策発表 (11/16)	ポツダム宣言 (7/26) ブレトンウッズ協定発効、IMF、IBRD設立決定 (12/27)
1946	吉田内閣成立 (5/22)、憲法公布 (11/20)	
1947	ストライク対日賠償報告発表 (2/18)、GHQ、軍交換レート$1=¥15を¥50へ (3/11)、吉田内閣総辞職 (5/22)、片山内閣成立 (5/24)、制限付民間貿易再開 (8/15)	トルーマン・ドクトリン宣言 (3/12)、マーシャル・プラン発表 (6/5)
1948	片山内閣総辞職 (2/10)、芦田内閣成立 (3/10)、ドレーパー、ジョンストン使節団来日 (3/20) ヤング使節団来日 (5/20) 軍票交換レートを$1=¥250へ (7/6)、GHQ、経済安定10原則提示 (7/15)	ロイヤル米陸軍長官、日本をアジアの防壁にすると声明 (1/6) 米政府、GHQへ経済安定9原則伝達 (12/11)
1949	第3次吉田内閣発足、池田蔵相 (2/16) ドッジ・ライン発表 (3/7) 単一為替相場 (1ドル=360円) 実施 (4/25) 外国為替及び外国貿易管理法公布、外国為替特別会計法施行、民間自由貿易開始 (12/1)	NATO調印 (4/4)、英、ポンドを4.03→2.8米ドルへ切り下げ (9/18) 中華人民共和国成立 (10/1)
1950	民間輸入貿易再開 (1/1)	朝鮮戦争勃発 (6/25)、欧州支払同盟 (EPU) 成立 (9/19)
1951	外為資金特別会計法公布 (3/30) サンフランシスコ講和条約、日米安保条約調印 (9/8)	マーチンFRB議長就任 (4/2)、マッカーサー解任 (4/11)
1952	IMF・世銀、日本の加盟承認 (5/28)、同加盟調印 (8/14) 東京外国為替市場開設 (7/1)	
1953	IMF、円の平価を純金2.46853 mgと決定 (5/11)	アイゼンハワー大統領就任 (1/20) スターリン死去 (3/5)、朝鮮休戦協定調印 (7/27)
1954	第5次吉田内閣総辞職 (12/7)、鳩山内閣成立 (12/10)	
1955	GATT正式加盟 (6/1)、社会党発足 (10/13)、自民党結成 (11/19)	中国、1万元を新1元、US$1=RMB 2.4618に (3/1)
1956	日本の国連加盟可決 (12/18) 鳩山内閣総辞職 (12/23)、石橋内閣成立 (12/23)	ナセル、スエズ運河国有化 (7/26)

年	日本	米国/国際
1957	石橋内閣総辞職 (2/23), 岸内閣成立 (2/25), 岸・アイゼンハワー共同声明, 日米新時代強調 (6/21)	ローマ条約調印, EEC, EURATOM 創設 (3/25)
1958		欧州 12 カ国, 通貨交換性回復, EMA 発足 (12/27)
1959	戦後第 1 回米貨公債 3000 万ドル発行調印 (2/17) 大蔵省, 米ドル直物相場変動幅を上下 0.5% に (9/12)	
1960	日米新安保条約調印 (1/19) アイゼンハワー訪日延期要請 (6/16), 池田内閣成立 (7/19), 池田首相, 所得倍増計画発表 (10/21)	アイゼンハワー, ドル危機対策発表 (7/16), ロンドン金価格暴騰, 米, 金平価維持声明 (10/20), 米金保有高 180 億ドル割れ (11/25)
1961	日銀, 米銀 3 行より外準補強のため 2 億ドル借入契約調印 (11/24)	ケネディ大統領就任 (1/20), 米, 国際収支方針発表 (2/6), 英, 独, 仏など 10 カ国, IMF 8 条国移行 (2/15), 米, 為替市場介入開始 (3 月)
1962	IMF 理事会, 日本の 3.5 億ドル借入申請承認 (1/19)	IMF, 60 億ドルの GAB 締結 (1/5), FRB, 各国中銀とスワップ協定締結を決定 (2/13), キューバ危機 (10/22)
1963	為替相場変動幅を上下 0.75% へ拡大, 為替平衡操作実施決定 (4/22), 日銀, FRBNY と 1.5 億ドルのドル円スワップ取決め締結 (10/29)	金利平衡税を含む国際収支特別教書提出 (7/18), ケネディ暗殺, ジョンソン大統領就任 (11/22)
1964	IMF 8 条国へ移行 (4/1) 池田内閣総辞職, 佐藤内閣成立 (11/9)	著名な 34 名の経済学者のベラジオ・グループ, 弾力的為替政策, 流動性創造メカニズム変更提唱 (6/30) トンキン湾事件 (8/2)
1965	日銀, 山一へ特融決定 (5/21) 戦後初の赤字国債発行 (11/19)	米, ベトナム北爆開始 (2/7)
1966	柏木国際金融局長就任 (8/1)	中国, 文化大革命始まる (5/16)
1967	佐藤訪米, 日米共同声明 (11/15)	欧州共同体 (EC) 発足 (7/1), IMF 総会で SDR 創出等決議 (9/29), ポンド危機 (11/18), ロンドン, パリなど金市場でゴールド・ラッシュ (11/22, 12/12)
1968	大蔵省柏木財務官, 村井国金局長就任 (6/15) 佐藤内閣改造, 福田蔵相 (11/30)	ジョンソン大統領, 国際収支改善, ドル防衛特別教書発表 (1/1), 第 3 次ゴールド・ラッシュ (2/29), 米, 法定金準備撤廃法成立, 欧州金/為替市場大混乱 (3/14), 金プール 7 カ国中銀総裁会議で金の二重価格制度採用決定〔金プール廃止〕(3/17), ジョンソン大統領, 北ベトナム爆撃停止, 和平交渉呼び掛け (3/31), ロンドン, パリ為替市場閉鎖 (11/20), フランクフルト為替市場閉鎖 (11/21)

日米通貨外交/国際金融関係年表

年	日 本	米国/国際
1969	公定歩合引き上げ，6.25%（9/1） 奥村国金局長就任（11/11） 佐藤・ニクソン共同声明，沖縄返還合意（11/21） 佐々木日銀総裁就任（12/17）	バーンズ顧問，政権移行準備作業委員会報告で国際収支政策提案（1/18），ニクソン大統領就任（1/20），IMF，SDR創出決定（9/29），西独，変動為替相場へ（9/30-10/27），マルク9.29%切り上げて固定相場へ復帰（10/27）
1970	日銀，BIS出資，正式加盟発表（1/2），第3次佐藤内閣成立，福田蔵相（1/14） 繊維問題閣僚級協議（6/22-24），稲村国金局長就任（10/9），公定歩合0.25%引き下げ，6%（10/28）	バーンズFRB議長就任（2/1） FRB，公定歩合を6%から5.75%（11/13），同5.5%へ引き下げ（12/4）
1971	公定歩合0.25%引き下げ，5.75%（1/20） 大量のドル売り円買い（5/6, 9, 15），公定歩合0.25%引き下げ，5.5%（5/8） 細見財務官就任（6/1），第1次円対策8項目決定（6/4） 沖縄返還協定調印（6/17） 第3次佐藤改造内閣発足，水田蔵相（7/5），経済学者，小刻み円切り上げ提案（7/10），公定歩合0.25%引き下げ，5.25%（7/28） ボルカーより柏木へ早朝，金・ドル交換性停止電話連絡．水田蔵相，佐々木日銀総裁，円平価維持表明．ドル売り殺到（8/16），円転規制厳守，対外負債残高規制通達（8/19），27日までに旧平価で約40億ドル買い介入実施後変動相場制へ移行．対パリティ比5.5%上昇（8/28），政府，円対策8項目の大綱発表（9/3） 日米繊維政府間協定了解覚書仮調印（10/15）	FRB，公定歩合5.25%（1/8），同5%へ引き下げ（1/22），コナリー財務長官就任（2/11），FRB，公定歩合4.75%へ引き下げ（2/19），ニクソン，日本繊維自主規制案を拒否（3/11），ロンドン金市場で67年以来の最高値（4/30），西独，為替市場閉鎖，各国追随（5/5），マルクのフロート移行決定，オランダ追随（5/9），西独，オランダ，変動相場制へ移行，市場再開（5/10）．コナリー，ミュンヘンで西側諸国は米国と責任分担すべきと演説（5/28），ロイス両院経済合同委員会国際通貨小委員会委員長，ドルの金交換性停止とフロート移行決議案提出（6/3），ウイリアムズ委員会，通貨調整，課徴金導入，黒字国による分担肩代わり勧告（7/14），ニクソン，対中政策全面転換発表（7/15），FRB，公定歩合5%へ引き上げ（7/16） 米財務省，対外準備が38年以来最低，100億ドル割れ懸念表明（7/27），ロイス国際通貨小委員会，ドル切り下げを含む国際通貨政策提案（8/7），各地の為替市場混乱，NY連銀，23億ドルのスワップ発動（8/9），キャンプ・デービッドで秘密会議（8/13-15），ドル防衛・景気対策のための新経済政策［ニクソン・ショック］発表（8/15），西欧各国，為替市場閉鎖（8/16） ロンドンG10で通貨調整の第1回協議（9/15），ワシントンで第2回協議（9/26），FRB，公定歩合引き下げ，4.75%（11/19），ローマG10でドルの約10%対金で切り下げ示唆（11/30），ニクソン・ポンピドー，アゾレス会談で金価格引き上げなど合意（12/13-14），FRB，公定歩合4.5%へ引き下

年	日本	米国/国際
1972	スミソニアン合意により基準外国為替相場を16.88%切り上げ, $1=¥308 へ (12/20) 公定歩合0.5%引き下げ, 4.75% (12/29) 日米繊維協定調印 (1/3), 佐藤/ニクソン会談, 沖縄返還決定 (1/6-7)	げ (12/17) スミソニアン会議. 多角的通貨調整で合意, 金価格を38ドルに引き上げ, 為替変動幅は2→4.5%へ拡大 (12/17-18) ニクソン訪中 (2/21-27)
1973	沖縄施政権返還 (5/15), 田中通産相,「列島改造論」発表 (6/11), 公定歩合0.5%引き下げ, 4.25% (6/24), 外国為替市場閉鎖 (6/24), 再開 (6/29). 稲村財務官, 林国金局長就任 (6/27), 佐藤内閣総辞職, (7/6) 第1次田中内閣成立, 植木蔵相 (7/7), 田中・ニクソン, ハワイ会談 (9/1), 田中首相, 大平外相訪中 (9/25-29), 衆議院選挙 (11/13), 第2次田中内閣発足, 愛知蔵相 (12/22)	EC加盟国間の為替変動幅を2.25%以下とするスネーク誕生 (3/7), シュルツ財務長官に就任 (3/15), 英ポンド, スネーク離脱, 欧州各国, 外為市場閉鎖 (6/23), 市場再開 (6/28), 日欧中銀, スミソニアン相場維持のため, 60億ドルのドル買い介入 (6/28-7/14). FRB, ニクソン・ショック以来初めてマルク売りドル買市場介入 (7/19), シュルツ, IMF総会で固定為替制度の弾力化を内容とする国際通貨体制改革案を提出, 20カ国委員会 (C 20) 発足 (7/26) 英国, デンマーク, アイルランド, ECに正式加盟 (1/1), FRB, 公定歩合5%へ引き上げ (1/15), ベトナム和平協定調印 (1/27)
	外国為替市場閉鎖 (2/10), 市場再開し変動相場制へ移行, スミソニアン/レート比17.75%上昇 (2/14) 為替市場を19日まで閉鎖 (3/2)	シュルツ, ドルの10%切り下げなど対外政策発表, 欧州主要外為市場閉鎖 (2/12), 再開 (2/14), FRB, 公定歩合5.5%へ引き上げ (2/22), 欧州中銀, 36億ドルのドル買い介入後2週間市場閉鎖決定 (3/1), EC諸国蔵相は, 6カ国が共同で対ドル・フロート決定. 英・伊・アイルランドは独自フロート (3/11), 外為市場再開, ドル投機沈静化 (3/19), IMF 20カ国委員会蔵相会議, 国際通貨制度改革討議, 共同声明発表 (3/26)
	公定歩合0.75%引き上げ, 5% (4/2), 0.5%引き上げ, 5.5%へ (5/30), 松川国金局長就任 (6/26), 公定歩合0.5%引き上げ, 6% (7/2) 田中・ニクソン首脳会談 (7/31-8/1), 公定歩合1%引き上げ, 7% (8/29), 愛知蔵相急死, 福田蔵相就任 (11/25), 公定歩合2%引き上げ, 9% (12/20) OAPEC, 日本を友好国とし, 石油供給決定 (12/25)	ウォーターゲート事件発覚 (4/27), FRB, 公定歩合5.75% (5/4), 同6%へ引き上げ (5/11), ロンドン金価格, $100台乗せ (5/14), FRB, 公定歩合6.5% (6/11), 同7% (7/2), 同7.5%へ引き上げ (8/14), 第4次中東戦争勃発 (10/6), 湾岸6カ国, 原油価格の21%引き上げ, 第1次オイルショック (10/16), OAPEC, 石油減産措置決定 (10/17), 湾岸6カ国, 原油価格を倍増決定 (12/23)
1974	300円で大量ドル売り介入 (1/7-24), 為替市場閉鎖 (1/21), 再開 (1/23) 外準急減.	仏, EC共同フロート離脱, 独ベネルックスなど外為市場閉鎖 (1/21), 米国, 金利平衡税, 対外投融資規制廃止 (1/30), FRB,

日米通貨外交/国際金融関係年表　　　　　　　　　　　405

年	日　本	米国/国際
	吉田財務官，大倉国局長就任（6/26） パリで田中・ニクソン会談（7/4） 大平蔵相就任（7/16） フォード大統領来日（11/11） 三木内閣成立，大平蔵相（12/9） 森永日銀総裁就任（12/17）	公定歩合，8％へ引き上げ（4/25），フランクリン・ナショナル銀行経営破綻（5/10），C 20，国際通貨制度改革，IMF協定改正決定（6/12），IMF，フロート制のガイドライン決定（6/13），ヘルシュタット銀行破綻（6/26） ニクソン辞任（8/8），フォード大統領就任（8/9），FRB，高率適用制度創設（9/25），パリ金市場で金$200/オンス突破（12/30），FRB，公定歩合7.75％へ引き下げ，（12/9）
1975	公定歩合0.5％引き下げ，8.5％（4/16），0.5％引き下げ，8％（6/7），藤岡国金局長就任（7/8），三木・フォード会談（8/5），公定歩合0.5％引き下げ，7.5％（8/13），天皇・皇后訪米（9/30），公定歩合1％引き下げ，6.5％（10/24），財政特例法公布，国債大量発行へ（12/25）	FRB，公定歩合7.25％（1/10），同6.75％（2/5），同6.25％へ引き下げ（3/10） サイゴン陥落，ベトナム戦争終結（4/30），FRB，公定歩合6％へ引き下げ（5/15）． 第1回サミット，ランブイエで開催，IMF協定IV条修正，変動相場制を正式承認（11/15-17）
1976		キングストン合意．IMF暫定委員会で，変動相場制承認（1/8），FRB，公定歩合5.5％へ引き下げ（1/19） 米上院外交委員会，ロッキード社違法献金発表（2/4）
	松川財務官就任（6/11） 三木・フォード首脳会談［於ワシントン］（6/30），田中元首相逮捕（7/27） 三木首相辞任（12/17），福田内閣発足，坊蔵相（12/24）	プエルトリコで第2回主要先進国首脳会談（6/27-28），毛沢東死去（9/9），FRB，公定歩合5.25％へ引き下げ，（11/22），EC首脳会議，対日貿易不均衡是正宣言採択（11/30）
1977	モンデール副大統領来日（1/30-2/1）	カーター大統領就任（1/20），モンデール副大統領を同盟国へ派遣，成長促進で国際収支黒字削減を要求（1/25），米，300億ドルの内需拡大策，日独へ追随呼掛け（2/2），クライン教授，円，マルク10％切り上げ提唱（2/8），ロンドンの第3回サミットで，日独両国は通貨の切り上げ容認，各国は目標経済成長達成を約束（5/7-8），ブルメンソール財務長官，円，マルクへ口先介入（5/25），FRB，公定歩合5.75％（8/31），同6％へ引き上げ（10/26），カーター大統領，石油輸入削減，必要あれば為替介入すると声明（12/21）
	公定歩合0.5％引き下げ，6％（3/12），ワシントンで福田・カーター首脳会談（3/19-22），公定歩合1％引き下げ，5％（4/19），亘国金局長就任（6/10） 総合経済対策決定，公共投資2兆円追加（9/3），公定歩合0.75％引き下げ，4.25％（9/5），240円で大量のドル買い介入（11/24-28），福田内閣改造，村山蔵相，牛場対外経済相（11/28）	
1978	日銀，前年末にNY連銀と委託介入取り決め締結公表（1/6） 公定歩合0.75％引き下げ，3.5％（3/16） 福田・カーター首脳会談（4/30-5/6） 佐上財務官，宮崎国金局長就任（6/17）	財務省/FRB，外為市場介入強化発表（1/4），FRB，公定歩合を6.5％へ引き上げ（1/9），ミラーFRB議長就任（3/8） カーター大統領，インフレ対策発表，IMF新協定発効（4/1），FRB，公定歩合7％

年	日　本	米国/国際
1979	円相場，200円台割れ（7/24） 内需拡大，不況産業対策などで総合経済対策決定（9/2） ドル急騰176円（10/31）→186円（11/2） 第1次大平内閣成立，金子蔵相（12/7）	（5/11），同7.25％へ引き上げ（7/3），ボンで第4回サミット（7/16-17），FRB,公定歩合7.75％（8/21），同8％（9/22），同8.5％へ引き上げ（10/16），総合ドル防衛策［カーター・ショック］，FRB,公定歩合9.5％へ引き上げ（11/1），イラン革命で，OPECは原油価格を段階的に，79年中に年平均10％引き上げ決定（12/17），米当局，2億730万ドル相当円売り介入（78/8-79/1） 米中国交樹立（1/1），イラン国王亡命（2/5）
1980	公定歩合0.75％引き上げ，4.25％（4/17） 大平・カーター首脳会談（4/30-5/2） 東京で第5回サミット開催，石油危機乗り切りで共通戦略（6/28-29） 加藤隆司国金局長就任（7/10），公定歩合1％引き上げ，5.25％（7/24），衆議院選挙（10/7） 公定歩合1％引き上げ，6.25％（11/2），第2次大平内閣発足，竹下蔵相（11/9） 外為法，外資関係法一本化，原則禁止から原則自由/有事規制へ（12/7），前川日銀総裁就任（12/17） 公定歩合1％引き上げ，7.25％（2/19），竹下蔵相，前川日銀総裁，円相場安定談話発表（3/2），公定歩合1.75％引き上げ，9％（3/19），大平・カーター日米首脳会談（5/1），内閣不信任案成立で衆院解散（5/19），大平首相，選挙運動中死去，伊藤首相代理（6/12），衆参両議院同日選挙（6/22） 鈴木内閣成立，渡辺蔵相（7/17） 公定歩合0.75％引き下げ，8.25％（8/20），抑制的総合経済対策8項目決定（9/5） 公定歩合1％引き下げ，7.25％（11/6） 新外為法施行（12/1）	欧州通貨制度（EMS）発足（3/13），OPEC,原油価格引き上げ決定7月以降，前末比41％上昇など（6/28），FRB,公定歩合10％へ引き上げ（7/20），ボルカー，FRB議長に就任（8/6），FRB,公定歩合10.5％（8/17），同11％へ引き上げ（9/19），EMS,平価調整マルク切り上げ（9/24），FRB,金融調節を金利からマネーサプライ中心に行う方針発表（10/6），FRB,公定歩合12％へ引き上げ（10/8） テヘラン米大使館占拠（11/4） ソ連軍，アフガニスタン侵攻（12/27） NY金先物，$1,000/oz突破（1/22），FRB,公定歩合13％へ引き上げ（2/15），カーター大統領，インフレ対策発表（3/14），米国，イランと断交（4/7），FRB, NY市場で2,168億ドルの円買い介入（4/8），FRB,公定歩合12％（5/30），同11％へ引き下げ（6/13），ベネチアの第6回サミット，インフレ対策と石油問題が主要議題（6/21-23），FRB,公定歩合10％へ引き下げ（7/28），同11％（9/26），同12％（11/17），同13％へ引き上げ（12/5），OPEC, 標準油種価格$32/バレルに引き上げ決定（12/15） プライム・レート，史上最高の21.5％に（12/19）
1981	 公定歩合1％引き下げ，6.25％（3/18），日米自動車協議決着（5/1） ワシントンで鈴木・レーガン首脳会談（5/7	米当局50百万ドルの円売り介入（1/5），レーガン大統領就任，リーガン財務長官，スプリンケル次官（1/20），経済再建計画発表［レーガノミックス］（2/18），レーガン大統領狙撃され，DM売り74.4百万ドル買い介入（3/30），スプリンケル次官，限定的介入政策を議会証言（5/4），FRB,公定歩合14

日米通貨外交/国際金融関係年表

年	日 本	米国/国際
1982	-8) 渡辺財務官就任 (6/26) 公定歩合 0.75% 引き下げ, 5.5% (12/11)	% へ引き上げ, (5/5), オタワで第7回サミット開催, 米高金利批判さる (7/20-22) EMS の多角的通貨調整 (10/5), FRB, 公定歩合 13% (11/2), 同 12% へ引き下げ, (12/4)
1983	大場国金局長就任 (6/1) 鈴木・レーガン首脳会談 (6/4) 鈴木内閣総辞職, 中曽根康弘内閣成立, 竹下蔵相 (11/27)	EMS 通貨調整 (2/22) ベルサイユで第8回サミット. 相互の多角的監視承認, 仏ジュルゲンセン財務官を中心に介入効果を調査すること決定 (6/4-6), FRB, 公定歩合 11.5% (7/20), 同 11% へ引き下げ (8/2), メキシコ・ペソ暴落で為替市場閉鎖 (8/13), FRB, 公定歩合 10.5% (8/16), 同 10% へ引き下げ (8/27), 米当局 38.5 百万ドルの円買いドル売り介入 (8/4, 10/4-6), FRB, 公定歩合 9.5% (10/12), 同 9% (11/22), 同 8.5% へ引き下げ (12/15)
1984	中曽根・レーガン首脳会談 (1/17-21) 中曽根・レーガン首脳会談 (5/27) 大場財務官, 酒井国金局長就任 (6/7), 内需拡大, 輸入促進など6項目の総合経済対策決定 (10/21), 公定歩合 0.5% 引き下げ, 5% (10/22) レーガン大統領来日 (11/9-12) 衆議院選挙 (12/18) 第2次中曽根内閣発足, 竹下蔵相 (12/17) 第1回日米円ドル委員会開催 (2/23), 為替先物取引の実需原則廃止, 居住者ユーロ円債発行解禁 (4/1), 市場開放など対外経済対策決定 (4/27), 大蔵省,「日米円ドル委員会作業部会報告書」,「金融の自由化及び円の国際化についての現状と展望」発表 (5/30) 大蔵省, 円転規制廃止 (6/1), 行天国金局長就任 (6/26) 中曽根内閣改造, 竹下蔵相 (11/1), 澄田日銀総裁就任 (12/17)	EMS, 多角的通貨調整実施 (3/21), G5 でジュルゲンセン報告発表 (4/29) ウイリアムズバーグで第9回サミット, 為替市場介入/保護主義抑制等に関する宣言発表 (5/28-30). 米当局, 71.5 百万ドル (7/29〜8/5), 29.6 百万ドル (10/31〜11/1) の円買いドル売り介入. FRB, 公定歩合 9% へ引き上げ (4/9), コンチネンタル・イリノイ銀行取付発生 (5/〜), ロンドンで第10回サミット開催 (6/7-9) レーガン再選 (11/6), FRB, 公定歩合 8.5% (11/21), 同 8% へ引き下げ (12/29)
1985	ロサンゼルスで中曽根・レーガン首脳会談 (1/2-5), G5, 協調介入の可能性声明 (1/17)	ワシントンで G5, 竹下蔵相, 澄田日銀総裁出席, ポンド危機, ドルの過大評価議論 (1/17), リーガン財務長官, ベーカーと交代 (2/4), マルフォード財務次官, 下院国際経済委員会で, 市場介入に否定的証言 (3/5), ボルカー FRB 議長, 下院予算委員会でドルの切り下げ必要と証言 (3/7), 米上院「対日報復決議」採択 (3/27), 米当局,

年	日　本	米国/国際
	G10，変動相場制維持，サーベイランス強化など東京声明 (6/21)，プラザ合意発表で円は史上最大の上昇（前週末比 11 円 90 銭高の 230 円 10 銭，介入金額 15 億ドル？ (9/24)，債券市場暴落 (9/25)	4880 万ドル売り円買い介入 (1/21-3/1)，シュルツ国務長官，プリンストン大学で米財政健全化，日本の市場開放など訴える (4/11)，ボン・サミットで米財政削減，日本は市場開放，欧は失業対策合意 (5/2-4)，ERB，公定歩合 7.5％ へ引き上げ (5/17)，EMS 通貨調整 (7/22)，5 カ国蔵相・中銀総裁会議開催，ドル高修正のため為替市場への協調介入で合意，プラザ合意 (9/22)，米，新通商政策発表，ドル 1 日で 4％ 下落 (9/23)，米当局の 32 億ドルのドル売り介入，内円買いは 13.6 億ドル相当 (9/23 以降 40 日)，米当局，1.22 億ドル売り介入，内対円 7720 万ドル (11/7)，91 年赤字脱却目指すグラム・ラドマン法制定 (12/12)
	日銀，短期金利銀高め誘導，債券暴落 (10/24-25)	
	ドル，200 円 50 銭 (12/30)	
1986	公定歩合 0.5％ 引き下げ，4.5％ (1/30)	ロンドン G5，協調利下げ合意 (1/18)，FRB，公定歩合 7％ へ引き下げ (3/7)
	G7，初の協調利下げ (3/6)，公定歩合 0.5％ 引き下げ，4％ へ (3/10)，プラザ合意後初のドル買い単独介入 (3/18)，「前川レポート」発表 (4/7)，竹下・ベーカー会談，G10 円高防止合意できず (4/8)，公定歩合 0.5％ 引き下げ，3.5％ (4/21)，宮沢，円高で政府批判 (4/22)，170 円死守のため 15 億ドル買い介入 (4/21)	キャンプ・デービッドで中曽根・レーガン会談 (4/13)，FRB，公定歩合 6.5％ へ引き下げ (4/21)
	東京サミット，政策協調と相互監視など合意 (5/4-6)	ベーカー，G7 創設，政策協調に多角的監視提案 (5/13)，中国，人民元を 15.8％ 切り下げ (7/5)，FRB，公定歩合 6％ (7/11)，同 5.5％ へ引き下げ (8/21)
	行天財務官，内海国金局長就任 (6/10)	
	衆参同日選挙実施，選挙後円急騰 (7/6)，第 3 次中曽根内閣成立，宮沢大蔵大臣就任 (7/22)	
	日米半導体交渉最終合意 (7/31)，サンフランシスコで宮沢・ベーカー会談，協調利下げ，ドル買い介入で協議 (9/6)，公共投資 3 兆円追加などの総合経済対策決定 (9/8)，宮沢・ベーカー，為替安定の共同声明 (10/31)	G7，ワシントンで初会合 (9/27)，レイキャビクで米ソ首脳会議 (10/11)，ロンドン証券取引所，ビッグ・バン実施 (10/27)
	公定歩合 0.5％ 引き下げ，3％ (11/1)，東京オフショア市場発足 (12/1)，87 年度予算が緊縮的で宮沢・ベーカー合意違反としてドル売られる (12/30)	
1987	円高進行，150 円割れ (1/19)，宮沢・ベーカー会談 (1/21)，通産省，商社などの為替取引調査 (1/26)，公定歩合 0.5％ 引き下げ，2.5％ (2/23)，円相場，145 円突破 (3/30)，	EMS 通貨調整 (1/12)
		ベーカー，議会でドル安容認発言 (1/8)，NY 連銀，5000 万ドル買い円売り介入 (1/28)，チューリヒの G5D，レファレンス・

日米通貨外交/国際金融関係年表

年	日　本	米国/国際
	86年度ドル買い介入額約300億ドル． 円相場，140円突破新高値（4/24），ワシントンで中曽根・レーガン会談．ドル安防止・貿易不均衡是正声明（4/30-5/5），新前川レポート，首相へ提出（5/14），6兆円超内需拡大策を含む緊急経済対策決定（5/29） 中曽根裁定で竹下を自民党総裁に指名，東証平均株価，3,836円安（10/20） 竹下内閣成立，宮沢蔵相（11/6） 円相場130円突破（12/11）	レンジ議論（1/29） G5，為替を当面の水準で安定させるとするルーブル合意成立（2/22），米，日米半導体協定違反の報復措置発表（3/27），ワシントンG5，G7，ルーブル合意再確認（4/8）．2-4月，米当局39.6億ドル買い円売り介入．日米半導体協定不履行を理由に，3億ドル相当の日本製電子工業製品に100%の報復関税措置（4/17） ベネチア・サミット，多角的監視強化，通貨安定で成長目指す政策協調声明（6/7-10），5-7月，米当局，1.23億ドル買い円売り介入．グリーンスパンFRB議長就任（8/11），FRB，公定歩合6%へ引き上げ（9/4），G5，G7，ルーブル合意再確認（9/26），グラム・ラドマン法修正，均衡予算目標2年先送り（9/29），ベーカー，西独金利上昇批判（10/16），ブラック・マンデー，NYダウ平均508ドル下落（10/19），8-10月，米当局，4.5億ドル買い円売り介入．バーゼル銀行監督委員会，銀行自己資本比率統一基準提言（12/7），レーガン・ゴルバチョフ会談（12/8-10） G7，為替相場安定をめざす共同声明＝クリスマス合意（12/23） 米当局，17.5億ドル買い円売り介入（11月-88年1月）
1988	円相場，120円台をつけ，ドル買い協調介入（1/4），竹下・レーガン会談（1/13） リクルート事件発覚（6/18） 円安進行，134円台へ（7/1） ドル急落，121円台へ（11/11） 宮沢蔵相，リクルート疑惑で辞任（12/9），村山蔵相就任（12/24）． 第2次竹下内閣発足，村山蔵相（12/27）	米当局，5.78億ドル買い売り介入（2-4月） トロント・サミット（6/19-21），銀行自己資本比率規制決定（7/11），FRB，公定歩合6.5%へ引き上げ（8/9），レーガン，1988年包括通商法案に署名（8/23） ブレディ財務長官就任（9/15） 米当局，2億ドル買い円売り介入（8-10月），17.7億ドル買い円売り介入（11月-89年1月）
1989	昭和天皇逝去（1/7），ドル高進行，130円突破（2/1），3%消費税実施（4/1），竹下首相退陣表明（4/25），予算案単独採決（4/28） 公定歩合0.75%引き上げ，3.25%（5/31），円急落，151円台（6/2），宇野内閣成立，村山蔵相（6/3），内海財務官，千野国金局長就任（7/18），参院選挙，与党逆転（7/23），海部内閣成立，橋本蔵相（8/10），海	ブッシュ大統領就任（1/20），FRB，公定歩合7%へ引き上げ（2/24） ブレディ・プラン発表（3/10），米当局，1.5億ドル売り円買い介入（2-4月） ブッシュ，スーパー301条対日適用決定，日米構造問題協議提案（5/26），天安門事件（6/3），第15回アルシュ・サミット（7/14），5-7月，米当局，72.4億ドル売り円買い介入．

年	日本	米国/国際
1990	部・ブッシュ会談 (9/1), 日米構造協議開始 (9/4) 公定歩合 0.5% 引き上げ, 3.75% (10/11) 三重野日銀総裁就任 (12/17), 公定歩合 0.5% 引き上げ, 4.25% (12/25), 日経平均株価, 市場最高値 38,915 円 (12/29) 衆院選挙で自民党大勝 (2/18), 円, 株, 債券トリプル安, 円も一時 149 円 (2/26) パームスプリングで海部・ブッシュ会談 (3/2-3), ベーカー・竹下会談で公共投資 430 兆円約束 (3/11), 公定歩合 1% 引き上げ, 5.25% (3/20) 株価暴落, 3 万円割れ, 円 155 円台 (3/22), 不動産向け融資総量規制 (3/27) 日米蔵相会議, 円安への懸念表明 (4/7), ブッシュ, 構造協議中間報告評価, 不公正貿易国から日本を除外すると声明 (4/27) 日米構造協議最終報告 (6/28) 海部首相, 中東貢献策発表, 10 億ドル拠出 (8/29), 公定歩合 0.75% 引き上げ, 6% (8/30) ブレディ来日, 湾岸資金援助 30 億ドル追加拠出要求, (9/7), 日本側受入れ (9/14) 東証平均株価, 2 万円割れ (10/1)	8-10 月, 米当局, 32.89 億ドル売り円買い介入。 ベルリンの壁崩壊 (11/9) マルタでブッシュ・ゴルバチョフ会談, 冷戦終結確認 (12/2-3) 米当局 7.5 億ドル売り円買い介入 (11 月-90 年 1 月) G7, 円安防止に向けての協調確認 (4/7), 2-4 月, 米当局, 15.8 億ドル売り円買い介入 ヒューストン・サミット (7/9-11), イラク, クウェート侵攻 (8/2) 東西ドイツ統合 (10/3) 中国, 人民元レート 9.6% 切り下げ, $1=RMB 5.22 (11/17) FRB, 公定歩合 6.5% へ引き下げ, (12/19)
1991	橋本・ブレディ会談で 90 億ドル拠出要求, 日本側受入れ (1/24), 掃海艇をペルシャ湾へ派遣決定 (4/24), 5-6 月, 563 億円のドル売り円買い介入。 公定歩合 0.5% 引き下げ, 5.5% (7/1) 千野財務官, 江沢国金局長就任 (7/24) 139 億円のドル売りマルク買い介入実施 (8/19), 橋本蔵相, 証券・金融不祥事のため辞任 (10/14) 宮沢内閣成立, 羽田蔵相 (11/5) 公定歩合 0.5% 引き下げ, 5% (11/14), 同 0.5% 引き下げ, 4.5% (12/30)	湾岸戦争勃発 (1/17), FRB, 公定歩合 6% へ引き下げ (2/1), 湾岸戦争停戦 (2/28), 米当局, 3000 万ドルドル売り円買い協調介入実施 (3/11), 中国, 人民元小刻み調整開始, 年末には $1=RMB 5.4131 (4/9), FRB, 公定歩合 5.5% へ引き下げ (4/30) ロンドン・サミット (7/15-17) FRB, 公定歩合 5% へ引き下げ (9/13), G7, 現行為替水準容認 (10/12), FRB, 公定歩合 4.5% (11/6), 同 4% へ引き下げ (12/6), マーストリヒトの EC 首脳会議, 欧州連合創設宣言 (12/11), FRB, 公定歩合 3.5% へ引き下げ (12/20), ゴルバチョフ大統領辞任, ソ連崩壊 (12/25)
1992	東京で宮沢・ブッシュ会談 (1/9) 日経平均株価 2 万円割れ (3/16) 1-3 月, 1346 億円のドル売り円買い介入実施。公定歩合 0.75% 引き下げ, 3.75% (4/1)	米当局, 本邦当局と協調, 0.5 億ドル (1/17), 1 億ドル (2/17), 0.5 億ドル (2/20) 売り円買い介入。G7 円高誘導, 政策協調宣言 (4/26) FRB, 公定歩合 3% へ引き下げ (7/2), ミ

日米通貨外交/国際金融関係年表

年	日 本	米国/国際
1993	ワシントンG7で円の下落に共通の懸念表明（4/25） 4-6月，5185億円のドル売り円買い介入．中平国金局長就任（7/14），公定歩合0.5%引き下げ，3.25%（7/27），7-8月，638億円のドル売り円買い介入．円相場，120円突破（9/28），第2次宮沢内閣発足，林蔵相就任（12/10） 公定歩合0.75%引き下げ，2.5%（2/4），ワシントンで宮沢・クリントン会談（4/16） 4-6月，1兆7113億円のドル買い円売り介入実施 内閣不信任案可決，衆議院解散（6/18），東京サミット（7/7-9），衆議院選挙（7/18），中平財務官，加藤隆俊国金局長就任（7/13）細川内閣成立，藤井蔵相（8/9），ドル一時100円台（8/17），公定歩合0.75%引き下げ，1.75%（9/21），ワシントンで細川・クリントン会談（9/27） 7-9月，8419億円のドル買い円売り，48億円のマルク買い円売り介入実施 シアトルで細川・クリントン会談（11/19）	ュンヘンで第18回サミット（7/6），欧州通貨大混乱，英・伊ERM離脱（9/17） クリントン大統領就任（1/13），ベンツェン財務長官，サマーズ財務次官就任（1/20） G7円高容認発言相次ぐ（4/25） 米当局，2億ドル（4/27），2億ドル（5/27），4.9億ドル（5/28），3.8億ドル（6/8），1.65億ドル（8/19）買い円売り介入実施 マーストリヒト条約発効，欧州共同体から欧州連合［EU］に（11/1）
1994	ワシントンで細川・クリントン会談，日本市場開放の数値目標受入れ拒否で決裂（2/11），G7で日本の巨額貿易黒字に批判集中（2/26） 2-3月，5605億円のドル買い円売り介入実施 羽田内閣発足，藤井蔵相（4/28） 村山内閣発足，武村蔵相（6/30） 4-6月，8139億円のドル買い円売り介入実施 東京で一時ドル97円68銭（7/1） ナポリ・サミットで村山・クリントン会談（7/8） 日米包括経済協議の閣僚級交渉，政府調達・保険等の分野で合意（9/30），7-9月，3340億円のドル買い円売り介入実施 ジャカルタで村山・クリントン会談（11/14） 松下日銀総裁就任（12/17） 10-11月，3556億円のドル買い円売り介入	中国人民元$1＝RMB 5.8→8.7へ切り下げ（1/1），FRB, FF金利3.25%へ引き上げ（2/4） クリントン，88年包括通商法スーパー301条を2年間復活させる行政命令に署名（3/3），FRB, FF金利3.5%（3/22），同3.75%へ引き上げ（4/18），米当局，2億ドル買い円売り介入実施（4/29），FRB, 公定歩合3.5%, FF金利4.25%へ引き上げ（5/17） 米当局，5億ドル買い円売り（5/4），6.1億ドル買い円売り介入実施（6/24） FRB公定歩合4%, FF金利4.75%へ引き上げ（8/16） 米当局，他中銀と協調，8億ドル（11/2），5億ドル（11/3）買い円売り介入実施 FRB, 公定歩合4.75%, FF金利5.5%へ引

年	日本	米国/国際
1995	実施 阪神淡路大震災 (1/17) 地下鉄サリン事件 (3/20) 2-3月, 1兆7954億円のドル買い円売り介入実施 緊急円高対策閣議決定, 公定歩合0.75%引き下げ, 1% (4/14), 日米自動車部品交渉不調, 東京市場で一時79円75銭 (4/19) 加藤財務官・榊原国金局長就任 (6/21) 4-6月, 6050億円のドル買い円売り介入実施 海外投資促進を柱とする緊急円高対策 (8/2) 過去最大の8576億円のドル買い介入, 公定歩合0.5%引き下げ, 0.5% (9/8) 大和銀行NY支店巨額損失公表 (9/26) 7-9月, 2兆5584億円のドル買い円売り介入実施. 住専処理策, 閣議決定 (12/19)	き上げ (11/15) メキシコ・ペソ暴落 (1/4) ルービン財務長官就任 (1/11), FRB, 公定歩合5.25%, FF金利6%へ引き上げ (2/1) ベアリングズ倒産 (2/26) 米当局, 対円で3億ドル (3/2), 3.7億ドル (3/3) 買い介入実施 G7 ［ドルの秩序ある反転望ましい］との声明 (4/25) 米当局, アジア市場で5億ドル, NYで2.5億ドルのドル買い (4/3), 日独と協調, 2.5億ドル買い (4/5), 5億ドル買い (5/31) 円売りを実施. FRB, FF金利5.75%へ引き下げ (7/6) 米当局, 3.3億ドル (7/7), 5億ドル (8/2), 日独と協調で3億ドル (8/15) の買い, 円売り介入を実施 FRB, FF金利5.5%へ引き下げ (12/19)
1996	橋本内閣発足, 久保蔵相 (1/11) 2-3月, 1兆6036億円のドル買い円売り介入実施 橋本・クリントン会談, 日米安全保障共同宣言発表 (4/17) 第2次橋本内閣発足, 三塚蔵相 (11/7), 日本版ビッグ・バン構想発表 (11/11), 日米保険協議決着 (12/15)	FRB公定歩合5%, FF金利5.25%へ引き下げ (1/31)
1997	消費税率を3→5%へ引き上げ (4/1), 外為法改正法案成立 (5/16), 日銀法改正法案成立 (6/12) 榊原財務官, 黒田国金局長就任 (7/15) 三洋証券, 会社更生法適用申請 (11/3), 北海道拓殖銀行, 経営破綻 (11/17), 山一證券, 自主廃業決定 (11/24) 11-12月, 693億円のドル売りインドネシア・ルピア買い, 1兆591億円のドル売り円買い介入実施	第2次クリントン政権発足 (1/20) G7 (ベルリン) で, ドル高に懸念表明 (2/8), FRB, FF金利5.5%へ引き上げ (3/25) タイ・バーツへの投機売り加速 (5/13), デンバー・サミット (6/20-22), バーツがバスケット制から変動相場制へ移行, 急落 (7/2), マレーシア中銀, スワップ取引規制 (8/4), タイ政府, IMFへ支援要請 (8/5), インドネシア・ルピア変動相場制へ移行 (8/14, IMFへ支援要請 (10/8), 香港ドルの投機売り, 株式急落 (10/23), IMFインドネシアへ100億ドルの金融支援発表, 日米分を含め総額400億ドル (10/31) 韓国ウオン急落, IMFに支援要請 (11/21), 550億ドルの国際協調融資供与で合意 (12/3), 変動相場制へ移行 (12/15)

日米通貨外交/国際金融関係年表　　　　　　　　　　413

年	日　本	米国/国際
1998	改正預金保険法，金融機能安定化緊急措置法成立．30兆円の公的資金投入枠設定（2/16），大手21行へ1.8兆円投入（3/12） 速水日銀総裁就任（3/20） 改正外為法と改正日銀法施行（4/1） ワシントンG7で，過度の円安回避合意（4/15），金融システム改革関連法成立（6/5），円安，7年ぶりに140円台（6/8） 橋本・クリントン電話会談で円安防止協力確認（6/17），金融監督庁発足（6/22），4-6月，3兆470億円のドル売り円買い介入実施．参院選挙で自民党議席数大幅減（7/12） 小渕内閣発足，宮沢蔵相（7/30） 北朝鮮テポドン・ミサイル発射（8/31），宮沢・ルービン，サンフランシスコで会談（9/4），無担保コール・レート翌日物を0.25％へ引き下げ（9/9），アジア通貨危機に対応する「新宮沢構想」発表（10/3），金融再生関連法成立，公的資金枠60兆円へ拡大（10/12），金融早期健全化法成立（10/16），日本長期信用銀行の特別公的管理開始（10/23），日本債券信用銀行の特別公的管理開始（12/13），金融再生委員会発足（12/15）	IMFとインドネシア，構造改革プログラムで2度目の合意（1/15），韓国政府と日米欧の銀行団が債務繰り延べで合意（1/28） 米当局，8.33億ドル売り円買い実施（6/17），クリントン訪中（6/25-7/3） ロシア，IMF・世銀等が総額226億ドルの金融支援合意（7/13），マレーシア資本取引規制策発表（9/1），ヘッジファンドLTCM経営危機でNY連銀の主導下，民間金融機関が35億ドル拠出で救援（9/2-23），FRB，FF金利5.25％（9/29），同公定歩合4.75％，FF金利5％へ引き下げ（10/15） IMF，ブラジルへ総額415億ドルの緊急融資発表（11/13），FRB，公定歩合4.5％，FF金利4.75％へ引き下げ（11/17） ムーディーズ，日本国債格下げ（11/17）
1999	6563億円のドル買い円売り介入実施（1/12） 日銀，ゼロ金利政策決定（2/12），金融再生委員会，大手15行へ公的資金7.5兆円注入決定（3/12） 6月，2兆4996億円のドル買い，5396億円のユーロ買い円売り介入実施 日銀，時間軸政策採用（4/13），黒田財務官，溝口国金局長就任（7/8），7-9月，2兆3876億円のドル買い円売り介入実施 小渕第2次改造内閣発足，宮沢蔵相（10/5） 11-12月，1兆5053億円のドル買い，527億円のユーロ買い介入実施	欧州単一通貨ユーロ誕生（1/1） IMF，ブラジル向け49億ドルの第2次融資発表（3/8），NYダウ工業株30種平均，1万ドル突破（3/16） ケルン・サミットで国際金融システム強化合意（6/18-20），FRB，FF金利5％へ引き上げ（6/30） サマーズ財務長官就任（7/2） FRB，公定歩合を4.75％，FF金利5.25％へ引き上げ（8/24） グラス・スティーガル法改廃を含むGramm-Leach-Bliley Actに大統領署名（11/12） FRB，公定歩合を5％，FF金利5.5％へ引き上げ（11/16）
2000	1-3月，1兆5723億円のドル買い，720億円のユーロ買い円売り介入実施 1兆3854億円のドル買い円売り介入実施（4/3） 小渕首相倒れ，森内閣発足，宮沢蔵相（4/5），沖縄サミット（7/21-23），森・クリントン会談（7/22）	FRB，公定歩合5.25％，FF金利5.75％（2/2），同5.5％，6％へ引き上げ（3/21） ASEANと日中韓蔵相会議で通貨危機防止のため通貨スワップ協定を結ぶなど「チェンマイ・イニシアティブ」発表（5/6） FRB，FF金利6.5％（5/16），同公定歩合6％へ引き上げ（5/19）

年	日本	米国/国際
2001	日銀，政府の議決延期請求を拒否し，ゼロ金利政策解除，無担保コール翌日物を0.25%に (8/11) 1435億円のユーロ買い円売り介入実施 (9/22) 公定歩合を0.5%引き下げ，0.5% (1/4)，同0.15%引き下げ，0.35% (2/13)，同0.1%引き下げ，0.25%に．事実上ゼロ金利政策を復活．金融政策操作目標を日銀当座預金残高とする (3/1)，「量的緩和政策」へ転換．残高目標を5兆円へ (3/19) 小泉内閣発足，塩川財務相，竹中経済財政担当相 (4/24) 小泉・ブッシュ会談 (6/30) 日銀，当座預金残高目標を6兆円へ引き上げ (8/14) 日銀，公定歩合を0.15%引き下げ0.1%へ．当座預金残高目標を6兆円超に (9/18) 9月中，3兆1455億円のドル買い，652億円のユーロ買い円売り介入実施 小泉・ブッシュ会談 (9/25) フィッチ，S&P相次ぎ日本国債格下げAAへ (11/26, 28) 日銀，当座預金残高目標を10-15兆円へ引き上げ (12/19)	APEC蔵相会議で，日中韓は通貨危機再発防止体制早期確立で一致 (9/9) FRB，公定歩合5.75%，FF金利6% (1/3)，同公定歩合5.5%へ引き下げ (1/4)，ブッシュ大統領就任，オニール財務長官 (1/20)，FRB，公定歩合5%，FF金利5.5%へ引き下げ (1/31) ITバブル崩壊でNYダウ1万ドル割れ (3/13)，FRB，公定歩合4.5%，FF金利5% (3/20)，同4%，4.5% (4/18)，同3.5%，4% (5/15)，同3.25%，3.75% (6/27)，同3%，3.5%へ引き下げ (8/21) 同時多発テロ (9/11)，FRB，公定歩合2.5%，FF金利3% (9/17)，同2%，2.5%へ引き下げ (10/2) 米軍アフガニスタン攻撃 (10/7) FRB，公定歩合1.5%，FF金利2% (11/6)，同1.25%，1.75%へ引き下げ (12/11) アルゼンチン，公的債務1321億ドルの一時支払い停止宣言 (12/23)
2002	小泉首相，デフレ総合対策取りまとめ指示 (2/28) 東京市場で介入後，ロンドン，ニューヨークで123円60-70銭前後で円売り介入．ムーディーズ，円建て国債2段階引き下げA2 (5/31)，欧州円売り介入，FRBへ委託円売り介入 (6/28)，5-6月，3兆9924億円のドル買い，238億円のユーロ買い円売り介入実施 小泉・金正日会談 (9/17) 日銀，銀行保有株買取り方針決定 (9/18) 小泉改造内閣発足，竹中経財相が，金融相兼任，塩川財務相留任 (9/30) ペイオフ2年延期決定 (10/7)，総合デフレ対策発表，銀行貸出債権査定強化，資本不足銀行への公的資金注入明記，産業再生機構創設 (10/30) 日銀，当座預金残高目標を15-20兆円へ引き上げ (10/30)	ユーロ現金，EU12カ国で流通開始 (1/1)，訪日のオニール財務長官，円安より構造改革を日本に要求，エンロン会長辞任 (1/23)，単一通貨ユーロへの切り替え完了 (2/28) 超党派米下院議員24人は，オニール財務長官へ日本の為替介入に抗議するよう要求 (6/12) ワールドコム破産申請 (7/21) FRB，03年1月9日より市中銀行向け貸出に公定歩合適用停止決定 (10/31) 米中間選挙，共和党上下両院制す (11/5)，FRB中立型政策運営へ転換，公定歩合0.75%，FF金利1.25%へ引き下げ (11/16)

日米通貨外交/国際金融関係年表

年	日 本	米国/国際
2003	溝口財務官, 渡辺国際局長就任 (1/14)	FRB, 公定歩合2.25%へ引き上げ (1/9)
	参院予算委員会で, 舛添議員, 外為特会問題追及 (3/10)	スノー財務官就任 (2/3)
	日銀, 追加金融緩和策, 銀行保有株買取上限1兆円引き上げ, 3兆円へ (3/25)	米英軍イラクと開戦 (3/19)
	1-3月, 2兆2911億円のドル買い, 956億円のユーロ買い円売り実施. 福井俊彦日銀総裁就任 (4/20)	
	日経平均株価 7,603円76銭 (4/28)	
	日銀, 当座預金残高目標を17-22兆円 (4/8), 22-27兆円 (4/30) に引き上げ.	米英イラク全土掌握 (4/23)
	りそなグループへ2兆円規模の公的資金投入決定 (5/17), ロンドンで円売りドル買い介入 (5/19), 日銀, 当座預金残高目標を27-30兆円へ引き上げ (5/20), テキサスで日米首脳会談 (5/22-23)	グリーンスパン, FOMCでデフレ懸念表明 (5/6)
		ブッシュ, 「為替相場水準は市場が決めるが, 強いドル支持」(5/23)
	5-6月, 4兆5287億円のドル買い, 829億円のユーロ買い円売り介入実施	米国リフレ政策へ. FRB, 公定歩合2%, FF金利1%へ引き下げ (6/25)
	日銀, 金融政策現状維持決定 (7/15), 日経平均株価, 1年ぶりに終値で1万円大台回復 (8/20),	FRB, 金融緩和をかなりの期間継続の方針 (8/12)
	谷垣財務相就任 (9/22), NYで円売り委託介入 (9/30)	ドバイG7「為替レートのさらなる弾力性望ましい」と声明 (9/20)
	7-9月, 7兆5512億円のドル買い円売り介入実施	
	日銀, 当座預金残高目標を27-32兆円へ引き上げ (10/10)	
	衆議院選挙で与党3党絶対多数確保 (11/9), 第2次小泉内閣発足, 谷垣財務相留任 (11/19)	
	足利銀行一時国有化決定 (11/29), 日銀短観大企業製造業の景況感大幅改善 (12/12), 外為特会FB発行枠を今年度補正予算で20兆円, 04年度予算で40兆円増やし, 140兆円に (12/24), 財務省, 日銀と介入資金不足の場合, 10兆円を限度に外債を買戻し条件付きで売却約定 (12/26). 10-12月, 5兆8755億円のドル買い円売り介入実施	
2004	陸上自衛隊先遣隊イラク派遣決定 (1/8)	FRB,「超低金利をかなり長期間維持」を声明から削除 (1/28)
	月例経済報告で, 3年ぶりに「景気回復」と上昇修正 (1/19), 日銀, 当座預金残高目標を30-35兆円へ引き上げ (1/20), 大規模ドル買い介入停止 (3/16)	米04会計年度財政赤字, 5210億ドルと過去最大に (2/2), ボカラトンG7「為替レートの乱高下への懸念」表明 (2/7), IMFケラー専務理事, デフレ脱却に為替介入必要と表明 (2/15), グリーンスパン (3/2), ス
	1-3月, 14兆8314億円のドル買い円売り介	

年	日本	米国/国際
	入実施	ノー (3/8), 大規模為替介入批判. FRB, FOMC で超低金利継続決定 (3/16)

エコノミスト臨時増刊『戦後日本経済史』毎日新聞社, 1993 年 5 月 17 日号, 加藤治彦編『年表で見る日本経済の足どり』財経詳報社, 2001 年, 日本銀行金融研究所『日本金融年表』, 財務省, 日銀, FRB, FRBNYwebsite 参照.

あとがき

　国際的にも活躍しているある日本の代表的な経済学者が，邦訳されたルービン元財務長官の回顧録を読んで，アメリカの「国益」優先の意思決定，IMF も G7 もそのための手段にすぎないことがあからさまに述べられていることに驚き，「これだけ正直に書かれると，怒りを通り越して，とても面白い」とその書評を結んでいる（日本経済新聞 2005 年 9 月 4 日，23 面）．私にとっては，ルービンの率直さよりも，この著名な経済学者がこのように驚くことが驚きであった．彼は為替政策の評価に関してもいくつかの優れた論文を著しており，本書でも参照させていただいたが，その中には露骨な米国の国益追求の問題などはもちろん明示的に扱われていない．価値判断を避け，計量化して実証分析の対象となしえない問題を取り上げないのは，正統的な経済学者としては至極当然の姿勢であろう．

　実務家出身である私には，このような厳密な手法で通貨外交や為替政策の問題に取り組む能力はない．同時に正統的な経済学による分析が，現実の説明としては物足りない気持ちも払拭できない．そこで折衷的といわれても，政治や歴史的要因を組み入れた「政治経済学」的手法に魅力を感じたのである．そうは言っても，「政治経済学」と称して大衆受けする陰謀論めいた話をする人も少なくないが，私にはそのような才覚もない．そこで様々な政治経済学の知見を借用して，この問題をある程度筋道を通して説明できないかと大胆不敵に試みたのが本書である．しかし結果は極めて雑駁なものとなったことを自認せざるをえない．

　しかしこのようにささやかな書物であっても，大勢の方々の絶えざるご指導や励まし，ご支援がなければ日の目を見ることはなかったであろう．厚かましいインタビューのお願いに快く応じていただいた方々を含めて，恩義の

ある方々のお名前をすべてここに掲げて感謝することが叶わぬのは誠に残念であり，ご海容をお願い申し上げる．その中の幾人かの方々には，本書出版に関して直接お世話になった．以下に記して深く謝意を表したい．

　1957 年に銀行へ就職したあと，多忙ではあるが退屈な業務に日夜駆り立てられて衰弱する知的欲求を蘇生させてくれたオアシスが，大学学部ゼミ指導教官であった都留重人先生の「背広ゼミ」であった．これは 1948 年 9 月に発足し 57 年間続いた社会人向けのゼミであり，勤務先，出身校，年次など関係なく参加を許された．そこでガルブレイス，サムエルソン，シュレジンジャー Jr., シューマッハーなどをテキストに，侃々諤々の議論で夜の更けるのを忘れたのであった．人間尊重・自然との共生の立場から批判精神を一貫して堅持してこられた先生が，世俗にまみれて現実主義者となってしまった我々の不躾で乱暴な意見にも忍耐強く耳を傾けられた．このような刺激に満ちた豊かな時間のお陰で，実務の世界に埋没しながらも，何とか知的な世界への憧れの灯を絶やさずに済んだ．また先生の旧友 R. トリフィン教授が書いたドル危機を予言する論文に感銘した私が，先生の紹介状を懐にこの碩学の門を叩いたのは 1961 年のことであった．半世紀にわたりお世話になり続けた都留先生は 2006 年 2 月 5 日に 93 歳で亡くなられた．05 年 10 月 21 日の最後の背広ゼミの際にも，本書の出版の見通しについて心配してくださった．その後ご病状が悪化したが，日本の現状を憂い「孫の世代と内外世情を語る」ための『市場には心がない』（岩波書店，2006 年）の校正に最後まで励んでおられた由である．謹んでご冥福をお祈り申し上げる．

　36 年間の金融界での仕事を終え還暦を迎えたとき，幸いにも静岡県立大学に職をえて 4 年，その後横浜商科大学で 9 年，金融，国際金融，外国為替，証券市場論の講義を続けることができた．両大学ではすばらしい仲間に恵まれ，自由な環境で伸び伸びと学生の教育に従事できた．やがて実務経験を踏まえた講義をするだけでなく，研究者を目指すにはすでに遅すぎるとしても，国際金融問題を今すこし体系的・理論的に取り組むことを願うようになり，テーマとして為替相場変動から見た日米関係を選んで書き溜めたペーパーを

あとがき

大幅に加筆訂正したものが，本書のベースとなっている．

 序章 「国際通貨・金融問題への政治経済学的接近」『横浜商大論集』第36巻第1・2合併号，2003年3月
 第1章「為替政策と市場介入の政治経済学（I）―ニクソン・ショックから石油危機前夜まで―」『横浜商大論集』第37巻第2号，2004年3月
 第2章「為替政策と市場介入の政治経済学（II）―石油危機の時代―」『横浜商大論集』第38巻第1号，2004年12月
 第3章「為替政策と市場介入の政治経済学（III）―プラザ，ルーブル合意そしてバブル―」『横浜商大論集』第38巻第2号，2005年3月
 第4章「為替政策と市場介入の政治経済学（IV）―バブル崩壊，超円高，通貨・金融危機の90年代―」『横浜商大論集』第39巻第1号，2005年9月
 第5章，終章 書き下ろし

 本書への再録を許され，また出版助成金を交付下さった横浜商科大学松本英二理事長，同学術研究会長久保清治学長および飯島千秋教授に厚くお礼を申し上げる．また大学図書館員の皆様には資料の収集に大変お世話になった．

 ともすれば挫折しそうになった私を暖かく励ましてくださったのは，横浜国立大学名誉教授楠井敏郎先生であった．先生のお勧めで横浜国立大学国際社会科学研究科の上川孝夫教授が主宰する「国際金融研究会・国際経済政策研究会」に参加し，多くの研究者と交流することができ，新鮮な刺激を受けた．上川教授には，本書の草稿をお読みいただいて数多くのコメントを頂戴した上に，日本経済評論社をご紹介頂いた．また早稲田大学の北村歳治教授には金融学会での報告の際に討論者の立場から詳細かつ厳しいご批判を頂戴した．さらに伊藤正直東大教授や建部正義中央大学教授には，ご親切なご指導・助言を頂戴した．しかし私の能力の限界と退職に伴う物理的・時間的制約もあって，残念ながら指摘を受けた問題点のうち僅かしか修正することができなかった．したがって本書中の誤謬は一切私の責任である．

 本書出版に当たり日本経済評論社の清達二氏は忍耐強く原稿の出来上がりを待ってくださり，また厳しくも暖かい批判を数多く頂戴した．厚くお礼を

申し上げる．

　40年間我が儘な私を心身ともに支えてくれ，このささやかな本を仕上げるのに，残り少ない2人だけの時間の多くを犠牲にすることを許してくれた人生の戦友であり糟糠の妻である俊恵に本書を捧げる．

2006年4月
　　　　　窓外に散る桜を惜しみつつ横浜市青葉区の寓居にて

　　　　　　　　　　　　　　　　　　　　　　　　加　野　　忠

索　引

【あ行】

アーミテージ, R.　316, 319, 363
アイアコッカ, L.　163
アイケングリーン, B.　4
相沢英之　95
アイゼンハワー, D.　49
愛知揆一　62-3, 66, 81
アジア共通通貨構想　384
アジア通貨基金構想　384
アジア通貨/金融危機　2, 269, 279-81
アゾレス会談　60
安倍晋太郎　172
天下り　33
アルシュ・サミット　210
アルファ作業　77
暗黒の月曜日/ブラック・マンデー　191-2, 276
アンワール・アリ　143
飯田経夫　215
委託介入　117-9, 130, 231, 291, 328
伊藤隆俊　297-8, 338-40
伊藤正直　53, 67-8, 76
伊藤光利　212-3
稲村光一　62-3, 146
稲山嘉寛　174
井上四郎　74
猪口邦子　24
井堀利宏　35
イラン革命　86-7
インフレ目標　340, 344
ウィッテフェーン, H.J.　97
ウイリアムズ委員会　70
ウイリアムズバーグ・サミット　165, 168
植田和男　263

ウエーバー, M.　8, 12, 39
ウォルター, A.　5
牛場信彦　118, 138, 152
内海孚　176, 210, 400
宇野宗佑　160, 210
海野恒男　211
埋め込まれた相互作用構造　9, 12
エミンガー, O.　54
円の選択的切り上げ/調整論　110, 113, 147
円対策8項目　54, 71
円高回避論　213-4
円高カード　305
円高脅威論・恐怖症　53, 137, 146, 174, 192, 372, 379
円高シンドローム　203
円防衛策　130, 132, 136, 151
江田憲司　309-10, 400
オイル・ファシリティ　97
オイル・マネー　89, 98, 100, 115
大田赴　180
大塚耕平　364
大野健一　202
大場智満　170-1, 173, 175, 178, 226, 230
大平正芳　87, 101, 136, 140, 143, 151, 173
岡部直明　196, 232
緒方四十郎　184
小川英治　15, 359
翁邦雄　300
沖縄サミット　316
沖縄返還　46-7
小沢一郎　216, 242, 271, 301, 315
オタワ・サミット　156
オッソラ, R.　54
オニール, P.H.　316, 324
オブスフェルト, M.　359

小渕恵三　270-1, 287, 295-6, 304, 315

【か行】

カーター, J.　86-7, 103, 109, 111, 115, 117, 120-1, 146, 148
カーター・ショック　viii, 123-5, 135
カーター・ボンド　124
外貨危機　100, 104
外貨準備政策　381-2
外国為替資金貸付　73, 82
外国為替資金特別会計（外為特会）　19, 82, 332, 334, 336-8, 348-52, 381
外国為替平衡操作　42
ガイトナー, P.　286
ガイドライン（変動為替相場運営のための）　18-9, 99, 107-8, 134, 142
海部俊樹　237-9
柏木雄介　61, 78, 146
加藤紘一　42, 282, 301-2, 308
加藤淳子　32-3, 386
加藤隆俊　265, 301
上川龍之介　34, 378
カルダー, K.E.　223
河合正弘　261-3
為替研究会　77
為替市場介入に関する作業部会報告書　40
為替操作　340-3
関係的権力　6, 221-2, 385
カンター, M.　243, 257, 305
機関車論　viii, 109-12, 115-6, 137-9, 148, 173, 373
企業改革法　14
北坂真一　338-9
北村歳治　376, 386, 400
キッシンジャー, H.　46, 51-2, 58-9, 70, 90, 97, 141
キャリー・トレード　276, 282, 294-5, 306, 311, 353-4
強制変数　202-3
行政市場　138
競争力問題　201-2
協調介入　132, 189, 194, 212, 232, 257-9,

265-6, 284-7, 297, 299, 302
行天豊雄　7, 78, 114, 120, 125, 132, 176-7, 179, 183, 185, 218-9, 335-7, 376-7
橋頭堡効果　200
ギルピン, R.　6, 23, 220-1
緊急避難型介入　38, 134-5, 305
金ドル交換停止　51-2, 54
キンドルバーガー, C.　4
金二重価格制　49
金プール協定　49
金融再生関連法案　270, 296
金融制度改革法　12
金融ビッグ・バン　268
金融不安，銀行危機　259, 281-2, 287-8, 292, 310
金利平衡税　49, 95, 142
グアム・ドクトリン　47
クーパー, R.N.　109, 112-3, 147
クームズ, C.A.　51, 113, 145
口先介入　111, 116, 179, 213, 232-3, 303, 363
久保亘　271-2
クライン, L.R.　109, 111-2, 134, 148
クラスナー, S.　9
グラムシ, A.　39
グラム・ラドマン・ホリングス財政均衡法　192-3, 208, 231, 233
グリーンスパン, A.　191, 254, 275, 286, 296, 337, 340, 343
クリスマス合意　193
クリントン, W.J.　viii, 240-7, 252, 258, 266, 268, 286, 295, 304-5
クルーグマン, P.R.　198, 200, 202, 204, 313
クローニー資本主義　2-3
黒田東彦　141, 226, 296, 323, 335
ケネディ, D.　51
ケネディ, J.F.　49
限定合理性　vii, 32-4, 36, 42-3, 371, 375-8
小泉純一郎　317-9, 323, 357, 387
公共選択論　30
攻撃的単独主義　247
香西泰　35

索　引

構造改革　207, 210-1, 215, 317-8
構造協議，構造障壁イニシアティブ　160, 210, 238, 373
構造的権力　6, 8-11, 36, 39, 140, 221-3, 369, 385
公的資金　270, 282, 287
国益　iv, 28, 32, 41-2, 72, 370, 376-8, 385
国際公共財　4, 23, 25, 220
国際（マクロ）政策協調　⇒政策協調
国際通貨制度改革概要　142-3
国際的受動主義　8-9, 14
国際レジーム　6-8, 11, 23, 69
国内的能動主義　8-9
古城佳子　53, 213-4
国家能力　9
国家論的アプローチ　30
コナリー，J.B.　51-2, 58-60, 69-70
コヘイン，R.　7, 220
小宮隆太郎　66, 77, 96, 99, 106, 108, 122-3, 215, 299-300, 370
ゴールド・ラッシュ　48
近藤健彦　194

【さ行】

財政構造改革　281
財政再建路線　172-3
サイモン，H.A.　42
坂井昭夫　25, 207
榊原英資　258, 266, 285-6, 297, 301-4, 309, 346
佐々木直　61
佐々木陸海　312
佐瀬隆夫　63
サッチャー，M.　155, 158, 165
佐藤栄作　46-7, 61
佐藤英夫　245
サーベイランス（経済政策協調）　182, 191, 210
──（為替相場政策）　142-3
サマーズ，L.　252, 254, 258, 268, 276-7, 285-7, 291, 311, 321
サンファン・サミット　85, 106

塩川正十郎　322-3
シカゴ・マーカンタイル取引所・国際通貨市場（IMM）　326, 328-30, 338
シグナル効果　17, 41, 299, 338
市場志向型分野別協議（MOSS）　175
市場の失敗　155, 197, 205
ジスカールデスタン，V.　55, 140
実質合理性　33, 42
下村治　215
社会的勢力関係　28-9
ジャパン・バッシング　239
ジャパン・プレミアム／レート　100, 278, 281, 292, 300, 310
重商主義型介入　38, 73, 346
ジュルゲンセン報告　40, 151, 164
シュルツ，G.P.　52, 59, 70, 89, 169, 172, 196, 207, 226-7
情報公開法　383, 387
所得弾力値　201-2
ジョンソン政権　46, 49
白石隆　iii
新金融調節方式　131
新経済政策　47, 51, 54, 69
新現実主義　vii, 8, 10
新前川レポート　230
人民元　281, 287, 295, 300, 310, 357
スィーブルック，L.　8, 39
スヴェンソン，L.　344
スーパー301条　210, 242, 244, 247
鈴木善幸　131, 156
鈴木淑夫　218
須田美矢子　66, 96, 99, 106, 108, 122-3, 230
スタイン，H.　53
スタグフレーション　224
ストラウス，S.R.　116, 118
ストルテンベルグ，G.　188
ストレンジ，S.　1, 6, 8, 25, 39-40, 45, 221-2
スノー，J.W.　326
スプリンケル，B.W.　164-5, 169, 225, 227
スミソニアン合意　vii, 45, 58, 61, 90
澄田智　146, 179-80, 185, 189, 213, 218, 229, 373

スワップ協定/取決め　118-9, 124, 131-2, 146, 148, 150, 384
政策協調　7, 138-40, 148, 170, 182, 189, 192, 195-7, 207-9, 211, 215, 217-8, 221-3, 370, 373
政治的パフォーマンス型介入　38, 183
石油危機
　第1次——　88, 93
　第2次——　127
ゼロ金利政策　290, 306, 320, 322
ゼロサム・ゲーム　10, 39
戦略的貿易論　305
増税なき財政再建　166, 190, 208
添谷芳秀　158, 371, 384
組織の維持/強化/防衛　72, 372-3, 375, 378
ソフト・ランディング・シナリオ　357, 360-2
ソフト・パワー　6, 39
ソロス, G.　303, 312
ソロモン・ペーパー　226

【た行】

ターゲット・ゾーン　163, 188-9, 195, 203, 265
ダーティ・フロート　63, 65, 111, 137, 146, 373
ダーマン, R.　165, 168-9, 207
タイソン, L.　247
対日年次協議　341
対米協調型介入　38, 73, 135
大門実紀史　364
第4次中東戦争　88
大和銀行ニューヨーク支店　267, 292
多角的監視　⇒サーベイランス
滝田洋一　308, 364
竹下登　159-60, 170-2, 178-9, 183-4, 193, 227-8, 230-1
竹中平蔵　35, 332
武村正義　258, 301
竹村泰子　309
竹森俊平　338, 340
多国籍軍支援　238, 307

田所昌幸　140, 168
田中角栄　62, 81, 84-5, 90, 114, 139, 158
谷垣禎一　332
谷口智彦　vi, 74-5
ダラーラ, C.　165-6, 168
ダンフォース, J.　163, 225
弾力性アプローチ　199
地政学的リスク　325-7, 331, 333, 338, 363, 375
通貨政策と為替政策　15-6, 31
強いドル政策　196, 271-3, 291, 309, 311, 326
ティートマイヤー, H.　228, 253, 255
帝国　2, 14, 24
帝国循環　355, 384
出口政策　340
テクノクラート組織のジレンマ　213
デフレ　293-4, 296, 306, 338, 320
デンバー・サミット　268, 276, 303
東京銀行　42, 141, 143, 145, 303
東京サミット　87, 136, 182-3, 209, 241
同時多発テロ事件　318, 322
ドーンブッシュ, R.　200
ドミンゲス, K.M.　197
戸谷哲朗　33
トリガー　209-10, 230
トリフィン, R.　48, 76
ドル選好　354
ドル防衛策　95, 117, 119, 123-4, 137, 150, 190
トロント・サミット　210

【な行】

ナイ, J.　6, 25, 39, 363
中川幸次　151, 171, 227
中曽根康弘　157-9, 167, 170-2, 182-4, 190, 193, 207, 216, 231, 373
中西寛　167
中平幸典　301, 400
ナポリ・サミット　254
鳴沢宏英　42, 79, 400
南原晃　336-8, 400

索　引

ニクソン　46-7, 54, 59-60, 62, 84, 89
ニクソン・ショック　vii, 8, 47-8, 67-70, 74, 139, 372
ニクソン・ドクトリン　69
20カ国委員会（C 20）　133, 142-3
日銀当座預金残高目標　325, 328-30, 333-4, 340
日米円ドル委員会　167-8, 210, 220, 226, 373
日米包括経済協議　241, 243, 247, 294
日本悪玉論　269
日本異質論　69, 210, 305
日本国債格下げ　283, 319, 323
日本長期信用銀行　270
日本版政党理論　34
日本列島改造計画　90-2
ネオリアリズム/ネオリベラリズム　8-10, 39-40
野口旭　214, 216-8, 264, 301
ノン・システム　139, 152-3
ノン・ペーパー　177

【は行】

ハーヴェイロードの仮定　30
バーグステン, C.F.　106, 109, 113, 145, 281, 345
バーゼル合意　11
ハード・パワー　6
ハード・ランディング・シナリオ　201, 206, 358
バーミンガム・サミット　283
パーレビ, M.R.　86, 127
バーンズ, A.　50-2, 69, 103, 110-2
パウエル, C.　316
覇権安定論　2, 4, 5, 220-1
覇権システム　69
覇権衰退論　2, 5-6, 83, 360
バグワティ, J.　13, 313
バシェフスキー, C.　275-6
橋本龍太郎　266-9, 276, 282, 284, 293, 295, 309
羽田孜　242-3

パックウッド, R.W.　163
パックス・アメリカーナ　22-5
　——II　22-5
パックス・コンソルティア　24-5
鳩山威一郎　62
バブル　190, 192, 195, 211-3, 218-9, 224
浜田宏一　300
林大造　62-3, 77
速水優　55, 287, 295, 297, 375
パワー・エリート　28-9
阪神淡路大震災　244, 256, 261
バンス, C.　86
バンドワゴン効果　iv, 126, 299, 380
反応的国家　223
ハンペ-ジ, O.F.　344
ピア・プレッシャー　195, 209-10
ヒース, E.　59
ピーターソン, P.G.　52, 58-9, 79
ヒーリー, D.　113, 147
東アジア共同体　384
ヒステリシス現象　199-200, 264
非不胎化介入　17, 300, 333-5, 338, 340, 343
標準型介入　38, 135, 374
ファローズ, J.　200
フェルドシュタイン, M.　183, 234
プエルトリコ・サミット　115
フォード, G.　84-5
深尾光洋　338-9
不完全代替　17, 261
ブキャナン, J.M.　30
福井俊彦　334, 340
福田赳夫　86, 92, 95, 111, 113, 116, 120, 134, 136-9, 146, 152, 173, 372
藤岡真佐夫　107, 143-4
藤尾正行　174
藤原帰一　24
不胎化介入　17, 299-301, 359
ブッシュ, G.H.W.　159-60, 210, 237-40, 248
ブッシュ, G.W.　315-9
船橋洋一　170, 177, 223, 227
ブラウン, B.　247, 292-4

ブラック・マンデー　191-2, 276, 374
ブラッドレー, B.　164, 225
プラザ会議/合意/戦略　168-81, 194-214
フランクリン・ナショナル銀行　100, 142
フランケル, J.A.　197
ブラント, W.　59
フリーデン, J.　21, 26
フリードマン, M.　298
プリンシパル・エージェント理論　31-2
ブルメンソール, M.　111-4, 121, 134, 144-5, 152, 232
フレームワーク協議　⇒日米包括経済協議
ブレジンスキー, Z.　86
プレストウィッツ, C.V.　200
ブレディ, N.F.　307
ブレトンウッズ体制　5, 8, 16, 22, 35, 45, 48, 69
　——No. 2　355-9
分割政府　214
ベーカー, J.A.　165, 168-9, 170-4, 182-7, 189, 191, 196, 207, 227-8, 231-2
ペール, K.O.　180
ヘッジファンド　279, 281-2, 284, 289, 294-5
ベネチア・サミット　190-1, 209
ベルサイユ・サミット　40, 157, 164
ヘルシュタット銀行　100, 142
ベンツェン, L.M.　163, 251, 253-4
ボイノビッチ, G.V.　342
包括通商競争力強化法301条　159, 208, 243
坊秀男　113, 144, 147
ポートフォリオ効果　299, 344
ホーム・バイアス　iii, 343, 379-80
細川護熙　241-2, 253
細見卓　62-3, 136, 171, 227
ホメイニ, A.　86, 127
ボルカー, P.　51, 54-5, 61-3, 69, 148, 161, 169, 176, 180, 185, 189, 207, 337
ボン・サミット　7, 86, 138-9
ポンピドー, G.　59

【ま行】

マーティン, W.M.　51
マイクロストラクチャー・アプローチ　vi, 17
マイナス・シーリング　187
前川春雄　111, 131
前川レポート　182, 208, 211, 214-7, 230, 371
牧野浩　28
マクラッケン, P.　51-2
マクロ経済政策の割当　152, 217, 370
マクロ政策補完/代替型介入　38, 305-6
マクロ・バランスレート　263
マサーチューセッツ・アベニュー・モデル　204
舛添要一　364
又市征治　366, 387
マッカラム, B.　344
松川道哉　95
マッキノン, R.　202, 344
松永光　286-7
マネタリー・アプローチ　199
真渕勝　139
マリス, S.　201
マルフォード, D.　165, 170, 175-6, 186, 228
マンデル＝フレミング・モデル　41, 204, 263
三重野康　185, 191, 218, 253
三木武夫　85, 92, 101, 139-40
ミスアラインメント　18, 263-4, 297, 338, 352, 369, 374, 380
水田三喜男　55, 57, 61, 81
溝口善兵衛　333, 346, 400
三塚博　275-8
ミドルパワー外交　371
ミニ・プラザ合意　193
宮崎勇　152, 215-6, 400
宮崎知雄　150, 400
宮沢喜一　138, 140, 148, 173, 182, 184-8, 230, 232, 239-41, 282, 284, 295, 316
ミラー, G.W.　103, 121

民営化　139-40, 153, 155
武藤敏郎　340
ムッサ, M.　344
村松岐夫　34
村山達雄　120, 138, 148
村山富市　243-5, 301
名声　33-7, 72, 372-5
メリック, R.M.　344
モイニハン, P.　164, 225
モーガン, L.　163, 224, 226
モース, J.　55
目標相場圏　⇨ターゲット・ゾーン
森喜朗　315-7
盛田昭夫　174
森永貞一郎　148, 151
モルガン・ギャランティ　145, 147
問題先送り型介入　38, 73, 134, 305
モンデール, W.　109, 144-5, 147

【や行】

ヤイター, C.K.　183
柳川範之　34
山一證券　278, 281
山口光秀　173-4, 229
有事法制　185, 318
ユーロ円　167, 226
ユーロドル/通貨/債券市場　9, 98-9, 100, 108, 143, 155
吉国二郎　62-3
吉野良彦　185, 228

【ら行】

ラチェット介入　177
ラテンアメリカ危機　288-9
ランブイエ・サミット　85, 101, 107-8, 134
リーガン, D.T.　164-5, 169, 225-6
リーズ・アンド・ラッグズ　56, 60, 64-5, 95, 98, 109, 126, 129, 133, 259
リクルート事件　159-60
リスク・プレミアム　41, 261-3, 280, 293, 310, 344, 359

リスク・リバーサル　290, 311
流動性の罠　344-5
リュエフ, J.　80
量的緩和政策　290, 322, 331, 333, 344, 349
履歴効果　⇨ヒステリシス
ルービン, R.　251, 256-9, 269, 271-2, 275-8, 283-7, 311
ルーブル合意　181, 186-190
レイク, D.　21
レーガノミックス　160-2, 165, 168-9, 195, 208, 224, 264, 373
レーガン, R.　155-9, 163, 165, 169, 182, 190
レビジョニスト　200, 305
レビン, S.　342
レント追求　30
ロイス, H.S.　52, 69, 80, 108, 112, 145
ローザ・ボンド　50
ローソン, N.　183
6大改革　268
ロゴフ, K.S.　341, 359
ロシア危機　279, 283-4, 286, 288-90, 306
ロジャース, W.　51, 54
ロステンコウスキー, D.T.　163
ロンドン・サミット　86, 109, 116, 138, 148

【わ行】

ワイゲル, T.　257
和田静夫　74
渡辺利夫　384

【欧文】

BIS（国際決済銀行）　40, 279
FB発行枠　329, 349
Jカーブ効果　45, 62, 65, 91, 119, 126, 194, 199, 206, 245
LTCM　289-90, 295
NFTC　70
OAPEC　88
OPEC　88
SDR　50-1

[著者紹介]

加野　忠
1933年北海道小樽市生まれ．57年一橋大学経済学部卒，東京銀行（現三菱東京UFJ銀行）入行．証券部長，資本市場部長などを経て85年末同行退職．この間米国イェール大学大学院修士取得（62年），86年セキュリティ・パシフィック・キャピタル・マーケッツ代表取締役．その後ホアゴペット証券会社社長，ソロモン・ブラザーズ銀行在日代表を歴任．93年静岡県立大学国際関係学部教授，97年横浜商科大学商学部教授，2006年同学退職．現在金融コンサルティング業務に従事．
主著　『国際金融と外国為替』（共著），大学教育出版，1998年．『金融再編』文春新書，1999年．『マネー・マーケットの大潮流』（共編著），東洋経済新報社，1999年．S.ディヴィス『エクセレント・バンク』（翻訳），金融財政事情研究会，1987年，ほか
URL:http://homepage3.nifty.com/kanotadashi/

ドル円相場の政治経済学
為替変動にみる日米関係

2006年 9月25日　第1刷発行
2006年12月12日　第2刷発行

定価（本体5500円＋税）

著　者　加　野　　　忠
発行者　栗　原　哲　也
発行所　株式会社 日本経済評論社
〒101-0051 東京都千代田区神田神保町3-2
電話 03-3230-1661　FAX 03-3265-2993
振替 00130-3-157198

装丁・清水（加野）　恵　　中央印刷・山本製本

落丁本・乱丁本はお取替えいたします　Printed in Japan
© KANO Tadashi 2006
ISBN 978-4-8188-1894-1

・本書の複製権・譲渡権・公衆送信権（送信可能化権を含む）は（株）日本経済評論社が保有します．
・JCLS〈（株）日本著作出版権管理システム委託出版物〉
本書の無断複写は著作権法上での例外を除き禁じられています．複写される場合は，そのつど事前に，（株）日本著作出版権管理システム（電話03-3817-5670, FAX 03-3815-8199, e-mail : info@jcls.co.jp）の許諾を得てください．

東アジア共同体を設計する
進藤榮一・平川均編
本体 2000 円

安定成長期の財政金融政策
―オイル・ショックからバブルまで―
財務省財務総合政策研究所編／浅井良夫・伊藤修・寺井順一執筆
本体 5400 円

グローバリゼーションと国際通貨
紺井博則・上川孝夫編
本体 4700 円

国際通貨と国際資金循環
山本栄治著／西村閑也編集
本体 4500 円

決済システムと銀行・中央銀行
吉田暁
本体 3800 円

戦後アメリカ政府と経済変動
新岡智
本体 3500 円

最終決済なき国際通貨制度
―「通貨の商品化」と変動相場制の帰結―
平勝廣
本体 4200 円

通貨危機の政治経済学
―21世紀システムの展望―
上川孝夫・新岡智・増田正人編
本体 4700 円

日本経済評論社